BFL 총서 ⑥

파생금융거래와 법 (제1권)

BFL 총서 ⑥

파생금융거래와 법 (제1권)

박 준 · 정순섭 편저

小花

머리말

파생금융거래는 때로는 기업의 위험관리를 위한 현대금융시장의 가장 성공적인 발명품으로 높이 평가되기도 하지만, 때로는 기업을 도산시키고 금융위기를 불러오는 위험한 투기적 금융상품으로 알려지기도 한다. 파생금융거래의 경제적 기능에 대해서는 다양한 평가가 있을 수 있겠지만 위험관리상품 또는 대안적 투자수단으로서의 긍정적 기능을 완전히 부정하는 것 역시 타당하고 신중한 접근이라고 하기 어렵다.

파생금융거래의 중요성에 비추어 볼 때 법적인 측면에서의 검토는 상대적으로 부족했다는 느낌을 지울 수 없다. 이러한 현상은 우리나라에 국한된 것은 아니며, 금융법이 상당히 발전한 것으로 평가되고 있는 외국에서도 다른 금융거래에 비하여 파생금융거래에 대한 법학 논문이나 법학 서적의 수가 상대적으로 적다. 이러한 현상은 파생금융거래가 가지는 고도의 전문성과 복잡성으로 인한 일종의 진입장벽이 존재하기 때문인 것으로 이해된다. 금융에서의 이론과 실무의 가교역할을 자임하고 있는 BFL로서는 이러한 간극을 메우기 위한 노력이 필요하다는 사실을 절감하여 계약과 규제 그리고 분쟁 등 파생금융거래를 법적으로 검토하는 글을 지속적으로 게재해 왔다. 이 책은 그동안 서울대학교 금융법센터에서 발간하는 BFL에 연재된 파생금융거래에 관한 글 중 일부를 모으고 법관연수와 변호사연수에서 사용하던 강의안을 보완하여 제1장 개관으로 추가한 것이다. 이 책의 발간이 우리나라에서 보다 많은 법률가들이 파생금융거래의 실무와 법리를 이해하고, 파생금융거래에 관한 법적인 논의를 심화시켜 나갈 수 있는 계기가 되어 줄 것으로 기대한다.

그동안 서울대학교 금융법센터에서는 『지주회사와 법』, 『새로운 금융법체제의 모색』, 『적대적 기업인수와 경영권 방어』, 『국제금융법의 현상과 과제(제1권)』, 『자산유동화의 현상과 과제(제1권)』 등 5권의 BFL 총서를 발간하였다. 이 책은 여섯 번째 BFL 총서로 발간되는 것이다. 앞으로도 파생금융거래에 관한 글들을 모아 발간한다는 약속을 깊이 새겨두는 의미에서 이 책의 제목을 『파생금융거래와 법(제1권)』이라고 붙였다.

이 책이 만들어지기까지 많은 분들의 노력이 있었음을 밝혀 두고자 한다. 먼저 각 장의 옥고를 작성해 준 필자들께 깊은 감사의 말씀을 드린다. 특히 필자들은 모두 금융거래의 현장에서 실무와 이론의 발전에 기여하고 있는 분들로서, 고귀한 경험과 지식을 공유하게 해주신 점 다시 한 번 감사드린다. 그리고 지난 8년간 BFL의 발전에 지대한 공헌을 한 서울대학교 법학전문대학원의 김건식 교수를 비롯한 BFL 편집위원님들께 깊이 감사드린다. 아울러 이 책의 출간을 맡아준 도서출판 소화의 관계자 분들에게도 깊은 감사의 말씀을 전하고 싶다.

2012년 4월

박 준 · 정순섭

차례

제3부 | 규제

제5부 | 기타

제1부 총설

제1장

파생금융거래를 둘러싼 법적 문제 개관

1

박 준*

I. 파생금융거래의 구조

1. 용어

파생거래에 대하여는 파생거래, 파생금융거래, 파생상품, 파생상품거래 등의 여러 용어가 사용되고 있다. 이 글에서는 법령상 정의된 개념을 지칭하는 경우에는 해당 법령에서 정의된 용어를 사용하고, 파생거래를 일반적으로는 지칭하는 경우에는 파생금융거래라는 용어를 사용하기로 한다.

* 서울대학교 법학전문대학원 교수

2. 기본 유형

자본시장과 금융투자업에 관한 법률(이하 '자본시장법') 제5조의 파생상품 정의에서 유형을 분류하고 있듯이 파생금융거래는 통상 옵션거래(option), 선도거래(forward), 스왑거래(swap)로 나누어 볼 수 있다. 금융시장에서는 계속 새로운 파생금융거래가 개발되고 있으나, 이들은 모두 위의 3가지 유형의 거래 중 하나에 속하거나 이를 결합한 것이라고 할 수 있다. 또한 경제적으로는 모든 파생금융거래를 궁극적으로 각종 옵션으로 인수 분해할 수 있다고 볼 수 있겠으나, 법적으로는 선도거래와 스왑거래는 예약완결권 내지는 선택권의 행사(optionality)가 없다는 점에서 반드시 옵션거래의 결합이라고 하기는 어려울 것이다.

futures라고 부르는 장내선물거래는 선도거래의 성격을 가지고 있고, 장외에서 이루어지는 선도거래 및 스왑거래와 더불어 선도거래의 유형으로 분류할 수 있다.

(1) 옵션거래(option)

1) 옵션거래는, 옵션권리자의 의사표시 옵션 행사에 의하여 옵션의무자와 옵션권리자 사이에 일정한 기초자산을 매도 또는 매수하는 거래를 성립시키거나, 또는 기초자산의 가격 · 이자율 · 지표 · 단위 또는 이를 기초로 하는 지수 등에 의하여 산출된 금액을 옵션권리자가 옵션의무자로부터수령하는 거래를 성립시킬 수 있는 권리를 옵션의무자가 옵션권리자에게 부여하는 계약이다. 옵션의무자는 권리를 옵션의무자가 옵션권리자에게 부여하는 대가로 옵션권리자로부터 옵션수수료(fee 또는 premium)를 수령한다.

옵션을 분류하여 보면,

① 기본적으로 매도옵션(put option)과 매수옵션(call option)이 있고,

② 옵션 행사기간에 따라 옵션 만기시까지 언제든지 옵션을 행사할 수 있는 American option과 옵션 만기시에만 옵션을 행사할 수 있는 European option으로 나눌 수 있고,

③ 옵션 행사시 옵션의무자의 의무의 내용 내지는 의무이행 방식에 따라 실물결제(physical delivery) 방식과 현금차액결제(cash settlement) 방식으로 나누어 볼 수 있으며,

④ 옵션수수료의 지급방법을 어떻게 정하는가 등의 경우의 수를 결합하여 다양한 형태의 옵션거래(bull spread, bear spread, straddle, digital option 등)가 행하여질 수 있다.

2) 옵션의 행사로 매매계약이 체결되는 경우에는 매매계약의 예약완결권을 가진다고 할 수 있다. 옵션의 행사로 옵션권리자가 옵션의무자에 대하여 일정한 금액의 지급청구권을 취득하는 경우에는 옵션계약은 이러한 청구권을 발생시킬 수 있는 형성권을 부여하는 계약이라고 하겠다.

(2) 선도거래(forward)

1) 선도거래의 매도자는 미래의 일정한 시점에 기초자산을 약정된 가격(forward price)으로 매도할 의무를 부담하고, 매수자는 매입할 의무를 부담한다. 즉 계약 체결시 계약의 조건을 확정하여 놓지만, 그 이행은 장래의 일정한 시점에 행하는 것이다.

2) 선도거래의 대상이 일정한 물건이고, 장래 일정한 시점에 실물인도 방식으로 결제하기로 한 경우에 선도거래는 매매계약의 성질을 가졌다고 할 수 있다. 그러나 선도거래의 이행을 실물인도 방식으로 하지 않고 현금결제 방식으로 하는 경우(즉 선도거래에서 미리 합의한 가격과 계약이행일 현재의 그 대상물건의 시가의 차액을 결제하는 방식. 계약이행일 현재의 대상물건의 시가가 미리 합의한 선도거래가격보다 높은 경우에는 매도인이 그 차액을 매수인에게 지급하고, 반대의 경우에는 매수인이 매도인에게 그 차액을 지급하는 방식)에는 대상물건의 인도가 없다는 점에서 매매계약이라고 할 수는 없을 것이고 비전형계약에 속한다고 하겠다.

선도거래의 대상이 일정한 물건이 아닌 경우, 예컨대 주가지수를 기초자산으로 하는 선도거래인 경우에는 물건을 인도할 수 없으므로 항상 현금결제를 할 수밖에 없고 이러한 경우 선도거래 역시 비전형계약에 속한다고 하겠다.[1)]

3) 선도거래는 경제적으로는 동일한 행사가격(strike price)으로 행사할 수 있는 2개의 옵션, 즉 매도옵션(put option)과 매수옵션(call option)이 결합되어 있는 것으로 설명할 수 있다. 선도거래의 매도자(A)는 미래의 일정한 시점에 기초자산을 약정된 가격으로 매도할 의무를 부담하고, 매수자(B)는 매입할 의무를 부담하는데, 이러한 A의 지위는 경제적으로는 약정된 가격을 행사가격으로 하는 매도옵션(put option)을 B로부터 매입함과 동시에 매수옵션(call option)을 B에게 매도한 것과 같다.

---

1) 본문에서 언급한 것은 KOSPI 200과 같은 다수의 주식이 포함된 지수를 전제로 한 설명이다. 물론 작은 수의 주식의 집합(basket)을 만들어 그 집합의 주가지수를 기초자산으로 선도거래를 하고 그 집합에 속하는 주식을 교부하는 방법으로 이행하는 것으로 선도거래 계약을 체결할 수도 있을 것이고 이러한 경우에는 물건의 인도를 전제로 한 매매계약이라고 할 수 있을 것이다.

이러한 두 개의 옵션거래를 한 경우 만기일에 기초자산의 가격(spot price)이 행사가격보다 높다면 A는 그가 보유하는 매도옵션을 행사하지 않을 것이나, B는 보유하는 매수옵션을 행사할 것이다. 반대로, 만기일에 기초자산의 가격이 행사가격보다 낮다면 B는 매수옵션을 행사하지 않을 것이나 A는 매도옵션을 행사할 것이므로 결국 기초자산의 가격이 어떻게 되든, A와 B 두 당사자 중 어느 한 당사자는 옵션을 행사할 것이고 그렇다면, 선도거래를 한 것과 동일한 경제적 효과가 있다. 형식적으로는 두 개의 옵션거래를 한 것이라도 실질적으로는 결국 A와 B 간에 선도거래를 한 것과 마찬가지 효과를 가져올 수 있다. 선도계약의 경우에는 당사자의 선택권(optionality)이 없다는 점에서 두 개의 옵션계약을 체결한 경우와 구별할 수도 있으나 각 당사자가 합리적으로 선택권을 행사한다면 차이가 없게 된다. 두 당사자가 동일한 목적물에 대하여 서로 매도옵션(put option)과 매수옵션(call option)을 부여한 사안에 대하여 법원이 두 옵션이 동시에 부여됨으로써 실질적으로 선도거래와 같다고 판시하지는 않고 옵션의무자의 의무에 초점을 맞추어 판시하였다(대법원 2008. 5. 29. 선고 2005도4640 판결).[2)]

---

2) 판결문에 나타난 사실관계를 보면 다음과 같다. 1999. 9. 17.경 및 1999. 11. 3.경 'SK증권과 JP모건이 손해배상소송에 관한 화해계약을 체결하면서, JP모건이 SK증권으로부터 수령하는 배상금 중 일부로 SK증권의 유상증여에 참여하기로 약정하였는데, 피고인들은 화해계약의 당사자인 SK증권이 아닌 SK글로벌이 지배하고 있던 해외 현지법인인 SK Global Asia-Pacific Pte, Ltd.('싱가포르 법인') 및 SK Global America, Inc.('미국 법인')(양자를 합하여 '해외 법인들')을 옵션계약의 당사자로 동원하여, 해외 법인들과 JP모건 사이에 1999. 10. 14.자 및 1999. 11. 30.자 옵션계약을 체결하였다. SK그룹 구조조정추진본부가 주도한 위 옵션계약에 의하면 JP모건이 유상증자로 취득한 SK증권 주식을 정해진 시기에 일정한 가격으로 매도할 수 있는 매도옵션(put option)과, 해외 법인들이 만기 범위 내에서 언제든지 일정한 가격에 SK증권 주식을 매수할 수 있는 매수옵션(call option)이 포함되어 있었다.
이러한 사실관계에 대하여 법원은 다음과 같이 판시하였다. "이 사건 옵션계약에

(3) 스왑거래(swap)

스왑거래는 장래의 일정기간 동안 미리 정한 가격으로 기초자산이나 기초자산의 가격·이자율·지표·단위 또는 이를 기초로 하는 지수 등에 의하여 산출된 금전 등을 교환할 것을 약정하는 계약이다. 스왑거래는 계약시 교환(initial exchange)을 수반할 수도 있고 그러한 계약시 교환이 없는 경우도 있다. 이러한 계약시 교환이 없는 경우에 장래

의하면, JP모건의 풋옵션 행사로 인하여 해외 법인들이 직면하게 되는 위험은 극단적으로는 SK증권의 도산까지 염두에 두어야 하므로 풋옵션 행사가격 전액이 될 수 있으나, 동일한 기초자산인 SK증권 주식에 관하여 해외 법인이 보유한 콜옵션으로 말미암아 SK증권 주식 가격의 상승으로 얻을 수 있는 이익 실현 가능성으로 그 균형이 유지되고 있다고 볼 수도 있고, 옵션계약의 조건과 체결 당시의 SK증권 주식의 시장가에 비추어 보면 적어도 체결 당시에는 JP모건 측의 풋옵션의 가치보다 해외 법인들의 콜옵션의 가치가 더 높았다고 볼 여지가 있다. 한편, SK증권 주식의 시장가가 옵션 행사가격을 상회하는 경우에는 콜옵션 자체를 매도하는 등의 방법으로 이익을 실현할 수도 있을 것이고, 그 반대의 경우에도 추가 하락이 예상되거나 허용 가능한 위험의 한계를 벗어난 경우에는 적극적으로 콜옵션을 행사함으로써 위험관리가 가능한 측면도 있으니, 옵션계약 체결 그 자체만으로 본인인 해외 법인들에게 재산상 위험이 초래되었다고까지 단정하기는 어렵다. 그러나… (생략) SK증권 주식의 가격이 하락하여 허용 가능한 위험의 범위를 넘어서더라도 해외 법인들이 콜옵션을 적극적으로 행사함으로써 위험의 확대를 방지하기 어렵고, 풋옵션 만기일까지 주가가 회복되지 않는 경우 옵션계약상 의무를 다른 해외 법인에게 이전하는 것도 어려워, 일단은 이 사건 해외 법인들이 그들의 자금으로 옵션행사 결과로 취득하는 SK증권 주식대금을 지출할 수밖에 없을 것이며, CLN으로 계약의 이행에 갈음하는 것도 제한이 있을 수밖에 없으므로… (생략) 사후적인 손실보전의 약정이나 콜옵션의 부여, CLN의 존재 등 피고인이 주장하는 바와 같은 해외 법인들의 손실방지장치는 현실적으로 해외 법인들에게 발생한 구체적인 재산상 위험을 제거하기에 충분하다고 보기 어렵다. 이 사건 옵션계약 당시 존재한 위와 같은 여러 사정을 감안하면, 해외 법인들이 사실상 옵션계약의 효력으로부터 벗어날 수 없는 상태에서 이 사건 옵션계약을 체결함으로써 실해 발생의 위험이 초래된 때에 배임죄의 기수에 이르렀다고 본 원심의 판단은 수긍이 되고, 이 사건 옵션 행사가격과 실제 주가와의 차액 상당 손해를 원래 옵션계약에 내재되어 있던 실해 발생의 위험이 현실적으로 발현된 것으로 보아 위 차액 상당액을 재산상 손해로 본 원심의 판단 또한 이를 수긍할 수가 있다."

의 교환은 결국 일련의 선도거래가 결합된 것이라고 할 수 있다. 스왑거래에서도 매 기일마다 목적물의 인도 또는 통화의 지급을 상호 행하는 것으로(즉 실물결제: physical delivery) 합의할 수도 있고, 양 당사자의 인도 또는 지급의무를 특정한 통화로 환산하여 그 차액을 매 기일마다 정산하는 것으로(즉 차액결제 내지는 현금결제: cash settlement) 합의할 수도 있다.[3)]

---

3) 대법원 1997. 6. 13. 선고 95누15476 판결은 스왑거래를 세법상 대출로 인정할 것인지 여부를 판단하면서 스왑거래에 대하여 다음과 같이 언급하였다. "국제금융거래에서 스왑거래라 함은 이른바 신종 파생금융상품의 하나로 외국환거래에 있어서 환거래의 당사자가 미래의 이자율 또는 환율변동에서 오는 위험을 회피하기 위하여 채권이나 채무를 서로 교환하는 거래로서, 그 종류로는 크게 보아 이자율 변동으로 인한 고객의 위험을 회피하기 위하여 고객이 부담할 변동이자율에 의한 이자지급채무를 미리 약정된 시기에 고정이자율이나 다른 변동이자율에 따른 이자지급채무로 교환하여 부담하는 이자율스왑(Interest Rate Swap)과, 차입비용을 절감하고 구성통화의 다양화를 통한 환율변동의 위험을 회피하기 위하여 계약당사자간에 서로 다른 통화표시 원금과 이자를 미리 약정된 시기에 교환하여 부담하기로 하는 통화스왑(Currency Swap)이 있다. 이러한 스왑거래를 통하여 고객의 입장에서는 미래의 이자율이나 환율의 변동으로 인하여 입을 수 있는 불측의 손해를 방지할 수 있고, 은행의 입장에서는 고객의 위험을 인수하게 되지만 이자율 변동, 환율 변동 등 제반 여건의 변화를 사전에 고려하여 계약조건을 정하고 은행 스스로도 위험을 방어하기 위한 수단으로 다시 다른 은행들과 2차 커버거래를 하거나 자체적으로 위험분산 대책을 강구하게 되는데, 국내에는 이러한 스왑거래에 따르는 외국환은행들의 위험을 흡수할 수 있는 금융시장의 여건이 형성되는 단계에 있어 주로 해외의 은행들과 커버거래를 하게 되며, 이러한 스왑거래과정을 통하여 은행은 일정한 이윤을 얻게 된다. 한편 외국은행 지점이 국내기업과 위와 같은 스왑거래를 할 때에는 거래목적에 따라 변형거래가 행하여지고 있는데, 이자율스왑의 변형에 해당하는 것으로는 이자율 스왑계약과 동시에 국내기업이 외국은행 지점으로부터 변동금리부 이자에 해당하는 이자금액을 선취하고 계약만기에 외국은행 지점은 고정금리에 해당하는 이자금액을 후취하는 형태의 거래가 있고, 통화스왑의 변형에 해당하는 것으로는 외국은행 지점이 국내기업이 부담하기로 하는 것보다 높은 고금리 통화의 원금을 지급하기로 하는 통화스왑계약을 체결함과 동시에 이자를 교환하여 기업이 정산이자 차액만큼 외화자금을 선취하고 계약만기에 원금을 계약시의 약정환율로 역교환하는 형태의 거래 등이 있고, 그 밖에도 여러 가지 모습의 변형된 스왑거래가 있으며 그 거래목적도 외국환거래에 있어서의 위험회피, 외화대부, 투기적 이익도모 등 다양하게 이루어지고 있다."

3. 기타 분류

(1) 기초자산에 따른 분류

파생금융거래상 계약당사자의 기본적 권리의무(금전지급의무 또는 금전 이외의 재산교부의무)는 다른 자산이나 다른 경제적 위험을 기초로 결정한다는 점에서 '파생' 거래 내지는 '파생' 상품으로 불린다. 파생금융거래의 구체적인 내용은 결국 파생금융거래의 기초가 되는 다른 자산이나 위험이 무엇인가에 따라 달라질 것이다. 자본시장법은 파생상품의 기초가 되는 자산 또는 위험을 '기초자산'으로 정의하고, 다음과 같은 자산 또는 위험이 파생상품의 기초자산이 될 수 있음을 인정함으로써 금융시장에서 개발될 수 있는 거의 모든 파생상품이 자본시장법의 규율범위 내에 속하도록 하고 있다(자본시장법 제4조 제10항).

i) 금융투자상품

ii) 통화(외국통화 포함)

iii) 일반상품(농산물 · 축산물 · 수산물 · 임산물 · 광산물 · 에너지에 속하는 물품 및 이 물품을 원료로 하여 제조하거나 가공한 물품, 그 밖에 이와 유사한 것)

iv) 신용위험(당사자 또는 제삼자의 신용등급의 변동, 파산 또는 채무재조정 등으로 인한 신용의 변동)

v) 그 밖에 자연적 · 환경적 · 경제적 현상 등에 속하는 위험으로서 합리적이고 적정한 방법에 의하여 가격 · 이자율 · 지표 · 단위의 산출이나 평가가 가능한 것

이와 같이 기초자산이 무엇인가에 따라 파생금융거래는 다음과 같

이 분류할 수도 있다.

① 기초자산이 통화인 경우(Currency Derivatives) : 통화옵션거래(Currency Option), 선물환거래(Forward Exchange),[4] 즉 통화선도거래(Currency Forward), 통화스왑거래(Currency Swap) 등

② 기초자산이 이자율인 경우(Interest Rate Derivatives) : 이자율옵션거래, 이자율선도거래, 이자율스왑거래 등

③ 기초자산이 주식 또는 주가지수인 경우(Equity Derivatives) : 개별주식옵션, 개별주식선도, 주가지수옵션, 주가지수선도, 주식스왑 등의 두 당사자 간의 계약 형태로 체결되는 경우와 주가/주가지수 연계증권(Equity Linked Securities 또는 Equity Linked Notes), 주가/주가지수 옵션증권(Equity Linked Warrant)

④ 기초자산이 신용위험인 경우(Credit Derivatives) : 신용스왑(Credit Default Swap)이 대표적인 신용파생거래이고 신용위험의 이전을 증권에 화체시킨 것이 신용연계증권(Credit Linked Notes)이다. 아울러 신용위험의 전가를 내재한 담보부채무증서(CDO, Collateralized Debt Obligations)도 일정 부분은 신용연계증권의 성질을 가진다.[5]

⑤ 기초자산이 일반상품인 경우(Commodities Derivatives) : 일반상품

4) 외국환거래규정상 '선물환거래'는 "대외지급수단의 매매계약일의 제3영업일 이후 장래의 약정한 시기에 거래당사자 간에 매매계약시 미리 약정한 환율에 의하여 대외지급수단을 매매하고 그 대금을 결제하는 거래로서 자본시장과 금융투자업에 관한 법률에 따른 파생상품시장 또는 해외파생상품시장에서 이루어지는 거래를 제외한 거래"로 정의되어 있다(제1-2조 제11호).

5) 외국환거래규정상 '신용파생결합증권'은 "자본시장법상의 증권 중, 신용사건 발생시 신용위험을 거래당사자의 일방에게 전가하는 신용연계채권(Credit Linked Note) 및 손실을 우선 부담(First to Default 또는 First Loss)시키는 합성담보부채권(Synthetic Collateralized Debt Obligations, Synthetic Collateralized Loan Obligations) 또는 이와 유사한 거래"로 정의되어 있다(제1-2조 제13-1호).

옵션, 일반상품선도, 일반상품스왑

⑥ 기타 최근에는 기초자산이 날씨, 물가, 재해 위험 등으로 확대되고 있다.

⑦ Total Return Swap의 기초자산은 주식, 채권, 대출, 부동산 등 여러 종류가 있을 수 있으나 이들은 통상 모두 Total Return Swap으로 불린다.

(2) 거래시장에 따른 분류

자본시장법상 파생상품은 시장(즉 한국거래소, 종전의 선물거래소 또는 이와 유사한 해외파생상품시장)에서 거래되는 **장내파생상품**과 시장 밖에서 거래되는 **장외파생상품**(over-the-counter derivatives)으로 구별된다. 장내파생상품은 거래소에서 거래하기 쉽도록 표준화된 상품이지만, 장외파생상품은 거래소 밖에서 두 당사자의 합의에 의하여 행하는 거래이므로 당사자의 필요에 따라 새로운 거래의 유형이 계속 새로 개발되고 있고, 계약의 내용도 다양하게 이루어질 수 있다.

(3) 파생결합증권

증권 가운데도 '기초자산의 가격, 이자율, 지표, 단위 또는 이를 기초로 하는 지수 등의 변동과 연계하여 미리 정하여진 방법에 따라 지급금액 또는 회수금액이 결정되는 권리가 표시된 증권'을 파생결합증권으로 부르는데, 투자원본을 초과하여 추가로 지급할 의무가 없다는 점에서 증권으로 분류되지만〔아래 I. 5. (1) 참조〕, 그 내용상으로는 파생금융거래를 증권화한 것이므로 실질적으로 파생금융거래의 범주에 속한다고 할 수 있다.

4. 거래의 동기

파생금융거래는 기초자산에 관한 위험을 이전하는 거래이고, 어느 한 당사자는 위험을 인수하고 다른 당사자는 위험을 이전하게 된다. 기초자산에 대한 위험에 노출되어 있는 당사자는 그 위험을 회피(hedge)할 목적으로 그 위험을 이전하는 파생금융거래를 이용할 동기가 크다. 그러나 위험을 회피할 목적을 가진 당사자만 있어서는 거래가 활발하게 이루어지기 어렵다. 기초자산에 대한 위험에 노출되어 있지 않음에도 불구하고 그 위험을 인수하는 투기(speculation)목적의 당사자 및 위험에 대한 평가의 차이를 이용한 차익거래(arbitrage)를 목적으로 하는 당사자들이 있어서 거래가 활발하게 이루어진다.

위의 3가지 동기가 파생금융거래를 하는 가장 기본적인 동기들이지만, 자본건전성 규제(예 : 은행의 자기자본비율)를 준수하는 방안으로 이용하거나(예 : 신용파생거래), 보다 좋은 조건으로 자금을 조달하기 위한 목적으로 이용하기도 한다.

5. 관련 법률

파생금융거래의 개념 및 유형에 관하여 정하고 있는 현행 법률로는 자본시장법, 채무자회생과 파산에 관한 법률, 외국환거래법 등을 들 수 있다.

(1) 자본시장법

자본시장법은 파생상품의 유형, 기초자산과 속성 등에 관하여 그동안의 어느 법률보다도 체계적으로 파생상품의 개념과 범위를 정의하고 있다. 자본시장법은 금융시장에서 거래되는 금융상품을 금융투자상품과 그렇지 않은 금융상품으로 구별하고, 금융투자상품의 한 종류로 파생상품을 정의하고 있다.

금융투자상품은 "이익을 얻거나 손실을 회피할 목적으로 현재 또는 장래의 특정(特定) 시점에 금전, 그 밖의 재산적 가치가 있는 것(이하 '금전 등' 이라 한다)을 지급하기로 약정함으로써 취득하는 권리로서, 그 권리를 취득하기 위하여 지급하였거나 지급하여야 할 금전 등의 총액(판매수수료 등 시행령으로 정하는 금액을 제외)이 그 권리로부터 회수하였거나 회수할 수 있는 금전 등의 총액(해지수수료 등 시행령으로 정하는 금액을 포함)을 초과하게 될 위험(이하 '투자성' 이라 한다)이 있는 것" 을 말한다(자본시장법 제3조). 금융투자상품과 기타 금융상품(예금 등)의 구별 기준으로 투자성, 즉 투자한 원본을 회수하지 못할 위험을 제시하고 있다.

금융투자상품은 다시 증권과 파생상품으로 분류된다. 증권은 "내국인 또는 외국인이 발행한 금융투자상품으로서 투자자가 취득과 동시에 지급한 금전 등 외에 어떠한 명목으로든지 추가로 지급의무(투자자가 기초자산에 대한 매매를 성립시킬 수 있는 권리를 행사하게 됨으로써 부담하게 되는 지급의무를 제외)를 부담하지 아니하는 것" 으로 정의되어 있고(자본시장법 제4조), 증권에 해당하지 않는 금융투자상품은 파생상품에 해당하게 된다. 투자자가 금융투자상품 투자시 지급한 금전 이외에 추가로 지급할 의무를 지는지 여부가 증권과 파생상품의 구별기준이 된다. 즉, 금융투자상품 가운데 투자원본을 초과하여 추가로 지급할 의무가 있으면 파생상품에 해당한다.[6)]

---

6) 자본시장법상 장외파생상품의 개념에 대한 논의로는 정순섭, "금융규제법상 포괄

(2) 채무자회생 및 파산에 관한 법률

자본시장법이 제정되기 전에 제정되고 시행(2006. 4. 1.)된 채무자회생 및 파산에 관한 법률에 파생금융거래에 관한 상세한 조항이 포함되었다. 채무자회생 및 파산에 관한 법률은 "파생상품"이라는 용어를 사용하는 자본시장법과는 달리 "파생금융거래"라는 용어를 사용하고 있다. 동법 제120조 제3항에서 파생금융거래 등 일정한 요건을 갖춘 적격금융거래의 일괄청산(close-out netting)조항의 효력을 파산 또는 회생절차 하에서도 인정하여, 동법상의 해제, 해지, 취소, 부인에 관한 예외를 인정받을 수 있도록 하였다.

채무자회생 및 파산에 관한 법률상의 특례조항의 적용을 받는 파생금융거래는 기본계약에 근거하여 이루어져야 한다는 요건이 추가적으로 적용되지만, 그 내용은 자본시장법 제5조의 파생상품과 동일하다(채무자회생 및 파산에 관한 법률 제120조 제3항 제1호, 동법 시행령 제14조 제1항).[7] 다만, 채무자회생 및 파산에 관한 법률 제120조 제3항의 적용을 받는 적격금융거래는 자본시장법 제5조의 파생상품 이외에 증권환매거래와 증권대차거래도 포함하고 있다. 환매거래는 통상 채권(債券)을 대상으로 하는 환매조건부채권매매의 형태로 이루어지고, 자본시장법상으로는 증권의 매매거래로 취급된다(자본시장법 시행령 제7조

개념 도입의 가능성과 타당성: 자본시장통합법상 금융투자상품의 개념을 중심으로," 법학 제49권 제1호(2008. 3), 서울대학교 법학연구소, 281-314면 ; 심인숙, "「자본시장과 금융투자업에 관한 법률」상 장외파생상품 개념에 관한 고찰," 상사법연구 제27권 제3호(2008. 11), 한국상사법학회, 265-319면.

7) 이 입법에 관한 상세한 논의는 제7장 박 준 · 홍선경 · 김장호, 채무자회생 및 파산에 관한 법률 제120조의 해석.

제3항 제3호). 증권의 대차거래는 종류물인 증권의 소비대차거래이다.[8] 환매거래나 대차거래는 그 자체가 매매 또는 대차거래이고 당사자의 의무가 기초자산에 기초하여 결정 또는 산정되는 것은 아니므로 통상 파생금융거래에 포함시키지 않는다. 그러나 환매거래와 대차거래는 기본계약에 따라 이루어지고 유사한 담보구조와 일괄청산 개념을 사용하는 점에서 파생금융거래와 유사하며, 파생금융거래와 연계하여 이용될 수 있다는 점에서 파생금융거래와 함께 주목을 받게 된다.

(3) 외국환거래법

외국환거래법상 파생상품은 (i) 자본시장법 제5조에 따른 파생상품과 (ii) 상품의 구성이 복잡하고 향후 수익을 예측하기 어려워 대규모 외환유출입을 야기할 우려가 있는 금융상품으로서 기획재정부장관이 고시하는 것(외국환거래법 제3조 제1항 제9호, 동법 시행령 제5조)으로 정의되어 있으나 기획재정부장관이 고시한 외국환거래규정에서 정하고 있는 파생상품은 모두 자본시장법 제5조에 따른 파생상품의 범주에 포함되는 것으로 보이고, 이에 추가하여 별도로 고시한 파생상품은 없는 것으로 보인다. 외국환거래법상으로는 거주자와 비거주자 간의 파생금융거래 및 거주자 간의 파생금융거래 중 외국환과 관련된 파생금융거래에 한하여 자본거래로 취급되어 규율된다(외국환거래법 제3조 제1항 제19호 다목).[9]

---

8) 증권대차거래의 구체적인 계약내용에 관하여는 증권예탁결제원의 "증권대차거래의 중개 등에 관한 규정"과 금융투자협회의 "금융투자회사의 약관 운용에 관한 규정" 별표5 "증권대차거래 약관" 참조.

9) 외국환거래법에 따른 파생금융거래 규제에 대하여는 고동원, 금융규제와 법, 박영사, 2008, 249-254면.

II. 파생금융거래에 공통된 법적 쟁점

파생금융거래가 위험을 회피하기 위한 수단으로 사용되기도 하지만 어느 한 당사자의 위험 회피는 다른 당사자의 위험 인수를 뜻한다. 파생금융거래에는 그 거래 자체에 내재하는 각종 위험(신용위험, 유동성 위험, 운영위험, 법적 위험, 결제위험 등)이 있고, 그러한 위험이 적절히 관리되지 않는 경우 개별 금융기업만의 문제에 그치지 않고 금융시스템의 안정에도 영향을 줄 수 있게 된다. 파생금융거래가 활발해지면서 복잡하고 난해한 거래도 증가하였고, 현물시장과 선물시장 간의 연계 및 국내시장과 국제시장 간의 연계 등 금융시장 간의 연계가 더 심화되고 있다. 이러한 금융시장 간의 연계 및 국제화는 각 국가의 통화정책이나 금융정책의 효과에도 영향을 미치게 되었다.

파생금융거래에 대한 법적인 쟁점은 대체로 규제적인 측면에서의 쟁점과 계약관계에서의 쟁점으로 나누어 볼 수 있다.

1. 규제[10)]

(1) 파생금융거래 영업에 대한 인가

파생상품 또는 파생결합증권의 매도, 매수, 중개를 영업으로 하는 경우에는 투자매매업 또는 투자중개업 인가를 받아야 하고, 주식/주가지수 연계 파생결합증권이나 원금 보장이 안 되는 파생결합증권을

10) 은행, 증권회사, 보험회사 별로 파생금융거래 규제를 상세히 논한 문헌으로는 고동원, 앞의 책(주 9), 237-303면.

발행하는 것을 영업으로 하는 경우에도 역시 투자매매업에 해당하여 인가를 받아야 한다(자본시장법 제6조 제2항, 동법 시행령 제7조 제1항).

(2) 파생금융거래 영업행위 규제

자본시장법은 금융투자업자가 파생상품 또는 파생결합증권 거래를 하는 경우에 적용되는 영업행위상 의무를 여러 가지 규정하고 있다. 금융투자업자가 투자자에게 파생상품 또는 파생결합증권에 대한 투자를 권유할 때는 적합성의 원칙과 설명의무를 준수하여야 하고, 투자를 권유하지 않는 경우에도 그 투자가 투자자에게 적정한지 여부에 대하여 판단하고 고객에게 알려줄 의무가 있다.

1) 투자권유

자본시장법상 투자권유는 "특정 투자자를 상대로 금융투자상품의 매매 또는 투자자문계약 · 투자일임계약 · 신탁계약(관리신탁계약 및 투자성 없는 신탁계약을 제외한다)의 체결을 권유하는 것"을 말한다(제9조 제4항). 금융투자업자는 투자권유를 함에 있어서 금융투자업자의 임직원이 준수하여야 할 구체적인 기준 및 절차를 규정한 투자권유준칙을 작성하여야 하고 파생상품 등(적정성의 원칙 적용대상과 동일)에 대하여는 일반투자자의 투자목적 · 재산상황 및 투자경험 등을 고려하여 투자자 등급별로 차등화된 투자권유준칙을 마련해야 하고, 투자권유준칙은 회사의 홈페이지 등을 통하여 공시하여야 한다(자본시장법 제50조). 금융투자협회는 금융투자회사들이 사용할 표준투자권유준칙을 마련하였다.

2) 투자권유시의 의무(1) — 적합성의 원칙(자본시장법 제46조)

금융투자업자는 투자권유를 하기 전에 우선 고객의 특성을 파악하여야 한다(이른바 'know-your-customer' 의무). 우선, 일반투자자인지 전문투자자인지 여부를 확인하여야 하고, 일반투자자인 경우에는 투자자의 특성(투자목적, 재산상황, 투자경험 등)을 파악하고, 이를 기명날인/녹취/이메일/전화녹음 등으로 확인받고 확인받은 내용을 투자자에게 제공하여야 한다.

금융투자업자는 일반투자자의 투자목적 · 재산상황 및 투자경험 등에 비추어 그 일반투자자에게 적합하지 아니하다고 인정되는 투자권유를 하여서는 아니 된다. 이른바, '적합성(suitability) 판단'의 의무가 있다.[11)]

이 의무는 투자권유의 상대방이 일반투자자인 경우에만 적용된다. 전문투자자가 아닌 투자자는 모두 일반투자자에 해당한다. "전문투자자"란 금융투자상품에 관한 전문성 구비 여부, 소유자산규모 등에 비추어 투자에 따른 위험감수능력이 있는 투자자로서 일정한 금융기관,

11) 최근 개정되어 2011. 10. 7. 시행된 미국 금융산업규제기구(FINRA, Financial Industry Regulatory Authority, Inc.) 규칙 2111조는 적합성의 의무가 다음과 같은 세 가지 요소로 구성되어 있는 것으로 규정하고 있다.

i) 합리적인 기준의 적합성(reasonable-basis suitability) : 이 의무는 합리적인 조사에 기초하여 권유가 적어도 일부 투자자에게 적합할 것이라고 믿을 합리적인 근거가 있을 것을 요구한다.

ii) 고객에 고유한 적합성(customer-specific suitability) : 이 의무는 권유가 특정 고객의 투자성향 등에 비추어 볼 때 그 고객에게 적합하다고 믿을 합리적인 근거가 있을 것을 요구한다.

iii) 양적 적합성(quantitative suitability) : 이 의무는 금융기관 또는 그 직원이 고객의 구좌를 실제로 또는 사실상 지배하는 경우 각 개별거래가 적합하더라도 일련의 권유된 거래가 과도하지 않고 적합하다고 믿을 합리적인 근거가 있을 것을 요구한다. Securities and Exchange Commission (Release No. 34-63325; File No. SR-FINRA-2010-039)(November 17, 2010).

주권상장법인 등을 말한다(자본시장법 제9조 제5항, 동법 시행령 제10조). 다만, 전문투자자 중 대통령령으로 정하는 자가 일반투자자와 같은 대우를 받겠다는 의사를 금융투자업자에게 서면으로 통지하는 경우 금융투자업자는 정당한 사유가 있는 경우를 제외하고는 이에 동의하여야 하며, 금융투자업자가 동의한 경우에 해당 투자자는 일반투자자로 본다.

3) 투자권유시의 의무(2) — 설명의무(자본시장법 제47조 및 제48조)

금융투자업자가 일반투자자를 상대로 투자권유를 하는 경우에는 금융투자상품의 내용과 투자성에 관한 구조와 성격, 투자에 따르는 위험, 수수료, 조기상환 계약해제, 해지 등에 관한 사항을 일반투자자가 이해할 수 있도록 설명하고, 설명한 내용을 일반투자자가 이해하였음을 서명, 기명날인, 녹취, 전자우편, 우편, 전화자동응답시스템으로 확인을 받아야 한다. 이러한 설명을 함에 있어서 중요사항, 즉 투자자의 합리적인 투자판단 또는 해당 금융투자상품의 가치에 중대한 영향을 미칠 수 있는 사항을 거짓 또는 왜곡(불확실한 사항에 대하여 단정적 판단을 제공하거나 확실하다고 오인하게 할 소지가 있는 내용을 알리는 행위)하여 설명하거나 중요사항을 누락하여서는 안 된다. 설명의무도 고객이 일반투자자인 경우에 적용된다. 법률에 명시적으로 규정하고 있지는 않으나, 금융투자업자가 설명의무를 다하고 적합성의 원칙을 준수하기 위해서는 투자권유하는 금융투자상품의 내용을 정확하게 파악하여야 한다. 금융투자상품의 내용을 파악하지 못하고 투자권유하는 경우 오해를 유발할 수 있는 언급을 할 수 있는 가능성이 커지게 된다. 금융기관의 책임을 인정한 판례의 사안을 보면 투자권유를 행하는 금융기관의 직원이 금융투자상품의 내용을 정확하게 파악하지

못한 데 문제의 근본적인 원인이 있는 경우가 많다.[12)]

설명의무를 이행하지 않거나, 중요사항 설명의 허위 · 누락으로 인하여 투자자가 입은 손해에 대하여 배상책임을 지며, 이 경우 손해액은 〔일반투자자가 금융투자상품 취득시 지급한/할 금전의 총액〕에서 〔금융투자상품 처분으로 회수한/할 수 있는 금전의 총액〕을 차감한 금액으로 추정한다.

4) 투자권유시의 의무(3) — 부당권유행위의 금지(자본시장법 제49조)

금융투자업자는 투자권유시 다음과 같은 행위를 하여서는 안 된다.

① 거짓의 내용을 알리는 행위

② 불확실한 사항에 대하여 단정적 판단을 제공하거나 확실하다고 오인하게 할 소지가 있는 내용을 알리는 행위

③ 투자자로부터 투자권유의 요청을 받지 아니하고 방문 · 전화 등 실시간 대화의 방법을 이용하는 행위(다만, 증권과 장내파생상품에 대하여 투자권유를 하는 경우는 투자자보호 및 건전한 거래질서를 해할 우려가 없는 것으로 보아 제외)

④ 투자권유를 받은 투자자가 이를 거부하는 취지의 의사를 표시하였음에도 불구하고 투자권유를 계속하는 행위(다만, 투자성 있는 보험계약에 대하여 투자권유하는 경우, 일정한 기간이 경과한 후에 다시 투자권유를 하는 경우 및 일정한 다른 종류의 금융투자상품에 대하여 투자권유를 하는 경우에는 투자자보호 및 건전한 거래질서를 해할 우려가 없는 행위로 보아 제외)

---

12) 아래 II. 2. (2)에 언급된 대법원 2010. 11. 11. 선고 2010다55699 판결, 대법원 2010. 11. 11. 선고 2008다52369 판결.

⑤ 투자자(전문투자자와 신용공여를 받아 투자를 한 경험이 있는 일반투자자는 제외)로부터 금전의 대여나 그 중개 · 주선 또는 대리를 요청받지 아니하고 이를 조건으로 투자권유를 하는 행위

이 가운데 제3호에 규정된 불초청 투자권유의 금지는 자택 또는 회사로의 방문, 전화 등 실시간 대화에 의한 투자권유는 투자자가 원할 경우에만 가능하도록 하여 투자자의 사생활과 평온한 삶 침해를 방지하고자 하는 목적을 가진 것인데, 장외파생상품의 투자권유시에만 적용하도록 하고 있다. 증권과 장내파생상품의 투자권유시 적용을 배제한 것은 금융투자상품의 위험도를 기준으로 적용범위를 정한 것이라고 하나, 파생결합증권과 장내파생상품을 위험도의 면에서 주식 채권 등의 전통적인 증권과 같이 취급하는 것이 타당한지 의문이고, 나아가 사생활보호 내지는 평온한 삶 침해 방지의 목적상 이러한 배제가 타당한 것인지 의문이 있다.

5) 투자권유를 하지 않는 경우의 적정성 파악의무(자본시장법 제46조의2)

금융투자업자는 일반투자자에게 투자권유를 하지 아니하고 파생상품, 그 밖에 대통령령으로 정하는 금융투자상품(이하 '파생상품 등'이라 한다)[13]을 판매하려는 경우에는 우선, 면담 · 질문 등을 통하여 그

13) 시행령 제52조의2 제1항 : 법 제46조의2 제1항에서 "대통령령으로 정하는 금융투자상품"이란 다음 각호의 어느 하나에 해당하는 것을 말한다.

1. 파생결합증권. 다만, 발행과 동시에 투자자가 지급한 금전 등에 대한 이자 등 과실(果實)만이 해당 기초자산의 가격 · 이자율 · 지표 · 단위 또는 이를 기초로 하는 지수 등의 변동과 연계된 증권은 제외한다.
2. 법 제93조 제1항에 따른 집합투자기구의 집합투자증권. 다만, 금융위원회가 정하여 고시하는 집합투자기구의 집합투자증권은 제외한다.
3. 집합투자재산의 100분의 50을 초과하여 파생결합증권(제1호 단서에 따른 증권

투자자의 투자목적 · 재산상황 및 투자경험 등의 정보를 파악하여야 한다.

다음, 투자자의 투자목적 · 재산상황 및 투자경험 등에 비추어 해당 파생상품 등이 그 투자자에게 적정하지 아니하다고 판단되는 경우에는 대통령령으로 정하는 바[14)]에 따라 그 사실을 투자자에게 알리고, 투자자로부터 서명, 기명날인, 녹취, 그 밖에 대통령령으로 정하는 방법[15)]으로 확인을 받아야 한다.

이와 같이 금융투자업자가 투자권유를 하지 않는 경우에도 위험도가 높은 파생상품이나 파생결합증권 또는 파생펀드를 일반투자자에 판매할 때는 그 상품이 투자자에게 적정한 지 여부에 대하여 판단할 의무를 부담한다.[16)]

6) 영업행위 규제 위반과 민사 책임

자본시장법에서 영업행위에 관한 사항 중 설명의무 위반에 대하여

은 제외한다)에 운용하는 집합투자기구의 집합투자증권

14) 시행령 제52조의2 제2항 : 금융투자업자는 법 제46조의2 제2항에 따라 일반투자자에게 다음 각호의 사실을 알려야 한다.
1. 해당 파생상품 등(법 제46조의2 제1항에 따른 파생상품 등을 말한다. 이하 이 항에서 같다)의 내용
2. 해당 파생상품 등에 대한 투자에 따르는 위험
3. 해당 파생상품 등이 일반투자자의 투자목적 · 재산상황 및 투자경험 등에 비추어 그 일반투자자에게 적정하지 아니하다는 사실

15) 자본시장법 시행령 제52조의2 제3항에서 전자우편, 우편, 전화자동응답시스템을 확인 방법으로 규정하고 있다.

16) 이 조항은 자본시장법이 제정될 당시에는 없었으나 최근 파생금융거래를 둘러싼 분쟁의 발생과 더불어 금융위원회가 2009. 12. 19. 발표한 파생상품시장 감독체계 개선방안 중 하나로 들어 있던 것을 입법하여 자본시장법 시행을 바로 앞둔 2009. 2. 3. 개정시 새로 추가되었다. 금융위원회 보도자료, 붙임 보도참고자료—파생상품시장 감독체계 개선 방안(2008. 12. 19), 13면.

는 손해배상책임을 질 수 있음을 명시적으로 규정함으로써, 설명의무는 규제/감독의 차원에서 요구되는 것일 뿐 아니라, 금융투자업자와 고객(투자자) 사이의 법률관계상으로도 요구되는 것임을 명시하고 있다. 그러나 금융투자업자의 영업행위에 관한 다른 의무들, 즉 고객특성 파악의무(know-your-customer)나 적합성 또는 적정성 판단의무에 대하여는 이러한 손해배상책임에 관한 조항을 두고 있지 않다.[17] 고객파악의무나 적합성 또는 적정성 판단의무 위반시 금융감독기관이 제재를 가할 수 있다는 점에서 금융기관의 규제 · 감독의 차원에서 부과되는 의무임은 분명한데, 금융투자업자가 이러한 의무를 거래 상대방인 고객(투자자)에게 직접 부담하는 것인지에 대하여는 논란이 있을 수 있다.

자본시장법상 의무 위반에 대하여 손해배상책임조항을 두고 있지 않다는 점에서 이러한 의무 위반은 고객(투자자)에게 부담하는 의무가 아니라는 해석이 있을 수 있고, 이러한 의무는 금융투자업의 속성상 부과되는 넓은 의미에서의 고객보호의무의 한 태양으로서 금융투자업자가 고객에게 부담하는 의무를 규제법에 명시한 것이라는 해석도 있을 수 있다. 한편, 아래 II. 2. (2)에서 보는 바와 같이 자본시장법이 적용되지 않는 경우에도 법원은 적합성의 원칙과 설명의무를 신의칙상의 의무로 인정하고 있다.

---

17) 금융위원회는 불확실한 사항에 대하여 단정적인 판단을 제공하거나 확실하다고 오인케 할 소지가 있는 내용을 알리는 경우에도 손해배상책임을 명시적으로 인정하는 방향의 개선방안과 취약계층에 대한 파생상품 등의 투자권유시 적절한 설명의무 이행 여부(설명의무 위반 여부)에 대한 입증책임을 금융투자업자에게 전환하는 방안을 검토하는 방안도 제시하였다. 금융위원회 앞의 보도자료(주 16), 18면.

(3) 내부통제

1) 자본의 건전성 규제

금융기관 입장에서도 파생금융거래 업무를 처리하는 경우 파생금융거래로 금융기관 자신이 직접 부담하는 위험도 있을 뿐 아니라 파생금융거래와 관련하여 부담하게 될 수 있는 법적인 위험 등 다른 위험들이 있으므로 위험의 관리는 매우 중요한 사항이다. 각 금융기관에 적용되는 개별 법령은 금융기관이 부담하는 위험의 한도를 정하거나, 위험을 흡수할 수 있을 정도의 자기자본 또는 영업용순자본 등 자본을 보유할 것을 요구하는 건전성 규제를 하고 있다.

2) 파생상품관련 내부통제의 강화

이러한 자기자본의 건전성 규제에 추가하여 2009. 2. 3. 자본시장법 개정시 파생상품에 관한 금융기관의 내부통제를 강화하는 조항이 추가되었다. 자산규모 및 금융투자업의 종류 등을 고려하여 대통령령으로 정하는 금융투자업자[18](겸영금융투자업자 포함)는 상근 임원으로서 대통령령으로 정하는 파생상품업무책임자를 1인 이상 두어야 하며, 파생상품업무책임자를 지정 · 변경한 때에는 그 사실을 금융위원회에 통보하도록 규정하고 이 파생업무책임자는 파생상품 투자자보호에 필요한 절차나 기준의 수립 및 집행에 관한 관리 · 감독업무, 장외파

---

18) 시행령 제32조의2 제1항 : 법 제28조의2 제1항에서 "대통령령으로 정하는 금융투자업자"란 다음 각호의 어느 하나에 해당하는 자를 말한다.
1. 장내파생상품에 대한 투자매매업 또는 투자중개업을 경영하는 자로서 최근 사업연도 말일을 기준으로 자산총액이 1천억 원 이상인 자
2. 장외파생상품에 대한 투자매매업 또는 투자중개업을 경영하는 자

생상품 매매에 대한 승인 업무와 그 밖에 대통령령으로 정하는 업무를 수행하도록 하여야 한다(자본시장법 제28조의2).

그 밖에도 자본시장법은 투자매매업자 또는 투자중개업자가 장외파생상품을 대상으로 하여 투자매매업 또는 투자중개업을 하는 경우에는 일정한 기준을 준수할 의무를 부과하였다(자본시장법 제166조의2 제1항).[19)]

---

19) 1. 장외파생상품의 매매 및 그 중개 · 주선 또는 대리의 상대방이 일반투자자인 경우에는 그 일반투자자가 위험회피 목적의 거래〔즉 위험회피를 하려는 자가 보유하고 있거나 보유하려는 자산 · 부채 또는 계약 등('위험회피대상')에 대하여 미래에 발생할 수 있는 경제적 손실을 부분적 또는 전체적으로 줄이기 위한 거래로서 계약체결 당시 그가 (i) 위험회피대상을 보유하고 있거나 보유할 예정이고 (ii) 장외파생거래 계약기간 중 장외파생거래에서 발생할 수 있는 손익이 위험회피대상에서 발생할 수 있는 손익의 범위를 초과하지 아니하는 거래〕를 하는 경우에 한할 것. 이 경우 투자매매업자 또는 투자중개업자는 일반투자자가 장외파생상품거래를 통하여 회피하려는 위험의 종류와 금액을 확인하고, 관련 자료를 보관하여야 한다.

2. 장외파생상품의 매매에 따른 위험액(금융위원회가 정하여 고시하는 위험액)이 금융위원회가 정하여 고시하는 한도를 초과하지 아니할 것

3. 영업용순자본이 총위험액의 2배에 미달하는 경우(겸영금융투자업자의 경우에는 금융위원회가 정하여 고시하는 경우를 말한다)에는 그 미달상태가 해소될 때까지 새로운 장외파생상품의 매매를 중지하고, 미종결거래의 정리나 위험회피에 관련된 업무만을 수행할 것

4. 장외파생상품의 매매를 할 때마다 제28조의2의 파생상품업무책임자의 승인을 받을 것. 다만, 금융위원회가 정하여 고시하는 기준을 충족하는 계약으로서 거래당사자 간에 미리 합의된 계약조건에 따라 장외파생상품을 매매하는 경우는 제외한다.

5. 월별 장외파생상품(파생결합증권 포함)의 매매, 그 중개 · 주선 또는 대리의 거래내역을 다음 달 10일까지 금융위원회에 보고할 것

6. (i) 기초자산이 자본시장법 제4조 제10항 제4호(신용위험) 또는 제5호(기타 자연적 환경적 경제적 현상에 속하는 위험)에 해당하는 장외파생상품 또는 (ii) 일반투자자를 대상으로 하는 장외파생상품을 신규로 취급하는 경우 협회의 사전심의를 받을 것(다만, 대통령령으로 정하는 경우는 제외) 〔주 : 이 사전 심의제도는 2011. 12. 31.까지 한시법으로 도입되었고 현재는 실효되었다.〕

이 가운데 특히 유의할 사항은 제1호에 규정된 일반투자자와의 거래시 위험회피 목적의 거래에 한한다는 부분이다. 금융투자업자가 고객(투자자)이 위험회피 목적으로 거래를 하는 것인지 여부를 확인하는 것은 기본적으로 규제목적의 제한이므로, 이 확인의무를 위반하였다고 하여 그 파생금융거래가 무효로 되는 것은 아니라고 보아야 할 것이다.

3) 부실한 내부통제 사례—베어링의 도산

1995. 2. 27. 영국의 가장 오래된 merchant bank인 베어링이 싱가포르의 senior floor trader였던 Nick Leeson이 선물 및 옵션 계약으로 8억 2700만 파운드의 손실을 초래함으로써 도산하여(자기자본 : 3억 5400만 파운드) 결국 1파운드에 네덜란드의 ING에게 인수된 사례는 내부통제가 제대로 행하여지지 않았을 때 발생할 수 있는 최악의 사태를 잘 보여 주었다.

Leeson은 싱가포르 국제금융거래소(Singapore International Monetary Exchange, 이하 'SIMEX')와 오사카 증권거래소(Osaka Securities Exchange, 이하 'OSE') 및 도쿄 증권거래소(Tokyo Securities Exchange, 이하 'TSE') 간에 Nikkei 225지수선물, 일본국채선물, Euroyen의 차익거래(arbitrage)를 하는 것으로 되어 있었으나, 사실은 매도 또는 매수포지션을 취하면서 그에 상응하는 상쇄포지션을 두지 않는 net open position을 취하고 있었다. 1992년에는 이러한 open position의 규모가 꽤 작았으나(그해의 누적된 손실은 2백만 파운드였다), 매년 손실 규모가 증가하여 1993년 말에는 2,300만 파운드, 1994년 말에는 1억 8500만 파운드, 1995년 2월 27일에는 8억 2700만 파운드에 달하였다.

Leeson은 이러한 open position으로 인한 손실 누적을 가공의 구좌를 이용한 가공거래를 통하여 은폐하였다. 손실이 누적된 데에는 기본적으로 Leeson이 시장에 대한 판단을 잘못한 점도 있었으나, 그가 취급한 파생상품인 선물과 옵션은 매우 평범하고 또한 이해하기 쉬운 상품들이었고, 장내거래로 거래하여 거래 상대방에 대한 위험도 부담하지 않는 거래였으므로 파생상품의 복잡성 때문이라고 하기에는 어려웠다. 오히려 부실한 내부통제 시스템에 기인한 바 크다.

Leeson은 위험관리시스템이나 가격결정모델을 사용하지 않고 자신의 직관에 의존하였으며, 거래 체결업무와 후선 결제업무 양쪽을 맡고 있어 거래의 내용을 위장하기 쉬운 조직구조로 되어 있었고, 내부 보고체계도 Leeson의 업무를 파악하기 어렵게 되어 있었다. 베어링 내부적으로 증거금의 증가와 Leeson으로의 권한집중 현상 등이 매우 현저한 위험을 내재하고 있다는 지적이 일부 있었으나 이러한 지적에 대해 베어링의 내부 감사부서가 제대로 대처하지 못하였다. 자산부채위원회(Asset and Liability Committee)에서 리스크 관리를 해 왔다고 하지만, Leeson의 거래내용이나 결제, 자금조달 등에 대해서 충분히 보고받아 검토하지 않았다는 점들이 내부통제가 부실했던 징표의 하나로 제시되고 있다.[20)]

---

20) 베어링 사건의 전말에 대하여는 Paul Stoneham, Whatever Happened at Barings? Part One : The Lure. of Derivatives and Collapse, European Management Journal Vol.14 No.2 pp.167-175 (1996), Part Two : Unauthorised Trading and the Failure of Controls European Management Journal Vol.14 No.3 pp.269-278 (1996) ; 김형태/이현진, 장외파생상품 실패사례 분석과 시사점, 한국증권연구원, 2003, 102-110면.

(4) 불공정거래의 규제

1) 내부자거래 규제

종전의 증권거래법상으로는 내부자거래 금지의 대상이 되는 증권을 해당 상장법인이 발행한 증권에 한정하였으나, 자본시장법은 해당 법인이 발행한 증권 이외에 제3자가 발행한 증권예탁증권, 교환사채뿐 아니라 이러한 증권만을 기초로 하는 금융투자상품도 내부자거래금지의 대상이 되는 특정 증권의 범위에 포함시켰다(자본시장법 제172조 제1항). 따라서 어떤 상장법인의 미공개중요정보를 가지고 있는 내부자(또는 준내부자 또는 정보수령자)는 해당 법인이 발행한 주식 등의 증권의 거래에 정보를 이용하는 것이 금지될 뿐 아니라 그러한 주식을 기초로 한 파생결합증권이나 파생상품의 거래에 이용하는 것도 금지된다. 다만, 자본시장법이 "제1호 내지 제3호까지의 증권만을 기초자산으로 한 금융투자상품"이라고 규정함으로써 문면상 복수의 주식을 기초로 한 파생결합증권이나 장외파생상품은 포함하지 않는 것으로 되어 있는데, 과연 그렇게 제한하는 것이 타당한지에 대하여는 비판이 있다.[21)]

2) 시세조종행위 규제

① 자본시장법은 현물시장과 선물시장의 연계거래에 의한 시세조종, 기초자산이 되는 증권과 파생결합증권의 연계에 의한 시세조종 등을 금지하고 있다. 즉 (i) 장내파생상품 매매에서 부당한 이익을 얻

---

21) 김건식/정순섭, 자본시장법(제2판), 두성사, 2010, 327면.

거나 제삼자에게 부당한 이익을 얻게 할 목적으로 그 장내파생상품의 기초자산의 시세를 변동 또는 고정시키는 행위, (ii) 장내파생상품의 기초자산의 매매에서 부당한 이익을 얻거나 제삼자에게 부당한 이익을 얻게 할 목적으로 그 장내파생상품의 시세를 변동 또는 고정시키는 행위, (iii) 증권의 매매에서 부당한 이익을 얻거나 제삼자에게 부당한 이익을 얻게 할 목적으로 그 증권과 연계된 다른 증권으로서 자본시장법 시행령 제207조에 열거한 증권의 시세를 변동 또는 고정시키는 행위를 금지하고 있다(자본시장법 제176조 제4항).

② 최근에는 주가연계증권(ELS)의 발행회사(또는 발행회사가 ELS상의 위험을 헤지하기 위하여 파생금융거래를 체결한 상대방인 금융기관)의 ELS 기초자산인 주식의 거래가 불공정거래에 해당하는지 여부가 문제되고 있다.

민사사건으로는, ELS의 증권 발행일로부터 만기에 이르기까지 4개월마다 도래하는 중간평가일의 기초자산의 가격변동에 따라 중도상환의무가 발생하는 구조의 주가연계증권을 발행 · 판매한 증권회사가 두 번째 중간평가일의 종가가 결정되기 불과 10분 전에 그 기초자산인 주식을 대량매도함으로써 종가가 108,000원으로 끝나게 되어 중도상환조건(종가가 기준가격 108,500원 이상일 것)이 성취되지 못한 사안에서, 1심 법원의 판결은 나뉘었다. 원고(투자자들)의 청구를 인용한 서울중앙지방법원 2010. 7. 1. 선고 2009가합90394 판결은, 중도상환조건의 성취로 불이익을 받을 당사자인 증권회사가 신의성실에 반하여 중도상환조건의 성취를 방해한 것이므로, 그 상대방인 투자자는 증권회사에 대하여 증권회사의 방해행위가 없었더라면 조건이 성취되었을 것으로 추단되는 위 중간평가일에 중도상환조건이 성취된 것으로 인정하였고, 서울중앙지방법원 2010. 5. 28. 선고 2009가합116043 판결은 원고청구를 기각하였다.[22)]

형사사건으로는 장외파생금융거래의 해제조건 성취를 둘러싸고 거래의 양당사자 모두 조건 성취를 인위적으로 만들거나 조건 성취를 방해하는 행위를 하여 형사상 시세조종금지 위반에 해당된 것으로 본 사례가 있다. 이 사례에서는 A1은행이 B회사에게 기초자산인 C은행 주식에 대하여 행사가격 7,892원으로 하되 C은행의 주가가 행사가격의 2배인 15,784원 이상이 되는 경우 소멸하는 조건으로 1년 만기 유럽식 매수옵션(call option)을 부여하였다.

A1은행의 계열회사인 A2증권의 직원D는 주식 종가를 해제조건(knock-out) 가격(15,784원) 이상으로 형성시켜 A1은행의 금전적 손실을 회피케 할 목적으로, 다량의 고가매수주문을 제출하여 동시호가 직전가격을 15,800원으로 형성시켰고, 같은 날 종가 동시호가 마감직전에 15,800원(지정가)에 대량매수주문을 제출하여 당일 종가를 15,800원으로 끝나도록 하였고, 한편, B회사 직원E는 종가가 해제조건 가격(15,784원) 이상으로 형성되는 것을 방지할 목적으로 15,800원인 상황에서 시장가로 35만 주의 대량매도주문을 제출함으로써 예상체결가격을 급락(15,800원→15,300원)시킨 사례에서 법원은 "델타헤지와 같은 위험회피거래는 증권사가 그 자신의 이익을 보호하기 위하여 그의 책임과 판단 아래 수단과 방법을 결정하여 행하여지는 것이므로, 기

22) 이 판결에 대하여는 나승철, "주가연계증권(ELS)에 있어서 발행사와 투자자 사이의 이해상충," 기업법연구 제24권 제14호(2010. 12), 한국기업법학회, 193-216면 ; 이승희, "ELS분쟁의 현황과 법적 쟁점," 연세글로벌비즈니스 법학연구 제2권 제2호(2010), 연세대학교 법학연구원, 42-72면.

초자산의 공정한 가격 형성에 영향을 주지 않는 범위 내에서 이루어져야 할 것인데, 피고인1이 장중에 분할 매수를 하는 등 시장 충격을 완화하려는 조치를 취하지 않고, 동시호가 시작 직전 및 장 종료 직전에 대량의 매수주문을 제출한 행위는 공매도 청산의 의도가 있기는 하나, 전체적으로 보면 C은행의 주가를 낙아웃 가격 이상으로 변동시킬 의도로 주문한 것으로서 그 주문으로 인하여 예상 체결가격이 상승하지 않을 뿐 예상 체결수량을 크게 증가시켜 일반투자자들로 하여금 매수세가 유입되는 것으로 오인하게 하는 종가 관여 주문으로서 시세조종에 해당한다"고 보았다(서울중앙지방법원 2011. 1. 28. 선고 2010고합11 판결).[23)]

3) 부정거래행위 규제

자본시장법은 미국의 Rule 10b-5와 유사하게 광범위한 부정거래행위를 금지하는 조항을 별도로 두었다(자본시장법 제178조). 부정거래행위는 증권만이 아니라 모든 금융투자상품의 거래에 적용되므로 파생상품거래에도 적용된다. 부정거래행위의 유형으로는 다음의 4가지가 규정되어 있다.

① 부정한 수단, 계획 또는 기교를 사용하는 행위

② 중요사항에 관하여 거짓의 기재 또는 표시를 하거나 타인에게 오해를 유발시키지 아니하기 위하여 필요한 중요사항의 기재 또는 표

23) 이 판결에 대하여는 박임출, "시세조종의 구성요건인 '변동거래'와 '유인목적' —서울중앙지방법원 2011. 1. 28. 선고 2010고합11 판결을 중심으로—," 증권법연구 제12권 제2호(2011. 8), 한국증권법학회, 211-251면 ; 남궁주현, "현실매매에 의한 시세조종행위의 성립요건에 관한 고찰—서울중앙지방법원 2011. 1. 28. 선고 2010고합11 판결을 중심으로—," 증권법연구 제12권 제2호(2011. 8) 253-283면.

시가 누락된 문서, 그 밖의 기재 또는 표시를 사용하여 금전, 그 밖의 재산상의 이익을 얻고자 하는 행위

③ 금융투자상품의 매매, 그 밖의 거래를 유인할 목적으로 거짓의 시세를 이용하는 행위

④ 금융투자상품의 매매, 그 밖의 거래를 할 목적이나 그 시세의 변동을 도모할 목적으로 풍문의 유포, 위계의 사용, 폭행 또는 협박하는 행위

2. 계약 관계

(1) 권리능력

파생금융거래의 당사자가 파생금융거래를 행할 권리능력이 있는지가 문제될 수 있다. 자본시장법에 따라 파생상품 영업인가를 받은 금융투자업자의 경우에는 그 인가를 받은 범위 내에서의 파생상품거래에 대한 권리능력에는 문제가 없을 것이다. 이러한 영업인가를 받지 아니한 법인이 파생금융거래의 당사자가 되는 경우는 어떠한가. 당사자가 회사인 경우에는 회사의 권리능력은 회사의 설립근거가 된 법률과 회사의 정관상의 목적에 의하여 제한되나 그 목적범위 내의 행위라 함은 정관에 명시된 목적 자체에 국한되는 것이 아니고 그 목적을 수행하는 데 있어 직접 또는 간접으로 필요한 행위는 모두 포함된다는 점에서(대법원 1987. 9. 8. 선고 86다카1349 판결 등), 회사가 정관 소정의 목적을 수행하는 과정에서 부담하는 위험의 헤지 내지는 위험관리를 위하여 행하는 파생금융거래는 정관 소정의 목적을 수행하는 데 필요한 행위라고 보아야 할 것이다.

상법상의 회사가 아닌 민법상의 법인의 경우에는 민법 제34조에 정한 바에 따라 보다 엄격하게 정관으로 정한 목적 범위내에서 권리능력을 갖는다고 보아야 하므로 민법상의 법인이 파생금융거래를 하는 경우에는 권리능력이 있는지 여부에 대하여 신중하게 검토할 필요가 있을 것이다. 특별법상의 법인의 경우에도 법인의 목적이 법률로 정해져 있는 경우, 파생금융거래가 그러한 목적에 포함되는지 여부가 문제될 수 있다.

영국에서는 지방자치단체의 스왑계약 체결이 영국 지방정부법(Local Government Act of 1972)[24)]에서 허용하고 있는 지방정부의 권리능력에 포함되는지의 여부가 문제된 사안에서 지방정부의 권리능력을 부인하였다.[25)] 이 판결로 인하여 170여 개의 지방정부와 75개의 금융기관이 체결한 스왑계약이 무효로 되어 금융기관들이 막대한 손실을 입게 되었고, 새로운 금융거래에 대하여 법원이 시장에서의 기대와 다른 판단을 할 법적인 위험(legal risk)의 대표적인 사례로 지적되고 있다.

---

24) 문제된 조항은 Local Government Act of 1972. 제111조 제1항이다. "Local authority shall have power to do anything(whether or not involving expenditure, borrowing or lending of money or the acquisition or disposal of any property or rights) which is calculated to facilitate or is conducive or incidental to, the discharge of any of their functions."

25) Hazell v. Hammersmith & Fulham London Borough Counsel 2 W.L.R. 372(H.L. 1991) 이 판결에 대한 설명으로는 정웅기, "장외파생상품거래와 법인의 권리능력," 인권과 정의 제411호(2010. 11), 대한변호사협회, 183-197면.

(2) 고객 보호의무 및 설명의무

1) 설명의무 관련 최근의 대법원 판결들

① 대법원은 거래행위와 거래방법, 고객의 투자상황, 거래의 위험도 및 이에 관한 설명의 정도 등을 종합적으로 고려할 때 해당 권유행위가 경험이 부족한 일반투자가에게 거래행위에 필연적으로 수반되는 위험성에 관한 올바른 인식형성을 방해하거나 고객의 투자상황에 비추어 과대한 위험성을 수반하는 거래를 적극적으로 권유한 경우에 해당하여 결국 고객에 대한 보호의무를 저버려 위법성을 띤 행위인 것으로 평가되는 경우 손해배상책임을 부담한다는 취지로 판시하여 왔고(대법원 2007. 4. 12. 선고 2004다62641 판결 등), 2010년 하반기 이후 파생금융거래시 금융기관의 고객에 대한 설명의무에 대하여 일련의 판결을 선고하였다.

② 먼저, 대법원 2010. 11. 11. 선고 2008다 52369 판결은 파생금융상품에 투자해 본 적 없는 62세의 남성에게 파생상품투자신탁의 가입을 권유한 사안에 관한 것이다. 이 투자신탁은 만기 3년으로 가입시 코스피 지수(이하 '기준지수') 20% 범위 내에서 지수가 변동한 때에는(이하 '수익발생조건') 7% 또는 9%의 수익금과 원금을 지급하고, 20% 범위를 넘어설 경우에는 〔(변동률−20%)×1.74〕의 비율에 따른 원금손실이 발생하는 것이었다(따라서 만기 또는 만기 전 기준일에 코스피 지수가 기준지수 대비 77.47% 이상 변동하면 원금을 전부 잃게 된다). 단, 3년간 매 6개월마다(이하 '만기 전 기준일') 그날의 코스피 200의 종가가 기준지수 대비 10% 이내에서 변동하는 경우 연 7%의 수익을, 10~20% 범위

에서 변동하는 때는 연 9%의 수익을 조기에 확정할 수 있도록 하였다. 원고가 투자한 이후 주가지수가 급격하게 상승하여 이 사건 투자신탁은 계속 손실이 발생하였다. 원고는 약 1년 후 원금 50%에 달하는 손실이 발생하였음을 알고, 피고은행에게 원금 보장을 주장하였다. 원고는 피고은행의 환매권유에도 불구하고 환매 요청을 하지 아니하였고, 이 사건 투자신탁은 만기까지 자동으로 연장되어 원금 1억 원 가운데 80만 9390원이 남게 되었다.

이 사안에 대하여 대법원은 다음과 같이 판시하여 금융기관이 미래의 경제 상황의 변화를 예측할 의무가 있다기보다는 투자권유하는 금융상품의 내용과 성격을 정확하게 설명할 의무를 부담한다는 취지를 명확하게 하였다.[26)]

> "원심은 피고은행의 직원이 손실이 발생할 가능성에 대한 예측을 소홀히 하여 그 가능성과 범위에 대한 명확한 설명을 하지 아니한 채 부당권유행위를 하였다고 판단하고 있으나, 원심 스스로도 원고가 이 사건 투자신탁에 가입하여 입은 손실은 원고가 이

---

26) CP매출 당시 발행회사의 신용등급이 A3+에서 A3-↓으로 변경되었음에도 피고증권회사가 발행한 통장과 거래원장에는 그 신용등급을 A3+로 기재한 사안에서 "원고가 종래 피고증권회사로부터 매수하였던 CP는 투기적 요소가 전혀 없는 A2- 등급이었고, 이 사건 CP의 신용등급 옆에 첨부되는 +, -기호는 같은 신용등급 내에서 상대적 우열을 가지는 표시로 본질적인 표지가 달라지는 것이 아니라고 하지만, 일반투자자의 입장에서 본 발행인의 신용도라는 측면에 있어서는 엄연히 적지 않은 차이가 있다. … 이 사건 거래 대상인 CP에 있어서 발행자의 신용도를 측정하는 신용등급은 중요정보에 해당한다. … 이를 설명하지 않거나 잘못 설명한 경우에는 원칙적으로 고객에 대한 보호의무를 저버린 위법한 행위"라고 하여 고객 의무 위반으로 인한 손해배상책임을 인정한 대법원 2006. 6. 29. 선고 2005다49799 판결도 금융기관이 판매하는 금융상품의 내용에 관하여 정확한 정보를 제공할 의무를 인정하였다는 점에 같은 취지의 판결이라고 할 수 있다.

사건 투자신탁에 가입한 이후 2004년 말부터 우리나라의 주가가 급격히 상승한 것에 기인한 것으로서 피고은행으로서는 이러한 사정을 예상하기 어려웠다는 점을 인정하고 있을 뿐만 아니라, 파생금융상품의 판매회사의 담당직원이 누구도 예측하기 어려운 미래 사실인 파생금융상품의 손실 발생 가능성을 스스로 예측하여 고객에게 그 가능성과 범위에 관하여 명확히 설명할 의무가 있다고 보기 어려우므로, 위와 같은 원심의 판단은 적절하지 아니하다. ….

이 사건 상품설명서에는… "환매 수수료 : 장외파생상품의 투자일의 익영업일로부터 장외파생상품 만기일 전일까지 환매금액의 5%, 따라서 중도 환매시에 원금 손실을 초래할 수 있으며 펀드 조기 상환시에는 환매 수수료가 없습니다"라고 기재되어 있어, 마치 중도 환매시에는 환매 수수료만을 공제하고 이 때문에 원금 손실이 발생하는 것처럼 오해할 소지를 제공하고 있다. 이러한 상황하에서 이 사건 수익증권을 판매하는 피고은행의 직원이 만기 전 기준일에는 원금손실이 결정되지 않는다는 점을 설명하면서 만기 전에 환매하는 경우에 환매가격이 원금에 미달될 수 있다는 점에 대하여 설명하지 아니한다면, 원고처럼 파생금융상품이나 이에 투자하는 투자신탁의 수익증권을 매수한 경험이 없는 투자자로서는 만기 전에 언제든지 환매하더라도 원금에서 환매 수수료만을 공제할 뿐 그 이외에는 원금을 환급받을 수 있는 금융상품이라고 오해할 수 있다. 따라서 피고 은행의 직원이 원고에게 이 사건 수익증권의 매수를 권유하면서 중도 환매가격에 대하여 오해를 불러일으킬 수 있는 부실한 표시가 기재된 이 사건 상품설명서를 제공하고, 그 환매가격에 대한 명확한 설명을 하지 아니함으로써 원고로 하여금 중도 환매시 지급받을 수 있는 환매가격에 관하여 오해하게 한 것은, 고객이 올바른 정보를 바탕으로 합리적인 투자판단을 할 수 있도록 고객을 보호하여야 할 주의의무를 위반한 것으로 원고에 대하여 불법행위를 구성한다."

③ 대법원 2011. 7. 28. 선고 2010다101752 판결은 장외파생상품 투자신탁 판매와 관련하여 "판매회사는 자산운용회사가 제공한 투자설명서의 내용을 숙지하고, 그 의미가 명확하지 않은 부분은 자산운용회사로부터 정확한 설명을 들어 그 내용을 스스로 명확하게 이해한 다음, 투자자에게 그 투자신탁의 운용방법이나 투자계획 및 그로 인한 수익과 위험을 투자자가 정확하고 균형 있게 이해할 수 있도록 설명하여야 하고, 단지 자산운용회사로부터 제공받은 판매보조자료의 내용이 정확하고 충분하다고 믿고 그것에 의존하여 투자신탁에 관하여 설명하였다는 점만으로는 투자자보호의무를 다하였다고 볼 수 없다"고 하여 판매회사가 판매하는 금융상품의 내용을 숙지하여야 할 의무를 명시하였고, 나아가 "자산운용회사는 수익증권의 판매업무를 직접 담당하지 않는 경우에도 수익증권의 판매에 직접적인 이해관계가 있을 뿐 아니라 투자신탁의 설정자 및 운용자로서 투자신탁에 대하여 제1차적으로 정보를 생산하고 유통시켜야 할 지위에 있으므로, 이러한 자산운용회사로서는 판매회사나 투자자에게 투자신탁의 수익구조와 위험요인에 관한 올바른 정보를 제공함으로써 투자자가 그 정보를 바탕으로 합리적인 투자판단을 할 수 있도록 투자자를 보호하여야 할 주의의무와 이에 따른 불법행위책임을 부담한다"고 하여 금융상품 판매시 사용되는 투자설명서 등에 그 금융상품의 구조와 위험성에 관한 정보를 정확하고 충분히 기재하여야 할 의무가 있음을 인정하였다.

④ 한편, 펀드 투자자의 환위험 헤지를 위한 선물환거래와 관련된 대법원 2010. 11. 11. 선고 2010다55699 판결의 사실관계를 보면 다음과 같다.

i) 원고는 1994년부터 피고은행에서 변액연금보험, 금융채권, 양도성 예금증서 등 거래를 하다가, 2007. 2. 6.경부터 간접투자상품인 펀드에 투자하기 시작하였다.

ii) 원고는 2007. 2. 6. 피고은행의 직원1의 권유로 50,965,250엔(한화로 3억 9600만 원, 당시 환율 777원/100엔) 상당의 역외펀드에 투자하였다. 이 펀드는 엔화로 투자한 후 엔화로 회수하기 때문에 환율변동에 따른 위험이 내재하고 있다.

iii) 원고는 2007. 11. 16. 피고은행의 직원2의 권유에 따라 환율변동위험을 헤지하기 위하여 계약만기일(2008. 2. 18)에 약정선물환율(833.18원)로 투자원금에 해당하는 금액(50,965,250엔)을 피고은행에게 매도하기로 하는 내용의 1차 선물환계약을 체결하였다.

iv) 1차 선물환계약 만기일(2008. 2. 18)의 엔화환율이 애초 예상한 환율보다 높아지자, 원고는 피고은행 직원2의 이야기를 듣고 펀드를 해지하지 아니하고 선물환계약만을 정산하기 위해서 만기일 당시 시장환율(876.33원)과 선물환율(833.18원)의 차이에 따른 차액정산금 21,991,506원을 피고은행에게 지급하고, 2차 선물환계약을 체결하였다. 2차 선물환계약은 원고가 계약만기일(2009. 2. 18)에 50,965,250엔을 약정환율(890.68원)에 피고은행에게 매도하기로 하는 것이었다(2차 선물환계약 체결 당시 원고가 투자한 펀드의 평가액은 39,199,145엔이었다).

v) 원고는 2009. 2. 17. 펀드 및 2차 선물환계약을 해지하고 당시 시장환율인 1,582.94원을 기준으로 2차 선물환계약을 정산하였다.

원/엔 환율이 급등하는 바람에 352,812,039원[= 50,965,250엔×(시장환율 1,582.94원－선물환율 890.68원)]의 손실을 입게 되었고, 펀드도 손실이 발생하여 해지일 당시 펀드평가액은 18,844,846엔에 불과하였다.

원고의 선물환계약 체결에 관한 피고은행의 설명의무에 관하여 대법원은 다음과 같이 판시하였다.

"고객의 자산을 관리하는 금융기관은 고객에 대하여 선량한 관리자로서의 주의의무를 부담하는 것이므로, 고객의 투자목적·투자경험·위험선호의 정도 및 투자예정기간 등을 미리 파악하여 그에 적합한 투자방식을 선택하여 투자하도록 권유하여야 하고, 조사된 투자목적에 비추어 볼 때 고객에게 과도한 위험을 초래하는 거래행위를 감행하도록 하여 고객의 재산에 손실을 가한 때에는 그로 인한 손해를 배상할 책임이 있다. 그러나 투자자가 금융기관의 권유를 받고 어느 특정한 상품에 투자하거나 어떠한 투자전략을 채택한 데에 단지 높은 위험이 수반된다는 사정만으로 일률적으로 금융기관이 적합성의 원칙을 위반하여 부당하게 투자를 권유한 것이라고 단정할 수는 없으며, 투자자로서도 예상 가능한 모든 위험을 회피하면서 동시에 높은 수익률이 실현될 것을 기대할 수는 없고 위험과 수익률의 조합을 스스로 투자목적에 비추어 선택할 수밖에 없는 것이다. 금융기관이 일반 고객과 선물환거래 등 전문적인 지식과 분석능력이 요구되는 금융거래를 할 때에는, 상대방이 그 거래의 구조와 위험성을 정확하게 평가할 수 있도록 거래에 내재된 위험요소 및 잠재적 손실에 영향을 미치는 중요인자 등 거래상의 주요 정보를 적합한 방법으로 설명할 신의

> 칙상의 의무가 있다고 할 것이나, 계약자나 그 대리인이 그 내용을 충분히 잘 알고 있는 경우에는 그러한 사항에 대하여서까지 금융기관에게 설명의무가 인정된다고 할 수는 없다.…금융기관이 고객과 역외펀드에 연계된 1차 선물환계약을 체결하면서 기본적인 환 헤지의 기능에 관하여는 어느 정도 설명하였으나 위 선물환계약에 수반되는 특별한 위험성에 관하여는 충분한 설명을 하지 않은 데에는 고객 보호의무를 위반한 잘못이 있으나, 위 고객이 1차 선물환계약의 만기일에 펀드를 해지하지 않고 선물환계약만을 정산하면서 선물환계약의 의미와 정산금의 발생내역에 관한 설명을 다시 들었으므로, 그 무렵에는 선물환계약의 특별한 위험성에 관하여 잘 알고 있었다고 보이므로 그 후 위 금융기관이 1차 선물환계약과 비교하여 만기 및 약정 환율만 다른 2차 선물환계약을 체결하면서 별도로 선물환계약의 특별한 위험성에 관하여 설명할 의무를 부담한다고 볼 수 없다."

이 판결에서 설시한 금융기관의 설명의무에 관한 일반적인 판시사항은 설득력이 있으나, 구체적으로 역외펀드의 환위험을 헤지하기 위한 목적으로 체결하는 선물환계약을 체결할 때 금융기관이 고객에게 어떠한 내용을 설명하여야 하는가에 대하여는 다음과 같은 점을 더 생각해 볼 필요가 있다. 이 사건에서 원고가 손실을 입은 원인을 살펴보면 (i) 원/엔 환율이 예상과 달리 변동하였을 뿐 아니라(원화강세/엔화약세가 될 것을 우려하여 선물환계약을 체결하였는데 반대로 원화약세/엔화강세가 됨), (ii) 선물환계약의 만기일에 선물환계약금액에 해당하는 엔화자산을 가지지 못하게 되었기 때문이다.

만약 원고가 선물환거래의 만기일에 선물환거래금액에 해당하는

(또는 그 금액보다 더 많은) 엔화자산을 확보할 수 있었다면 (즉 〔투자한 펀드의 선물환계약만기일의 엔화가치〕≥〔선물환거래금액〕이었다면) 원고는 선물환계약을 이행하고 약정선물환율로 산정한 원화금액을 수령할 수 있었을 것이다. 이러한 경우에는 선물환거래를 하지 않았더라면 엔화의 가치가 상승하는 이익을 볼 수 있었는데 그렇지 못하게 되었다는 점에서 손해를 입은 것 아닌가라고 생각할 수도 있으나, 선물환율로 환율을 고정시켜 엔화 : 원화의 환율의 불확실성에 따른 위험을 회피하는 것이 선물환거래의 목적이므로 위험회피 결과 환율변동에 따른 이익을 얻지 못한 것을 손해라고 보기는 어렵다.

그런데 이 사건에서 원고가 손실을 입은 이유는 선물환계약의 만기일에 선물환계약금액에 해당하는 엔화자산을 확보할 수 없었기 때문에 엔화자산을 확보하지 못한 범위내에서는 엔/원 환율변동의 위험에 완전히 노출되었기 때문이다. 펀드의 엔화자산가치는 계속 증감변동하게 될 텐데, 마치 선물환계약만기일에 처음 투자한 엔화금액 그대로 엔화자산가치를 유지할 것이라는 전제하에서 처음 투자한 금액만큼 선물환계약을 체결하였다는 점이 원고가 손실을 입게 된 가장 큰 원인이라고 할 수 있을 것이다. 펀드의 평가액이 계속 증감 변동할 수 있기 때문에 선물환계약 만기시 확보할 수 있는 엔화금액을 정하기 어려우므로 펀드 투자금액을 선물환계약금액으로 한 것으로 보인다. 이와 같은 논리로 선물환계약금액을 정하였다고 하더라도, 다음과 같은 점에 유의할 필요가 있다.

첫째, 금융기관은 고객에게 선물환계약만기일에 선물환계약금액에 해당하는 엔화를 확보하지 못할 위험에 대하여 충분히 설명하였어야 할 것이다.

둘째, 제1선물환계약은 펀드투자 후 7개월 이상 경과한 후에 체결하였는데, 선물환계약금액을 최초의 펀드투자원금(50,965,250엔)으로 정한 것이 합리성이 있는지 의문이다. 제1선물환계약 체결시점에는 이미 최초 투자시보다 펀드의 평가금액이 하락하였으므로(2007. 2. 6. 기준가 : 240.40엔, 2007. 11. 16. 기준가 : 214.20엔) 위의 논리에 따르더라도 선물환계약체결시점의 펀드평가액보다 큰 금액으로 선물환계약을 체결하는 것을 정당화할 수 있을지 의문이다. 이 점은 제2선물환계약 체결시 더 극명하게 드러난다. 제2선물환계약 체결당시 펀드의 평가액은 39,199,145엔(2008. 2. 18. 기준가 184.90엔)에 불과하였는데, 과연 투자자인 원고가 최초투자원금인 50,965,250엔에 대하여 엔/원 환율변동위험을 부담하고 있었다고 할 수 있는가. 제2선물환계약금액이 정당화되기 위해서는 그 계약체결당시 펀드의 평가액은 39,199,145엔에 불과하였지만 제2선물환계약 만기일에 50,965,250엔이 될 가능성이 상당히 높았다는 점을 뒷받침할 합리적인 근거가 있어야 할 것이고 선물환계약 만기시 선물환계약금액에 해당하는 엔화자금을 확보하지 못할 위험에 대한 설명의무가 더 강화된다고 보아야 할 것이다.

2) KIKO거래 관련 결정 및 판결

① KIKO 옵션의 거래구조

최근에 문제가 된 외환 관련 KIKO(Knock-in Knock-out) 옵션 거래는 조건부 통화옵션거래로서 기본 구조는 다음과 같다.[27)·28)]

---

27) 본문의 KIKO거래 설명은 금융위원회/금융감독원 보도자료, KIKO거래현황 및 대책(2008. 8. 1), 6면에 참고로 첨부되어 있는 내용이다.

28) KIKO거래에 대한 행동경제학적 분석으로는 고학수, "행동법경제학의 지평," 법경제학연구 제8권 제1호(2011), 한국법경제학회, 3-23면.

KIKO 옵션 구조

□ KIKO(Knock-in, Knock-out) 옵션은 수출대금(헤지대상)의 환율변동 위험에 대비한 헤지 수단으로 배리어(barrier)가 있는 풋옵션 매입 · 콜옵션 매도를 주로 1 : 2 비율로 결합

• 계약기간 중 환율이 상 · 하한 barrier 내에서 제한적으로 변동하는 경우 유용

〈수출기업의 KIKO 옵션거래 예시〉

※ A사(월수출액 200만 달러)가 수출액의 50%에 대하여 환위험을 헤지하기 위하여 B은행과 KIKO 옵션계약 체결

– 풋옵션 매입 1계약(50만 달러) 및 콜옵션 매도 2계약(100만 달러) 체결

– Knock-out 환율 : 890원, Knock-in 환율 : 990원, 계약환율 : 940원

원/달러 환율

〈콜옵션 효력 발생〉

• 계약기간 중 환율이 상승하여 Knock-In 환율을 넘어가면 콜옵션 효력 발생

→ 콜옵션은 풋옵션의 2배이므로, 풋옵션 계약금액의 2배(100만 달러)를 계약환율(940원)로 매도함에 따른 손실 발생

→ 향후 수출대금 입금시, 수출대금에서 발생하는 환차익으로 통화옵션의 손실 상쇄

Knock-in 환율 ― 990원

〈콜옵션 효력 발생하지 않음〉

계약 환율 ― 940원

〈풋옵션 효력 발생〉

→ 계약금액(50만 달러)을 계약환율(940원)로 매도함에 따른 이익 발생

Knock-out 환율 ― 890원

〈풋옵션 효력 소멸〉

• 계약기간 중 환율이 하락하여 Knock-out 환율을 넘어가면 풋옵션 효력 소멸

→ 헤지가 되지 않아 환차손 발생

위의 설명에 나타나 있는 바와 같이 환율이 일정한 수준이 되면 콜옵션의 효력이 발생하고(Knock-in), 환율이 또 다른 일정한 수준이 되면 풋옵션의 효력이 소멸하는(Knock-out) 거래 구조를 기본으로 하고 있다. Knock-in과 Knock-out은 정지조건과 해제조건에 해당한다고 할 수 있다.

KIKO거래에 관한 가처분 결정들에서 다루고 있는 KIKO거래는 이

러한 기본 형태를 기초로 다음과 같이 KIKO거래의 유형을 분류하고 있다.[29)]

기본형 키코 통화옵션

i) 이른바 키코 통화옵션이라 함은 기본적으로 '수출대금의 환율변동위험을 회피하기 위해 기업의 은행에 대한 넉아웃(Knock-out) 풋옵션(put-option)과 은행의 기업에 대한 넉인(Knock-in) 콜옵션(call-option)을 주로 1 : 2 비율로 결합한 통화옵션' 을 의미한다. 다시 말하면, 기업이 환위험을 회피하기 위해 은행으로부터 풋옵션(장래의 일정시기에 계약금액을 행사가격에 매도할 수 있는 권리)을 매입하되, 은행에 그 프리미엄을 지급하는 대신 콜옵션(장래의 일정시기에 주로 계약금액의 2배를 행사가격에 매수할 수 있는 권리)을 매도하여, 결국 제로코스트(zero-cost)를 실현한 통화옵션이다〔거래시점에서 거래당사자 간에 서로 거래비용을 부담하지 않도록 옵션가격결정 모델인 블랙-숄즈 모형(Black-Scholes option pricing model)에 기초하여 산출한 두 옵션(기업의 풋옵션과 은행의 콜옵션)의 가치가 동일하도록 설계되어 있다. 다만, 여기서 두 옵션의 가치가 동일하다는 것은 단순한 손익의 크기가 아니라 향후 환율변동의 확률적 분포를 고려한 기업과 은행의 기대이익이 동일함을 의미한다. 바꾸어 말하면, 기업이 이익을 볼 환율구간은 한정되어 있지만 상대적으로 실현 확률이 높고 반대로 은행이 이익을 볼 환율구간은 이론적으로는 무한대이지만 실현 가능성이 무척 낮기 때문에 결국 기업과 은행의 기대이익은 동일하다는 뜻이다〕.

29) 이하의 KIKO거래의 유형별 설명은 서울중앙지방법원 제50민사부 2008. 12. 30. 2008카합3816 결정, 3-7면에 정리되어 있는 내용이다.

ii) 다만, 기업의 풋옵션에는 넉아웃 조건이, 은행의 콜옵션에는 넉인 조건이 각각 붙어 있어, 시장환율이 하단환율 이하로 떨어지면 해당 구간에 관한 계약은 실효되고(넉아웃), 반대로 시장환율이 상당환율 이상으로 오르면 은행의 콜옵션이 실제로 발생하게 되는데(넉인), 이와 같이 옵션에 넉아웃, 넉인 조건을 붙인 이유는, 그러한 옵션이 그러한 조건이 붙지 않은 표준적인 옵션에 비해 프리미엄이 훨씬 저렴하기 때문이다. 환율이 일정 범위에서 움직이는 경우에는 옵션에 위와 같은 조건을 붙임으로써 기업은 저렴한 비용으로 동일한 환위험 회피 효과를 누릴 수 있게 된다〔'넉인 옵션'은 기초자산의 가격, 즉 환율이 일정 수준에 도달하면 권리가 발생하는 조건을 가진 옵션을 말하고(일종의 정지조건), '넉아웃 옵션'은 기초자산의 가격, 즉 환율이 일정 수준에 도달하면 권리가 소멸하는 조건을 가진 옵션을 말한다(일종의 해제조건)〕.

iii) 또한, 대부분의 경우 은행이 갖는 콜옵션의 계약금액은 기업이 갖는 풋옵션의 계약금액의 2배로 약정되어 있는데(이를 레버리지 조건이라 한다), 이는 레버리지를 높일수록 다른 계약조건, 즉 행사환율, 넉아웃 환율(하단환율), 넉인 환율(상단환율) 등을 기업에 유리하게 바꿀 수 있기 때문이다(예컨대 레버리지를 높이는 대신 행사환율 혹은 넉인 환율을 높이거나, 넉아웃 환율을 낮출 수 있어 레버리지 상승에 따른 불이익을 상쇄할 수 있다. 만약 기업이 레버리지 조건 없이 거래하고자 할 경우에는 비교적 낮은 행사환율과 넉인 환율, 높은 넉아웃 환율 조건으로 설계된다).

iv) 계약기간은 1년 내지 3년의 장기간으로서, 주로 1개월 단위로 만기가 도래하는 수개의 옵션의 묶음으로 구성되어 있으며, 결제는 각 구간(트란시, tranche)마다 해당 만기시점의 시장환율을 기준으로 이루어진다.

v) 시나리오별 기업과 은행의 권리의무 〔생략〕

변형 키코 통화옵션

i) 전체 계약기간을 전반부(A파트)와 후반부(B파트)로 나누어, A파트에서는 계약조건을 기본형에 비하여 기업에 유리하게 해주는 대신 B파트에서는 계약조건을 은행에 유리하게 한 구조이다.

ii) 1유형

• A파트 : 기본형 구조와 같다. 다만, 기업의 풋옵션 행사가격을 더욱 높여주거나(turbo 조건) 넉아웃 조건이 성취되어 기업의 풋옵션이 소멸된 경우에도 기업에 일정액을 보상해 주는(enhanced 조건) 등 계약조건이 기본형에 비하여 기업에 더욱 유리하게 되어 있다.

• B파트 : 은행만 낮은 행사환율의 콜옵션을 갖는다. 다만, 시장환율이 관찰기간 동안 1회라도 하단환율 이하로 떨어지는 경우에는 해당 구간과 그 이후의 구간에 관한 계약이 모두 실효된다(anytime 넉아웃 조건).

iii) 2유형

• A파트 : 기본형 구조와 같다. 다만, 넉아웃 조건이 성취되어 기업의 풋옵션이 소멸된 경우에도 기업에 일정액을 보상해 주는 등 계약조건이 기본형에 비하여 기업에 더욱 유리하게 되어 있다.

• B파트 : 단순 선물환 매도 구조이다. 다만, B파트는 A파트 만기시점의 시장환율이 행사환율보다 같거나 높은 경우에만 발효된다(넉인-이벤트 조건).

iv) 3유형

• A파트 : 기업만 풋옵션을 갖는다. 그리고 넉아웃 조건이 성

취되어 기업의 풋옵션이 소멸된 경우에도 기업에 일정액을 보상해주는 등 계약조건이 기본형에 비하여 기업에 더욱 유리하게 되어 있다.

• B파트 : 은행만 낮은 행사환율의 콜옵션을 갖는다. 다만, 시장환율이 관찰기간 동안 1회라도 하단환율 이하로 떨어지는 경우에는 해당 구간과 그 이후의 구간에 관한 계약이 모두 실효된다.

② 서울중앙지방법원 2008. 12. 30.자 2008카합3816 결정—신의칙에 의한 계약 해지 인정

이 결정은 KIKO거래에 대한 최초의 법원 결정으로 매우 주목을 받았다. 이 결정은 계약의 효력에 영향을 미칠 다른 주장(약관규제법 위반, 민법 제104조 위반, 사기 · 착오에 기한 취소)은 배척하였으나, 신의칙에 의한 계약해지를 인정하면서 그 근거 중의 하나로 적합성의 원칙 위반 및 설명의무 위반을 들었다. 이 결정의 논리에 대하여는 몇 가지 의문이 제기된다.

첫째, 문제가 된 파생금융거래가 환율의 변동에 따른 위험을 이전/인수하기 위하여 체결한 것인데, 바로 그 환율의 변동이 계약을 그대로 이행하면 신의칙에 반하게 만드는 요소라고 하는 데 대하여는 수긍하기 어렵고 이 점에 대하여는 이미 상당히 비판을 받았다.[30]

둘째, 이 결정에서 신의칙에 의한 해지를 인정하고 그 이유를 설시하면서 적합성의 원칙과 설명의무 위반을 들고 있으나, 적합성의 원칙과 설명의무 위반이 어떠한 점에서 신의칙에 의한 해지의 근거가 되는지에 대하여는 충분한 설시를 하고 있지 않다. 이 결정은 사기 또

30) 백태승, "'키코(KIKO)' 가처분결정의 문제점," 법률신문 3730호(2009. 3. 16).

는 착오에 의한 계약의 취소 주장을 배척하였으므로 적합성의 원칙과 설명의무 위반이 사기 또는 착오에 이를 정도가 아님을 인정하였다고 할 수 있는데 어떠한 점에서 계약해지의 근거가 되는지는 불분명하다.

셋째, 적합성의 원칙의 내용으로 금융상품이 고객에게 적합하지 아니하다고 인정되는 경우 "계약의 내용을 고객(투자자)에게 적합하도록 변경하여 계약의 체결을 권유하여야 할 의무" 내지는 "고객(투자자)의 손실을 제한할 수 있는 다른 거래조건〔예컨대 고객(투자자)의 손실 총액에 제한을 둔다든가, 환율이 일정 수준 이상으로 오르는 경우에 고객(투자자)이 합리적인 금액을 배상하고 계약을 장래를 향하여 해지할 수 있도록 한다든가, 금융기관(은행)의 넉인 콜옵션에 다시 넉아웃 조건을 둔다든가 하는 등의 방식〕을 모색하여 이를 권유하여야 할 의무"까지 포함한다고 볼 수 있는지에 대하여도 의문이 있다.[31)]

③ 서울중앙지방법원 2009. 4. 24. 10건의 결정들

2008. 12. 30. 결정 이후 서울중앙지방법원 제50부 재판부가 교체되었고 그 이후 KIKO 옵션계약효력정지가처분 신청에 대한 첫 결정을 2009. 4. 24.에 내렸다. 사실관계에 따라 3건을 일부 인용하고 7건을 기각하였다. 이 결정에서는 KIKO계약이 약관규제법위반 또는 불공정법률행위로서 무효라거나, 피신청인 은행들의 사기 또는 신청인 기업들의 착오에 의한 것으로서 취소되었다거나, 사정변경 등 신의칙에 기하여 해지되었다는 주장은 인정하지 않았다.[32)] 이 결정들은 장외파생금융거래시 은행이 신의칙에 기한 계약상의 부수의무로 적합성의 원

31) 김건식/정순섭, 앞의 책(주 21), 551면.

32) 서울중앙지방법원 제50부 2009. 4. 24.자 2009카합207 결정, 2009. 4. 24.자 2009카합393 결정 등.

칙과 설명의무을 부담한다고 판시하면서,[33)] (i) 어떠한 금융거래시 금융기관이 설명의무를 부담하는가, (ii) 어떠한 내용의 설명을 하여야 하는가 및 (iii) 언제, 어떻게 설명하여야 하는가에 대하여 다음과 같이 상세한 기준을 제시하였다.

"통화옵션계약에서의 설명의무

가) 은행이 일반 기업 고객과 환헤지 상품이나 장외파생상품 등 전문적인 지식과 분석능력이 요구되는 금융거래를 할 때에는 상대방이 그 거래의 구조 및 리스크를 정확하게 평가할 수 있도록 거래에 내재된 위험요소 및 잠재적 손실에 영향을 미치는 중요인자 등 거래상의 주요 정보를 적합한 방법으로 고지할 신의칙상의 의무가 있다. ….

나) 〔생략〕

다) 따라서 은행은 이 사건 계약과 같은 통화옵션계약을 체결하려면 계약체결 이전에 기업에게 다음과 같은 사항에 대하여 구체적이고 충실하게 설명하고 이해시킬 의무가 있다.

① 통화옵션계약의 기본 구조 : 옵션의 의미, 기업과 은행이 취득하게 될 옵션의 내용(특히 은행의 콜옵션 행사에 의해 기업이 어떠한 의무를 부담하게 되는지), 양자가 취득한 옵션가치의 총합이 동일하게 설계되었다는 것의 의미, 각 옵션에 부가된 조건〔넉아웃 조건, 넉인 조건, 애니타임 넉아웃 조건, EIV(Expiry Intrinsic Value) 조기종결조건, 레버리지 등〕의 정확한 의미, A/B파트로 나뉘어 있는 경우 각

33) 적합성의 원칙 및 설명의무를 위반하지 않은 것으로 인정한 사례로는 서울중앙지방법원 2009. 4. 24.자 2009카합207 결정, 위반한 것으로 인정한 사례로는 서울중앙지방법원 2009. 4. 24.자 2009카합393 결정.

구간별 계약조건, 상품구조가 환위험 회피라는 본래의 목적에 어느 범위에서 효과를 발휘하고 어느 범위에서 취약성을 가지는지 등을 설명하여야 한다.

② 통화옵션계약에 의하여 회피되는 환위험의 범위 : 환위험이 회피되는 환율구간(넉아웃 조건이 있는 경우나 풋 스프레드 형태의 경우에는, 넉아웃 환율과 행사환율 사이의 구간에 대해서만 환위험이 회피되고, 넉아웃 환율 아래의 구간에 대해서는 환위험이 회피되지 않거나 제한된 금액만을 지급받게 된다는 점) 및 금액범위(EIV 조기종결조건이 있는 경우에는 기업이 통화옵션계약에 기해 취득한 이익이 일정금액에 이르면 계약이 조기에 종결되어 그 이후에는 환위험을 회피할 수 없게 된다는 점)에 대하여 설명하여야 한다.

③ 기업이 계약체결로 인하여 새롭게 부담하게 되는 위험의 발생 가능성 및 정도 : 기업이 환위험 회피의 대가로 새로운 위험을 부담하게 되고 그 위험의 정도가 회사 재정에 결정적인 부담을 지울 수도 있다는 사정을 명확히 인식할 수 있도록, 향후 환율이 상승하는 경우에는 기업에게 큰 손실이 발생할 수 있으며, 특히 계약금액이 기업의 평균적 외화 순유입액을 초과할 경우(소위 '오버헤지'의 경우)에는 그 손실범위가 무제한으로 확대될 수 있다는 점을 분명하게 설명하고 인식시켜야 한다.

④ 계약관계에서 탈퇴하는 방법 : 계약기간이 대부분 장기간이므로, 기업이 계약기간 중간에 계약에서 탈퇴할 수 있는지 여부, 탈퇴하고자 한다면 어떤 방법으로 탈퇴해야 하는지, 탈퇴 후 어떠한 권리 · 의무를 부담하는지, 특히 잔여기간에 대한 청산은 어떻게 이루어지고 청산금은 어느 정도로 부담하게 되는지를 설명하여야 한다.

⑤ 옵션에 관한 가격정보 : 이 사건 계약과 같은 통화옵션계약은 본질적으로 옵션의 상호매매의 성질을 가지므로 그 거래목적물의 가격구조, 즉 기업과 은행이 취득하는 개별 옵션의 평가가격에 관한 구조와 은행이 취득하는 마진이 그 가격에 반영되어 있다는 점 및 마진의 기본적인 산정방식(은행이 취득하는 옵션의 계약금액 총액에 일정 범위의 마진율을 곱하여 산출된다는 점 등)을 알려주어야 한다(실제로 기업들은 환율이 상승하여 은행이 콜옵션을 행사한 경우에야 비로소 은행이 마진을 취득하고, 그렇지 않은 경우에는 은행은 전혀 수익이 없거나 환전 수수료 정도의 마진만을 취득한다고 잘못 알고 있는 경우가 많은 것으로 보인다).

라) 한편, 위와 같은 내용을 설명하는 방식도 다음과 같은 여러 요소를 고려하여 적절하게 이루어져야 한다. ① 설명의 시기는 계약체결 이전이어야 한다. 신속한 의사결정이 필요하다는 이유로 간단한 설명과 함께 전화통화로 계약을 체결한 후 거래확인서나 위험고지서를 팩스로 보내는 정도로는 위 계약에 의해 기업이 부담하는 의무의 정도나 기간에 비추어 부적절하다. ② 설명의 형식은 관계자를 대면하거나 서면, 전자우편 등 정식의 문서 형태에 의해야 하고, 그 내용을 이해할 수 있게끔 충분히 알려주어야 하며, 전화상담 형식으로 기업측에서 궁금해 하는 사항에 대해서 답변하는 정도로는 부족하다. 또한 외국어로 되어 있거나 알기 어려운 투자관련 전문용어로 되어 있는 문서를 교부하는 것만으로는 설명의무를 다했다고 볼 수 없다. ③ 환헤지 상품에 관한 기업의 종전 거래경험, 기업규모와 인적 구성 등에 비추어 본 환거래의 위험에 대한 인식 정도, 기업의 일반적인 재무상황 및 수출전망 등을 고려하여 설명의 정도를 달리 하여야 한다."

위 가처분결정에서 설명의무에 대하여 판시한 내용을 보면 몇 가지 점에서 주목할 만하다.

첫째, 그동안 대법원이 투자신탁과 관련하여 판시한 설명의무와 비교하여 볼 때 위 가처분결정은 KIKO거래에 대하여 훨씬 높은 수준의 설명의무를 부과한 것으로 보인다. 대법원 판례는 "투자신탁회사의 임직원이 고객에게 투자신탁상품의 매입을 권유할 때에는 그 투자에 따르는 위험을 포함하여 당해 투자신탁의 특성과 주요 내용을 설명함으로써 고객이 그 정보를 바탕으로 합리적인 투자판단을 할 수 있도록 고객을 보호하여야 할 주의의무가 있고, 이때 고객에게 어느 정도의 설명을 하여야 하는지는 투자 대상인 상품의 특성 및 위험도의 수준, 고객의 투자 경험과 능력 및 기관투자자인지 여부 등을 종합적으로 고려하여야 하는데, 상품안내서 등의 교부를 통하여 투자신탁의 운용개념 및 방법과 신탁약관에서 정하는 사항에 대한 개략적인 정보를 제공한 경우에는 투자신탁설명서나 약관 등을 직접 제시하거나 교부하지 않았다고 하여 설명의무 위반이 된다고 단정할 수 없다"고 하였다(2006. 5. 11. 선고 2003다51057 판결 등). 설명할 내용과 방법은 문제가 되는 금융상품의 특성 및 위험도의 수준, 고객의 투자 경험과 능력 등을 종합적으로 고려하여 판단하여야 할 것이고, 대법원 판결이 다룬 사안은 투자신탁상품의 판매라는 점 등의 차이점이 있기는 하나, 위 가처분 결정에서 설시한 설명의무의 수준은 대법원 판례에서 설시한 것보다 훨씬 높은 것으로 보인다.

둘째, 위 가처분결정에서 설시한 설명의무의 내용 중 설명할 범위에 포함된 가격정보에서 언급하고 있는 마진이 어떠한 의미로 사용된 것인지에 따라 논란의 여지가 있을 것으로 보인다. 금융기관이 금융거래시 제시하는 거래 조건에는 예금이나 대출의 경우에는 이자율,

보증이나 환거래에서는 수수료율이 가장 중요한 조건이고 그 조건을 중심으로 시장에서의 경쟁이 벌어질 것이다. 같은 이자율이나 수수료율을 적용하더라도 금융기관의 내부적인 효율성, 기타 요인에 의하여 금융기관이 얻게 되는 수익률은 차이가 날 수밖에 없다. 예금, 대출, 보증, 환거래시 이자율이나 수수료율 이외에 금융기관이 그 거래를 통하여 얻게 되는 수익률을 고객에게 제시하지는 않으며 제시하도록 요구되지도 않는다. 특정 거래에서 금융기관이 얻게 되는 수익이 얼마인지는 그 금융기관의 일종의 영업비밀적 성격을 가지고 있다고 볼 여지도 있다. 위 가처분결정에서 사용한 마진이라는 용어가 금융기관이 고객에게 제시하는 수수료율이 아니라 금융기관이 그 거래를 통하여 얻게 되는 수익을 의미하는 것이라면 과도한 설명의무의 부과가 아닌지 의문이 있다. 이와 관련하여 KIKO사건에 관한 최초의 본안 판결인 서울중앙지방법원 2010. 2. 8. 선고 2008가합108359(본소) 2009가합41859(반소) 판결에서는 수수료율에 관한 설명의무에 대하여 "피고들이 법령상 또는 계약상 원고에게 이 사건 각 통화옵션계약의 콜옵션 이론가와 풋옵션 이론가의 차액 상당을 수수료로 부과하고 있다는 사실을 고지할 아무런 의무가 없다. … 원고는 이 사건 각 통화옵션계약 체결 당시 피고들이 일정한 이익을 누릴 것이라는 점을 당연히 알고 있었다고 봄이 상당하므로, 피고가 원고에게 수수료 부과 방식을 알려주면서 수수료를 정액으로 부담할 것인지 여부에 대한 선택의 기회를 제공할 의무를 부담한다고 볼 수도 없다"고 판시하였다.

셋째, 위 가처분결정은 설명의 형식을 반드시 관계자를 대면하거나 서면, 전자우편 등 정식의 문서 형태에 의해서 하여야 한다고 설시하였다. 이렇게 설명의 형식을 제한하는 것이 합리적인지에 대하여는 의문이 있다. 설명의무 내지 위험요소 고지의 목적은 거래의 구조 및 리스크를 정확하게 평가할 수 있도록 거래에 내재된 위험요소 및 잠재적 손실에 영향을 미치는 중요인자 등 거래상의 주요 정보를 알려주는 데 있다. 그러한 목적이 달성될 수 있다면 반드시 대면이나 문서 형태로 해야만 하는 것은 아닐 것이다. 금융기관에 대한 감독 및 규제의 차원에서 설명의 형식을 제한할 수 있겠으나, 금융거래 당사자 간의 계약상 또는 계약 체결과 관련한 의무 이행 여부를 판단함에 있어서는 설명의 형식을 묻지 않고 거래의 내용 및 위험요소를 실제 설명하였는지 여부가 중요할 것이다. 또한, 거래 또는 위험요소의 성격에 따라 전화로 설명할 수 있는 것도 있고 그렇지 않은 것도 있을 것이고, 고객의 경험과 능력에 따라 전화로 설명하여도 충분한 경우도 있을 수 있다. 상품과 위험요소의 성격, 고객의 능력과 성격 등에 비추어 거래의 내용과 위험요소를 파악할 수 있도록 설명하면 충분한 것이지 설명의 형식을 일률적으로 정할 것은 아니다.

④ 서울중앙지방법원 2010. 2. 8. 선고 2008가합108359(본소) 2009가합41859(반소) 판결[34)]

KIKO 사건에 관한 최초의 본안 판결인 이 판결에서는 가처분에서 다루지 않은 쟁점을 포함하여 여러 쟁점을 다루었다.

i) KIKO 통화옵션계약이 환위험 회피(헤지, hedge)에 부적합한 상품인지 여부에 대하여는 "이 사건 각 통화옵션계약처럼 계약 당사자의 손익이 환율변동과 같은 불확실한 요소에 직접적으로 연계되어 있고, 그 계약 내용인 대가관계가 그러한 요소에 관한 확률과 그 예측, 그에 따른 위험 인수의 정도에 관한 총체적 평가

34) 이 판결에 대한 상세한 분석은 제12장 심희정, KIKO판결에 대한 검토.

를 기초로 형성되는 경우에는 계약 체결 당시를 기준으로 그와 같은 불확실한 요소를 포함한 외부적 환경 등 제반 여건을 종합적으로 감안하여야 할 것이고, 계약 체결 당시에 예상하지 못했던 결과가 사후에 초래되었다는 사정만으로 파생금융상품이 환위험 회피에 적정한 것인지 여부를 섣불리 판단해서는 아니 된다"고 하고, "이 사건 KIKO 통화옵션계약은 선도거래 또는 선물환과는 달리 부분적으로만 환위험을 회피할 수 있으나, 선물환보다 행사환율을 높이는 장점이 있는 상품으로서, 특히 환율의 변동성이 낮은 경우라면 상당한 범위 내에서 환위험 회피를 할 수 있다. 다만 환율이 일정 범위 이상으로 변동하는 경우에는 환위험에 그대로 노출되거나 계약금액에 레버리지를 곱한 외화를 은행에 매도하게 되는 위험에 노출되는 부분적 환위험 회피 상품이다. 즉, 이 사건 KIKO 통화옵션계약은 확률이 낮은 구간의 위험을 부담하는 대가로 확률이 높은 구간인 녁아웃 환율부터 녁인 환율 사이의 구간에서 행사환율을 높여 단순선물환에 비해 추가수익을 기대할 수 있는 통화옵션상품이라고 봄이 상당하다"고 하여 환위험 헤지에 부적합한 상품이라는 주장을 배척하였다.

ii) 수수료 부과의 부당성 여부에 대하여는 "은행으로서는 신용위험 관리비용, 동적 헤지비용 등 수수료를 원고를 비롯한 기업들의 의무 발생기준이 되는 콜옵션 계약금액을 토대로 산정하는 것이 합리적이므로, 결국 이 사건 각 통화옵션계약의 마진율은 콜옵션의 총 계약금액을 기준으로 산정하는 것이 합리적인 것으로 판단된다. 콜옵션의 총 계약금액을 기준으로 이 사건 각 통화옵션계약의 마진율을 산정하며 보면, 마진율은 최소 약 0.058%(5.8bp)에서 최대 0.48%(48bp)로 펀드 등 다른 금융거래의 마진율에 비해 현저하게 과다하다고 볼 수는 없다"고 하였고 나아가 "피고들이 법령상 또는 계약상 원고에게 이 사건 각 통화옵션계약의 콜옵션 이론가와 풋옵션 이론가의 차액 상당을 수수료로 부과하고 있다는 사실을 고지할 아무런 의무가 없다"고 하였다.

iii) 불공정 약관으로서 무효인지 여부에 대하여는, "주요 계약조건인 계약금액, 행사환율, 넉인 환율, 넉아웃 환율, 레버리지, 계약기간 등은 그 구체적인 내용을 원고와 피고들이 개별적 교섭에 따라 결정한 사실이 인정되므로, 통화옵션계약 조항이 모두 약관에 해당한다고 할 수는 없다"고 판시하였다.

iv) 신의성실의 원칙에 반하여 무효인지 여부에 대하여는, "금융전문가인 은행이 통화옵션상품을 판매함에 있어 신의칙상 거래상대방 기업의 거래 목적, 거래 경험, 재산상황 등의 제반 사정을 고려하여 과대한 위험성을 수반하는 거래를 적극적으로 권유하지 않아야 할 의무(적합성 원칙)가 있고, 상품의 특성과 주요 내용 및 거래에 수반하는 위험을 기업에게 명확히 설명함으로써 고객을 보호하여야 할 의무(설명의무)가 있음"을 인정하고 구체적인 사실관계에 비추어 해당 사안에서는 이러한 의무의 위반이 없었음을 인정하였고, 사기 또는 착오를 이유로 한 계약 취소 주장도 인정하지 않았다.

3) 기타 판례—적합성이 있다고 본 사례

대법원 2008. 9. 11. 선고 2006다53856 판결은 원고들이 피고회사와 주가지수 옵션상품에 주로 투자하는 것을 내용으로 하는 투자일임계약을 체결한 후 '9.11 테러사건' 직후 2000년 9월물 주가지수 옵션거래에서 큰 폭의 손실을 입게 된 사안에서 적합성의 원칙에 어긋나지 않았다고 판시하였다. 이 사건에서는 (i) 원고2가 주식투자 경험이 있을 뿐만 아니라 각종 금융기관의 전무, 대표이사 등을 역임하였고, 2000. 3. 24.자로 유가증권 투자 운용, 파생상품 투자 운용, 해외펀드 투자 등을 목적에 추가한 원고1의 대표이사이고, (ii) 원고2는 2000. 5.경 피고회사의 임직원들로부터 옵션거래 및 피고회사의 기본적인 투자 방식 등에 대하여 설명을 듣고 일임계약을 체결하였으며, (iii) 투자가 개시된 후 원고2는 피고회사의 투자일임 담당자로부터 옵션거래에 대한 일별, 주간, 월별 운용보고를 받았고, 자산 운용 계획에 대하여도 정기적으로 설명을 들었다. 대법원은 사실관계에 비추어 원고들이 옵션거래의 위험성을 알고 있었다고 봄이 상당하다고 보았고, "고객의 투자목적 등은 지극히 다양하므로, 어느 특정한 상품에 투자하거나 어떠한 투자전략을 채택한 데에 단지 높은 위험이 수반된다는 사정만으로 일률적으로 선관주의의무를 위반한 것이라고 단정할 수는 없다. … 고객이 감수하여야 할 위험과 예상되는 수익은 당연히 비례하기 마련인데, 주식은 물론 가격 등락이 극심한 파생상품 투자에서 가격변동에 따른 위험은 불가피한 것으로서 … 예상 가능한 모든 위험에 완벽하게 대처하면서 동시에 높은 수익률이 실현될 것을 기대할 수는 없는 것이고, … 피고회사가 주가지수 옵션 상품 투자에 구사한 스트랭글 또는 레이쇼 스프레드 매도 전략은 주가지수가 예상과 달리 큰 폭으로 변동하는 경우에는 큰 폭의 손실을 볼 수 있으나(수익의 규모는 일정하나 손실의 규모는 이론적으로는 그 한계가 없다), 이는 어디까지나 확률과 그에 입각한 투자 판단의 문제로, 피고회사가 조사한 원고들의 앞서 본 투자목적 등에 비추어 적합성을 잃은 것으로 보기는 어렵다고 할 것이므로, … 피고회사의 투자일임 담당자들이 2001. 9. 12.과 2001년 12월물, 2002년 7월물, 2003년 1월물 거래에서 주가지수 변동에 대한 예측을 잘못함으로써 원심 판시와 같이 상당한 규모의 손실을 입었다고 하더라도, 그것이 본질적으로 상품 가격의 불가 예측성과 변동성에 기인하는 것인 이상, 그것만으로 선관주의의무를 위반하였다고 볼 수는 없다" 고 판시하였다.

(3) 파생금융거래의 계약구조

1) ISDA표준계약서의 구조

ISDA(International Swaps and Derivatives Association, Inc.)는 파생금융시장에서 활발하게 활동하던 금융기관들이 설립한 후 파생금융상품거래 내지는 계약서의 표준화에 노력하여 왔고, 국제적으로 파생금융거래는 대부분 ISDA에서 정한 표준계약서 양식을 사용한다. ISDA에서 정한 파생금융거래 계약서는 기본계약서(Master Agreement)와 이에 부속되는 부속서(Schedule), 담보계약에 해당하는 신용보강서류(Credit Support Documents) 및 각 개별거래의 구체적인 조건을 기재하는 거래확인서(Confirmation)로 구성되고, 정의조항집(Definitions)에서 이러한 각 계약서, 기타 서류에 사용되는 용어의 의미를 정의한다.[35)]

기본계약서는 1992년 기본계약서(1992 Master Agreement)와 2002년 기본계약서(2002 Master Agreement)가 주로 사용된다. 기본계약서는 두

---

35) ISDA계약서에 대한 상세한 설명은 Paul Harding, Mastering The ISDA Master Agreements (1992 and 2002) (Pearson Education Limited 2004) ; 황민택, 장외파생상품계약실무(제3판), 탐진, 2008. 2002년 ISDA기본계약서의 주요 내용은 제2장 정순섭, 2002 ISDA 마스터 계약서의 주요 개정사항 해설 ; 김홍기, "2002 ISDA기본계약서의 내용과 장외파생상품거래를 위한 국내용 표준계약서의 필요성," 법학연구 제47권 제2호(2007. 2), 부산대학교 법학연구소, 55-105면 및 이헌영, "2002년도 ISDA Master Agreement 해설," 산은조사월보 제614호(2007. 1), 한국산업은행, 37-73면 참조.

당사자 간에 앞으로 체결될 다양한 유형의 파생금융거래(swaps, options, forward 등)에 적용될 수 있는 기본적인 조항들을 규정한다.

부속서는 기본계약서의 표준내용 중 미정인 사항 또는 수정, 보완할 사항(예 : 준거법, 관할법원, 계약종료사유, 조세관련 진술, 상호 제출할 서류, 기타 거래의 특수성을 반영한 추가 사항)을 당사자들이 합의하여 규정한다. 당사자 간의 ISDA계약서 협상은 주로 부속서 조항에 관하여 이루어진다.

거래확인서는 개별거래의 구체적인 조건(예 : 계약금액, 계약일, 거래개시일 및 거래종료일, 지급일, 지급방법, 지급조건 등)을 상세히 규정하고, 아울러 개별거래에 적용되는 기본계약서와 부속서를 특정하고 정의조항집 적용 여부 등도 규정한다.

이 외에도 각 파생금융거래의 유형에 따라 적용되는 특별한 계약서 양식 및 정의조항집이 별도로 있다〔예 : 신용파생거래에 대하여는 2003 신용파생정의조항집(2003 Credit Derivatives Definitions), 주식파생거래에 대하여는 2002 주식파생정의조항집(2002 Equity Derivatives Definitions)〕.

ISDA기본계약서 및 부속서 기타 ISDA계약서 양식은 모두 다양한 조건의 거래에 사용할 수 있도록 작성되어 있고, 대출의 경우 항상 대출자의 입장에 있는 은행이 작성한 대출계약서가 대체로 은행의 이익을 보호하기 위한 각종 조항을 두고 있는 것과는 달리 파생금융시장에서는 금융기관들이 파생금융거래의 양쪽 당사자 중 어느 한 쪽의 입장에만 있지 않으므로(예 : 파생금융거래의 매도인이 되는 경우도 있고 매수인이 되는 경우도 있음) ISDA계약서 양식은 양 당사자 중 어느 한 당사자의 이익을 보호하기보다는 양 당사자의 이익에 균형을 맞추도록 작성되어 있다고 볼 수 있다. 결국 어떠한 특정 파생금융거래에 대한 협상의 결과는 그 거래의 구체적인 조건이 기재된 거래확인서에 나타나게 되고, 그 파생금융거래의 법적 성격도 거래확인서를 보고 판단하게 된다.

2) 기본계약서

2002년 기본계약서의 내용을 중심으로 살펴보면 기본계약서의 특유한 조항으로는 다음과 같은 것들이 있다.

① 단일 계약(Single Agreement)

기본계약서, 부속서 및 이에 따른 모든 거래확인서는 하나의 단일한 계약을 구성한다는 전제하에 모든 거래가 이루어지며, 양 당사자는 이에 반하는 어떠한 거래도 체결하지 않는다〔제1조 제(c)항〕.

② 네팅(Netting)

부속서 또는 거래확인서에 "Multiple Transaction Payment Netting"을 명시함으로써 지급네팅(payment netting)을 적용할 것을 선택하는 경우, 지급통화와 지급일이 동일한 채권에 대하여 지급일에 채권을 차감계산하여 차액만을 결제한다〔제2조(c)항〕. 아울러, 어느 한 거래 당사자의 도산 또는 채무불이행 발생시 양 당사자 간 체결된 모든 파생상품거래의 채권, 채무를 정산하여 순 잔액 기준으로 결제할 의무가 남도록 하는 일괄청산네팅(close-out netting)을 행한다(제6조). 일괄청산네팅은 (i) 도산 등 일정한 사유 발생시에만 이루어지고, (ii) 결제일이나 통화 등이 다른 채권, 채무도 일괄적으로 정산이 되며, (iii) 네팅한 잔액에 대하여 채권 채무가 남는다는 것이 특이한 점이다.

③ 계약의 조기종료

채무불이행사유(events of default, 예 : 지급불이행, 도산, 계약상 의무 위반, 허위진술 및 표명, 교차채무불이행 등) 및 계약종료사유〔termination events, 예 : 불법(illegality), 불가항력(force majeure event), 세제의 변경(tax event), 합병에 의한 세제의 변경(tax event upon merger) 등〕를 규정하고(제5조), 이러한 사유 발생시 기한 전 종료를 인정하고, 기한 전 종료시의 지급금액의 산정 및 지급 방법(일괄정산에 관한 조항 포함)에 대하여 상세한 조항을 두고 있다(제6조).

이러한 조항들이 어느 한 당사자의 도산시에도 효력을 가지는가에 대하여 논란의 여지가 있어 국제결제은행(BIS, Bank for International Settlements)의 지급결제시스템위원회(CPSS, Committee on Payment and Settlement Systems)의 보고서에서 은행 간 거래, 특히 국제금융거래에서 거래상대방에 대한 신용위험과 유동성 위험을 효과적으로 감소시킬 수 있도록 각국이 네팅의 효력을 인정하는 입법을 하도록 권고하였고, 우리나라도 2005. 3. 31. 제정되어 2006. 4. 1. 시행된 채무자회생 및 파산에 관한 법률 제120조 제3항에 파생금융거래의 네팅을 보장하는 조항을 두었다(아래 II. 3).[36)]

3) 국내 기본계약서

국내에서 만든 기본계약서로는 2007년 전국은행연합회에서 제정한 장외파생상품거래 표준약정서, 2002년 증권업협회에서 제정한 장외파생금융상품거래 계약서 권고안 등을 들 수 있다. 한글 약정서 사용

---

36) 채무자회생 및 파산에 관한 법률이 제정되기 전에 ISDA표준계약서상 지급불능에 따른 조기 종료를 인정하고 계약서에 정한 대로 지급액을 산정한 사례로는 서울지방법원 2001. 11. 23. 선고 99가합52591 판결.

시 외국어로 된 계약서 사용에 따른 이해부족 또는 오해의 소지를 줄일 수 있다는 장점이 있다. 그러나 국내에서 행한 파생금융거래상의 위험을 헤지하기 위하여 해외 당사자와 파생금융거래를 행하는 경우 국제금융관행에 따라 ISDA계약서를 사용하게 되면, 국내 계약서상 부담한 위험과 해외 당사자와의 ISDA계약상 정한 위험이 동일하지 않게 될 우려가 있게 되고, 금융권역별, 기관별, 거래별로 각각 별도의 계약서 표준안을 사용하게 되면 어느 한 당사자의 도산시 그 당사자와 체결한 모든 파생금융거래에 관하여 일괄청산이 되는지 여부가 불명확하게 된다는 점 등의 단점이 있다.[37)]

4) 파생금융거래에서 사용되는 담보의 특성[38)]

파생금융거래, 증권의 환매(Repo)[39)] 또는 대차거래[40)]에서는 통상 담보로 현금화가 쉬운 증권 또는 현금을 담보로 제공하는데 증권에 대

---

37) 김홍기, 앞의 논문(주 35), 46면은 우리나라의 법률체계에 부합하는 독자적인 표준계약서를 마련할 필요성을 주장하면서도 파생상품거래의 국제적이고 표준화된 특성에 비추어 국제적인 표준계약서의 내용과 동떨어진 표준계약서를 사용하는 것도 곤란하다는 점을 지적하였다.

38) 이 문제에 대한 상세한 분석은 제6장 한 민 · 홍선경, 장외파생상품거래와 담보-Rehypothecation 문제를 중심으로. 파생상품거래에 대한 담보에 관하여는 허항진, "국제적 증권담보거래에 대한 법적 소고," 상사법연구 제28권 제2호(2009. 8), 한국상사법학회, 195-249면 ; 박훤일, "파생상품거래의 담보화에 따른 법적 문제," 경희법학 제39권 제1호(2004. 6), 경희대학교 경희법학연구소, 198-203면. 파생금융거래에 사용되는 담보계약서에 대하여는 Paul Harding/Christian Johnson, Mastering Collateral Management and Documentation (Pearson Education Limited 2002).

39) Repo에 대하여는 정순섭, "국제증권금융거래에 관한 법적 고찰: 리포 거래를 중심으로," 경영법률 제14집 제2호(2004. 3), 한국경영법률학회, 153-206면 ; 제3장 정순섭, 2000년 국제마스터리포 계약서 주요조항 해설.

40) 증권대차거래에 대하여는 박철영, "증권대차거래에 관한 법적 고찰," 증권법연구 제10권 제2호(2009), 한국증권법학회, 183-217면.

하여는 질권 등의 담보권을 설정하는 유형('담보권설정방식')과 소유권을 완전히 이전하는 유형('양도방식')이 있다. 담보권을 설정한 경우에는 피담보채무가 변제기에 도래하였으나 변제되지 않는 상황이 발생하기 전까지는 담보권자는 담보물을 처분할 수 없을 것이다. 피담보채무가 불이행된 경우, 기본계약에 따른 채권채무의 일괄정산이 먼저 이루어지고 남은 단일의 잔액채권에 대하여 담보의 처분 및 충당이 이루어지게 된다.

그러나 양도방식의 경우에는 담보제공자가 담보취득자에게 현금이나 증권 등 종류물의 소유권을 완전히 이전한다. 양도방식에 있어 담보취득자는 양도받은 자산에 관한 소유권자로서 그 소유권의 본질상 허용되는 범위 내의 제한 없는 지배권한을 보유하여, 그 담보물을 처분하거나 환매거래를 하거나 또는 자신의 채권자에게 자신의 다른 채무에 대한 담보물로 제공할 수도 있다. 그 담보물로 담보하고자 한 채무가 전부 이행된 경우, 담보취득자는 그 양도받은 담보물과 동종 동량의 등가대체물(equivalent collateral)을 반환하게 된다. 즉 담보제공자는 담보취득자에 대하여 등가대체물의 반환청구권을 가지게 된다. 채무가 불이행되는 경우에는, 통상 기본계약에서 (i) 담보취득자가 담보제공자에 대하여 갖는 모든 채권과 (ii) 담보취득자가 담보제공자에 대하여 부담하는 모든 채무(등가대체물의 반환채무 포함)를 일괄정산하는 방식으로 채권자(담보취득자)는 채권의 만족을 얻게 된다. 이러한 정산방식은 담보를 제외한 나머지 개별채권채무의 일괄정산이 먼저 이루어지고 남은 단일의 잔액채권에 대하여 다시 담보의 처분 및 충당이 이루어지는 담보권설정방식에서의 채권회수방식과는 차이가 있다.

파생상품거래시 가장 흔하게 사용되는 ISDA기본계약서에서는 (i) 뉴욕주법을 준거법으로 하는 1994년판 Credit Support Annex('뉴욕주법 CSA'), (ii) 영국법을 준거법으로 하는 1995년판 Credit Support Annex('영국법 CSA'), (iii) 영국법을 준거법으로 하는 1995년판 Credit Support Deed('영국법 CSD') 및 (iv) 2001년판 ISDA Margin Provisions를 편입하기 위하여 사용되는 2001년판 ISDA Margin Supplement 등이 표준화된 담보계약서로 사용된다.

이를 위의 담보구조에 관한 두 가지 방식에 따라 구분하여 본다면, 뉴욕주법 CSA[41]및 영국법 CSD는 담보권설정방식을, 영국법 CSA는 양도방식을 취하고 있으며, 2001년판 ISDA Margin Supplement는 위 두 가지 방식을 선별적으로 결합한 방식을 취하고 있다.

양도방식을 취한 국내계약서로는 금융투자업협회의 금융투자회사의 약관운용에 관한 규정에 별표7로 첨부된 기관간환매조건부매매약관을 들 수 있다. 이 약관은 실질적인 담보의 역할을 수행하는 증거금 및 증거금증권이라는 개념을 두고,[42] 증거금증권의 인도시 담보권이 설정되는 것이 아니라 소유권이 이전됨을 명시하였으며,[43] 채무불이

---

41) 뉴욕주법 CSA에 의하더라도, 당사자 간의 합의가 있을 경우에는 질권자(Pledgee)는 담보의 처분을 포함하여 소유권자와 마찬가지로 담보를 자유로이 이용할 수 있다〔뉴욕주법 CSA, 제6조(c)항〕.

42) 기관간환매조건부매매약관 제5조(증거금의 유지) 제1항 : 순평가차손이 발생한 당사자는 상대방에 대한 구두 또는 서면 통지(이하 '증거금 통지'라 한다)로써 상대방의 선택에 따라 순평가차손액 상당의 현금 또는/및 증권(교부일의 시장가치를 기준으로 한다)을 지급 또는/및 교부하도록 요구할 수 있다.

43) 기관간환매조건부매매약관 제9조(지급과 교부) 제1항 : 이 약관과 관련하여 교부 또는 지급되어야 할 증권과 현금에 관한 모든 권리, 명의는 그 교부 또는 지급시에 이를 교부받거나 지급받는 자에게 이전한다. 이 약관에서 "환매", "환매일", "환매가", "환매차액", "증거금", "순증거금", "증거금률" 또는 "대체"와 같은 표현, 기타 이 약관의 어느 규정도 본항 전문의 해석에 영향을 미치지 아니하며 교부 또는 지급된 증권 또는 현금에 대해 일방이 타방을 위하여 담보적 이익을 설정한 것으로 해석되지 아니한다.

행 발생시 일괄정산하는[44] 조항을 두고 있다.

3. 도산법

(1) 채무자회생 및 파산에 관한 법률 제120조 제3항 제정의 배경

국제금융시장에서는 파생금융거래에 따른 거래 상대방 신용리스크를 줄이기 위하여 네팅(netting) 특히 거래당사자의 도산 등 채무불이행 발생시 일괄정산(close-out netting)을 하도록 하는 내용의 계약(예컨대, ISDA Master Agreement)[45]을 이용한다. 종전의 파산법 및 회사정리법의 해석상으로도 이러한 일괄정산 약정의 효력이 인정되어야 한다는 것이 유력한 견해이었지만, 법률에 효력을 명시적으로 인정하고 있지 않다는 점에서 불확실성이 있었다. 국내 금융기관이 국제적인 파생금융거래를 할 때 이러한 불확실성이 파생금융거래 조건에 불리한 영향을 줄 수 있었고, 국내파생금융거래도 증가하는 등 금융환경의 변화에 맞추어 일괄정산의 효력에 대한 불확실성을 해소하기 위하여 채무

---

44) 기관간환매조건부매매약관 제15조(환매일의 조기도래 및 정산) 제4항 : 제3항에 의하여 일방 당사자가 상대방에게 지급하여야 하는 정산금은, 본조에 따라 환매일이 도래함에 따라 각 당사자가 교부하여야 하는 등가매입증권과 등가증거금증권의 평가시점의 시장가치를 확정한 후 이를 제1항에 따라 도래한 환매일 현재 이 약관 및 각 개별거래에 따라 지급되어야 할 환매가, 현금증거금 및 기타의 금원과 서로 차감하여 산출된 잔액을 말하며, 이와 같이 지급할 잔액이 남은 당사자가 상대방에게 그 잔액을 제3항에 따라 지급하기로 한다.

45) 증권대차거래의 경우 국제적으로 많이 사용되는 Global Master Securities Lending Agreement도 일괄정산 조항을 두고 있고, 국내에서 사용되는 계약서를 보면 금융투자업협회의 금융투자회사의 약관운용에 관한 규정에 별표로 첨부된 표준약관 중 기관간환매조건부매매약관과 증권대차거래약관에서도 단일계약 조항과 채무불이행시의 일괄정산 조항을 두고 있다.

자회생 및 파산에 관한 법률 제120조 제3항의 특칙이 제정되었다.

(2) 채무자회생 및 파산에 관한 법률 제120조 제3항의 내용[46)]

채무자회생 및 파산에 관한 법률 제120조 제3항은 기본계약에 근거하여 행하는 장외파생금융거래 등 일정한 적격금융거래의 당사자 일방에 대하여 회생절차가 개시된 경우 적격금융거래의 종료 및 정산에 관하여는 기본계약에서 정한 바에 따라 효력이 발생하도록 하고 있다.

제120조 제3항에 따른 특칙을 적용받기 위해서는 ① 우선, 적격금융거래가 기본계약에 근거하여 행하여져야 하고 ② 적격금융거래 즉 (i) 선도, 옵션, 스왑 등 파생금융거래로서 대통령령이 정하는 거래, (ii) 현물환거래, 증권의 환매거래, 증권대차거래 및 담보콜거래, (iii) 제1호 내지 제2호의 거래가 혼합된 거래, (iv) 제1호 내지 제3호의 거래에 수반되는 담보의 제공 · 처분 · 충당에 해당하여야 한다.

기본계약에 근거하여 체결된 적격금융거래의 종료 및 정산에 관하여는 채무자회생 및 파산에 관한 법률의 규정에도 불구하고 기본계약에서 당사자가 정한 바에 따라 효력이 발생하고 해제, 해지, 취소 및 부인의 대상이 되지 아니하도록 하여 제120조 제3항이 입법되기 전에 논의되던 미이행 쌍무계약 조항 적용에 따른 cherry picking[47)]의 우려,

46) 이 입법에 대한 상세한 논의는 제7장 박 준 · 홍선경 · 김장호, 채무자회생 및 파산에 관한 법률 제120조의 해석.

47) 당사자 사이의 기본계약의 적용하에 있는 다수의 적격금융거래들 중 회생절차가 개시된(또는 파산이 선고된) 당사자에게만 유리한 방향으로 일부는 이행, 일부는 해제 또는 해지하도록 관리인이 선택권을 행사하는 것을 말한다.

일괄정산 조항의 효력에 대한 반론의 우려 등을 해소하였다. 일괄정산 후 남은 채권은 회생채권으로 채권을 행사하여야 할 것이다. 제4호의 거래, 즉 담보의 제공 · 처분 · 충당에 대하여는 부인권의 적용이 없을 뿐 아니라 중지명령 및 포괄적 금지명령의 대상이 되지 아니함을 명시하였다. 다만, 채무자가 상대방과 공모하여 회생채권자 또는 회생담보권자를 해할 목적으로 적격금융거래를 행한 경우에는 제120조 제3항의 특칙을 적용하지 않는다.

4. 기타

(1) 도박

다른 기초자산 또는 위험의 가치 또는 지수 등 수치 변동에 따라 파생금융거래 당사자의 권리의무가 결정된다는 점에서 우연적 요소가 내재되어 있어, 도박성이 문제될 수 있다. 이 점에 대하여 자본시장법은 금융투자업자가 금융투자업을 영위하는 경우에는 형법 제246조(도박죄)를 적용하지 아니한다는 점을 명시하였다(자본시장법 제10조). 파생금융거래는 통상 금융투자업자가 인가받은 금융투자업으로 영위하는 경우가 대부분이겠으나, 국내 기업 또는 금융기관이 해외 당사자와 파생금융거래를 행하는 경우 등 자본시장법상의 금융투자업에 해당하지 않는 경우도 있을 수 있다. 이러한 경우, 파생금융거래의 우연성에 대한 법적 판단은 결국 그러한 거래의 경제적 필요성 내지는 사회적 유용성을 기준으로 하여야 할 것이다.

(2) 파생금융거래의 남용

1) 파생금융거래의 남용

파생금융거래는 원래 가지고 있는 위험의 회피 또는 새로운 위험의 인수를 목적으로 행하여진 거래인데, 엔론 건과 같이 파생금융거래가 그의 독자적인 목적을 가진 거래가 아니라 다른 법령의 적용을 회피하기 위하여 이용되는 것에 불과하다면, 파생금융거래로서의 성격을 가진다고 하기보다는 탈법적인 수단으로 이용된 것에 불과하다고 할 수 있다.

2) 엔론 사건

탈법적인 목적으로 파생금융거래의 형식을 이용한 거래의 대표적인 사례가 미국의 엔론이 금전차입 사실을 감추기 위하여 체결한 스왑계약이다.[48] 이 사건의 사실관계를 보면 2001. 9. 28. 3개의 스왑계약이 체결되었다.

i) JP Morgan Chase Bank and Jersey(이하 JP Morgan Chase 은행)에 특별목적기구로 설립된 Mahonia 간의 스왑 : 계약시점에 JP Morgan Chase 은행이 Mahonia에게 미화 3억 5천만 달러를 지급하고 2002. 3. 25. 천연가스선물가격에 기초하여 산정한 금액을 2002. 3. 26. Mahonia가 JP Morgan Chase 은행에게 지급한다.

ii) Mahonia와 ENAC(Enron North America Corporation : 엔론의 자회사) 간의 스왑 : 계약시점에 Mahonia가 ENAC에게 미화 3억 5천만 달러를

48) 본문의 내용은 Mahonia Ltd v JP Morgan Chase Bank 2003 WL 22827091〔QBD (Comm Ct)〕, [2003] 2 Lloyd' s Rep. 911, [2003] EWHC 1927에 판시된 사실관계를 요약한 것이다.

지급하고 2002. 3. 25. 천연가스선물가격에 기초하여 산정한 금액을 2002. 3. 26. ENAC가 Mahonia 은행에게 지급한다.

iii) ENAC와 JP Morgan Chase 은행 간의 스왑 : 2002. 3. 26. ENAC가 JP Morgan Chase 은행에게 고정금액(미화 3억 5596만 1258.40 달러)을 지급하고 JP Morgan Chase 은행은 ENAC에게 2002. 3. 25. 천연가스선물가격에 기초하여 산정한 금액을 지급한다.

iv) 위 ii) 거래에서 ENAC의 지급채무를 담보하기 위하여 WestLB AG가 보증신용장을 발행하여 Mahonia에게 제공하였다.

위 3개의 스왑거래를 합쳐보면 ENAC가 미화 3억 5천만 달러를 받아서 그 자금을 2001. 9. 28.부터 2002. 3. 26.까지 이용하고, JP Morgan Chase 은행에게 596만 1258.40달러를 추가로 지급하는 거래라고 할 수 있고, 이는 결국 ENAC가 연리 약 3.4%의 금리로 미화 3억 5천만 달러를 차입한 것과 다름없다.

엔론이 자금 차입거래를 위와 같은 스왑거래의 형식으로 한 것은 재무제표에 차입사실을 표시하지 않기 위한 것이었고, 이는 미국 회계기준 및 증권법을 위반한 것이었다. 엔론과 ENAC를 비롯한 자회사들이 2001. 12. 2. 미국 연방 파산법 제11장에 따른 회생절차 개시 신청을 하여 위 ii) 거래 계약상 ENAC의 채무불이행이 발생하자 Mahonia가 보증신용장 발행은행인 WestLB AG에게 보증신용장상의 지급을 청구하였다. WestLB AG는 위 ii) 계약이 미국 회계기준 및 증권법을 위반한 거래라는 점을 들어 보증신용장상의 의무 이행을 거절하였고, Mahonia는 이에 대응하여 법원에 보증신용장 발행은행이 제기하는 항변을 배척하는 summary judgment를 구하였으나, 법원은 Mahonia의 청구를 기각하였다.

3) 파생금융거래에서의 형식과 실질

아래 파생금융거래 유형별 법적 쟁점에서 다루는 주식파생금융거래의 유형들에서 볼 수 있듯이, 파생금융거래가 전형적인 위험 회피 또는 위험 인수 목적으로 행하여지는 경우에도 그 위험 회피 또는 위험 인수의 경제적 효과가 다른 법령상의 규제 대상이 되거나 다른 법적인 취급을 받도록 되어 있는 경우에 파생금융거래로 취급하여 법적인 효과를 부여할 것인지 아니면 경제적 효과를 중시하여 그 경제적 효과를 기준으로 법적인 취급을 할 것인지, 그 경계선 내지 기준은 무엇인지가 문제될 수 있다. 파생금융거래가 새로운 유형 또는 방법의 위험 회피 또는 위험 인수의 목적으로 행하여지는 경우, 이러한 문제가 새롭게 발생할 여지가 많을 것이다. 이러한 형식과 실질의 문제에 대하여는 하나의 기준을 정하여 모든 유형의 파생금융거래에 일률적으로 적용할 수는 없을 것이고, 결국 관련되는 각 개별 법령의 목적, 강행법규성의 정도에 따라 달리 판단하여야 할 것이다.

세법상 파생금융거래의 형식을 무시하고 당사자들이 의도하는 경제적 효과를 기준으로 과세할 것인가에 대하여는 몇 가지 판례가 나와 있다. 대법원 1997. 6. 13. 선고 95누15476 판결은 "외국은행 국내지점이 계약일 또는 이자지급 약정일에 변동금리에 해당하는 이자금액과 고정금리에 해당하는 이자금액을 서로 주고받지 아니하고 변동금리에 해당하는 이자상당액을 국내고객에게 선지급하고 만기에 고정금리에 해당하는 이자상당액을 후취하고 있는 형태의 스왑거래를 행하고 다시 외국에 있는 본점이나 다른 외국지점과 국내 스왑거래로부터 입을 수 있는 손실에 대비하기 위한 커버거래를 하였다면, 그 국내 스왑거래는 일종의 스왑거래에 해당하기는 하지만 실질에 있어서는 이자율 차액에 해당하는 금액의 외화대부에 해당한다고밖에 할 수 없

을 것"이라고 하여 세법상 대출거래로 인정하였다.[49)]

한편, 은행과 고객이 엔화정기예금과 선물환거래를 함께 행하는 이른바 '엔화스왑예금계약'을 체결한 사안에 관하여 하급심 판결이 나뉘었는데, 대법원 2011. 4. 28. 선고 2010두3961 판결은 "당사자가 취한 거래형식이 세금의 부담을 회피하기 위한 행위라 하더라도 그것이 가장행위에 해당하는 등의 특별한 사정이 없는 이상 유효한 것으로 보아야 한다는 전제 아래, 이 사건 선물환계약은 엔화정기예금계약과는 구별되는 별개의 계약으로 인정되고, 법률행위의 효력이 없는 가장행위에 해당한다거나 엔화정기예금계약에 포함되어 일체가 되었다고 보기 어렵다"고 보고 선물환거래로 인한 차익을 세법상 이자소득세의 과세대상에 해당하지 않는 것으로 판시하였다.

III. 파생금융거래 유형별 법적 쟁점

1. 통화, 이자율 파생금융거래

우리나라는 외국환은행이 아닌 거주자의 비거주자와의 외환거래에 대하여 매우 엄격한 규제를 해 왔다. 특히 외국환은행이 아닌 거주자가 비거주자와 행하는 파생금융거래는 대체로 외환감독당국의 허가 또는 신고를 받아야만 했다. 현재도 외국환업무취급기관이 외국환업무로서 행하는 거래가 아닌 한 거주자와 비거주자 간의 파생금융거래

49) 세법문제를 중심으로 하지 않고 이 판결을 다룬 문헌으로는 박훤일, "변칙적인 스왑 거래의 법적 효력," 경영법무 42(1997. 9), 한국경영법무연구소, 35-41면.

는 한국은행에 신고하여야 한다(외국환거래규정 제7-40조). 이러한 제한 때문에 거주자와 비거주자 간에 국내 외국환은행이 개입하여 두 개의 거의 동일한 내용의 파생금융거래를 체결하는 경우가 흔히 있다. Korea Life Insurance Co., Ltd. and Morning Glory Investment (L) Limited v. Morgan Guaranty Trust Company Of New York, No. 99 Civ. 12175 (July 1, 2003)[50]은 이렇게 두 개의 파생금융거래를 체결하는 경우 국내 외국환은행의 계약상의 지위를 어떻게 보아야 하는가를 다루었다.

〈사실관계〉

원고는 우리나라 회사인 D보험회사와 D가 말레이시아의 라부안에 설립한 역외펀드인 M투자회사이고 피고는 미국의 J은행이다. 이들 당사자 이외에도 우리나라 은행인 K은행이 파생금융거래의 당사자로 관여하여 다음과 같은 거래를 행하였다.

① 1997. 1. 15. M은 K은행과 다음과 같은 총수익스왑(total return swap)을 체결하였다

i) F(J가 채널아일랜드에 설립한 특별목적기구)가 M에 출자한 금액 2,500만 달러의 96.75%인 24,187,500달러 혹은 ii) 태국 바트화와 일본 엔화의 환율변동에 따라 사전에 합의된 2,500만 달러의 할인금에 해당 통화관계를 측정하는 두 개의 상호 관련된 공식에 따라 산출된 금액을 반영한 금액을 K은행에게 지급한다.

② K은행은 J와 총수익스왑계약을 체결하였고 그 지급조건은 M-K은행의 총수익스왑과 동일하였다. 즉 K은행은 M이 K은행에

50) 거래의 전체적인 내용은 훨씬 더 복잡하지만 본문에서는 논의하는 쟁점에 관한 부분만 요약하였다. 이 판결에 대한 상세한 논의는 제11장 정순섭, 대한생명과 제이피 모건의 파생상품거래에 관한 뉴욕연방지방법원 판결.

게 지급한 금액을 받아서 J에게 지급하고, 반대로 J가 K은행에게 지급한 금액을 받아서 M에게 지급하게 된다.

③ M-K은행 간의 총수익스왑계약에는 태국 바트화와 엔화의 환율이 일정한 비율을 벗어나면 M이 계약을 조기에 해지할 수 있는 조항을 두었으나, K은행과 J 간의 계약에는 그러한 조항이 없었다.

④ 1997. 1. 15. M, K은행과 J는 담보계약을 체결하여 M이 K은행의 J에 대한 채무를 이행되도록 할 의무를 부담하였다. 한편, 같은 날 D보험은 M이 K은행에 대한 채무를 이행하지 못하거나 M의 자산이 부채보다 적게 되는 경우에는 M의 자본금을 증자하겠다는 내용의 확약서(LOC)를 M과 K은행에게 발급하였다.

⑤ 이들 계약서는 모두 J가 제시하여 D보험과 K은행〔K은행은 M을 대리함(acting in the transactions "for and on behalf of M")〕이 서명한 1997. 1. 10.자 Indicative Term Sheet에 기초하여 작성되었다.

1997. 7. 2. 태국이 변동환율제로 전환함에 따라 바트화의 가치가 대폭 하락하였고 이에 D보험은 1997. 7. 8.부터 J에게 거래의 해지를 요구하였고, 1997. 10. 16. M의 계약당사자인 K은행에게 서면으로 해지를 요구하였다. K은행은 해지요구를 J에게 전달하였지만 K은행과 J 모두 D보험의 요구에 응하지 않았다. 만기일로부터 23일 전인 1998. 1. 7. J가 계약을 해지하였다. D보험과 M회사는 계약 해지에 따른 지급을 행한 후 J를 상대로 사기, 과실 있는 잘못된 진술, 위법, 권리능력위반, 도박금지위반, 사실상의 이행불능, 부당이득, 해지관련 계약위반 등을 이유로 지급금의 반환을 구하는 소송을 미국연방지방법원(남부뉴욕지구)에 제기하였다.

〈법원의 판단〉

원고의 사기, 과실 있는 잘못된 진술, 위법, 권리능력위반, 도박금지위반, 사실상의 이행불능, 부당이득 등의 주장은 받아들이지 않고, 해지조항관련 계약 위반만을 인정하였다. 법원은 두 개의 스왑계약이 독립적인 것이 아니고 상호 연계되어 있고, K은행의 역할은 M과 J 간의 중개자 내지는 M의 대리인이다. 또한 D보험이 제공한 LOC와 담보계약서는 D와 J의 직접적인 계약관계를 보여준다. 두 개의 스왑계약 체결은 D보험이 불합리하게 큰 위험을 부담하게 하고, 규제를 받는 한국의 생명보험회사가 체결하기에는 부적절하고, 아마도 위법인 투기적 해외거래를 감추기 위하여 거래구조를 만든 것에 불과하고, 하나의 계약이라고 볼 수밖에 없다. 특별목적기구들과 중간에 개입한 기관은 거래의 진정한 당사자가 되도록 할 의사가 있다고 볼 수 없다. 진정한 당사자는 D보험과 J이고, D보험이 J에게 지급의무를 지고 있는 것과 마찬가지로 J도 D보험이 손실 확대를 방지하고자 계약을 조기 해지하고자 하는 경우 이에 협조할 의무가 있다.

이 판결은 계약상의 당사자 표시에도 불구하고 거래의 전체 진행과정 및 주된 계약서 이외에 부수되는 계약서를 통하여 거래의 진정한 당사자를 가려냈다는 점에 주목할 필요가 있다. 이 사건과 달리 거주자와 비거주자 간의 거래의 중간에 외국환은행 기타 국내금융기관이 개입하여 두 개의 계약이 체결되는 경우라고 하더라도, 그 중간에 개입한 기관이 거래 조건의 협상이나 결정에 실질적으로 관여하여 두 개의 계약을 각각 별개로 협상하여 결정하는 경우에는 실질적인 당사자라고 하여야 할 것이다.

2. 주식파생금융거래

주식파생거래, 특히 주가지수에 관한 파생금융거래가 아닌 특정주식에 관한 파생금융거래의 경우에는 파생금융거래의 조건과 당사자의 의도에 따라 몇 가지 법적인 문제점이 발생할 수 있다.

(1) 주식파생금융거래와 주식의 실질 소유 내지는 지배[51)]

주식을 소유하는 주주는 상법에 정해진 바에 따라 주주권을 행사할 수 있지만, 또 경우에 따라서는 상법에 정해진 주주권 행사에 대한 제한[52)] 을 받을 수 있다. 주식 소유에 대하여는 각종 특별법에서 정한 제한[53)]도 있고, 특정범죄가중처벌 등에 관한 법률 제12조는 외국인에 의한 취득이 금지 또는 제한된 재산권을 외국인을 위하여 외국인의 자금으로 취득한 자는 매우 엄하게 처벌하도록 규정하고 있다. 또한 자본시장법은 소유에 준하는 보유라는 개념을 정하여 대량보유상황 보고의무의 기준으로 삼고 있다.

파생금융거래는 각종 거래를 인수분해한 구성요소적 성질을 가지고 있으므로 파생금융거래의 조건과 당사자의 의도에 따라서는 외관상 파생금융거래이지만 실질적으로 주식의 소유 내지는 지배를 위한

51) 이 문제에 대한 상세한 논의는 김지평, "주식에 관한 경제적 이익과 의결권에 관한 법적 연구," 서울대학교 박사학위논문, 2011. 8.

52) 예 : 상법 제409조(감사선임시 3% 초과 보유 주주의 의결권 제한). 제369조 제3항(10% 이상의 주식 상호 보유시의 의결권 상실) 등.

53) 예 : 동일인 주식소유제한을 규정한 은행법 제15조, 제16조 및 제16조의2, 금융지주회사법 제8조 및 제8조의2, 공기업의 경영구조개선 및 민영화에 관한 법률 제18조, 외국인주식 소유제한을 규정한 전기통신사업법 제6조, 공기업의 경영구조개선 및 민영화에 관한 법률 제19조, 방송법 제14조, 항공법 제6조 등.

거래로 인정될 수 있다. 예컨대, 극단적으로 주식의 차명거래도 외관상 총수익스왑(total return swap) 내지는 주식스왑(equity swap)의 거래구조를 가질 수도 있을 것이다. 여기서 차명거래는 실질주주가 주식취득에 필요한 자금을 명의주주에게 제공하고 명의주주는 그 자금으로 주식을 취득하여 실질주주의 이익을 위하여 보유하고, 모든 주주권의 행사도 실질주주의 지시에 따라 행사하며, 주식의 처분대금이나 배당금도 모두 실질주주에게 귀속시키는 거래로 개념을 정하고 살펴보기로 한다.

A와 B 간에 다음과 같은 내용의 스왑거래를 체결한 경우를 생각하여 보자.

거래 유형1

A(변동금액 지급자)는 B(변동금액 수령자)와 갑회사 발행주식 1만 주에 대하여 만기 1년의 스왑계약을 체결한다. 계약체결일 현재 갑회사 주식의 시가는 10,000원이다.

① 스왑계약 만기시 갑회사의 주식가격이 10,000원보다 높은 경우에는 A가 B에게 〔만기시의 주식가격－10,000원〕을 지급하고, 10,000원보다 낮은 경우에는 B가 A에게 〔10,000원－만기시의 주식가격〕을 지급한다.

② 스왑계약 기간 중 B는 A에게 1억 원(10,000원×1만 주)에 대한 이자 상당액을 지급한다.

③ 갑회사가 스왑계약 기간 중 배당금을 지급한 경우, A는 B에게 배당금 상당액을 지급한다.

A가 스왑계약 체결시 반드시 갑회사 발행 주식 1만 주를 보유하고 있어야 하는 것은 아니다. A는 갑회사의 주식을 보유하지 않

고 갑회사의 주식의 가격이 스왑기간 중 하락할 것에 투자하기 위하여 이런 스왑계약을 체결할 수도 있을 것이다. 그러나 A는 갑회사 주식의 가격이 상승할 경우 지급할 위험을 헤지하기 위해서 갑회사의 주식을 보유하거나 갑회사의 주식에 대한 매수옵션(call option)을 보유하거나 이 스왑과 유사한 스왑을 수익수령자의 지위에서 체결하는 등의 조치를 취할 필요가 있을 것이다.

거래 유형2

거래 유형1의 ①부분을 아래와 같이 ①-1과 ①-2의 내용으로 변형하여 체결한 경우를 생각하여 볼 수 있다.

①-1 스왑계약 체결과 동시에 B가 A에게 1억 원을 지급한다.

①-2 스왑계약 만기시 A가 B에게 〔만기시의 주식가격×1만 주〕로 산정한 금액을 지급한다.

②③ 거래 유형1과 동일

이 거래에서도 A가 스왑계약 체결시 수령한 1억 원으로 갑회사 주식 1만 주를 매입할 의무는 없고, 다른 용도로 사용하여도 된다. 다만, A는 갑회사 주식의 가격이 상승할 경우 1억 원을 초과하는 금액을 지급할 위험을 헤지하기 위해서 갑회사의 주식을 보유하거나 갑회사의 주식에 대한 매수옵션(call option)을 보유하거나 이 스왑과 유사한 스왑계약을 수익수령자의 지위에서 체결하는 등의 조치를 취할 필요가 있을 것이다.

거래 유형3

거래 유형 2와 모두 동일하게 하면서, ①-1과 ①-2에 아래와 같이 ①-3을 추가하는 내용으로 변형하여 체결한 경우를 생각하여 볼 수 있다.

①-1 ①-2 거래 유형2와 동일

①-3 A는 스왑계약 기간 중 갑회사 주식 1만 주를 보유할 의무를 진다.

② ③은 거래 유형2와 동일

이 거래에서도 A가 스왑계약 체결시 수령한 1억 원으로 갑회사 주식 1만 주를 매입할 의무는 없고, 다른 용도로 사용하여도 된다. 그러나 A는 갑회사 주식 1만 주를 보유할 의무를 부담하기 때문에 스왑계약시 수령한 1억 원으로 갑회사 주식 1만 주를 매입하거나, 최소한 갑회사 주식 1만 주를 보유하기 위한 자금 조달에 충당하였다고 볼 여지가 매우 높아질 것이다. 거래 유형1이나 거래 유형2보다는 차명거래에 훨씬 가깝게 근접하지만 계약상으로는 자금을 주식의 매입에 사용할 의무가 없고 주주권의 행사에 대하여 B의 지시를 받도록 하지 않았다는 점에서 차이가 있을 것이다.

거래 유형4

거래 유형3과 모두 동일하게 하면서, 아래와 같이 ①-3을 변형하고 ④를 추가하는 내용으로 변형하여 체결한 경우를 생각하여 볼 수 있다.

①-1 ①-2 거래 유형2와 동일

①-3 A는 ①-1에서 수령한 자금으로 갑회사 주식 1만 주를 매수하여 스왑계약 기간 중 보유할 의무를 진다.

② ③은 거래 유형2와 동일

④ A는 스왑계약 기간 중 보유하고 있는 갑회사 주식 1만 주에 대한 의결권 기타 주주권의 행사시 B의 지시에 따르기로 한다.

거래 유형4와 같이 계약조건을 정하고, B가 언제든지 스왑계약을 해지할 수 있도록 하고 나아가 해지시 B가 ①-2에 적은 주가상당액의 수령 대신에 해당 주식을 교부받을 수 있는 권리를 가지도록 하면 차명거래와 차이가 없다.

거래 유형1 내지 거래 유형3의 경우에도 만약 A가 스왑계약 기간 중 실제로 갑회사 주식 1만 주를 보유하였고, 나아가 그 주식의 의결권 기타 주주권을 B의 지시에 따르거나 B와 협의하여 행사하였다면, 그 주식은 A가 자신의 명의로 그러나 B의 계산으로 보유한 것 내지는 B가 그 주식의 실질적인 소유권 내지는 지배권을 가진 것으로 인정될 가능성이 높아질 것이다. 이때, B가 이 주식을 자신의 이름으로 소유하지 못할 사정 또는 이 주식에 대한 주주권을 실질적으로 행사하여야 할 사정이 있는지 여부 등 당사자들의 의도도 감안하게 될 것이다. 이와 같이 A가 주식을 소유하고 있는 외관에도 불구하고 B가 주식의 실질적인 소유 내지는 지배를 하고 있는 것으로 인정되는 경우에는 상법이나 각종 특별법상의 제한이 B를 기준으로 적용되어야 할 것이다.

파생금융거래는 매우 다양한 형태로 이루어질 수 있어서 파생거래를 이용하여 실질적인 소유 또는 지배를 하고 있는지를 일률적으로 판단할 수는 없다. 또한, 각 관련 법률의 입법 취지와 목적에 따라 해당 법률 적용 여부에 대한 판단의 기준도 달라질 수밖에 없다. 예컨대, 회사자본 충실을 위태롭게 하는지 여부가 상법상 자기주식 취득 관련 조항 위반 여부 판단시에는 중요한 고려사항이 되어야 할 것이지만, 자본시장법상의 소유에 준하는 보유에 해당하는지 여부에서는 그렇지 않을 것이다. 자본시장법상의 소유에 준하는 보유 해당 여부 판단시에는 오히려 경영권 쟁탈과 관련한 의결권(또는 잠재적 의결권)을 실질적으로 확보할 수 있는지 여부 내지는 의결권 있는 주식의 취득 · 처분에 대한 결정권이 있는지 여부가 더 중요한 고려 요소가 되어야 할 것이다. 상법 제341조 및 제625조 제2호에서 "자기의 계산으로 자기의 주식을 취득하지 못한다" 및 "누구의 명의로 하거나를 불문하고 회사의 계산으로 부정하게 그 주식을 취득하거나"에서의 "자기의 계산"의 개념과 자본시장법 시행령 제142조 제1호에서 사용하는 "누구의 명의로든지 자기의 계산으로 주식 등을 소유하는 경우"에서의 "자기의 계산"의 의미를 반드시 동일하게 해석하여야 할 것인지에 대하여는 신중하게 검토하여 보아야 할 문제이다.

(2) 자본시장법상 보유 개념 해당 여부

1) 자본시장법상의 '보유'

자본시장법은 '보유'라는 개념을 사용하여 주식 등[54]을 보유한 비

54) 주식 등은 의결권 있는 주식에 관계되는 다음 각호의 하나에 해당하는 증권을 말한다(자본시장법 시행령 제139조).
1. 주권상장법인이 발행한 증권으로서 다음 각목의 어느 하나에 해당하는 증권
   가. 주권
   나. 신주인수권이 표시된 것
   다. 전환사채권
   라. 신주인수권부사채권
   마. 가목부터 라목까지의 증권과 교환을 청구할 수 있는 교환사채권
   바. 가목부터 마목까지의 증권을 기초자산으로 하는 파생결합증권(권리의 행사로 그 기초자산을 취득할 수 있는 것만 해당한다)
2. 제1호에 따른 주권상장법인 외의 자가 발행한 증권으로서 다음 각목의 어느 하나에 해당하는 증권
   가. 제1호에 따른 증권과 관련된 증권예탁증권
   나. 제1호에 따른 증권이나 가목의 증권과 교환을 청구할 수 있는 교환사채권

율이 5% 이상인 경우에는 보고의무를 지우고(제147조), 반드시 공개매수를 하여야 하는 경우의 요건에서도 보유 비율의 개념을 사용하고 있다(제133조 제3항).

주식 등에 관한 파생금융거래 중 실물결제를 전제로 하는 거래를 하여 매수인의 지위에 서는 당사자는 자본시장법 시행령 제142조에 정한 보유의 유형 중 제2호,[55] 제5호,[56] 제6호[57]에 따른 보유를 한 것으로 인정될 것이다. 실물결제를 하지 않고 시가의 변동에 따른 차액의 현금결제를 하는 경우에는 위의 보유에 해당하기는 쉽지 않을 것이지만, 경우에 따라서는 제4호[58]에 해당하는 경우도 있을 수 있다. III. 2. (1)의 거래 유형3과 같은 구조에서 B가 A에게 A보유주식의 매각을 지시 또는 요구할 수 있도록 하고 A는 이에 응할 의무가 있는 경우에는 제4호에 해당함에 의문이 별로 없을 것이다. 이러한 내용을 계약에 명시적으로 정하여 놓지 않더라도 B가 스왑계약을 언제든지 해지할 수 있도록 하고 해지시 A가 주식을 매각하여 받은 매도대금액을 그대로 반영하여 현금으로 정산하도록 정한다면, A가 보유한 주식의 처분 시기를 B가 정하는 것과 다름없게 된다. 만약, B가 주식의 의결권이나 주식의 취득 처분에는 관심이 없고 다만 주가의 등락에 따른 수익만을 취하기 위하여 스왑 등의 파생금융거래를 이용할 의도라면, 스왑계약에서

다. 제1호에 따른 증권이나 가목 · 나목의 증권을 기초자산으로 하는 파생결합증권(권리의 행사로 그 기초자산을 취득할 수 있는 것만 해당한다)

55) 법률의 규정이나 매매, 그 밖의 계약에 따라 주식 등의 인도청구권을 가지는 경우

56) 주식 등의 매매의 일방예약을 하고 해당 매매를 완결할 권리를 취득하는 경우로서 그 권리행사에 의하여 매수인으로서의 지위를 가지는 경우

57) 주식 등을 기초자산으로 하는 법 제5조 제1항 제2호에 따른 계약상의 권리를 가지는 경우로서 그 권리의 행사에 의하여 매수인으로서의 지위를 가지는 경우

58) 법률의 규정이나 금전의 신탁계약 · 담보계약 · 투자일임계약, 그 밖의 계약에 따라 해당 주식 등의 취득이나 처분의 권한을 가지는 경우

A가 주식을 보유할 의무를 둘 필요가 없을 것이고, 또한 주가변동에 따른 두 당사자 간의 지급액도 일정한 객관적인 가격(예 : 스왑계약의 만기 또는 조기종료 시점 전의 1주일 평균종가)을 기준으로 산정한다면, 설사 A가 주가상승에 따른 지급위험을 헤지하기 위하여 실제 스왑계약의 대상물인 주식을 보유하고 있었다고 하더라도, B가 그 주식을 취득, 처분할 권한을 가진 것으로 보아서는 안 될 것이다.

2) CSX Corporation v. The Children's Investment Fund Management (UK) LLP, et al. 562 F.Supp.2d 511, S.D.N.Y., 2008(June 11, 2008)

파생거래당사자가 주식보유 보고의무를 지는지에 대하여는 미국 연방지방법원(뉴욕남부지역)에서 선고된 판결이 참고가 될 수 있다. 이 사건을 요약하면 다음과 같다.

〈사실관계〉

2006년 10월 영국 펀드인 TCI는 뉴욕증권거래소 상장회사인 CSX 주식 140만 주에 대해서 총수익스왑(total return swap, 이하 'TRS') 계약을 체결하였고, 이후 2007년 2월에는 TRS를 통하여 13.6%의 포지션을 보유하게 되었고, CSX에 관해 다른 헤지펀드들을 접촉하여 경영권에 대한 관심을 표명하였다. TCI는 스왑거래를 8개 거래상대방으로 분산하여 거래상대방 누구도 CSX 주식을 5% 이상 보유하지 않도록 하였고, 2007년 10월에 스왑거래를 모두 해지하고 이를 모두 Deutche Bank와 Citigroup과의 TRS로 전환하였다.

3G가 운영하는 펀드는 CSX와의 의결권 대결을 염두에 두고 CSX의 주식을 취득하였다. 2007년 12월 위임장권유에 임박하여

TCI와 3G는 자신들이 5% 보고의무 목적상 공동보유자임을 신고하면서 그룹이 모두 CSX 전체 발행주식의 8.3%를 보유하고 있다는 점, 보유물량은 본래 일반적인 투자의 일환으로 획득하였다는 점, 그룹은 위임장권유를 시작할 예정이지만 현재 특별한 계획이나 제안은 없다는 점을 신고하였다.

〈쟁점〉

TCI와 3G가 5% 보고의무를 위반하였는지 여부 즉, ① TCI가 CSX 주식에 관한 TRS를 통하여 주식을 수익적으로 보유하는 지위(beneficial owner)에 있다고 보아 보고의무를 지는지 여부 및 ② TCI와 3G가 처음부터 의사의 연락을 하였던 그룹(group)으로서 공시하여야 함에도 불구하고 처음에는 서로 별개의 주주인 것처럼 공시한 것이 적법한 것인지 여부가 쟁점이 되었다.

〈법원의 판단〉

• TRS 거래가 주식의 수익적 보유에 해당되는지 여부

TCI가 체결한 스왑계약이 기초자산인 CSX 주식의 의결권이나 처분권에 관하여 TCI에게 어떠한 법적 권리도 부여하지 않았고, 또한 스왑계약상 스왑상대방이 그들의 포지션을 헤지하기 위해 CSX 주식을 취득할 의무가 있는 것은 아니었다. 그러나 수익적 보유의 개념은 '의결권이나 투자결정권 행사에 실제 영향을 미칠 수 있는 사람의 변경'을 적시에 공시하기 위한 것이기 때문에, TCI가 스왑상대방이 CSX 주식을 취득하여 자신들의 포지션을 헤지할 것이라 생각했는지, 그렇다고 한다면 TCI가 의결권이나 투자 여부 결정권 행사에 대해 영향을 끼칠 만한 상당한 능력

(“a significant ability to affect how voting power or investment power will be exercised.”)을 가졌는지가 주요한 쟁점이 된다.

TCI가 은행들에게 스왑계약 체결시 주식을 매입하고, 스왑계약 종료시 주식을 매각하도록 명시적으로 지시했다는 증거는 없다. …그러나 이것이 결정적이지는 않다. …기록상, 은행들은, TCI가 알았고 또한 원했다시피, 실제 CSX 주식을 매입할 수밖에 없다는 점 때문에 TCI가 은행들이 CSX의 주식을 매입하는 데에 상당한 영향력을 행사했다는 사실은 분명하다. 동일한 이유로 은행들이 스왑계약 종료시 헤지 목적으로 보유했던 주식을 매각하는 데 대하여 TCI가 상당한 영향력을 행사하였다.

TCI와 스왑상대방 사이에 CSX 주식의 의결권 행사 지시에 대한 명시적인 계약은 없다. …스왑계약 체결시 주식을 매입하고, 거래상대방들이 실제 주식을 매입할 것이란 점을 알고 있던 TCI로서는, 적어도 어느 정도는 위임장 대결에서 TCI의 입장에 따라 의결권을 행사할 것이라고 생각되는 거래상대방을 골랐을 것이다. ….

결론적으로, TCI가 스왑상대방들이 보유한 CSX 주식에 대한 수익적 보유자라는 결론을 뒷받침하는 상당한 증거가 있다. …기록상 TCI는 스왑상대방이 CSX 주식을 매입 또는 매도하도록 할 수 있는 경제적 능력이 있었다.…의결권의 경우는 판단이 좀 더 애매하지만, TCI가 의결권 행사와 관련하여 스왑상대방들, 특히 Deutche Bank에게 영향력을 행사할 수 있는 위치에 있다고 믿을 만하다. …TCI가 수익적 소유자라고 판단하는 것의 우려가 지나치게 과장되었다고 생각한다. … 거의 대부분의 스왑거래는 13D나 G에 따른 보고의무를 부담하지 않고 할 수 있다. …이 문제는 새롭고 쉽게 판단하기 힘든 문제이기 때문에 시장은 어떻게 결론이 나든 이에 잘 적응할 것이다.

이 사건에서 TCI가 규칙 13d-3(a)에 따라 수익적 보유자인지를 결정하는 것이 반드시 필요하지는 않다. 왜냐하면 TCI는 규칙 13d-3(a)를 회피하기 위해 TRS를 통해 수익적 보유자가 되는 것을 피하려고 했기 때문에, TCI가 수익적 보유자가 아니라고 하더라도 규칙 13d-3(b)〔이 규칙은 법 제13(d)상의 보고의무를 회피하기 위한 계획의 일부로, 수익적 보유가 인정되는 것을 방지하기 위한 목적으로 또는 그러한 효과가 있는 신탁, 위임 기타 계약, 합의, 기교를 사용하는 경우에는 이러한 보고의무 조항 목적상으로는 수익적으로 보유한 것으로 간주함〕하에서 수익적 보유자로 간주될 수 있다.

• 펀드 사이에 그룹(공동보유관계)이 형성되기 위한 요건

그룹의 존재는 증권의 취득, 보유, 처분 등에 관한 공식적이거나 비공식적인 양해가 있었다는 정황적 증거에 의하여 입증될 수 있다. 이 사건에서는 TCI와 3G가 투자관계로 밀접하게 연결되어 있고, 평소 그 CEO들이 서로 만나서 CSX에 대한 의견과 정보를 교환하였으며, CEO들의 회동 직후 3G가 눈에 띄도록 주식매입을 되풀이하였다는 점 등의 정황으로 미루어 그룹으로 판단될 여지가 충분하다. 물론 사람들 간에 일정한 관계와 의사소통 및 같은 회사에 대한 유사한 투자가 있었다고 하여 반드시 그들 간에 그룹이 형성되었다고 볼 수는 없지만, 이 사건에서는 늦어도 2007년 2월 13일에는 TCI와 3G가 그룹을 형성한 것으로 판시하였다.

이 판결은 주식 취득 · 처분 또는 의결권 행사에 관한 명시적인 약

정이 없이 현금결제 조건으로 스왑계약을 체결한 경우에도 그 스왑계약을 체결한 경위 등 정황에 기초하여 실질적으로 주식 취득 · 처분에 관한 실질적인 영향력이 있음을 인정하였다는 점에서 주목할 만한 판결이다.[59)]

(3) 파생금융거래와 전통적 계약의 비교 — 자기주식의 사례

회사가 자기가 발행한 주식에 대하여 주주에게 매도옵션(put option)을 부여한 사례1과 회사가 자기주식을 해외 SPC에게 매각하고 해외 SPC가 그 주식에 기초한 교환사채 원리금의 지급을 보증한 사례2를 비교하여 보자.

사례1

서울고등법원 2011. 6. 23. 선고 2010나124153 판결, 서울중앙지방법원 2010. 10. 28. 선고 2010가합29312 판결

〈사실관계〉

원고회사는 2008. 1. 피고회사가 발행한 보통주 20만 주를 10억

59) 다만, 법원은 원고의 피고들 소유 주식 의결권 행사금지 가처분신청에 대하여는, 피고들이 가진 주식의 의결권 행사로 인하여 회복할 수 없는 손해가 발생할 우려가 있다는 점에 대하여 입증되지 못하였다고 하여 신청을 기각하였고 항소심에서도 이를 유지하였다. CSX Corp. v. Children's Inv. Fund Management (UK) LLP, 292 Fed.Appx. 133 2nd Cir.(N.Y.) (Sep. 15, 2008) 또한 TCI와 3G가 "CSX증권에 관하여(with respect to CSX securities)" 그룹을 형성하였다고 본 1심 판결에 대하여 최근 항소심은 "CSX주식을 취득, 보유, 의결권행사, 처분하기 위한 목적으로" 그룹을 형성하였는지 여부에 대한 사실심리가 더 필요하다고 보아 파기환송하였다. CSX Corp. v. Children's Inv. Fund Management (UK) LLP 654 F.3d 276 C.A.2 (N.Y.) (July 18, 2011).

원에 인수하면서, 인수일로부터 2년 후 1년간 그 주식을 피고 또는 피고가 지정하는 자에게 10억 원에 매도할 수 있는 권리(풋옵션)를 피고로부터 부여받는 내용의 합의서를 체결하였다. 원고는 합의서에 따라 행사일을 2010. 1. 9.로 하여 피고에게 풋옵션 행사를 통지하였다.

〈법원의 판단〉

1심 법원은 "합의서 중 피고에 대한 풋옵션 약정은 피고가 피고발행의 주식을 매수하여야 한다는 규정이므로 상법 제341조의 자기주식취득 금지 규정에 위반된다 할 것이어서 무효라 할 것이다.…피고가 주식을 소각하기 위하여 합의서를 작성하였다고 볼 수는 없는 이상 피고에게 주식소각을 하는 등 법률상 자기주식취득 요건을 갖추어 자기주식을 취득할 의무가 있다고 볼 수는 없다. 합의서 중 피고에 대한 풋옵션 조항뿐만 아니라, 제3자에 대한 풋옵션이 실질적으로 피고의 의무가 되는 경우로서의 제3자에 대한 풋옵션 조항은 상법 제341조의 자기주식취득 금지 규정에 위반하는 것으로 무효라고 할 것이다"고 판시하였고, 2심은 "피고에 대한 이 사건 풋옵션 약정은 1심이 인정한 자기주식취득 금지, 자본충실의 원칙에 덧붙여 주주평등, 공서양속의 원칙에 비추어 무효이고, 무효인 위 풋옵션 약정은 이행할 필요가 없으므로 불이행하여도 손해배상책임을 지지 않는다. … 풋옵션 발행자인 피고가 풋옵션 발행에 따른 위험을 아무런 정당한 이유 없이 제3자에게 부담시킬 수는 없다. 피고의 계산에 의하지 아니하고 이러한 위험을 인수할 제3자는 사실상 존재하지 않는 것이다."고 하여 같은 입장을 취하였다.

사례2

서울북부지방법원 2007. 10. 25.자 2007카합1082 결정

〈사실관계〉

피신청인 회사(Y)의 현 경영진들과 가처분 신청인 X 간의 경영권 분쟁이 있었으나 양쪽의 타협을 통해 일단은 갈등이 봉합된 후, Y회사는 가지고 있던 자기주식 748,440주(발행주식 총수의 7.45%, 이하 '이 사건 주식')를 말레이시아 소재 특수목적법인(A)에게 매도하고, A가 이 사건 주식을 기초로 해외에서 발행한 교환사채의 원리금 지급을 보증하였다.

한편 Y는 이 거래에 관하여 재무제표의 주석에 다음과 같이 기재하였다.

"회사의 교환사채발행과 관련하여 SPC에 대한 자기주식의 매각은 상법 및 증권거래법 등에 따른 자기주식 매각요건을 충족하나, 교환사채 발행 및 상환과 SPC가 보유한 자기주식과 관련한 위험을 회사가 실질적으로 부담하고 있는바, 경제적 실질에 따라서 상기 거래를 차입거래로 회계처리하였습니다."

〈법원의 판단〉

이 사건에서는 다루어진 여러 쟁점 중 Y가 A에게 양도한 자기주식이 자기주식으로서의 성격을 계속 유지하는가 아니면 회사가 아닌 제3자가 소유한 주식으로서 의결권을 행사하는 데 아무런 지장이 없는가에 대하여 법원은 다음과 같이 판시하였다.

"Y가 교환사채의 원리금지급보증채무를 부담함에 따라 A가

이 사건 주식 처분대금으로 교환사채의 원리금 전액을 지급하지 못할 경우 미상환 금액을 교환사채권자 등에게 지급할 의무가 있기는 하지만, (i) 이는 해외 SPC를 이용한 교환사채 발행에 있어서 교환사채의 발행조건을 더 유리하게 하기 위하여 교환사채의 기초자산인 주식을 매도한 기업이 통상적으로 부담하는 의무에 불과하다. (ii) 교환사채는 ○○ 증권이 총액인수한 후 대금을 모두 납부하였고, 교환사채권자가 교환권을 행사할 경우 주식은 사채권자의 수중에 들어감에 비추어 보면, 자기주식의 의결권을 우회적으로 부활시키기 위하여 사용된 도구라거나, Y가 자기의 책임과 계산으로 취득한 것으로서 외관상 A가 보유하고 있을 뿐 Y가 소유하고 있는 것으로서 여전히 자기주식에 해당한다고 보기 어렵다."

사례1과 사례2의 비교 분석

사례2에서 쟁점은 Y회사가 교환사채상의 원리금지급에 대한 보증채무를 부담하였다는 점을 근거로 A가 매입한 이 사건 주식이 계속 Y의 자기주식의 성격을 가지고 있는지 여부이다. 보증채무 부담의 경제적 효과와 법적 성격 특히 보증채무에 따른 지급이 현실화되는 상황에 대한 분석이 필요할 것이다. 그런데 법원의 판시사항은 보증채무가 현실화되는 상황(즉 이 사건 주식의 처분가액이 교환사채의 원리금에 못 미치는 상황)에 대한 분석 없이, 보증채무가 현실화되지 않는 상황(즉 이 사건 주식의 가격이 교환사채의 원리금보다 높아져서 사채권자가 교환권을 행사하는 상황)에 대한 언급만 하였다는 점이 아쉽다.

보증채무가 현실화되는 상황을 분석하여 보자. A는 Y로부터 매입한 이 사건 주식을 유일한 자산으로 보유하고 있는 특수목적법인이므로, A가 발행한 교환사채의 원리금지급은 전적으로 이 사건 주식의 장래 가치에 의존할 수밖에 없다. A가 발행한 교환사채의 원리금지급의 보장은 결국 A가 보유한 주식의 장래 가치에 대한 보장과 다름없고 이는 바로 그 주식에 대한 매도옵션(put option)의무를 부담하는 것과 차이가 없다(Y가 교환사채의 원리금을 대지급한 경우를 상정하여 보면, Y는 A에 대하여 구상채권을 가지게 될 것이고, A의 유일한 자산은 주식이므로 Y는 결국 A소유 주식을 대가로 교환사채원리금 상당액을 지급한 것과 차이가 없다). Y가 원리금을 대지급하였다고 하여 곧바로 A의 자산인 주식의 소유권을 취득하게 되는 것은 아니므로 실물결제형 풋옵션이 아니고, 현금결제형 풋옵션과 동일하다(Y회사가 이 사건 거래를 주식매도로 처리하지 않고 경제적 실질에 따라 Y가 스스로 자금을 차입한 거래로 회계처리하였다는 것은 바로 이러한 점을 반영한 것이다). 특수목적법인을 활용하였기 때문에 교환사채에 대하여 보증한 것이 주식에 대한 풋옵션과 동일한 경제적 효과를 가져오는 거래를 한 셈이다.

사례1과 사례2는 회사가 자신이 발행한 주식에 대하여 명시적인 또는 실질적인 풋옵션의무를 부담하였다는 점에서 차이가 없지만, 세부적인 사항에서는 몇 가지 차이가 있다.

첫째, 사례1은 실물결제형 풋옵션이고, 사례2는 현금결제형 풋옵션과 다름없다. 실물결제형 풋옵션의무는 사례1 판결에서 판시한 바와 같이 자기주식취득 금지를 위반하여 무효가 될 텐데, 현금결제형 풋옵션의무는 달리 취급하여야 하는가? 자기주식을 직접 취득하지 않는다는 점에서 차이가 있다고 볼 여지도 있으나, 실질적인 자본의 환급이 이루어진다는 점에서는 차이를 두기 어려울 것이다.

둘째, 사례1은 신주발행과 관련된 풋옵션이고 사례2는 자기주식의 처분과 관련된 풋옵션이다. 현행 상법이 자기주식의 처분을 신주발행과 달리 취급하고 있다는 점에서 자기주식 처분시 회사가 풋옵션을 부담하는 것을 달리 볼 여지가 있는가? 회사가 자기주식을 적법하게 취득하여 보유하고 있는 이상, 그 자기주식을 전부 처분할 수도 있을 뿐 아니라 일부만 처분하고 나머지를 남겨 두는 것을 금지할 이유는 없을 것이다. 전통적인 일부 처분은 주식수로 나누어 일부 주식을 처분하는 것일 것이나, 주식의 가치 중 일부를 처분한다(즉, 회사가 자기주식을 처분하면서 그 주식을 소유하는 데 따른 효익 또는 위험 중 일부만을 양도하고 나머지는 회사가 보유함)는 개념을 인정하지 않을 특별한 이유는 없을 것이다. 자기주식을 처분하면서 회사가 현금결제형 풋옵션의무를 부담하는 것은 자기주식의 소유에 따른 효익 또는 위험 중 일부를 회사에 남기는 유형의 거래의 하나라고 할 수 있다. 이러한 거래는 이미 보유하고 있는 자기주식을 처분하면서 이루어지는 거래이므로 그 거래를 통하여 새로운 자기주식을 취득한 것은 아니고, 그 거래에서 회사의 현금결제형 풋옵션의무 부담이 자기주식취득 금지의 위반이 된다고 보아서는 안 될 것이다.[60] 그러나 그러한 경우 회사가 그 주식을 진정으로 양도한 것으로 볼 수 있는지 아니면 그 주식의 자기주식적인 성격이 남아 있는 것으로 볼 것인지의 문제가 있다. 자기주식을 처분하면서 Ⅲ. 2. (1)(주식파생금융거래와 주식의 실질 소유 내지는 지배)에서 언급한 유형의 스왑거래를 한 경우에는 판단이 어렵지 않겠으나 회사에 남게 되는 효익과 위험이 일부인 경우에는 어디에 선을 그어야 하는지 쉽지 않은 문제가 된다. 사례2와 같이 주식의 가치 하락 위험을 전부 인수한 경우에는 자기주식을 처분하였다고 보기 어려울 것이다.

60) 물론 회사가 이미 보유한 자기주식을 처분하는 경우가 아니라 별도로 주주 또는 제3자와 자신이 발행한 주식에 대하여 풋옵션의무를 부담하는 경우에는 실물결제형 풋옵션뿐 아니라 현금결제형 풋옵션인 경우에도 자본의 환급의무를 부담하는 셈이 되므로 자기주식취득 금지의 원칙에 위반된다고 보아야 할 것이다.

3. 신용파생금융거래[61)]

(1) 유형

최근의 서브프라임 대출 관련 금융위기의 발생 및 확산과 관련하여 주목 받고 있는 거래 중의 하나가 신용파생거래이다. 신용파생거래에도 여러 유형이 있으나, 가장 기본적인 형태가 신용스왑(CDS, credit default swap)거래이다. 신용파생금융거래가 증권에 화체된 기본형태인 신용연계증권(CLN, credit linked notes)과 대출채권, 채권(債券) 등 금전채권을 기초로 한 CDO(collateralized debt obligation)가 증권 형태를 띤 대표적인 신용파생금융거래이다. 이 외에도 총수익스왑(TRS, total return swap)거래를 신용파생거래의 한 유형으로 설명하기도 하는데,[62)] 총수익스왑은 신용위험뿐 아니라 시장위험도 이전된다는 점에서 신용스왑 등 진정한 의미의 신용파생거래와는 구별하여야 한다.

---

61) 신용파생거래의 법적 문제를 전반적으로 다룬 문헌으로는 이금호, 신용파생금융거래법론, 탐진, 2007 ; 이금호, "신용파생금융거래의 종류 및 법적문제," 증권법연구 제9권 제2호(2008), 한국증권법학회, 185-225면. 금융기관의 신용파생거래 규제에 대하여는 고동원, 앞의 책(주 9), 304-327면.

62) 예컨대, 외국환거래규정은 재정경제부고시 제2002-12호로 2002. 7. 2. 신설된 조항인 제1-2조 제12-1호에서 "'신용파생금융거래' 라 함은 영 제8조 제5호의 파생금융거래로서 당사자, 제3자 또는 기초자산의 채무불이행, 신용등급 하락 등 당사자간의 약정된 조건에 의한 신용사건(Credit Events) 발생시 신용위험을 거래당사자의 일방에게 전가하는 신용연계채권(Credit Linked Note), 총수익교환스왑(Total Return Swap), 신용스왑(Credit Default Swap), 신용옵션(Credit Default Option) 및 손실을 우선 부담(First to Default 또는 First Loss)시키는 합성담보부채권(Synthetic Collateralized Debt Obligations, Synthetic Collateralized Loan Obligations) 또는 이와 유사한 거래를 말한다"고 규정하였다. 2009. 2. 4. 자본시장법의 시행과 더불어 외국환거래규정상 신용파생금융거래라는 용어 대신에 신용파생상품이라는 용어를 사용하면서 자본시장법상의 정의를 따르도록 개정되었다.

(2) 신용스왑(Credit Default Swap)거래[63)]

가장 기본적인 형태의 신용파생거래인 신용스왑계약은 신용보장매입자(credit protection buyer)와 신용보장매도자(credit protection seller) 사이에서 일정한 준거채무자 또는 채무에 관한 신용위험을 신용보장매도자가 부담하기로 하는 계약이다. 신용위험은 통상 채무(특히 금전채무) 불이행으로 인하여 손실을 입을 위험을 말한다. 신용보장매입자는 신용보장매도자에게 신용보장에 대한 대가로 수수료를 지급하고, 신용보장매도자는 신용위험이 현실화되었을 때 그 위험에 따른 손실을 부담한다. 신용스왑계약기간 동안 신용위험이 현실화되지 않는 경우 신용보장매입자는 계속 신용보장수수료를 신용보장매도자에게 지급하지만, 신용위험이 현실화되는 경우 신용보장매도자는 신용보장매입자에게 현금으로 결제하거나 미리 정한 채권(債權)을 미리 정한 가격으로 매입하여 결제하고, 신용보장매입자의 수수료 지급의무는 종료된다.

이와 같은 당사자 간의 권리의무관계에 비추어 보면 신용스왑은 스왑이라는 용어를 사용하고 있으나 파생거래의 유형 분류에 따르자면 성질상 신용사건의 발생을 조건으로 하는 옵션거래의 성질을 띠고 있다고 할 수 있다.

위에서 언급한 바와 같이 국제금융시장에서 체결되는 많은 파생금융거래는 ISDA에서 제시한 계약서 양식을 사용한다. ISDA 기본계약서를

63) 신용스왑계약의 법률관계 및 신용스왑계약에 관한 ISDA 표준계약서의 내용에 대한 상세한 논의는 제4장 박 준, 신용스왑(Credit Default Swap)계약상 신용보장의 대상과 범위 및 제5장 박 준, 신용스왑(Credit Default Swap)계약상 신용보장의무의 이행.

이용한 구체적인 파생금융거래의 계약조건은 거래확인서(Confirmation)에 기재된다. 신용파생금융거래의 경우에도 마찬가지로 각 거래마다 거래확인서가 작성되며, ISDA의 2003년 신용파생거래 정의조항집(2003 Credit Derivatives Definitions)의 부록 A(Exhibit A)로 붙어 있는 양식이 가장 기본적인 형태의 신용파생금융거래 확인서 양식으로서 다음의 5개의 조항으로 구성되어 있다.

i) 일반조항(General Terms) : 신용스왑의 거래일자, 효력발생일자, 예정된 종료일자, 각 당사자, 영업일 조항, 준거채무자(Reference Entity), 현금결제의 준거채무(Reference Obligations), 보증 여부, 준거가격(Reference Price)을 기재한다.

ii) 고정지급(Fixed Payments) : 보장매입자(즉 고정율지급자)가 지급할 금액(즉 premium) 또는 그 금액의 산정기준이 되는 고정율(Fixed Rate)〔통상 명목원금 금액의 일정한 연율(年率)로 표시하여 매 3개월마다 지급함〕, 지급기일 및 기간 등을 기재한다.

iii) 변동지급(Floating Payment) : 보장매도자(즉 변동율지급자)가 지급하기 위한 실체적 요건인 신용사건(Credit Event)과, 지급채무 발생의 조건인 통지 등의 절차적 요건 및 신용사건 관련 지정채무(Obligations)의 범위를 정한다.

iv) 결제의 조건(Settlement Terms) : 현금결제(Cash Settlement)를 할 것인지 실물결제(Physical Settlement)를 할 것인지, 현금결제시에는 결제통화, 결제일자, 금액 산정방법 등을, 실물결제시에는 결제기간과 인도할 채권(Deliverable Obligations)의 범위 등을 기재한다.

v) 기타 조항 : 통지를 위한 정보와 지급을 위한 구좌번호를 기재한다.

확인서 양식에 들어 있는 5개 조항을 내용을 중심으로 분류하여 보면 다음과 같은 세 가지의 범주로 나누어 볼 수 있다.

1) 신용보장의 대상—준거채무자와 신용보장의 대상이 되는 채무의 범위

신용스왑계약에 따라 신용보장매입자는 일정한 채무자의 신용위험을 신용보장매도자로부터 매입하는 것이므로 계약상 신용보장의 대상이 되는 준거채무자(Reference Entity)를 미리 정하여야 한다. 또한 신용위험은 신용사건의 발생으로 현실화되는데, 아래에서 보는 바와 같이 신용사건은 6가지의 유형으로 되어 있다. 6가지의 신용사건 중 파산(Bankruptcy)은 준거채무자를 기준으로 판단할 수 있는 것이겠으나 나머지 5가지 유형은 준거채무자의 일정한 채무를 전제로 하는 것이므로 신용보장의 대상이 되는 지정채무(Obligations)의 범위를 미리 정해야 한다.

2) 신용위험의 현실화에 대한 실체적 요건—신용사건

신용보장매도자는 신용스왑계약상 정해진 신용위험이 현실화되었을 때 그 신용위험을 부담하고 신용보장매입자에게 일정금액을 지급하게 되는 것이므로 어떠한 상황이 발생하여야 신용위험이 현실화된 것인지를 미리 정해야 한다. 신용위험이 현실화되는 사유로 정해 놓는 것이 신용사건(Credit Event)이다.

3) 신용보장 이행청구 및 이행의 절차

신용사건이 발생하였을 때 어떠한 절차에 의하여 신용보장매입자가 신용보장매도자에 대한 지급청구를 할 것인지, 신용보장매도자의 지급은 어떠한 절차로 할 것인지〔현금으로 결제(Cash Settlement)할 것인

지, 아니면 실물로 결제(Physical Settlement) 할 것인지, 즉 신용보장매입자가 신용보장매도자로부터 미리 정한 금액을 지급받는 대신 관련되는 채권(債權, Obligations)을 신용보장매도자에게 양도할 것인지 등]에 관한 사항을 미리 정해 놓아야 한다.

(3) 보증과의 구별

보증은 주채무의 존재를 필요로 하고 보증인은 주채무자의 항변으로 대항할 수 있으며 주채무자가 취소권, 해지 · 해제권을 가지고 있는 동안에는 보증채무의 이행을 거절할 수 있으며, 보증채무의 이행을 청구하기 위해서는 주채무의 이행기가 도래하였지만 이행하지 않아야 하는 등 기본적으로 부종성과 보충성의 원칙이 적용된다. 또한 보증채무 이행시 보증인은 주채무자에 대한 구상권을 취득하고 채권자 대위가 이루어진다. 물론, 연대보증의 경우에는 보충성의 원칙이 적용되지 않고, 부탁받은 보증인지 여부에 따라 구상권의 범위가 달라지며, 보증계약의 조건에 따라 부종성의 원칙 중 일부를 배제할 수도 있다. 그러나 보증채무의 채권자가 피보증채무의 채권자이어야 한다는 점은 변함이 없다.

이에 반하여 신용스왑계약에서 신용보장매입자가 반드시 신용스왑계약상 보장의 대상이 되는 채권을 보유하고 있어야 하는 것은 아니고, 신용보장매도자가 신용사건 발생 후 신용스왑계약에 따른 신용보장의무를 이행하였어도 보장의 대상이 되는 채권의 채무자에 대한 구상권을 취득하거나 채권자 대위가 당연히 일어나지는 않는다. 실물결제형 신용스왑계약에서는 신용보장매도자의 신용보장의무 이행시 신용보장매입자가 일정한 요건을 갖춘 채권(債權)을 양도하여야 하므로 신용보장의 대상인 준거채무자에 대한 채권을 취득할 수 있으나, 현금결제형 신용스왑계약에서는 신용보장의무의 이행에도 불구하고 준거채무자에 대하여 아무런 채권도 취득하지 못한다. 신용스왑계약과 보증은 신용보장매도자와 보증인이 신용위험을 부담하기로 한다는 점에서 경제적으로 유사한 기능을 하지만, 법적인 구성과 효과는 크게 다르다.

(4) 보험계약 해당 여부

신용파생거래〔특히 신용스왑(credit default swap)〕가 준거채무자에 대하여 신용사건이 발생하면 (i) (현금결제형의 경우) 보장매도자가 보장매수자에게 미리 정한 일정한 금액(또는 신용사건 발생 후의 준거채무의 가치와 미리 정한 금액의 차액)을 지급하거나, (ii) (실물결제형의 경우) 보장매수자가 보장매도자에게 (신용사건 발생으로 가치가 하락한) 일정한 채권을 양도하는 것과 상환으로 보장매도자는 보장매수자에게 일정한 금액을 지급한다는 점에서 보험계약과 유사한 점이 있어 보험계약의 성질을 가지는지 여부에 대하여는 외국에서도 문제가 제기되어 왔다. 만약 보험계약의 성질을 가진다면 신용파생거래를 영업으로 영위하는 경우 보험업 허가를 받아야 할 것이고, 그 영업도 보험영업으로 규제를 받아야 할 것이다.

보험계약은 피보험자가 피보험이익을 가지고 있어야 하고 보험금의 지급은 기본적으로 보험사고의 발생시 피보험자가 입은 손해를 보상하는 것이다. 신용파생거래는 보장매수자가 반드시 신용파생거래의 대상이 된 신용위험을 부담하고 있어야 하는 것이 아니고, 신용사건 발생시 보장매도자가 보장매수자에게 지급하는 금액도 반드시 보

장매수자의 손실을 보상하는 것은 아니라는 점에서 보험계약에 해당하지 않는다고 보고 있다.[64)]

주법으로 보험업을 감독하는 미국의 경우, 2000. 6. 16. 뉴욕주의 보험감독당국에서 신용보장매입자가 대상채무로부터 손실을 입지 않을 수 있다는 전제하에서 신용스왑거래가 보험에 해당하지 않는다는 유권해석을 하고, 이에 근거하여 신용스왑거래가 행하여져 왔다. 2008년 9월 뉴욕주 보험감독당국에서, 위 유권해석은 보장매입자가 "대상채무에 대하여 중대한 이익(material interest)을 가지고 있거나 가질 것으로 합리적으로 예상되는 경우"에는 적용되지 않고 이러한 경우 CDS 보장매도 계약의 체결은 보험업 영위에 해당할 수 있다는 입장을 표명하는 등 보험 해당 여부에 대하여 의문이 다시 제기되었다.[65)]

우리나라에서도 보험상품의 개념에 대하여 그동안 상법의 보험에 관한 제638조[66)] 정도만 있고 보험상품의 개념에 대한 상세한 조항이 없어서 보험업법의 적용범위에 대하여 논란이 있을 수 있었다. 2010. 7. 23. 개정된 보험업법 제2조 제1호는 "보험상품"을 다음과 같이 정의하였다.[67)]

---

64) Steven Edwards, The Law Of Credit Derivatives, Journal of Business Law 2004, Nov., pp.646-650.

65) 이 문제에 대하여는 박 준, "서브프라임 대출관련 금융위기의 원인과 금융법의 새로운 방향 모색," 국제거래법연구 제17집 제2호(2008. 12), 국제거래법학회 31-32면 참조.

66) 상법 제638조(의의) : 보험계약은 당사자 일방이 약정한 보험료를 지급하고 상대방이 재산 또는 생명이나 신체에 관하여 불확정한 사고가 생길 경우에 일정한 보험금액 기타의 급여를 지급할 것을 약정함으로써 효력이 생긴다.

67) '보험상품'이란 위험보장을 목적으로 우연한 사건 발생에 관하여 금전 및 그 밖의 급여를 지급할 것을 약정하고 대가를 수수(授受)하는 계약(보험계약자의 보호 필요성 및 금융거래 관행 등을 고려하여 대통령령으로 정하는 것은 제외한다)으로서 다음 각목의 것을 말한다.

위 조항에 따라 보험업법 시행령 제1조의2 제3항에 손해보험의 종류가 열거되어 있다. 이 가운데 신용파생거래와 관련이 있을 수 있는 보험은 보증보험이다. 위와 같은 보험업법개정안을 입안할 당시 금융위원회의 보도자료[68]에 의하면 위험보장적 기능은 수행하지만 보험상품으로 규제할 필요성이 없는 상품을 대통령령으로 열거할 예정이라 하고 신용스왑거래를 그 예로 들었다. 그런데 신용파생거래에 대하여 그러한 예외 조항을 두지 않은 것은 신용파생거래를 보험상품으로 규제하겠다는 의도라기보다는, 오히려 보험업법 시행령상 제1조의2 제3항 제4호에 열거한 보험의 종류(보증보험 포함)에 신용파생거래가 포함되지 않음에 대하여 의문이 없다고 본 것으로 생각된다. 이와 관련하여 보험업법 시행령상 제1조의2 제3항 제14호에 날씨보험을 열거하고 있으므로 날씨 파생상품의 경우에는 보험업법상 보험상품에 해당하는지 여부가 논란이 있을 수 있다.

IV. 맺음말

스왑거래가 일반적으로 사용되게 된 대표적인 사례로 인정되는 세계은행과 IBM 간의 통화스왑거래가 행하여진 1981년 이후 20여 년이 지나는 사이에 파생금융시장이 비약적으로 성장하였고, 국내의 파생

가. 생명보험상품 : (생략)

나. 손해보험상품 : 위험보장을 목적으로 우연한 사건(다목에 따른 질병 · 상해 및 간병은 제외한다)으로 발생하는 손해(계약상 채무불이행 또는 법령상 의무불이행으로 발생하는 손해를 포함한다)에 관하여 금전 및 그 밖의 급여를 지급할 것을 약속하고 대가를 수수하는 계약으로서 대통령령으로 정하는 계약

68) 금융위원회 보도자료, 보험업법개정안 입법예고(2011. 11. 3), 10면.

금융거래 역시 매년 증가하고 있다. 파생금융거래의 역사가 길지 않고, 새로운 파생금융상품이 속속 개발되고 있어서, 파생금융거래를 둘러싼 각종 법적인 쟁점에 대한 연구 역시 현재 진행형이라고 할 수 있다. 파생금융거래의 법적인 취급은 대체로 규제적인 면과 계약상의 권리의무 양면에서 접근하여 볼 수 있다. 규제적인 면은 자본시장법의 제정과 시행으로 기본적인 골격이 잡혀 있다고 하겠으나, 규제의 세부적인 시행의 면에서는 아직 논의의 여지가 있는 부분들이 있다. 계약상의 권리의무는 기본적으로 관련 계약의 구체적인 조건에 따라 결정된다는 점에서 계약에 당사자들의 의사를 어떻게 구체적으로 그리고 명확하게 반영할 것인가가 매우 중요하다. 신의칙상의 의무 등 계약에 명시되지 않은 권리의무에 대한 법원리는 판례를 통하여 구체화될 텐데, 아직 이 부분에 대한 법적 불확실성이 높은 상태라고 할 수 있다. 아울러, 파생금융거래를 통하여 추구하고자 하는 목적에 따라서는 거래의 형식에 구애 받지 않고 경제적 실질에 기초하여 그 거래의 법적인 성격이 재조명될 수 있다는 점에 유의하여야 한다. 파생금융거래에 관한 중요한 법적 쟁점은 대부분 다루었으나 세법 등 다루지 않은 부분도 있다. 실제 거래시에는 다각도로 면밀한 검토가 필요하다.

제2부 계약

제2장

2002 ISDA 마스터계약서의 주요 개정사항 해설*

2

정순섭**

I. 서론

ISDA는 2003년 1월 8일 새로운 마스터계약서인 2002 ISDA 마스터계약서(2002 ISDA Master Agreement)를 공표하였다(이하 '2002 마스터계약서'). 이는 종전 장외파생 상품거래의 계약체결을 위한 국제적인 표준계약서로 널리 활용되어 온 1992 ISDA 마스터계약서(이하 '1992 마스터계약서')를 대체하기 위한 것이다. 1987년에 최초로 작성된 후 1992년의 개정을 거친 ISDA 마스터계약서는 법적 확실성의 제고와 신용리스크의 감소를 통하여 장외파생상품거래의 비약적인 성장에 중대한

---

* 이 글은 BFL 제1호(2003. 9)에 게재된 글을 수정 · 보완한 것이다.

** 서울대학교 법학전문대학원 교수

기여를 하였다. 혹자는 그 중요성을 '사적 합의에 의한 세계법의 형성'에 못지않은 것으로 평가하기도 한다. ISDA에서는 현재 세계시장에서 거래되는 장외파생상품거래의 약 90% 정도가 ISDA 마스터계약서를 통하여 체결되고 있는 것으로 파악하고 있다.

2002 마스터계약서는 1992 마스터계약서와 거의 동일한 체제와 내용을 유지하고 있지만, (i) 거래의 중도종료와 청산방법, (ii) 불가항력사유 및 불법성사유, (iii) 신용 관련조항, (iv) 시장관행 관련조항 등 몇 가지 분야에서 중요한 의미를 가지는 변화를 가하였다. 그 결과 2002 마스터계약서는 1992 마스터계약서에 비하여 양적으로 크게 증가하였다.

우리나라에서도 장외파생상품거래는 90년대 이후 꾸준한 성장을 거듭하여 현재는 2010년 12월 말 잔액기준으로 6,933조 원을 초과하는 규모에 이르렀다.[1)] 그러나 국내 장외파생상품시장은 여전히 참여자의 범위나 대상거래의 종류에 있어서 매우 제한이 많은 시장이다. 그 거래규모도 2010년 12월 말 잔액기준 전 세계 거래규모가 601조 달러였음에 비하면 극히 미미한 수준에 그치고 있음을 알 수 있다.

II. 개정의 배경과 과정

2002 ISDA 마스터계약서를 작성하기 위한 작업은 공식적으로는 2001년 11월부터 시작되었지만, 그 기초 작업은 1999년 초에 시작된 '전략적 계약관행 검토'(SDR, strategic documentation review)에서 비롯된다.

1) 금융감독원, 2010년 파생상품거래 및 잔액 현황.

SDR은 1990년대 말 특히 1998년에 국제금융시장에서 제기되었던 몇 가지 현안에 대한 재검토를 위하여 기획되었던 것이다.

그 주요검토사항은 채무불이행사유의 종류와 유예기간, 불가항력사유, 거래의 중도종료시 손해금의 평가방법 등이었다. 당시 아시아와 러시아 등에서 급속히 확대된 금융위기의 와중에서 이러한 논점을 둘러싼 분쟁이 특히 영국의 법원에서 다투어졌고, 그중 일부 판결에서 이러한 논점들에 대하여 ISDA 마스터계약서의 기초자들이 상정했던 전제와 다른 결론이 내려졌기 때문이다.

이러한 전략적 계약관행 검토의 결과물이 2001년 10월에 발표된 '1992 ISDA 마스터계약서에 대한 개정서식' (Form of Amendment to 1992 ISDA Master Agreement)이다.[2] 동 개정서식에서는 모두 8가지의 주요사항에 대한 개정내용을 담고 있는데, 당사자들이 합의에 의하여 그 내용의 채택 여부를 결정할 수 있는 구조를 취하고 있었다. 그 내용은 대부분 2002 ISDA 마스터계약서에 반영되어 있기 때문에 별도로 논의하지는 않기로 한다.

2002 마스터계약서의 작성에는 장외파생상품시장의 구조변화도 중요한 작용을 하였다. 1992 마스터계약서는 장외파생상품시장에의 참여가 신용도가 높은 일부 기관에 한정되어 있던 시기에 작성된 것이다. 따라서 그 참여자의 폭이 매우 확대된 오늘날의 관점에서 보면 지나치게 '채무자 우호적'이라는 평가를 받기에 이르렀다. 2002 마스터계약서는 이러한 점을 반영하여 채무자에게 보다 엄격한 방향으로 전체적인 기조가 조정되었다.

2) http://www.isda.org/publications/pdf/Amendment2MA.pdf

III. 주요 개정내용

1. 중도종료와 청산절차

(1) 손해금의 평가방식

1) 개정배경

2002 마스터계약서에서 가장 중요한 개정사항은 일괄청산네팅에 의한 거래 청산시 청산금의 평가방법이다. 종전 1992 마스터계약서는 이를 위해 두 가지 방법을 제시하고 당사자로 하여금 선택하게 하는 구조를 취하고 있었다. 하나는 손해방식(loss)으로서 비유책당사자가 거래의 중도종료로 인하여 입은 손해(혹은 이익)를 산정하는 것이다. 또 하나는 시장가액방식(market quotation)으로서, 비유책당사자가 해당 거래의 시장가치를 일종의 경매방식을 통하여 산정하는 것이다.[3] 구체적으로는 기준시장조성자(reference market-makers)라고 불리는 제3자로부터 유책당사자를 대신하여 해당 거래를 계속하기 위하여 해당 제3자가 지급 또는 수취해야 할 금액의 호가를 구하는 것이다.

2002 마스터계약서는 이를 하나로 통합한 일괄청산금액(close-out amount)이라는 개념을 채택하였다. 이러한 변화는 왜곡된 시장조건하에서 의미 있는 호가를 얻기 어렵고, '손해' 방식은 지나치게 주관적일 수 있다는 인식에 기인한다.

그러한 인식의 전환에는 손해금의 평가방식과 관련한 몇 가지 쟁점

---

3) 법원에서는 '시가인용방식' 이라는 용어를 사용하고 있다. 서울지방법원 2001. 11. 23. 선고 99가합 52591 판결, 3.

에 대한 전통적인 견해를 부정한 영국 법원의 판결도 크게 기여하였다. 그중 특히 중요한 것이 (1) 시장가액방식은 당사자들의 신용상태에 의하여 영향을 받는지 여부, 그리고 (2) 시장가액방식과 손해방식은 전혀 무관한 독립의 선택지인지 여부의 두 가지 쟁점이었다. 이러한 문제들에 대한 전통적인 입장은 (1) 시장가액방식은 당사자들의 신용상태와는 무관하며, 순수하게 해당거래의 경제적 조건에 따라서만 결정하여야 하며, (2) 시장가액방식과 손해방식은 전혀 무관한 독립의 선택지로서 당사자들이 그중 하나를 선택하면 나머지는 계약상 무시하여야 한다는 것이었다.

그러나 첫째 문제에 대하여 영국의 법원은 최근 시장가액방식은 비유책당사자의 신용상태를 고려하여야 한다고 하여 그러한 주장을 부인하였다.[4)]

둘째 문제에 대해서도 영국의 법원은 "ISDA 마스터계약서의 배후에 존재하는 의도는 시장가액방식과 손해방식은 전체적으로 동일한 결과를 예상하고 있으며, 손해방식은 시장가액방식의 평가를 위한 기준이 되어야 한다"라고 하여 전통적인 견해를 역시 부정하였다.[5)]

2) 개정내용

① 일괄청산금액의 의의

일괄청산금액이란 '종료된 거래와 그에 대한 옵션의 경제적 조건

4) Peregrine Fixed Income Ltd (In Liquidation) v. Robinson Department Store Public Co Ltd (2000).

5) Peregrine Fixed Income Ltd (In Liquidation) v. Robinson Department Store Public Co Ltd (2000).

을 대체하거나 그에 상응하는 경제적인 가치를 제공하기 위한 손해나 비용 혹은 이익의 액' 을 말한다.

종전 1992 마스터계약서가 '종료된 거래상 지급 혹은 인도의무에 상응하는 경제적인 가치' 의 제공을 청산의 목적으로 하였음에 비해, 2002 마스터계약서는 '종료된 거래의 주요조건에 상응하는 경제적인 가치' 의 제공을 그 목적으로 하고 있는 점에 차이가 있다. 후자의 표현이 훨씬 당사자들의 의도에 부합하는 것이라고 할 수 있다. 이러한 표현의 차이는 거래의 가치가 지급이나 인도의무에 전적으로 의존하지 않는다는 사실을 명백히 하고 있다.

② 일괄청산금액의 산정절차

일괄청산금액의 산정에 있어서 유의해야 할 사항을 정리하면 다음과 같다.

기본원칙

첫째, 일괄청산금액산정을 위한 기본원칙으로 선의와 상업적 합리성의 두 가지를 요구하고 있다. 일괄청산금액을 산정함에 있어서 산정당사자(determining party)는 선의로(in good faith) '상업적으로 합리적인 결과' (commercially reasonable results)를 산출하기 위해 '상업적으로 합리적인 절차' (commercially reasonable procedures)를 사용해야 한다.

기본정보

둘째, 그러한 기준에 따라 산정당사자는 제3자의 호가, 제3자가 제공한 시장정보, 그리고 일정한 유형의 내부 산출자료 등을 포함한 각종 정보를 고려할 수 있다. 호가의 경우 확정적(firm quotations)일 것을 요구하지 않으며, 호가를 하는 자는 잔존당사자인 산정당사자의 신용상태(creditworthiness)를 고려할 수 있다. 다만, 중도종료사유가 해지사유인 불법성사유나 불가항력사유인 경우에는 산정당사자의 신용상태를 고려할 수 없으며, 중간호가나 가치(mid-market quotations or values)를 사용하여야 한다.

> Section 6(e)(ii)(3) *Mid-Market Events.*
>
> If that Termination Event is an Illegality or a Force Majeure Event, then the Early Termination Amount will be determined in accordance with clause (1) or (2) above, as appropriate, except that, for the purpose of determining a Close-out Amount or Close-out Amounts, the Determining Party will:
>
> (A) if obtaining quotations from one or more third parties (or from any of the Determining Party' s Affiliates) ask each third party or Affiliate (I) not to take account of the current creditworthiness of the Determining Party or any existing Credit Support Document and (II) to provide midmarket quotations; and
>
> (B) in any other case, use mid-market values without regard to the creditworthiness of the Determining Party.

시장정보에는 각종 비율이나 가격, 변동성, 수익률이나 수익률곡선 등이 포함된다. 산정당사자는 제3자 호가나 시장정보를 용이하게 얻을 수 없거나 '상업적 합리성' 기준에 부합하지 않는다고 선의로 신뢰하고 있는 경우가 아니면, 제3자가 제공한 정보를 우선적으로 사용하여야 한다. 이는 평가의 객관성과 신뢰성을 제고하기 위한 목적에서 삽입된 요건이라고 할 수 있다.

기준정보원

셋째, 1992 마스터계약서에 규정되어 있었던 시장가액방식(market quotation)에서는 호가를 받을 수 있는 대상을 선도적인 딜러(reference market makers)로 한정하였다. 2002 마스터계약서상 정보를 받을 수 있는 대상에는 해당상품의 딜러 이외에도 해당상품의 최종수요자(end-users), 정보판매업자, 중개인, 기타 관련정보를 제공할 수 있는 자가 포함된다. 또한 종전에는 3개 이상의 호가를 받은 경우 호가의 객관성 확보를 위해 최대치와 최소치를 소거한 후 잔여호가를 평균하는 계산방식을 취하고 있었다. 그러나 2002 마스터계약서는 그러한 요건을 폐지하였다.

기준일자

넷째, 일괄청산금액은 해당 중도종료일자를 기준으로 평가하는 것이 원칙이지만, 그러한 평가가 상업적 합리성을 해칠 우려가 있는 경우에는 그 후의 적정한 일자를 기준으로 할 수 있다.

헤지거래

다섯째, 1992 마스터계약서상 '손해' 방식과 마찬가지로 헤지거래의 청산이나 복구를 위한 손해나 비용 혹은 이익도 고려할 수 있다. 다만, 그러한 손해나 비용 혹은 이익이 이중으로 계산에 포함되지 않아야 하며, 상업적 합리성 기준에 적합하여야 한다.

산정당사자의 재량

끝으로, 2002 마스터계약서의 가장 중요한 변화는 산정당사자에게 내부 자료의 사용을 가능하게 한 점과 다른 종류의 상품이나 거래에 대해서는 다른 평가방법을 적용할 수 있게 한 점이라고 할 수 있다.

(2) 손해금의 지급방식

1) 개정배경

1992 마스터계약서는 청산금의 지급방식으로서 제1방식(first method)과 제2방식(second method)을 규정하고 당사자들이 택일할 것을 요구하고 있었다. '제1방식'에 따르면, 유책당사자는 비유책당사자에 대한 지급의무를 이행하여야 하지만, 비유책당사자는 유책당사자에게 그러한 의무를 부담하지 않는다. 이러한 의미에서 이를 제한적 쌍방 지급방식(limited two-way payment) 혹은 'walk-away clause' 라고 부르기도 한다. '제2방식'에 따르면, 유책당사자인지 여부를 불문하고 당사자 쌍방이 상대방이 입은 손실을 지급하는 방식이다. 이를 완전 쌍방 지급방식(full two-way payment)이라고 부르기도 한다.[6)]

이러한 지급방식의 선택에는 규제상의 문제가 있다. 특히 은행의 자기자본 규제와 관련하여 바젤은행감독위원회는 제1방식을 선택한 경우에는 네팅의 자산감축효과를 인정할 수 없다고 천명하였다. 그 이유는 유책당사자에게 그의 이익을 지급하지 않는 것은 네팅을 둘러싼 법적 환경에 불안정성의 여지를 제공할 수 있기 때문이라고 한다. 그러나 이러한 제1방식에 대한 법적 의문의 제기가 모든 나라에서 반드시 타당한 것은 아니다. 그리고 대부분의 거래는 제2방식에 의하는 것이 실무상의 관행으로 정착되어 있다.

---

6) ISDA 마스터계약서 § 6(e).

2) 개정내용

2002 마스터계약서는 이러한 구별을 폐지하여 제2방식, 즉 완전 쌍방 지급방식만을 이용하도록 하고 있다. 이러한 변화는 위에서 본 규제상 문제에 대한 대응과 함께 제2방식을 일반적으로 사용해 오던 시장관행을 계약서상 명시적으로 확인한 것으로 볼 수 있다.

2. 불법성사유와 불가항력사유

(1) 개관

1992 마스터계약서의 사용자는 거래의 이행을 불가능하게 하는 사유의 발생에 대처할 수 없는 규정의 불비를 중요한 문제로 인식하고 있었다. 물론 실무상으로는 부속서에 관련사항을 규정하는 것으로 해결해 왔지만, 그 문언작성이 결코 용이한 것은 아니었다. 2002 마스터계약서는 이런 점을 고려하여 불가항력사유(force majeure)를 해지사유에 명시적으로 추가하였다. 또한, 2002 마스터계약서는 해지사유로서의 불법성사유(illegality)의 정의에 변경을 가하였다.

(2) 불법성사유

불법성사유(illegality)라 함은 마스터계약서상 의무의 이행을 불법화하는 일체의 사유를 말한다〔§5(b)(i)〕. 2002 마스터계약서는 '사무소'(offices)에 대한 동사유의 적용을 명확히 하고자 하는 목적에서 약간의 변경을 가하였지만, 기본적으로 1992 마스터계약서상의 규정과 동일한 내용을 규정하고 있다고 할 수 있다. 1992 마스터계약서는 거래의 불법화 사유를 구체적으로 열거하고 있고(the adoption of, or any change in, any applicable law after the date on which a Transaction is entered into, or the promulgation of, or any change in, the interpretation by any court, tribunal or regulatory authority with competent jurisdiction of any applicable law after such date), 2002 마스터계약서는 "사유나 환경의 발생"〔due to an event or circumstance (other than any action taken by a party or, if applicable, any Credit Support Provider of such party) occurring after a transaction is entered into〕이라고 하여 다소 일반적으로 규정하고 있지만 결정적인 의미상의 차이를 발생시키는 것은 아니다.

(3) 불가항력사유

불가항력사유(force majeure)라 함은 마스터계약서상 의무의 이행을 불가능하게 하는 천재지변이나 국가행위(act of state) 기타 불가피한 사유를 말한다〔§5(b)(ii)〕. 2002 마스터계약서는 불가항력의 개념을 명시적으로 정의하고 있지는 않다. 다만, 당사자들의 통제범위를 넘는(beyond the control of such party or such credit support provider) 불가항력(force majeure) 또는 국가행위(acts of state)로서, 당사자들이 모든 합리적인 노력(all reasonable efforts)을 다하여도 극복할 수 없는 방해(prevention), 불가능(impossibility) 혹은 비현실성(impracticability)을 불가항력 개념을 구성하는 요소로 규정하고 있다.

구체적인 사유가 불가항력사유에 해당되는지 여부는 실무와 판례의 발전에 맡겨져 있다고 할 수 있지만, 천재나 인재 혹은 파업, 테러 등이 이에 포함될 것으로 보인다.

(4) 대기기간

불법성사유나 불가항력사유가 존재하면, 그에 영향을 받는 지급이나 인도는 불법성사유인 경우 3지역영업일(local business day)을, 그리고 불가항력사유인 경우 8지역영업일을 넘지 않는 범위에서 정해지는 대기기간(waiting period) 동안 연기되어야 한다(§14). 또한 동 대기기간 동안에는 채무의 이행기도 도래하지 않는다〔§5(d)〕.

이와 같이 불법성사유나 불가항력사유에 대해서 대기기간을 두게 된 이유는, 이러한 사유가 그 특성상 지속기간과 영향력의 심각성 등을 즉시 파악할 수 없으므로 일정한 기간 동안 해지권 행사를 유예하여 그 귀추를 지켜보자는 데 있다. 이러한 목적은 대기기간의 차이에도 반영되어 있다. 불법성사유는 법의 변경에 따른 것으로 그 본질상 장기간에 걸칠 수밖에 없으므로 비교적 단기간의 기간 동안만 권한행사를 유예하는 것으로 충분하지만, 불가항력사유는 천재지변이나 테러 기타 적어도 금융업자에게는 비교적 단기간 내에 정리될 수 있는 사태를 원인으로 하므로 장기간의 대기기간을 규정한 것이다.

해당 대기기간의 만료와 함께 당사자 중 일방은 해당 사유발생거래(affected transactions)를 해지할 수 있다.

(5) 거래의 이전

사유발생당사자(affected party)는 더 이상 불법성사유가 발생한 거래를 이전하기 위해 노력할 필요가 없다. 종전에는 불법성사유가 발생한 경우 사유발생당사자는 해당 거래의 불법화를 회피하기 위해 다른 사무소로의 거래의 이전이나 양도를 고려할 것을 요구하고 있었다.

(6) 일부해지

불법성사유나 불가항력사유의 경우 당사자들은 사유발생거래(affected transactions)의 전부 또는 일부에 대하여 중도종료일자를 지정할 수 있다. 이러한 일부해지에 관한 규정은 2002 마스터계약서가 도입한 변화 중 가장 특징적인 것이기도 하다.

당사자는 원하는 경우 사유발생거래 중 일부만을 해지할 것을 선택할 수 있다. 이는 예컨대 단순한 형태의 단기거래를 종료시키고 복잡한 구조의 장기거래는 그 초기비용을 고려하여 지속할 것을 희망하는 경우에 대비하기 위한 것이다. 물론 이 경우에는 당사자들의 선택권 남용으로 인한 cherry-picking과 유사한 문제발생 가능성을 충분히 생각할 수 있으므로 그 상대방 당사자에게도 잔여 거래에 대한 해지권을 부여하고 있다(springing or reciprocal right to terminate). 잔여 거래에 대한 해지권은 당사자 중 일방이 일부해지권을 행사한 경우에 발생하며, 그 효과는 동일한 중도종료일자로부터 발생한다.

(7) 특정 사유에 대한 성질결정순위

불가항력사유와 불법성사유 그리고 채무불이행사유가 중첩적으로 발생한 경우 해당 사유에 대한 성질결정이 필요하게 된다. 1단계로 특정 사유가 채무불이행사유인지 불법성 혹은 불가항력사유인지에 관한 판단이 이루어진 후, 2단계로 해당 사유가 불법성사유 혹은 불가항력사유 중 어디에 해당하는지에 관한 판단이 이루어진다〔§5(c)〕.

그러나 불법성사유 혹은 불가항력사유가 실질적인 신용관련사유를 회피할 수 있는 원인을 제공할 수 있다는 점이 기초단계에서 지적되었다. 이는 신용관련사유에 대해서는 당사자 중 일방에 책임이 있다는 점에서 당사자 누구에게도 책임을 물을 여지가 전혀 없는 불법성사유 혹은 불가항력사유와는 구분하여 취급하는 마스터계약서의 기본취지에 위배될 우려가 있게 된다.

이에 2002 마스터계약서는 불법성사유 혹은 불가항력사유의 우선적 지위를 지급인도의무불이행이나 신용보완상 의무불이행에 한정하였다. 따라서 도산사유가 병존하는 경우 비유책당사자는 불법성사유 혹은 불가항력사유를 위한 대기기간을 기다릴 필요없이 채무불이행사유에 기한일괄청산을 바로 시행할 수 있는 권한을 보유한다.

(8) 다지점당사자의 본점의 의무

마스터계약서의 당사자는 원칙적으로 확인서 등에서 지정된 사무소를 통하여 혹은 그러한 지정이 없었던 경우에는 본점이나 주된 사무소를 통하여 개별거래를 수행하여야 한다〔§10(c)〕. 그러나 부속서에서 다지점당사자(multibranch party)로 지정된 경우에는 그러한 당사자는 부속서에 명시된 사무소를 통하여 상대방 당사자와 거래를 체결하거나, 거래의 기장 혹은 지급 또는 인도의무를 이행할 수 있다〔§10(b)〕. 또한 다지점당사자로 지정된 경우 당사자는 실제 거래 사무소의 소재를 불문하고 본점이나 주된 사무소가 직접 책임을 지는 것을 확인하고 있다〔§10(a)〕. 그러나 제5(d)조에 의하여 불법성사유나 불가항력사유에 따른 대기기간 중에 지급이나 인도가 지연되고 있는 경우 당사자는 해당 지연지급이나 인도에 관하여 상대방의 본점이나 주된 사무소에 대한 소구권을 갖지 못한다.

또한 (i) §5(b)(i)(1)나 §5(b)(ii)(1)상의 불법성사유나 불가항력사유가 발생하고, 해당 사무소가 본점이나 주된 사무소가 아니면서, (ii) 다지점당사자 조항이 적용되고, (iii) 비사유발생당사자가 상대방의 본점이나 주된 사무소에 대하여 해당 의무의 이행을 구하고 있고, (iv) 사유발생당사자의 본점이나 주된 사무소의 의무이행이 동일한 불법성사유나 불가항력사유에 의하여 불가한 경우에 그러한 불이행은 해당 사유가 지속되는 동안에는 §5(a)(i)의 지급인도의 불이행이나 §5(a)(iii)(1)의 신용보완불이행 같은 채무불이행사유를 구성하지 않는다.

(9) 중간시장호가나 가치의 사용

불법성이나 불가항력사유에 따른 중도종료거래의 일괄청산금액산출에 있어서는 중간시장호가나 가치(midmarket quotations or values)를 사용하여야 한다. 이는 당사자 누구에게도 책임을 물을 수 없는 무책성이 매우 강하다는 특성을 반영한 것이다.

3. 신용관련조항의 강화

2002 마스터계약서는 신용관련조항에 대한 강화를 목적으로 한 개정사항을 포함하고 있다.

(1) 유예기간의 단축

먼저, 지급 혹은 인도의무불이행에 대한 유예 혹은 하자치유기간을 종전의 3지역영업일에서 지급불이행에 대해서는 통지 후 1지역영업일로, 인도불이행에 대해서는 통지 후 1지역인도일(local delivery day)로 변경하였다. 지역인도일은 2002 마스터계약서상 중요한 변화 중의 하나이다. 1992 마스터계약서상 '지역영업일' 정의에 따르면 당사자들의 지배범위를 벗어난 증권결제시스템의 문제 등으로 인하여 증권과 같은 자산의 인도가 해당 일자 내에 이루어지지 않는 경우도 1영업일을 구성하게 된다. 이러한 점에 착안하여 2002 마스터계약서는 상업은행이 아닌 결제시스템의 영업일을 중심으로 '지역인도일' 이라는 개념을 새로이 정의하였다.

Section 14

"Local Delivery Day" means, for the purposes of Sections 5(a)(i) and 5(d), a day on which settlement systems necessary to accomplish the relevant delivery are generally open for business so that the delivery is capable of being accomplished in accordance with customary market practice, in the place specified in the relevant Confirmation or, if not so specified, in a location as determined in accordance with customary market practice for the relevant delivery.

비자발적 도산절차나 담보채권자의 집행절차개시의 경우 사유해제를 위한 유예기간이 종전의 30일에서 15일로 단축되었다. 그러나 그러한 도산절차가 규제당국에 의하여 개시된 경우에는 그러한 유예기간의 적용이 없다.

이 경우 규제당국은 그 설립지나 그 본점의 관할지에서 당사자에 대하여 1차적인 도산, 재건 혹은 규제상의 관할권을 보유한 기관을 의미한다. 이는 규제당국이 악의적으로 혹은 근거 없이 절차를 개시할 이유가 없다는 믿음에 따른 것이다.

(2) 채무불이행사유

1) 합의위반, 합의 이행거절

2002 마스터계약서는 1992 마스터계약서상의 합의위반에 덧붙여 마스터계약서나 확인서의 효력을 부인하는 행위 자체를 채무불이행사유로 규정하고 있다. 이 경우에는 합의위반에 적용되는 30일간의 유예기간도 적용되지 않는다. 따라서 이제 당사자들은 상대방이 실질적인 이행 거절의 의사를 표시하고 있지만 구체적인 지급 혹은 인도 의무불이행을 구성하는 행위를 하고 있지 않은 기간 동안 권리행사를 유예할 필요가 없게 되었다.

> Section 5(a)(ii) *Breach of Agreement; Repudiation of Agreement.*
>
> (2) the party disaffirms, disclaims, repudiates or rejects, in whole or in part, or challenges the validity of, this Master Agreement, any Confirmation executed and delivered by that party or any Transaction evidenced by such Confirmation (or such action is taken by any person or entity appointed or empowered to operate it or act on its behalf);

2) 특정거래불이행

채무불이행사유 중 특정거래불이행(Default under Specified Transaction) 사유의 범위가 더욱 확대되고 구체화되었다. 특정거래불이행은 마스터계약서의 당사자 간에 체결된 '특정거래'에서 발생한 불이행사유를 마스터계약서 자체의 불이행사유로 취급하는 것으로서 교차불이행 사유의 제한적인 형태라고 말할 수 있다.

첫째, '특정거래'(specified transaction)라는 용어의 정의가 종전 1992 마스터계약서에서 명시적으로 규정하고 있지 않았던 매우 넓은 범위의 파생상품과 다른 금융상품을 포괄하도록 확대되었다.

그러한 상품에는 우선, 신용디폴트스왑 등 1992 마스터계약서가 공표된 이후 새로이 ISDA 마스터계약서를 이용하여 거래되고 있는 파생상품이 포함된다.[7] 다음으로, 리포(repurchase agreements 혹은 Repos), 재매매조건부매매(buy/sell back transaction), 유가증권대차(securities lending transactions) 등이 포함된다. 또 한 가지 중요한 것은 파생상품과 유사한 것으로서 장래 금융시장에서 등장할 가능성이 있는 상품이나 거래를 포괄하기 위한 일반규정을 두었다는 점이다.[8]

끝으로, 특정거래와 관련된 담보거래(credit support arrangement)상의 불이행도 특정거래불이행 사유로 규정되었다.

이러한 '특정거래' 개념의 확대는 종전 딜러들의 실무관행과 일치하는 면이 있음을 유의하여야 한다.[9] 마스터계약서 자체가 적용대상 상품을 명시적으로 규정하고 있지 않은 점을 고려하여 당사자들은 필요에 따라 '특정거래' 개념을 활용하여 마스터계약서 자체가 적용대

---

7) swap option, credit protection transaction, credit swap, credit default swap, credit default option, total return swap, credit spread transaction, weather index transaction or forward purchase or sale of a security, commodity or other financial instrument or interest 등이 새로운 파생상품으로서 명시되었다.

8) 2002 마스터계약서, 14의 "Specified Transaction" 정의에 (any transaction) "(ii) which is a type of transaction that is similar to any transaction referred to in clause (1) above that is currently, or in the future becomes, recurrently entered into in the financial markets (including terms and conditions incorporated by reference in such agreement) and which is a forward, swap, future, option or other derivative on one or more rates, currencies, commodities, equity securities or other equity instruments, debt securities or other debt instruments, economic indices or measures of economic risk or value, or other benchmarks against which payments or deliveries are to be made,"를 추가하였다.

9) 그러나 이러한 개념 확대 시도는 특히 최종수요자로부터 그에 대한 적지 않은 저항이 있었으므로 시장관행의 변화라고 평가하기에는 곤란한 점이 있음을 유의하여야 한다.

상상품을 명시하려는 노력을 하기도 한다.

둘째, 특정거래불이행사유는 지급의무불이행과 인도의무불이행을 구분하고 있다. 그 이유는 '특정거래'에 리포나 유가증권대차와 같은 인도사고(delivery failure)의 발생 가능성이 높은 거래가 포함되었기 때문이다. 마스터계약서는 그 구조상 적용대상 상품이나 거래 중 하나라도 불이행하게 되면 동 계약서의 적용을 받는 모든 상품이나 거래가 해지되어 중도종료절차가 개시되는 구조를 취하고 있다. 리포나 유가증권대차와 같은 거래에서는 인도사고의 발생 가능성이 매우 높으며, 그러한 인도사고가 신용상의 문제점을 표시하는 것이 아닌 경우가 많다. 따라서 당사자의 신용상 큰 변화를 의미하지 않는 단순한 인도사고를 이유로 마스터계약서상 모든 거래나 상품을 해지하는 결과를 방지할 필요가 있는 것이다. 이를 위해 2002 마스터계약서는 하나의 특정거래상 인도의무불이행은 해당 거래에 적용되는 계약서상 모든 거래가 해지되는 경우에 채무불이행사유에 해당한다고 규정하고 있다.

셋째, '특정거래'에 대한 확인서의 효력을 그 작성자가 부인하는 것을 채무불이행사유로 추가하였다. 여기서 확인서는 반드시 서면에 한하지 않으며, 전자메일이나 팩스 기타 일체의 증빙자료(a document or other confirming evidence executed and delivered by that party)를 포함한다.

3) 교차불이행

교차불이행은 한도금액(threshold amount)에의 해당 여부를 판단함에 있어서 실제로 불이행된(actually defaulted) '특정채무'(specified indebtedness)와 기한이익을 상실할 수 있는(acceleratable) '특정채무'의 합계액을 기준으로 한다는 점을 명백히 하도록 개정되었다.

4) 채무인수 없는 합병

채무불이행사유로서의 채무인수 없는 합병(merger without assumption) 조항이 재조직(reorganizations), 재설립(reincorporations), 재구성(reconstitutions) 등을 포함하도록 개정되었다.

(3) 해지사유

'합병에 의한 신용사유' (credit event upon merger)의 범위가 기업지배권이나 자본구조의 변화와 같은 특정한 유형의 재조직(reorganizations)이나 구조조정(restructurings)을 포함할 수 있도록 크게 확대되었다. 종전의 1992 마스터계약서하에서도 거래자들은 이러한 범위확대를 부속서에서 관행적으로 해오고 있었다. 그러나 2002 마스터계약서에서는 이를 명시적으로 규정하였다.

2002 마스터계약서하에서도 '합병에 의한 신용사유' 에 해당하기 위해서는 합병 기타의 기업구조변경으로 인하여 신용상태가 '실질적으로 약화' (materially weaker)되어야 한다는 요건을 충족하여야 하는 점은 동일하다. 2002 마스터계약서는 그러한 사유를 지정사유(designated event)라고 하면서 다음 세 가지를 명시하고 있다. ①은 합병 등을 규정하고 있으며, 1992 마스터계약서와 거의 동일하다고 할 수 있지만, 재조직(reorganization), 재설립(reincorporation), 재구성(reconstitution) 등을 포함하고 있는 점에 차이가 있다. ②는 지분율 등 기업지배권의 변동을, ③은 기채나 보증, 신주나 전환사채 혹은 교환사채의 발행 등에 의한 자본구조의 변동을 그 사유로 추가하고 있다.

합병에 의한 '신용사유' 의 핵심은 동 사유 발생 전후의 신용도 변화의 비교에 있다. 문제는 비교의 기준이 되는 시기인데, 2002 마스터계약서는 그 판정시기를 '해당사유가 발생한 직후' (immediately after the occurrence of such designated event)의 신용도와 '해당사유가 발생하기 직전' (immediately prior to the occurrence of such designated event)의 신용도라고 명시하고 있다.

4. 시장관행의 변화

2002 마스터계약서의 일부 조항은 시장관행이 1992 마스터계약서에 규정된 것과 달라졌음을 반영하고 있다.

(1) 다수거래 지급네팅

1992 마스터계약서상 지급네팅은 원칙적으로 단일통화에 의한 단일거래상의 지급의무에 한정되었고, 당사자들이 원하는 경우 부속서에서 그 요건을 완화할 수 있게 하였다. 2002 마스터계약서는 이러한 선택을 다수거래 지급네팅(multi-transaction payment netting)이라 하여 부속서 제4부 (i)에서 당사자들이 대상거래 기타 필요한 사항을 규정하도록 했다.

(2) 당사자 간의 법률 관계

1) 대리인

2002 마스터계약서는 진술사항을 규정한 Section3(g)에 (No Agency)라는 표제 아래 당사자들이 다른 개인이나 법인의 대리인이 아닌 본인으로서 본 계약을 체결한다는 점을 명시적으로 진술하게 하고 있다.

2) 설명의무 기타

2002 마스터계약서는 부속서에 당사자 간의 법률관계에 대한 성질 결정규정을 두고 있다. 그 내용은 다음의 세 가지로 구성되어 있다〔Pt4(m)〕.

> "(1) Non-Reliance. It is acting for its own account, and it has made its own independent decisions to enter into that Transaction and as to whether that Transaction is appropriate or proper for it based upon its own judgment and upon advice from such advisers as it has deemed necessary. It is not relying on any communication (written or oral) of the other party as investment advice or as a recommendation to enter into that Transaction, it being understood that information and explanations related to the terms and conditions of a Transaction will not be considered investment advice or a recommendation to enter into that Transaction. No communication (written or oral) received from the other party will be deemed to be an assurance or guarantee as to the expected results of that Transaction.
>
> (2) Assessment and Understanding. It is capable of assessing the merits of and understanding (on its own behalf or through independent professional advice), and understands and accepts, the terms, conditions and risks of that Transaction. It is also capable of assuming, and assumes, the risks of that Transaction.
>
> (3) Status of Parties. The other party is not acting as a fiduciary for or an adviser to it in respect of that Transaction"

이러한 규정은 종전에 당사자들에 의하여 부속서의 제5부에 관행적으로 기재되어 왔다. 이를 위해 ISDA는 1996년 당사자 간의 법률관계를 독립적이고 대등한 것으로 성질 결정하는 내용을 담은 표준적인 문언을 발표하여 시장참여자들이 이용하게 해 왔다. 2002 마스터계약서는 이를 약간의 수정을 거쳐 부속서에 명시적으로 규정한 것이다.

(3) 상계

당사자 간의 마스터계약서상 채권채무와 그 외의 채권채무간의 상계권 행사를 규정하는 상계조항은 종전에 당사자들에 의하여 부속서의 제5부에 관행적으로 기재되어 왔다. 이를 위해 ISDA는 1992 마스터계약서에 대한 User's Guide에 있던 표준적인 문언을 규정하고 있었다. 2002 마스터계약서는 이를 마스터계약서의 본문에 명시적으로 규정하였다〔§6(f)〕. 그 내용은 종전 1992 마스터계약서를 위해 ISDA User's Guide에 포함되어 있던 표준적인 문언에 다소 변경을 가한 것이다.

(4) 이자와 보상

2002 마스터계약서는 이자관련 조항을 전면적으로 수정하였다. 이자조항은 지연지급에 대한 이자와 지연인도에 대한 보상이나 이자를 그 적용대상으로 한다. 지급이나 인도가 불이행(default)된 것인지 혹은 단순지연(defer)된 것인지, 그리고 중도종료일자의 지정 전인지 후인지에 따라 상이한 규정의 적용을 받게 된다〔§9(h)〕.

1) 중도종료일자 지정 전

① 불이행지급에 대한 이자 : 불이행금액의 불이행이율(default rate) 상당금액

② 불이행인도에 대한 보상 : 인도대상물건의 공정가치에 대한 불

이행이율 상당금액. 공정가치는 해당금액을 수취할 자가 선의로, 상업적으로 합리적인 절차를 통하여 평가한 가치를 말한다.

③ 지연지급에 대한 이자

i) 선행조건 미비로 인한 지연지급 : 지연지급금액의 적용지연이율(applicable deferral rate) 상당금액

ii) 불법성사유나 불가항력사유의 발생으로 인한 대기기간 동안의 지연지급 : 지연지급금액의 적용지연이율 상당금액

iii) 불법성사유나 불가항력사유의 발생으로 인한 대기기간 이외의 기간 동안의 지연지급 : 지연지급금액의 적용지연이율 상당금액

④ 지연인도에 재한 보상

(i) 선행 조건 미비로 인한 지연지급, (ii) 불법성사유나 불가항력사유의 발생으로 인한 대기기간 동안의 지연지급, (iii) 불법성사유나 불가항력사유의 발생으로 인한 대기기간 이외의 기간 동안의 지연지급의 경우 관련당사자는 이 계약서나 확인서에서 정한 바에 따라 보상하고 이자를 지급하여야 한다.

2) 중도종료일자 지정 후

① 미지급금(unpaid amount)에 대해서는 원 이행기로부터 중도종료일까지 적용일괄청산이율(applicable close-out rate) 상당금액

② 일괄청산금액(early termination amount)에 대해서는 중도종료일로부터 실제 지급일까지 적용일괄청산이율 상당금액

2002 마스터계약서는 각종 지급의무의 불이행이나 지연시 일방당사자가 해당 자금을 계속 보유하고, 상대방당사자는 그만큼의 자금을 차입하는 현실을 전제로 각종 기준금리를 정하고 있다. 예컨대, 당사

자의 유책성에 따라 예금금리, 대출금리 혹은 이들의 평균금리를 각각 적용하는 것이다.

"Applicable Close-out Rate" means

(a) in respect of the determination of an Unpaid Amount:

(i) in respect of obligations payable or deliverable (or which would have been but for Section 2(a)(iii)) by a Defaulting Party, the Default Rate;

(ii) in respect of obligations payable or deliverable (or which would have been but for Section 2(a)(iii)) by a Non-defaulting Party, the Non-default Rate;

(iii) in respect of obligations deferred pursuant to Section 5(d), if there is no Defaulting Party and for so long as the deferral period continue, the Applicable Deferral Rate; and

(iv) in all other cases following the occurrence of a Termination Event (except where interest accrues pursuant to clause (iii) above), the Applicable Deferral Rate;

(b) in respect of an Early Termination Amount:

(i) for the period from (and including) the relevant Early Termination Date to (but excluding) the date (determined in accordance with Section 6(d)(ii)) on which that amount is payable:

(1) if the Early Termination Amount is payable by a Defaulting Party, the Default Rate;

(2) if the Early Termination Amount is payable by a Non-defaulting Party, the Non-default Rate; and

(3) in all other cases, the Applicable Deferral Rate; and

(ii) for the period from (and including) the date (determined in accordance with Section 6(d)(ii)) on which that amount is payable to (but excluding) the date of actual payment:

(1) if a party fails to pay the Early Termination Amount due to the

occurrence of an event or circumstance which would, if it occurred with respect to a payment or delivery under a Transaction, constitute or give rise to an Illegality or a Force Majeure Event and for so long as the Early Termination Amount remains unpaid due to the existence of such event or circumstance, the Applicable Deferral Rate;

(2) if the Early Termination Amount is payable by a Defaulting Party (but excluding any period in respect of which clause (1) above applies), the Default Rate; and

(3) if the Early Termination Amount is payable by a Non-defaulting Party (but excluding any period in respect of which clause (1) above applies), the Non-default Rate; and

(4) in all other cases, the Termination Rate.

"**Applicable Deferral Rate**" means:

(a) for purpose of Section 9(h)(i)(3(A), the rate certified by the relevant payer to be a rate offered to the payer by a major bank in a relevant interbank market for overnight deposits in the applicable currency, such bank to be selected in good faith by the payer for the purpose of obtaining a representative rate that will reasonably reflect conditions prevailing at the time in that relevant market;

(b) for purpose of Section 9(h)(i)(3)(B) and clause(a)(iii) of the definition of Applicable Close-out Rate, the rate certified by the relevant payer to be a rate offered to prime banks by a major bank in a relevant interbank market for overnight deposits in the applicable currency, such bank to be selected in good faith by the payer after consultation with the other party, if practicable, for the purpose of obtaining a representative rate that will reasonably reflect conditions prevailing at the time in that relevant market; and

(c) for purpose of Section 9(h)(i)(3)(C) and clauses (a)(iv), (b)(i)(3) and (b)(ii)(1) of the definition of Applicable Close-out Rate, the rate equal to the arithmetic mean of the rate determined pursuant to (a) above and a rate per annum equal to the cost (without proof or evidence of any actual cost) to the relevant payee (as certified by it) if it were to fund or of funding the relevant amount.

"Default Rate" means a rate per annum equal to the cost (without proof or evidence of any actual cost) to the relevant payee (as certified by it) if it were to fund or of funding the relevant amount plus 1% per annum.

"Non-default Rate" means the rate certified by the Non-defaulting Party to be a rate offered to the Non-defaulting Party by a major bank in a relevant inter-bank market for overnight deposits in the same currency, such bank to be selected in good faith by the Non-defaulting Party for the purpose of obtaining a representative rate that will reasonably reflect conditions prevailing at the time in that relevant market. "Termination Rate" means a rate per annum equal to the arithmetic mean of the cost (without proof or evidence of any actual cost) to each party (as certified by such party) if it were to fund or of funding such amounts.

(5) 청산통화 기타

1) 청산통화

청산통화(termination currency)는 부속서에 별도의 정함이 없는 경우 준거법이 영국법인일 때에는 유로화로, 뉴욕주법인일 때에는 미국 달러화로 하도록 하는 조항을 신설하였다(§14).

2) 대화의 녹음

마스터계약서상 거래와 관련한 모든 대화의 녹음에 대한 동의가 부속서에 추가되었다〔Pt4(n)〕. 현재 장외파생상품거래를 비롯한 대부분의 자금거래는 녹음을 하는 것이 일반적인 관행이다.

3) 통신수단

2002 마스터계약서는 불이행 및 중도종료와 관련한 통지를 팩스에 의할 수 없도록 하였던 1992 마스터계약서 조항을 삭제하였다. 그러나 마스터계약서 제5조와 제6조 관련사항을 이메일이나 다른 전자적 통신수단에 의하여 통지하는 것은 여전히 금지된다. 확인서도 또한 이메일의 교환으로 작성할 수 있다〔§12(a)〕.

4) 완전계약

완전계약(entire agreement) 조항이 마스터계약서에 명시적으로 규정되거나 언급된 경우를 제외하고는 어떠한 진술도 의존한 사실이 없으며, 그와 관련한 모든 권리와 구제수단을 포기한다는 내용을 포함하도록 확대되었다〔§9(a)〕.

IV. 개정 후속조치

ISDA는 2003년 3월 당사자 간의 합의로 1992 마스터계약서의 각 규정을 2002 마스터계약서의 내용에 맞게 수정할 수 있는 양식을 공표하였다.[10)] 그뿐만 아니라 각종 담보특약의 내용을 2002 마스터계약서의 내용에 맞게 수정할 수 있는 양식도 동시에 공표하였다.[11)]

---

10) ISDA, Form of Amendment to 1992 ISDA Master Agreement (March 2002).

11) ISDA, Form of Amendment to 1995 ISDA Credit Support Annex (Transfer-English Law) (March 2002) ; ISDA, Form of Amendment to 1995 ISDA Credit Support Annex (Security Interest-New York Law) (March 2002).

제3장

2000년 국제마스터리포계약서 주요 조항 해설*

3

정순섭**

I. 리포거래와 계약서의 표준화

전통적으로 리포거래를 위한 약정도 개별 거래별로, 그리고 당사자별로 각각의 수요와 기호에 적합한 '맞춤형' 계약서를 이용하는 것이 관행이 되어 왔다. 그러나 거래의 규모와 빈도가 확대되고 증가함에 따라 계약서 작성과정에 소요되는 '비용과 시간'의 부담은 개별적인 '수요와 기호'에 대한 선호를 훨씬 상회하기에 이르렀다. 또한 계약의 표준화는 해당 금융거래의 본질과 제반 법적 문제에 대한 예측 가능성과 확실성을 제고한다. 이에 리포거래에 사용되는 계약서를 표준화

---

* 이 글은 BFL 제4호(2004. 3)에 게재된 글을 수정 · 보완한 것이다.

** 서울대학교 법학전문대학원 교수

하기 위한 노력이 다양한 차원에서 진행되었다. 이러한 국제표준계약서의 이용은 리포시장의 규모를 크게 확대시키는 데 기여한 것으로 평가되고 있다.

그중 가장 오랜 역사를 가진 것이 채권시장협회(TBMA, The Bond Market Association)와 국제증권시장협회(ISMA, International Securities Market Association)에 의하여 작성된 표준계약서인 TBMA-ISMA 국제마스터리포계약서(TBMA-ISMA Global Master Repurchase Agreement, 이하 '국제마스터리포계약서')이다. 1992년에 최초로 작성된 이래 국제마스터리포계약서는 1995년과 2000년의 두 차례 개정을 거쳤다. 국제마스터리포계약서는 주로 미국 이외의 국제리포거래에 사용하기 위해 작성된 것으로서,[1] 미국시장에서의 리포거래를 위해 1986년에 작성되어 1987년과 1996년 두 차례 개정된 TBMA 마스터리포계약서(TBMA's Master Repurchase Agreement)와는 다르다.

이 외에도 각국은 자국의 국내시장에서의 거래를 위하여 국내표준계약서를 제정하는 경우도 많다. 예컨대, 프랑스의 AFTB 리포계약서(Convention-Cadre relsative aux Operations de Pension Livree)와 유럽은행협회에서 제정한 2001년 유로마스터계약서(Master Agreement for Financial Transactions or Euro Master Agreement)는 대표적인 예이다. 우리나라에서는 한국금융투자협회에서 TBMA/ISMA의 국제마스터리포계약서를 기초로 하여 국내기관간 리포거래에 사용하기 위한 기관간 환매조건부매매약관을 제정하여 시행하고 있다.[2]

1) 국제마스터리포계약서는 미국 이외의 국가에서의 사용을 전제로 작성된 것으로 영국법을 동 계약의 준거법으로 규정하고 있다(Para. 17). 이와 함께 영국법원의 재판관할권을 인정하고 당사자들로 하여금 영국 내에 송달대리인(process agent)을 지명할 것을 요구하고 있다.

2) 1998. 8. 13. 제정.

최근에는 장외파생상품거래를 위한 표준적인 계약서인 ISDA 마스터계약서(1992 ISDA Master Agreement)도 리포와 유가증권대차와 같은 증권금융거래를 포괄할 수 있는 구조로 개정되었다.[3] 이하 본고에서는 국제마스터리포계약서를 중심으로 소개한다.[4]

II. 국제마스터리포계약서의 기본 구조

국제마스터리포계약서는 본문(Agreement)과 부칙으로 구성된다. 본문은 당사자 간의 거래에 적용될 표준적인 조건을 규정한 21개 조항으로 이루어져 있다. 국제마스터리포계약서는 상당수의 선택조항을 두고 있으며 당사자들이 추가해야 할 부분도 적지 않다. 부칙은 부칙I 부가조건(Annex I Supplemental Terms and Conditions)과 부칙II 확인서(Annex II Form of Confirmation)의 두 가지로 구성되어 있다.

부칙I은 2부로 구성되어 있는데, 제1부(Part 1)는 본문 조항에서 당사자들의 선택에 맡기고 있는 사항을 선택하는 부분이다(Elections).[5] 제2부(Part 2)는 당사자들이 추가하기를 원하거나 본문 조항을 수정하기 위한 부가조건을 정하는 부분이다(Supplemental Terms and Conditions). 그러나 ISDA 마스터계약서와는 달리 국제마스터리포계약서는 폭넓은 협

3) 제2장 정순섭, 2002 ISDA 마스터계약서의 주요 개정사항 해설, 주 8의 본문.

4) 국제마스터리포계약서의 구조와 내용에 대해서는 공식 해설 자료인 The Bond Market Association/International Securities Market Association, Guidance Notes for Use with the TBMA/ISMA Global Master Repurchase Agreement (2000 Version) (2000. 10) ('Guidance Notes 2000')을 주로 참조.

5) ISDA 마스터계약서와는 달리 국제마스터리포계약서는 명백히 확인 가능한 방법으로 이루어질 것을 조건으로 본문 조항의 당사자에 의한 직접적인 수정도 허용하고 있다. TBMA/ISMA, Guidance Notes 2000, 1.

상의 대상이 되지 않는 것이 일반적이다.

부칙II는 확인서로서 구체적인 거래의 경제적 조건을 합의하는 부분이다. 확인서에는 매입일자, 매입가격, 환매일자, 가격산정금리, 지급계좌, sell/buy back인지 여부, 대리인거래인지 여부와 구체적인 내용, 기타 추가적인 조건 등이 명시되어야 한다〔Para. 3(b)〕. 본문과 특정 거래의 확인서 간에 차이가 있는 경우에는 해당 거래에 대해서는 확인서가 우선적으로 적용된다.

이 외에도 국제마스터리포계약서에서 대상으로 하고 있지 않은 거래나 특정 국가의 특성을 반영하기 위한 목적으로 작성된 부칙이 몇 가지 존재한다.[6] 현재 발표된 것 중 TBMA와 ISMA가 공동으로 발표한 것으로는 대리인 부칙(Agency Annex), 국채 등 부칙(Bills Annex),[7] Sell/Buy Back 부칙(Buy/Sell Back Annex), 캐나다 부칙(Canadian Annex), 주식부칙(Equities Annex), 이탈리아 부칙(Italian Annex), 일본 부칙(Japanese Annex), 네덜란드 부칙(Netherlands Annex) 등이 있다. 다음으로 태국 부칙(Thailand Annex)은 ISMA 단독으로 발표한 것이고, 영국 국채인 Gilt를 대상으로 한 리포거래에 적용하기 위한 Gilts Annex는 영란은행(Bank of England)이 만든 것이다.

---

6) 이는 영국법을 기초로 작성된 국제마스터리포계약서의 국제적 적용의 타당성 확보를 위한 장치라고도 할 수 있다. 국제마스터리포계약서의 국제적 적용에 대해서는 Guy Morton, International Coverage of the PSA/ISMA Global Master Repurchase Agreement(1997) 12 Butterworths Journal of International Banking and Financial Law 128.

7) 채권부칙은 영국의 국채, 지방채, 환어음, 양도성정기예금증서 등을 대상으로 한다.

III. 국제마스터리포계약서의 주요 조항[8)]

1. 제1조 적용범위

국제마스터리포계약서는 그 적용범위에 있어서 당사자들의 탄력적인 결정 가능성을 크게 보장하고 있다. 그러한 적용범위의 탄력성을 확보하기 위한 제도적 장치로서 특정 거래형태별로 별도의 부칙을 만들어 마스터계약서로서의 일반성을 유지하면서 당사자들의 개별적인 수요를 충족시킬 수 있는 구조를 갖추고 있다. 국제마스터리포계약서의 적용범위와 관련하여 다음 세 가지 사항을 지적해 두기로 한다.

첫째, 국제마스터리포계약서는 리포거래 이외에 현선거래도 그 대상으로 할 수 있다. 다만, 현선거래를 그 대상으로 할 경우에는 현선거래부칙(Buy/Sell Back Annex)의 규정이 적용된다〔Para. 1(c)(i)〕.

둘째, 국제마스터리포계약서는 일방 혹은 쌍방당사자가 본인이 아닌 대리인으로서 수행하는 대리인거래(Agency transaction)에 대해서도 적용될 수 있다(Para.1(d)). 다만, 이 경우에는 대리인거래라는 사실이 부칙I의 Para. 1(c)에 명시되어야 하고, 대리인 부칙(Agency Annex)이 함께 적용된다. 동 부칙은 채무불이행사유를 대리인에게 확대하고 있다. 그러나 동 부칙은 익명의 본인을 위한 거래나 복수의 본인간의 사전 혹은 사후의 수익배분을 목적으로 하는 거래는 인정되지 않는다.[9)] 또

8) 제9조 진술, 제11조 조세사유, 제12조 이자, 제14조 통지 기타 통신방법, 제15조 완전계약, 제16조 양도금지 · 종료, 제17조 준거법, 제18조 비 포기, 제19조 주권면제의 포기, 제20조 녹음, 제21조 제3자의 권리 등은 국제금융계약서에 일반적으로 등장하는 공통조항(boilerplate)에 해당되는 것으로서 본고에서 별도로 검토하지 않는다.

9) 이와 관련하여 TBMA와 ISMA는 복수의 본인을 위한 거래, 사전 혹은 사후의 이

한 동 부칙은 거래의 단순성 확보를 위해 쌍방당사자가 모두 대리인인 거래는 인정하지 않고 있다.

셋째, 1995년판 국제마스터리포계약서는 주식(equities), 미국 국채, 순지급증권(net paying securities)은 그 적용대상으로 하지 않고 있었다.[10] 이에 대해서 2000년판 국제마스터리포계약서는 당사자들이 합의하는 바에 따라 이러한 상품을 대상으로 하는 리포거래도 가능하도록 규정하고 있다. 특히 순지급증권을 대상으로 할 경우에는 부칙I의 Para. 1(b)가 적용된다.

2. 제3조 거래의 개시 · 확인 · 종료

국제마스터리포계약서 제3조는 거래의 개시와 확인 및 종료에 관한 기본원칙을 규정하고 있다. 거래의 개시절차는 누구든지 양 당사자 중 일방의 제안으로 구두 또는 서면으로 합의될 수 있다고 하여 최대한의 탄력성과 신축성을 보장하고 있다〔Para. 3(a)〕. 확인서의 작성담당인 당사자는 거래에 합의한 후 즉시 확인서를 제공하여야 한다〔Para. 3(b)〕. 확인서를 누가 작성할 것인지는 딜러간 거래인지 딜러-고객간 거래인지에 따라 당사자들이 결정한다. 본조는 매입일자와 환매일자

익배분을 규정한 거래를 위해 이용할 수 있도록 대리인 부칙에 대한 별첨서류(Addendum)를 발표하였다. Addendum to Agency Annex for Multiple Principal Transactions. 본 별첨서류의 작성에는 Financial Law Panel, Fund Management and Market Transactions: A Practice Recommendation(September 1995)이 기초가 되었다.

10) 1995년판 국제마스터리포계약서의 표제부는 "This agreement is to be used for repos or reverse repos and buy/sell backs of securities other than equities, U.S. Treasury instruments and Net Paying Securities" 라고 하여 그 적용범위를 제한하고 있다. 이에 대해서는 Guy Morton, The PSA/ISMA Global Master Repurchase Agreement in Kath, pp.37-38 참조.

에 있어서의 양 당사자의 기본적인 지급 및 인도의무와 거래의 종료 절차에 대해서도 상세한 규정을 두고 있다〔Para. 3(c)~(f)〕. 기간의 정함이 없는 거래의 종료는 매입당사자나 매도당사자에 의하여 해지 청구일로부터 관행상 자금이나 등가증권의 결제나 인도에 소요되는 최소한의 기간을 경과함으로써 효력을 발생한다.

3. 제4조 증거금 관리

국제마스터리포계약서의 증거금 관리 구조를 이해하기 위해서는 먼저 증거금비율(Margin Ratio), 개별 거래노출액(Transaction Exposure), 순노출액(Net Exposure)의 세 가지 개념에 대한 이해가 필요하다.

증거금비율은 거래 개시시점의 증권의 시장가치를 매입가격으로 나눈 비율을 말한다.[11] 이 증거금비율은 개별거래가 개시되는 시점에 확정되며, 거래기간 중 일방당사자가 상대방당사자에 대한 거래노출액을 결정하는 기능을 한다. 당사자들은 매 거래별로, 또는 거래대상이 다양한 증권으로 구성된 경우에는 증권별로 다른 증거금비율을 정할 수 있다. 이러한 증거금비율은 최초증거금(initial margin)에 해당한다.

개별 거래노출액은 양 당사자의 의무간 균형을 확인하는 장치로서 환매가격에 증거금비율을 곱한 금액('조정환매가격')과 환매시에 인도

11) Para. 2(z) "Margin Ratio", with respect to a Transaction, the Market Value of the Purchased Securities at the time when the transaction was entered into divided by the Purchase Price (and so that, where a Transaction relates to Securities of different descriptions and the Purchase Price is apportioned by the parties among Purchased Securities of each such description, a Separate Margin Ratio shall apply in respect of Securities of each such description), or such other proportion as the parties may agree with respect to that Transaction;

될 등가증권의 시장가치('등가증권가치')를 비교하여 결정한다. 여기서 '노출액'(exposure)은 널리 거래상대방의 신용 위험을 산출·평가한 것으로서, 조정환매가격이 등가증권가치보다 크면 매입당사자가 그 초과액만큼 거래노출액을 보유하게 되고, 반대의 경우에는 매도당사자가 그 초과액만큼 거래노출액을 부담하게 된다.

국제마스터리포계약서의 증거금 관리규정의 기본원칙은 동 계약서 하에서 이루어진 모든 거래를 차감한 후의 순금액을 기준으로 한다는 점이다. 즉, 당사자가 체결한 모든 거래에서 상대방에 대하여 부담하는 거래노출액은 순노출액을 산출하기 위해 차감계산되어야 한다는 것이다. 당사자 A가 당사자 B에 대하여 거래노출액을 보유하고 있고, 그 금액이 당사자 B가 당사자 A에 대하여 가진 거래노출액을 초과할 경우 그 초과액에 해당하는 만큼 당사자 A는 당사자 B에 대하여 순노출액을 보유하게 된다. 여기에 제5조의 대체과실 중 미지급액과 기제공된 순증거금을 공제한 것이 당사자 A가 당사자 B에 대하여 부담하는 순노출액이 된다.

순노출액을 보유한 당사자는 상대방당사자에 대하여 순노출액에 해당하는 금액 또는 가치의 증거금 제공(Margin Transfer)을 요구할 수 있다[Para. 4(a)]. 여기서 증거금 제공은 현금증거금의 지급이나 상환 그리고 증거금증권이나 등가증거금증권의 이전의 일부나 전부를 의미한다. 이러한 증거금 제공은 변동증거금(variable margin)에 해당한다.

제4(d)조는 증거금 제공의 구성에 대하여 별도의 규정을 두고 있다. 이에 따르면 증거금 제공을 요구하는 당사자는 그가 현금이나 증권의 형태로 이미 제공한 증거금이 있는 경우에는 상대방당사자의 증거금 제공이 그러한 현금이나 증권의 반환에 의하여 이루어질 것을 요구할 수 있다. 이러한 제한을 제외하고 증거금 제공의 구성은 증거금 제공자의 선택에 맡겨져 있다. 이 경우 증거금 제공은 당사자들이 부칙I에서 정한 기간 혹은 관행상 자금이나 증거금증권 혹은 등가증거금증권의 결제나 인도에 소요되는 최소한의 기간 내에 이루어져야 한다〔Para. 4(g)〕.

당사자들은 증거금 관리에 대신하여 대상거래의 가격을 재산정(close-out and repricing or repricing)할 것을 합의할 수 있다〔Para. 4(i)〕. 가격재산정은 1995년판에서 표준적인 증거금 관리에 대한 대안으로 처음 규정되었다. 이를 위해 국제마스터리포계약서는 가격재산정(repricing)과 거래조정(adjustment)의 두 가지 방안을 규정하고 있다. 당사자는 이 두 가지 방안 중 하나 혹은 이를 조합한 방안을 선택할 수 있다.

4. 제5조 과실의 지급

금융거래로서의 특성상 리포거래의 당사자들은 대상증권이 매도당사자에 의하여 계속 보유된 것과 같은 경제적 포지션의 유지를 희망한다. 따라서 거래기간 중 증권에 대하여 발생한 이자나 배당금에 대한 매도당사자의 권리를 보장할 필요가 있다. 그 구체적인 조정방식은 대상거래의 종류에 따라 차이가 있다.

리포거래기간 중 혹은 증거금증권의 경우 등가증거금증권을 인도하기 전에 과실지급일자(Income Payment Date)가 도래한 경우 증권을 보유하고 있는 당사자는 증권발행자로부터의 과실(Income)을 동일한 통화로 상대방에게 지급하여야 한다. 여기서 과실은 증권에 대한 이자, 배당금 기타 일체의 지급금을 의미한다. 국제마스터리포계약서 2000년판은 해당 증권에 대한 원금의 상환은 과실에 해당하지 않는다는 점을 명백히 하고 있다.

5. 제6조 지급과 제공

본조는 국제마스터리포계약서상 모든 지급과 증권의 제공에 적용되는 일반규정이다.

(1) 금전의 지급

모든 금전의 지급은 해당 통화의 '즉시 이용 가능한 환전 가능 자금' (immediately available freely convertible funds)으로 이루어져야 하고〔Para. 6(a)〕, 모든 금전의 지급은 원천징수나 공제 없이 이루어져야 한다〔Para. 6(b)〕. 원천징수나 공제가 법에 의하여 강제되는 경우에는 총액보전(grossing-up) 조항이 적용된다.

(2) 증권의 제공

모든 증권의 제공은 현물의 인도, 증권결제시스템의 이용 기타 당사자들이 합의한 방식으로 이루어질 수 있다〔Para. 6(a)〕.

(3) 동시이행

리포거래의 매매와 환매단계의 모든 지급과 증권의 제공은 동시에 이루어져야 한다(DVP or Delivery versus Payment)〔Para. 6(c)〕. 그러나 인도와 지급의 동시이행을 모든 경우에 관철하는 것은 현실적인 문제를 야기할 수 있다. 이에 국제마스터리포계약서는 지급과 인도가 동일자로 이루어질 것과 그러한 포기가 해당 거래 이외의 다른 거래에는 영향을 미치지 않을 것을 조건으로 당사자들이 동시이행에 관한 권리를 포기할 수 있도록 규정하였다〔Para. 6(d)〕.

(4) 절대적인 권리의 이전

모든 증권의 제공은 담보 기타 제한물권이 수반되지 않는 '절대적인 권리의 이전'으로 이루어져야 한다〔Para. 6(e)〕. 이러한 취지는 시장 관행과 용어의 차이가 리포거래의 본질에 영향을 미치지 않음을 명시하고 있는 Para. 6(f)에 의하여 강화되고 있다.

(5) 지급 및 인도 네팅

동일자의 동일 통화에 의한 다수의 지급이나 동일자의 동일 종류에 의한 다수의 증권제공에 대해서는 네팅이 이루어진다. 우선, 동일자에 이루어져야 할 동일 통화에 의한 모든 지급금은 차감계산되고(combined in a single calculation of a net sum payable by one party to the other), 순잔액을 지급할 의무가 당사자 간의 유일한 의무가 된다(the obligation to pay that sum shall be the only obligation of either party in respect of those amounts)〔Para. 6(h)〕. 그리고 동일자에 이루어져야 할 동일 종류의 증권제공은 역시 차감계산되고(combined in a single calculation of a net quantity of Securities transferable by one party to the other), 순잔량을 제공할 의무가 당사자 간의 유일한 의무가 된다(the obligation to transfer the net quantity of Securities shall be the only obligation of either party in respect of the Securities so transferable and receivable)〔Para. 6(i)〕.

(6) 잠재적인 채무불이행

본호의 적용을 부칙I에서 선택한 경우 상대방당사자에게 잠재적인 채무불이행사유(potential event of default)가 발생한 경우 일방당사자가 그 지급 및 인도의무의 이행을 보류할 수 있다〔Para. 6(j)〕. 잠재적인 채무불이행사유는 제10조 소정의 채무불이행사유가 발생하였음에도 이를 현실적인 채무불이행사유로 함에 필요한 통지 등이 이루어지지 않은 경우에 발생한다. 제10조 소정의 모든 사유가 잠재적인 채무불이행사유가 되는 것은 아니고, 그중 당사자가 부칙I에서 선택한 사유에 한한다.[12] 잠재적인 채무불이행사유에 관한 본호는 2000년판에서 새로이 규정되었다.

6. 제8조 대체

다양한 이유로 매도당사자는 계약상 환매일자 이전에 리포거래를 통하여 매도한 증권의 반환을 원하는 경우가 있을 수 있다. 예컨대, 특정 종류의 증권을 대상증권의 종류를 한정하지 않는 일반 리포거래를 위하여 상대방에게 매도하였다고 가정한다. 그 후 해당 증권의 희소성이 인정되어 해당 증권만을 대상으로 하는 특정 리포거래에 대한 시장수요가 형성된 경우 매도당사자는 해당 증권을 반환받아 그 희소성에 상응하는 대가를 받기를 원할 것이다. 이 경우 매도당사자가

12) ANNEX I Supplemental Terms and Conditions 1. (k) paragraph 6(j). Paragraph 6(j) shall apply and the events specified in paragraph 10(a) identified for the purposes of paragraph 6(j) shall be those set out in sub paragraphs of paragraph 10(a) of the Agreement.

자신이 보유하고 있는 다른 증권으로 희소성이 인정된 해당 증권을 대체할 수 있으면 가장 효율적으로 이러한 상황에 대처할 수 있다. 이러한 상황에 대비하기 위해 규정된 것이 제8조 대체(Substitution) 규정이다.[13)]

제8조는 매도당사자에게 기제공 증권을 최소한 이와 동등한 시장가치를 보유한 다른 증권(신매입증권, New Purchased Securities)과의 교환으로 조기에 반환청구할 수 있는 권리를 인정하고 있다. 다만, 그러한 교환은 상대방당사자 즉, 매입당사자가 동의한 경우에만 이루어질 수 있다〔Para. 8(a)〕. 기제공 증권과 신매입증권의 교환은 동시이행관계에 있다〔Para. 8(b)〕. 그러한 대체가 이루어진 경우 신매입증권이 매입증권에 포함되거나 그 일부를 이루는 것으로 보아 동일한 조건으로 거래는 계속된다〔Para. 8(c)〕. 제8(d)조는 증거금증권에 대해서도 동일한 취지의 규정을 두고 있다.

7. 제10조 거래의 중도종료

국제마스터리포계약서에 따르면 당사자 일방에 도산 기타 거래를 계속하기 어려운 중도종료사유('채무불이행사유')가 발생한 경우 (i) 모든 거래를 중도에 종료시키고, (ii) 환매일자를 이행기로 하는 모든 채무의 기한이익을 불이행일자를 현재로 상실시키고, (iii) 모든 증권의 시장가치를 평가하여 '환매일자의 등가증권 및 등가증거금증권의 인도의무'를 '그 시장가치를 채권금액으로 하는 금전채무'로 전환하고,

13) Moorad Choudhry, The Repo Handbook, 2002, p.297 참조.

(iv) 모든 금전채무를 기준통화(Base Currency)로[14] 전환한 후, (v) 각 당사자가 상대방에게 부담하는 모든 채무를 상계하여 일방당사자가 상대방당사자에 대하여 지급할 최종잔액채권을 산출하게 된다. 이러한 전체적인 과정을 중도종료절차 또는 일괄청산네팅(close-out netting)이라고 한다.

국제마스터리포계약서는 리포거래의 중도종료사유를 채무불이행사유(events of default)로 규정하고 있다. 현재 동 계약서에 규정되어 있는 채무불이행사유는 다음 10가지이다.

(a) 매입일자의 매입가격 혹은 환매일자의 환매가격 지급불이행

(b) 매입일자의 매입증권 혹은 환매일자의 등가증권 인도불이행

(c) Para. 10(g) 및 (h)의 미니 일괄청산네팅(mini close-out) 규정이 적용되는 경우의 지급불이행

(d) 증거금 관리 의무의 불이행

(e) 대체과실 지급불이행

(f) 도산행위

(g) 허위진술

(h) 당사자의 본 계약상 의무 이행불능 혹은 불이행 의사의 표명

(i) 규제기관에의 회원자격 정지 등

14) 국제마스터리포계약서는 통화와 관련하여 두 가지 정의를 두고 있다(Para. 7). 하나는 계약통화(Contractual Currency)로서 리포거래의 매입가격이 표시되는 통화를 말하며, 거래별로 당사자에 의하여 확정되어 확인서에 기재된다. 거래상 모든 일상적인 지급은 계약통화에 의한다. 또 하나는 기준통화(Base Currency)로서 채무불이행사유가 발생한 경우 당사자의 모든 지급 · 인도의무를 청산하기 위한 공통통화로 사용된다.

(j) 본 계약상 다른 의무의 불이행으로서 비유책당사자의[15] 통지 후 30일 내에 치유되지 않는 경우

이 외에 당사자들은 합의에 의하여 채무불이행사유를 추가할 수 있다.

15) 국제마스터리포계약서상 채무불이행사유가 발생한 당사자를 유책당사자(defaulting party), 그 상대방을 비유책당사자(non-defaulting party)라 한다(Para. 10).

4

제4장

신용스왑(Credit Default Swap)계약상 신용보장의 대상과 범위*

박 준**

I. 머리말

최근 미국발 금융위기의 발생 및 확산과 관련하여 주목받고 있는 거래 중의 하나가 신용파생거래이다. 신용파생거래에 관한 법적 문제로는 여러 종류의 파생거래와 관련하여 공통적으로 제기되는 법적인 문제들과 신용파생거래에 특유한 법적인 문제들이 있다. 파생거래에 공통적으로 적용될 수 있는 문제로는 도박성 해당 여부, 거래 당사자의 권리능력, 거래 당사자의 도산시 도산절차상 파생거래의 취급 등과 그 밖에 파생거래를 영업으로 하는 경우 적합성의 원칙 및 위험고

* 이 논문은 BFL 제33호(2009. 1)에 게재된 글을 수정 · 보완한 것이다.
** 서울대학교 법학전문대학원 교수

지의무 등 규제법적인 사항들이 있다.

신용파생거래에 특유한 문제로는 규제법적인 사항과 계약법적인 사항이 있을 것이다. 규제법적인 문제로는 신용파생거래를 영업으로 하는 경우 그 영업에 대한 인허가 및 영업행위 규제(신용파생거래가 보험적 성격이 있는지의 여부도 이에 속하는 문제일 것임), 금융기관의 신용파생거래에 대한 자본건전성 차원에서의 규제, 외국환관리 차원에서의 규제 등이 있다. 계약법적인 문제로는 우선 신용파생거래의 계약내용이 어떻게 이루어졌고 어떻게 작동하는가를 살펴보아야 하고, 이와 관련하여 금융기관의 고객정보 비밀유지, 이해상충 등의 문제가 제기될 수 있다.[1)]

그동안 국내에서도 신용파생거래에 대한 법적인 검토가 적지 않았으나 대부분 신용파생거래의 규제법적인 측면을 다룬 것이었다.[2)] 일

1) 신용파생거래의 법적 문제에 대한 일반적인 논의는 Steven Edwards, The Law of Credit Derivatives, J.B.L. (November 2004), 617-655면 ; Paul C. Harding, A Practical Guide to the 2003 ISDA Credit Derivatives Definitions, Euromoney Institutional Investors plc (2004), 18-26면 등 참조.

2) 신용파생거래에 대한 전반적인 법적인 문제들을 다룬 대표적인 문헌으로는 이금호의 박사학위논문인 "신용파생금융거래에 관한 법적연구," 고려대학교(2006. 12)와 이를 기초로 발간한 이금호, 신용파생금융거래법론, 탐진, 2008. 금융기관의 신용파생거래에 대한 규제를 분석한 문헌으로는 고동원, "금융기관 신용파생상품 거래 규제의 현황 및 개선 방향," 금융시스템리뷰 제13호(2005. 7), 한국은행(고동원, 금융규제와 법, 박영사, 2008, 제4장 제4절에도 수록됨). 신용파생증권의 증권거래법상의 문제를 다룬 문헌으로는 정순섭, "금융상품관련법제의 최근 변화," BFL 제14호(2005. 11), 서울대학교 금융법센터, 45-52면. 신용파생거래에 대한 미국의 규제에 대하여는 최영렬, "장외신용파생상품에 대한 미국의 규제 동향과 시사점," 증권법연구 제6권 제1호(2005), 한국증권법학회. 최근의 금융위기와 관련하여 미국에서의 신용파생거래 규제에 대한 검토로는 정순섭, "금융위기와 금융법제—미국의 장외파생상품 규제를 중심으로" 및 박 준, "서브프라임대출 관련 금융위기의 원인과 금융법의 새로운 방향 모색," 국제거래법연구 제17집 제2호(2008. 12), 국제거래법학회 수록.

반적인 파생금융거래와 관련하여 ISDA Master Agreement에 관한 계약법적인 문제를 다룬 문헌들은 있으나[3] 신용파생거래의 계약 내용을 본격적으로 다룬 국내 문헌은 안 보인다.

이 글에서는 신용파생거래계약의 법률관계 중 신용보장의 범위를 살펴보려고 한다. 신용파생거래[4]의 기본형인 신용스왑(Credit Default Swap) 중에서도 가장 기본적인 형태인 단일 준거채무자를 대상으로 하는 신용스왑(single name credit default swap)을 대상으로 하고, 신용스왑 계약 체결시 통상 사용되는 ISDA의 표준적인 계약조항을 중심으로 신용보장의 범위, 즉 신용보장의 대상이 되는 준거채무자(Reference Entity)와 지정채무(Obligation)의 범위 및 신용사건(Credit Event)에 관한 법률관계를 살펴보기로 한다.

---

3) 황민택, 장외파생상품 계약 실무—ISDA Master Agreement를 중심으로, 탐진, 2007. 1992년 ISDA 마스터계약서에 대하여는 정순섭, "국제스왑 표준계약서의 법적 고찰," 산은조사월보 제477호(1995. 8), 한국산업은행, 29-59면. 2002년 ISDA Master Agreement에 대하여는 제2장 정순섭, 2002 ISDA 마스터계약서의 주요 개정사항 해설 ; 김홍기, "2002 ISDA 기본계약서의 내용과 장외파생상품거래를 위한 국내용 표준계약서의 필요성," 법학연구 제47권 제2호(2007. 2), 부산대학교 법학연구소, 65-97면 ; 이헌영, "2002 ISDA Master Agreement 해설," KDB산업경제이슈(2007. 1), 한국산업은행, 37-72면. 이금호, 앞의 책(주 2), 제4장(109-143면)도 ISDA 계약서 활용에 따른 계약법적인 문제를 다루었다.

4) 신용파생거래의 유형으로는 통상 신용스왑(credit default swap), 신용옵션(credit default option 또는 credit spread option), 신용연계증권(credit linked notes), 합성담보부채권(synthetic collateralized debt obligations)을 들 수 있다. 이 밖에 총수익교환스왑(total return swap) 또는 총수익률교환스왑(total rate of return swap) 등도 신용파생거래에 포함시키기도 하지만, 이 거래는 신용위험의 이전이 일어난다는 점에서 신용파생거래의 성격이 있으나 다른 한편 시장위험도 함께 이전되는 거래라는 점에서 신용위험만 이전되는 신용스왑 등의 거래와는 차이가 있다. 신용스왑은 1개의 준거채무자의 신용위험을 대상으로 하는 거래(single name credit default swap)와 복수의 준거채무자를 대상으로 하는 거래(basket credit default swap), 신용지수를 대상으로 하는 거래 등으로 구별하여 볼 수 있다.

II. 신용스왑계약의 내용

1. 신용스왑의 거래구조

신용스왑은 신용보장매입자(credit protection buyer)와 신용보장매도자(gredit protection seller) 사이에서 일정한 준거채무자 또는 채무에 관한 신용위험을 신용보장매도자가 부담하기로 하는 거래이다.

신용위험은 통상 채무(특히 금전채무)불이행으로 인하여 손실을 입을 위험을 말한다. 신용보장매입자는 신용보장매도자에게 신용보장에 대한 대가로 수수료(premium 또는 spread)를 지급하고, 신용보장매도자는 신용위험이 현실화되었을 때 그 위험에 따른 손실을 부담한다. 신용스왑계약 기간 동안 신용위험이 현실화되지 않는 경우 신용보장매입자는 계속 신용보장수수료를 신용보장매도자에게 지급하지만, 신용위험이 현실화되는 경우 신용보장매도자는 신용보장매입자에게 현금으로 결제하거나 미리 정한 채권(債權)을 미리 정한 가격으로 매입하여 결제하고, 신용보장매입자의 수수료 지급의무는 종료된다. 이와 같은 당사자 간의 권리의무관계에 비춰 보면 신용스왑은 스왑이라는 용어를 사용하고 있으나 파생거래의 유형 분류에 따르자면 성질상 신용사건의 발생을 조건으로 하는 옵션 거래의 성질을 띠고 있다고 할 수 있다.[5)]

---

5) Jan Job de Vries Robbe, Securitization Law and Practice in the Face of the Credit Crunch (Wolters Kluwer 2008), 139면.

2. 신용스왑계약서의 구성

신용스왑계약은 통상 ISDA에서 발간한 각종 계약서와 표준계약조항을 사용하고, 그 계약서는 다음과 같이 구성된다.

(1) 파생금융거래에 관한 기본 계약

같은 당사자 사이에 여러 가지 파생금융거래를 행할 수 있는데, 각 거래별로 담보를 관리하거나 어느 한 당사자의 도산시 각 거래별로 처리하는 경우의 불편함과 법적인 위험[6]을 제거하기 위하여 기본계약을 사용한다. 신용스왑도 파생금융거래의 하나의 유형이므로 이러한 기본 계약의 적용을 받도록 한다.

기본 계약은 (i) 1992년도 ISDA Master Agreement 또는 2002년도 ISDA Master Agreement, (ii) 계약해제, 조세, 제출서류, 준거법, 관할, 자회사 및 관계회사의 범위, 기타 특약사항 등 당사자 간의 모든 파생거래에 대하여 적용하기로 합의하는 내용을 담는 부속서(Schedule), (iii) 파생거래에 관한 신용보강 내지는 담보 제공에 관한 사항을 정하는 담보계약서(Credit Support Annex)로 구성된다.[7]

---

6) 어느 한 당사자의 도산시 각 거래를 별도로 취급하는 경우 파산관재인은 각 거래를 쌍무계약으로 취급하여 파산재단에 유리한 거래는 이행하고 파산재단에 불리한 거래는 불이행하는 이른바 cherry-picking이 이루어질 수 있다. 채무자회생 및 파산에 관한 법률 제120조는 이러한 법적인 위험을 제거하기 위한 것이다. 상세한 내용은 제7장 박 준 · 홍선경 · 김장호, 채무자회생 및 파산에 관한 법률 제120조의 해석.

7) 주 3의 각 문헌 참조.

(2) 신용파생거래에 관한 계약

ISDA Master Agreement에 따른 구체적인 파생금융거래의 계약조건은 확인서(Confirmation)에 기재된다. 신용파생금융거래의 경우에도 마찬가지로 각 거래마다 확인서가 체결되며, ISDA의 2003년 신용파생거래정의조항집(2003 Credit Derivatives Definitions)의 부록A(Exhibit A)로 붙어 있는 양식이 가장 기본적인 형태의 신용파생금융거래의 확인서 양식이다. 신용파생거래정의조항집은 신용파생거래 당사자 간에 실제로 체결하는 계약서의 분량을 줄이고 계약에서 사용하는 용어 및 계약 조건의 표준화를 꾀하기 위하여 작성된 것이다. 이 정의조항집은 1999년에 발표된 후 몇 차례 보완을 거쳐[8] 2003년 전면적으로 수정되어 새로 발표되었다. 2003년 신용파생거래정의조항집은 129개의 정의조항을 두고 있고, 본문만 60페이지에 달하는 방대한 분량의 문서이다. 부록A로 붙어 있는 확인서의 양식대로 확인서를 체결하는 경우 신용파생거래정의조항집의 내용을 모두 포함하여 계약한 것이 되도록 확인서에 명시하고 있다. 2003년 신용파생거래정의조항집을 발표한 후 몇 가지 문제점이 지적되어 2003년 5월 정의조항집을 일부 변경하는 내용의 문서(May 2003 Supplement, 이하 '2003년 5월 변경조항')를 발표하였다. 2003년 5월 변경조항을 적용하려면 확인서에 그 점을 명백히 해야 한다.

신용보장매입자와 신용보장매도자가 여러 신용스왑거래를 하는 경

8) 채무재조정에 관한 Restructuring Supplement (2001. 5. 11), 전환증권 등에 관한 Supplement relating to Convertible, Exchangeable or Accreting Obligations (2001. 11. 9), 승계자에 관한 Supplement relating to Successor and Credit Events (2001. 11. 28) (available at http://www.isda.org/).

우 매 거래마다 확인서에 기재할 사항 중 공통적으로 합의할 수 있는 사항은 미리 합의하여 확인서를 작성하는 절차를 더욱 간편하게 할 수도 있다. 즉 신용보장매입자와 신용보장매도자가 '확인서에 관한 기본계약'(2003 Master Credit Derivatives Confirmation Agreement)과 그 계약의 부록A의 양식으로 된 '일반조건 확인서'(General Terms Confirmation)를 체결하여 이러한 공통적인 사항에 대한 합의를 미리 한 후, 각 개별거래에 대하여는 '각 거래에 관한 보충서'(Transaction Supplement)를 체결함으로써 각 거래의 확인서의 내용을 최소한으로 줄일 수 있다. 또한 ISDA에서는 2005년부터 확인서에서 선택할 사항을 시장의 관행에 맞추어 미리 표준화하여 정기적으로 발표하고(Credit Derivatives Physical Settlement Matrix),[9)] 그 표준화된 내용을 이용하여 작성할 수 있는 확인서의 양식도 제시하고 있다.[10)]

(3) 신용스왑계약의 주요 내용

특정한 신용스왑계약의 구체적인 계약조건은 확인서에 기재된다. ISDA의 2003년 신용파생거래정의조항집의 부록A로 붙어 있는 신용스왑계약의 확인서 양식은 다음 5개 조항으로 되어 있다.

1) 일반조항(General Terms) : 신용스왑의 거래일자, 효력발생일자, 예

9) 2008. 9. 22.에 발표한 것이 가장 최근 것이다. available at http://www.isda.org/c_and_a/docs/Credit-Derivatives-Physical-Settlement-Matrix-20080922.xls

10) Confirmation for use with the Derivatives Physical Settlement Matrix, available at http://www.isda.org/c_ and_a/docs/Confirmation-CDS-Matrix-20080922.doc 이러한 방식으로 확인서를 작성하는 경우의 추가적인 정의조항으로는 2005 Matrix Supplement to the 2003 ISDA Credit Derivatives Definitions (March 7, 2005).

정된 종료일자, 각 당사자,[11] 영업일 조항, 준거채무자, 현금결제의 준거채무(Reference Obligations), 보증 여부, 준거가격(Reference Price)을 기재한다.

2) 고정지급(Fixed Payments) : 보장매입자(즉 고정률지급자)가 지급할 금액(즉 premium) 또는 그 금액의 산정기준이 되는 고정률(Fixed Rate)〔통상 명목원금 금액의 일정한 연율(年率)로 표시하여 매 3개월마다 지급함[12]〕, 지급기일 및 기간 등을 기재한다.

3) 변동지급(Floating Payment) : 보장매도자(즉 변동률지급자)가 지급하기 위한 실체적 요건인 신용사건과, 지급채무 발생의 조건인 통지 등의 절차적 요건 및 신용사건 관련 지정채무의 범위를 정한다.

4) 결제의 조건(Settlement Terms) : 현금결제(Cash Settlement)를 할 것인지 실물결제(Physical Settlement)를 할 것인지, 현금결제시에는 결제통화, 결제일자, 금액 산정방법 등을, 실물결제시에는 결제기간과 인도할 채권(Deliverable Obligations)의 범위 등을 기재한다.

5) 기타 조항 : 통지를 위한 정보와 지급을 위한 구좌번호를 기재한다.

---

11) 확인서상으로는 보장매입자는 고정률지급자(fixed rate payer), 보장매도자는 변동률지급자(floating rate payer)로 표시된다. Henderson은 신용파생거래에는 어울리지 않는 용어가 사용되고 있는 점에 대한 비판과 2002년 ISDA Master Agreement의 정의조항을 신용파생거래에 모두 적용하도록 할 필요가 있는가에 대한 의문을 제기하고 있다. Schuyler K. Henderson, Henderson on Derivatives, LexixNexis, 2003, 133면.

12) Jan Job de Vries Robbe, 앞의 책(주 5), 141면.

확인서 양식에 들어 있는 5개 조항을 내용 중심으로 분류해 보면 다음과 같은 세 가지의 범주로 나누어 볼 수 있다.

① 신용보장의 대상—준거채무자와 신용보장의 대상이 되는 채무의 범위

신용스왑계약에 따라 신용보장매입자는 일정한 채무자의 신용위험에 대한 보장을 신용보장매도자로부터 매입하는 것이므로 계약상 신용보장의 대상이 되는 준거채무자를 미리 정해야 한다. 또한 신용위험은 신용사건의 발생으로 현실화되는데, 아래에서 보는 바와 같이 신용사건은 6가지의 유형으로 되어 있다. 6가지의 신용사건 중 파산은 준거채무자를 기준으로 판단할 수 있는 것이겠으나 나머지 5가지 유형은 준거채무자의 일정한 채무를 전제로 하는 것이므로 신용보장의 대상이 되는 지정채무의 범위를 미리 정해야 한다. 이와 관련하여 혼동하지 않아야 할 것은 준거채무[13]라는 용어이다. 준거채무는 신용스왑의 신용사건 발생시 현금결제할 때의 결제금액을 정하는 기준이 되는 채무로 사용되는 것이고,[14] 신용사건이 발생하였는지의 여부를 판단하는 기준이 되는 것은 아니다.

② 신용위험의 현실화에 대한 실체적 요건—신용사건

신용보장매도자는 신용스왑계약상 정해진 신용위험이 현실화되었을 때 그 신용위험을 부담하고 신용보장매입자에게 일정금액을 지급하게 되는 것이므로 어떠한 상황이 발생해야 신용위험이 현실화된 것인지를 미리 정해야 한다. 신용위험이 현실화하는 사유로 정해 놓는 것이 신용사건이다.

③ 신용보장 이행청구 및 이행의 절차

13) 2003년 신용파생거래정의조항집 제2.3조.

14) 2003년 신용파생거래정의조항집 제7.4조 및 그 이하의 관련 조항.

신용사건이 발생했을 때 어떤 절차에 의해 신용보장매입자가 신용보장매도자에 대한 지급청구를 할 것인지, 신용보장매도자의 지급은 어떠한 절차로 할 것인지—현금으로 결제할 것인지, 아니면 실물로 결제할 것인지, 즉 신용보장매입자가 신용보장매도자로부터 미리 정한 금액을 지급받는 대신 관련되는 채권(債權, Obligations)을 신용보장매도자에게 양도할 것인지 등—에 관한 사항을 미리 정해 놓아야 한다.

3. 신용보장의 대상(1)—준거채무자

(1) 준거채무자의 지정

신용보장매도자는 신용스왑계약상 특정된 준거채무자에 관한 신용위험을 부담한다. 신용스왑계약상 당사자가 의도한 준거채무자를 정확하게 기재하여야 함은 두말할 나위가 없다. 그럼에도 불구하고 유수한 금융기관들도 신용스왑계약으로 신용위험을 보장받고자 의도한 법인이 아닌 다른 법인을 확인서상 준거채무자로 기재함으로써 분쟁이 발생한 사례들이 있다.

1) Amstrong 사건

2000. 4. 27. UBS가 보장매입자로서 Amstrong World Industries, Inc.에 대한 신용위험을 보장받기 위하여 Deutsche Bank를 보장매도자로 하여 미화 1,000만 달러의 신용스왑계약을 구두로 체결하였다. 전화통화 내역이나 거래조건 초안상 Amstrong World Industries, Inc.에 대한 신용위험을 대상으로 한 것으로 보였다. 그러나 신용스왑계약 조건을 기재하여 두 당사자가 상호 서명한 확인서에는 Amstrong Holdings, Inc.

를 준거채무자로 기재하였다. Amstrong Holdings, Inc.는 Amstrong World Industries, Inc.의 채무를 보증하지도 않았고, 실제 대외 채무도 별로 없는 회사였다. 2000. 12. Amstrong World Industries, Inc.가 미국 파산법 제11장에 따른 회사정리신청을 하였고, UBS는 Deutsche Bank에게 신용사건발생통지를 하고 Deutsche Bank에게 Amstrong World Industries, Inc.가 발행한 채권(bond)을 교부하겠으니 미리 약정한 금액을 지급할 것을 요구하였으나, Deutsche Bank는 준거채무자가 Amstrong Holdings, Inc.라는 이유로 이에 응하지 않았다. 이 분쟁은 결국 당사자 간의 합의로 종결되었다.[15)]

이 사건을 계기로 준거채무자의 명칭을 정확하게 확인하고 기재할 수 있도록 Goldman Sachs, JP Morgan, Deutsche Bank 등의 금융기관들이 주도하여 준거채무자 데이터베이스(RED, Reference Entity Database)를 개발하여[16)] 지금도 Markit이라는 금융정보서비스회사가 정보를 관리 제공하고 있다.

2) Aon Financial Products, Inc. v. Societe Generale 사건[17)]

1999년 Bear Stearns International Limited(이하 'BSIL')가 필리핀의 건설공사와 관련하여 Ecobel Land, Inc.(이하 'Ecobel')에게 대출하고, 필리

---

15) Swiss Re Financial Products Corp. v. XL Insurance (Bermuda) Ltd. (filed in High Court of Justice in London, 2001) 사건에서도 Amstrong World Industries, Inc.가 아닌 Amstrong Holdings, Inc.를 준거채무자로 기재하여 거의 동일한 문제가 발생하였으나 역시 합의로 종결되었다. David Yeres, An Overview of the Uses of And Issues Surrounding Credit Derivatives, Nuts & Bolts of Financial Products 2007 : Understanding the Evolving World of Capital Market & Investment Management Products, Practising Law Institute (February 2007), 571면.

16) Paul C. Harding, 앞의 책(주 1), 27면.

17) Aon Financial Products, Inc. v. Societe Generale, 476 F.3d 90 (Feb. 5, 2007).

핀의 공공기관인 Government Service Insurance System(이하 'GSIS')으로부터 미화 1,000만 달러의 보증서를 징구하였다. 1999. 2. 4. BSIL은 Aon과 (i) 'GSIS와 그의 승계인 및 양수인'을 준거채무자로, (ii) 위 미화 1,000만 달러의 보증서상의 채무를 준거채무로, (iii) GSIS의 보증서상 채무의 지급불이행(Failure to Pay)을 신용사건으로 하는 신용스왑(이하 'BSIL/Aon스왑')을 체결하였다. BSIL/Aon 스왑계약상 신용사건이 발생하면 Aon이 BSIL에게 미화 1,000만 달러를 지급할 의무가 있었다. 이와 관련하여 Aon은 1999. 2. 9. SG와 (i) '필리핀 정부(Republic of Philippines)와 그 승계인'을 준거채무자로, (ii) 미화 5억 달러의 필리핀 국채를 지정채무로, (iii) 지급불이행, 국가채무사건(Sovereign Event), 교차채무불이행(Cross Default), 채무이행거부(Repudiation)와 채무재조정(Restructuring)의 5가지를 신용사건으로 하되 지급불이행은 지정채무의 지급불이행을 의미하는 것으로 신용스왑계약(이하 'Aon/SG스왑')을 체결하였다. 신용사건발생시 SG가 Aon에게 미화 1,000만 달러를 지급하기로 하였다.

2000년 3월 Ecobel이 대출금을 상환하지 못하고 GSIS가 보증서상의 채무이행을 거절하자 BSIL/Aon 스왑의 양수인인 Bankers Trustee Company, Ltd.(이하 'BTC')가 Aon에게 스왑계약에 따른 지급을 청구하였다. Aon이 이에 응하지 않자 소송이 제기되어 미연방 뉴욕남부지방법원은 BTC의 청구를 인용하였다.[18] 2000. 4. 8. Aon은 SG에게 Aon/SG스왑에 따른 지급을 청구하면서, BSIL/Aon스왑과 Aon/SG스왑은 일련의 거래이므로 BSIL/Aon스왑에 대하여 법원이 신용사건의 발생을 인정한 이상 Aon/SG스왑계약의 신용사건 발생에 대하여 SG가

18) Ursa Minor Ltd. v. Aon Financial Products, Inc., 2000 WL 1010278 (July 21, 2000).

다툴 수 없다는 입장을 취하였으나, 법원은 두 계약이 별개의 계약이고, 내용이 다르다는 점을 들어 별도로 판단해야 한다고 보고, Aon/SG 스왑계약상의 신용사건의 정의에 비추어 신용사건이 발생하였다고 인정할 수 없다고 판시하였다. 그 근거로 Aon/SG스왑계약상 준거채무자는 필리핀 정부로 되어 있을 뿐 공공기관을 포함할 수 있는 'Sovereign'이라는 정의조항[19]을 사용하지 않았고, GSIS는 필리핀 공공기관에 해당하지만 필리핀 정부와는 별개의 법인격을 가지고 있기 때문에 GSIS의 보증서상의 지급채무불이행을 필리핀 정부의 지급불이행으로 볼 수 없는 점 등을 들었다.

이 사건 역시 Amstrong 사건과 마찬가지로 준거채무자를 정확하게 정하는 것이 얼마나 중요한지를 알려주는 사건이라고 할 수 있다. 특히 어느 한 거래 상대방에게 신용보장을 매도하고 그 위험을 헤지하기 위하여 다른 거래 상대방으로부터 신용보장을 매수하는 거래(back to back 거래)를 할 때 양 신용파생거래에 불일치가 발생할 경우의 문제를 잘 드러내고 있다.

(2) 승계

준거채무자가 복수의 법인으로 분할되는 경우 어느 법인을 준거채무자로 삼아야 할 것인가의 문제가 발생할 수 있고, 이 점에 대하여 미리 정하여 놓을 필요가 있다. 1999년 신용파생거래정의조항집은 이 점에 대하여 충분한 조항을 두고 있지 않아 논란이 있었다.[20] 2003년

19) 2003년 신용파생거래정의조항집은 제2.26조에 Sovereign이라는 정의를 두고 있다.

20) 1999년 영국의 National Power plc가 분할하여 자산의 절반 내지 3분의 2 정도를 Innogy Holdings plc에게 이전하고, 자신은 상호를 International Power plc로 변경하

신용파생거래정의조항집은 제2.2조에서 이 점에 대하여 매우 상세한 조항을 두고 있다.

1) 국가채무자가 아닌 경우(회사 등)에는 승계한 채무의 비율에 따라 다음과 같이 처리한다.[21)]

① 승계(Succession Event)[22)]로 인하여 준거채무자의 관련채무(Relevant Obligations)[23)] 75% 이상을 직접 또는 간접적으로 승계한 법인이 있는 경우에는 그 법인이 그 신용파생거래의 준거채무자가 된다.

여 국제 업무를 주고 수행하는 것으로 발표하였다. International Power는 신용등급 BB를, Innogy는 신용등급 BBB+를 부여받았다. 1999년 신용파생거래정의조항집에서는 준거채무자의 채무의 전부 또는 실질적 전부(all or substantially all)를 인수하는 인수자가 승계인이 되도록 규정하고 있었고, 복수의 승계의 개념은 없었다. Innogy가 준거채무자가 되면 신용보장매도자에게 유리한 결과가 되고, International Power가 준거채무자가 되면 신용보장매입자에게 유리한 결과가 되는 상황이었다. 시장참여자들의 중론은 "전부 또는 실질적 전부"란 90% 이상을 의미하는 것으로 보고 International Power가 준거채무자가 되어야 한다는 의견이었다. 이 사건은 1999년 신용파생거래정의조항집의 승계에 관한 조항이 불충분하다는 점을 드러냈고, ISDA는 승계에 관한 보완조항을 발표하였다. Schuyler K. Henderson, 앞의 책(주 11), 135-136면 ; Edmund Parker, Credit Derivatives : Documenting and Understanding Credit Derivatives Products, Globe Business Publishing Ltd, 2007, 213면 ; Paul C. Harding, 앞의 책(주 1), 44면 ; Supplement Relating to Successor and Credit Events to the 1999 Credit Derivatives Definitions (November 28, 2001) available at http://www.isda.org/

21) 2003년 신용파생거래정의조항집 제2.2조 (a)항, (e)항.

22) 합병, 자산부채의 양수도, 분할 등으로 인하여 법률에 의하거나 계약에 의하여 어느 한 법인의 채무를 다른 법인이 승계하는 상황을 의미한다. 2003년 신용파생거래정의조항집 제2.2조 (B)항.

23) 승계사유 효력발생일 직전의 준거채무자의 채권(Bonds)과 대출채무(Loans)로서 준거채무자의 계열회사 간의 채무는 제외한다. 2003년 신용파생거래정의조항집 제2.2조 (f)항.

② 승계로 인하여 준거채무자의 관련채무 25% 초과 75% 미만을 직접 또는 간접적으로 승계한 법인이 1개 또는 수개 있고, 원래의 준거채무자는 관련채무의 25% 이하를 부담하는 경우 (a) 승계법인이 1개이면 그 법인이 준거채무자가 되고, (b) 승계법인이 수개이면 신용파생거래를 분할하여 승계법인이 각각 분할된 각 신용파생거래의 준거채무자가 된다.

③ 승계로 인하여 준거채무자의 관련채무 25% 초과 75% 미만을 1개 또는 수개의 법인이 직접 또는 간접적으로 승계하고, 원래의 준거채무자가 관련채무의 25%를 초과하여 부담하는 경우 신용파생거래를 분할하여 25%를 초과하여 채무를 승계한 법인과 원래의 준거채무자가 분할된 각 신용파생거래의 준거채무자가 된다.

④ 승계로 인하여 준거채무자의 관련채무를 승계한 법인이 있으나 아무도 25%를 초과 승계하지 않고, (a) 원래의 준거채무자가 계속 존속하는 경우에는 준거채무자 또는 신용파생거래가 변경되지 않고, (b) 원래의 준거채무자가 소멸하는 경우에는 최다비율로 승계한 법인이 준거채무자가 된다.

위의 각 조항은 모두 채무의 승계를 전제로 하고 있다. 채무가 승계되지 않았으나 실질적으로 승계의 효과가 발생할 수 있는 경우는 없는가. Six Continents plc의 분할은 이러한 경우가 발생할 수 있음과 아울러 2003년 신용파생거래정의조항집의 승계 조항에 더 보완할 여지가 있음을 보여 주었다.[24] 2002. 10. 1. Six Continents plc는 호텔 및 음료사업과 소매사업을 분리하여 Intercontinental Hotels Group plc와 Mitchells &

24) Six Continents plc의 분할건에 대한 설명은 Edmund Parker, 앞의 책(주 20), 225-226면 ; Paul C. Harding, 앞의 책(주 1), 51면에 의존한 것이다.

Butlers plc로 분할하였다. Six Continents는 일시차입(bridge loan)을 하여 기존의 5억 2500만 파운드의 회사채 채무를 상환하였고, 분할 후 Intercontinental Hotels Group과 Mitchells & Butlers는 각각 스스로 은행단 차입을 하여 Six Continents의 일시차입금을 상환하였다. 분할의 결과로 Six Continents는 Intercontinental Hotels Group의 자회사가 되었고, 부채는 1,800만 파운드에 불과하게 되었다. 2003년 신용파생거래정의조항집상 관련채무는 승계사유 발생 전 준거채무자의 채권 또는 대출채무(loan)를 의미하므로, 위 분할에서는 Intercontinental Hotels Group과 Mitchells & Butlers가 승계사유 발생 후 스스로 은행단 차입으로 부담한 채무는 Six Continents의 관련채무에 해당하지 않는다. 결국 Six Continents의 채무를 승계한 법인이 없는 셈이 되었고, Six Continents는 부채규모가 매우 작은 회사가 되었으므로 Six Continents를 준거채무자로 하여 신용보장을 매입한 매입자는 별로 의미가 없는 신용보장에 대하여 계속 수수료를 지급하여야 하는 상황이 되었다. 이 문제는 2003년 6월 Six Continents와 Intercontinental Hotels Group이 대출은행에게 보증을 제공하기로 함으로써 사실상 해결되었다.

2) 국가(Sovereign) 채무자인 경우에는 직접 · 간접 승계인이 준거채무자의 채무를 승계하였는지의 여부를 불문하고 승계인으로 취급한다.[25] 회사 등 비국가채무자의 경우와는 달리 국가채무자에 대하여는 복수의 승계인이 승계하는 경우에 관한 조항을 두고 있지 않아서 국가가 분할되는 경우(예 : 소련 또는 유고슬라비아의 분할), 분할 전 국가를 준거채무자로 한 신용파생거래의 분할 후 준거채무자를 어느 국가

25) 2003년 신용파생거래정의조항집 제2.2조 (h)항.

로 하여야 하는지의 문제가 발생하게 될 것이다.[26)]2003년 신용파생거래정의조항집으로는 해결되지 않는 문제이므로 국가 분할 가능성이 있는 국가를 준거채무자로 하는 신용파생거래를 하는 경우에는 이에 관한 특약 조항을 둘 필요가 있을 것이다.

3) 신용보장매도자가 준거채무자의 승계인이 되는 경우에는 어떻게 처리할 것인가. 준거채무자와 신용보장매도인이 합병하거나 자산의 전부 또는 실질적으로 전부를 상대방에게 양도한 경우에는 신용파생거래의 종료 사유가 발생한 것으로 보아 신용보장매입자가 신용스왑거래를 종료시킬 수 있다.[27)] 이러한 경우 신용보장매입자의 입장에서는 신용보장의 의미가 없어지기 때문이다.[28)] 준거채무자와 신용보장매도인이 관계회사(Affiliate)[29)]가 된 경우도 마찬가지로 취급하고 있다. 관계회사가 된 경우는 법적으로는 합병과 같이 취급할 수 없겠으나, 신용위험의 차원에서는 같은 경제적 단위에 속한다고 본 것이다.

최근에는 자기 자신의 채무의 신용위험을 기초로 하는 신용파생거래(이른바 self-referenced credit derivatives)도 행하여지고 있으므로 신용파생거래 체결 후 매도자와 준거채무자가 동일 법인이 된 경우에도 이와 같은 자기신용파생거래로 인정할 수 있는 것 아닌가 하는 의문이 제기될 수 있다. 그러나 자기신용파생거래는 처음부터 신용보장매도자를 준거채무자로 하여 신용보장거래를 하기로 명시적으로 합의한

---

26) Edmund Parker, 앞의 책(주 20), 226면.

27) 2003년 신용파생거래정의조항집 제2.31조.

28) Edmund Parker, 앞의 책(주 20), 227면 ; Paul C.Harding, 앞의 책(주 1), 44면.

29) 직접 · 간접으로 지배를 하거나 지배를 받거나 공동의 지배하에 있는 경우를 의미한다. 2003년 신용파생거래정의조항집 제2.31조 및 2002 ISDA Master Agreement 제14조.

거래이고, 신용보장매도자가 지급할 금액을 미리 지급한 구조의 거래 — 즉 신용보장매도자가 신용연계증권을 매입하는 형태의 거래, 이른바 자기신용연계증권(self-referenced credit linked note) — 형태를 취하게 된다.[30)] 이러한 거래형태를 취하는 이유는 신용보장매도자의 지급의무를 발생시키는 신용사건이 발생하는 경우란 신용보장매도자(즉 준거채무자)가 채무불이행을 하거나 도산할 경우이므로 신용보장매도자의 지급을 확보하기 어렵기 때문이다. 이러한 자기신용파생거래의 특수성에 비추어 볼 때, 통상의 신용스왑거래 후에 신용보장매도자가 준거채무자와 동일하게 되었다고 하여 자기신용파생거래로 취급하는 것은 당사자의 의사에 부합한다고 보기 어렵고, 이러한 경우 신용보장매입자가 신용파생거래를 종료할 수 있도록 한 것은 합리적인 조항이다.

4. 신용보장의 대상(2) — 신용사건의 발생 대상이 되는 채무

(1) 채무의 유형 선택

신용스왑에서 신용사건의 발생시 신용보장매입자가 지급을 받는 것으로 신용보장이 이루어진다. 신용사건 중 파산은 준거채무자를 기준으로 판단할 수 있으나 다른 신용사건 — 지급불이행, 지정채무불이행(Obligation Default), 지정채무 기한의 이익상실(Obligation Acceleration), 이행거부/지급정지(Repudiation/Moratorium), 채무재조정 — 은 모두 준거채무자의 일정한 채무를 전제로 하는 것이므로 그 대상이 되는 채무를 미리 정해야 한다. 2003년 신용파생거래정의조항집은 신용사건의

30) Paul U. Ali, The Conundrum of Self-Referenced Credit Linked Notes, J.I.B.L.R. 2004, 19(9), 326-330면.

발생 대상이 되는 지정채무를 6가지의 범주로 나누어 그중 1개만을 선택하도록 하고 있다.[31)]

i) 차입금채무를 포함한 현재 또는 장래의 (우발채무를 포함한) 모든 금전지급채무(Payment)

ii) 예금채무와 신용장발행의뢰인으로서의 상환채무를 포함한 차입금채무(Borrowed Money)

iii) 확인서에 준거채무로 기재된 것을 의미하고 다른 속성은 적용하지 않는 준거채무한정(Reference Obligations Only)

iv) 증권으로 표시된 채권(Bond)

v) 차입금 중 만기를 정한 차입계약서(term loan agreement), 회전대출계약서 기타 여신계약서로 서류가 작성된 대출(Loan)

vi) 채권 또는 대출(Bond or Loan)

i)의 금전지급채무가 가장 넓고, iii)의 준거채무한정이 가장 좁은 범위의 채무가 될 것이다. 유럽과 아시아태평양 지역의 준거채무자를 대상으로 하는 신용스왑의 경우에는 차입금채무를 사용하는 것이 통상이라고 한다.[32)] 앞서 언급한 바와 같이 준거채무라는 용어는 신용스왑의 신용사건 발생 후 현금결제할 때의 결제금액을 정하는 기준이 되는 채무를 말하는 것이고, 신용사건이 발생하였는지의 여부를 판단하는 기준이 되는 것은 아니다.[33)]

---

31) 2003년 신용파생거래정의조항집 제2.19조 (a)항, 부록A 제3조.

32) Jan Job de Vries Robbe, 앞의 책(주 5), 154면. 준거채무자가 서유럽, 대양주, 일본, 북미의 채무자인 경우 ii)의 차입금채무를, 유럽의 신흥시장, 싱가포르, 아시아, 북미의 보험회사인 경우 vi)의 채권 또는 대출을 선택하는 것이 표준적이라고 하는 문헌도 있다. Edmund Parker, 앞의 책(주 20), 234면. 이는 ISDA에서 발표하는 Credit Derivatives Physical Settlement Matrix에 기초한 것으로 보인다.

33) 주 13, 14의 본문 참조.

(2) 지정채무의 속성 선택

신용사건의 발생 대상이 되는 지정채무의 범위를 정하기 위하여 지정채무의 속성(Obligation Characteristics)을 (i) 후순위가 아닐 것(Not Subordinated), (ii) 확인서에 표시된 특정한 통화로 표시될 것(Specified Currency), (iii) 국가나 국제기구에 대한 채무가 아닐 것(Not Sovereign Lender),[34] (iv) 내국통화로 표시되지 않았을 것(Not Domestic Currency), (v) 준거채무자의 설립지 국가의 법이 준거법이 아닐 것(Not Domestic Law), (vi) 거래소에 상장될 것(Listed), (vii) 준거채무자의 국내시장에서 발행되거나 모집하고자 한 채무가 아닐 것(Not Domestic Issuance)의 7가지로 구분하고, 신용보장의 대상이 되는 지정채무에 적용될 속성을 모두 선택하도록 하고 있다.[35] 준거채무자가 어느 지역의 채무자인지에 따라 어떠한 속성을 선택할 것인지에 대한 시장의 관행에 차이가 있다. 북미와 유럽의 준거채무자의 경우에는 아무런 제한을 두지 않는 것이 관행이고, 아시아 준거채무자인 경우에는 위의 7가지 중 (i), (iii), (iv), (v), (vii)을 선택하는 것이 표준적이다.[36]

(3) 보증채무

준거채무자가 부담하는 보증채무도 일정한 요건을 갖추는 적격보

34) 2003년 신용파생거래정의조항집 제2.19조 (a)항, iii)호의 문명상으로는 파리클럽 채무가 'Not Sovereign Lender' 채무에 포함되는 것으로 보이는데, 과연 그러한 취지인지에 대하여는 논란의 여지가 있어 보인다.

35) 2003년 신용파생거래정의조항집 제2.19조 (b)항, 부록A 제3조.

36) Edmund Parker, 앞의 책(주 20), 237면 ; Credit Derivatives Physical Settlement Matrix(주 9) ; Jan Job de Vries Robbe, 앞의 책(주 5), 155면.

증채무(Qualifying Guarantee)[37]이면 지정채무에 포함될 수 있다. 적격보증채무로 인정되려면, (i) 주채무자(Underlying Obligor)가 부담하는 채무(Underlying Obligation)를 전부 지급할 것에 취소불가능하게 서면으로 동의(지급보증의 형태이건 기타 이와 동등한 다른 법적 형태이건 상관없음)하여야 하고, (ii) 보증의 이익이 피보증채권(Underlying Obligation)과 함께 인도될 수 있어야 한다.[38] 이러한 요건을 갖추더라도 이행보증(surety bond), 금융보증보험(financial guarantee insurance policy), 신용장 또는 이와 유사한 계약은 적격보증채무로 인정되지 않는다. 또한 지급 이외의 다른 사건이나 사정의 발생 또는 불발생으로 인하여 준거채무자의 지급채무가 소멸, 감축, 양도 또는 변경되는 조건으로 되어 있는 경우도 적격보증채무로 인정되지 않는다.

적격보증채무 중 모회사가 자회사의 채무를 보증하는 경우 적격관계회사 보증채무(Qualified Affiliate Guarantee)라는 별도의 개념을 사용하고 있다. 적격관계회사 보증에는 모회사가 자회사의 채무를 보증하는 이른바 하향보증(downstream guarantee)만 포함되고, 자회사가 모회사의 채무를 보증하는 이른바 상향보증(upstream guarantee)이나 모자관계가 아닌 관계회사 간의 보증(side-stream guarantee 또는 sister guarantee)은 포함되지 않는다. 이렇게 적격관계회사 보증채무의 범위를 모회사의 보증으로 국한한 것은 상향보증이나 다른 관계회사 보증의 효력에 대한 불확실성의 우려 때문이다.[39] 확인서에서 "모든 보증(All Guarantees)"

---

37) 2003년 신용파생거래정의조항집 제2.23조.

38) 2003년 신용파생거래정의조항집 제2.23조에는 신용사건 발생시점을 기준으로 후순위채무가 아닌 주채무자의 차입금채무(Borrowed Money)보다 후순위이어서는 안 된다는 요건이 있었으나, 2003년 5월 변경조항에서 그 요건이 삭제되었다.

39) Paul C. Harding, 앞의 책(주 1), 78면 ; Jan Job de Vries Robbe, 앞의 책(주 5), 154-155면.

조항을 적용하는 것으로 하면 모든 적격보증채무가 지정채무에 포함되고, 적용 없음(Not Applicable)으로 하면 적격관계회사 보증채무만 포함된다. 상향보증 등 다른 유형의 보증의 효력이 인정되지 않을 우려 때문에 북미에서는 적격관계회사 보증채무만 지정채무에 속하게 하는 데 반하여, 유럽과 아시아에서는 적격보증채무를 지정채무에 속하게 하는 것이 관행이다.[40] 2003년 신용파생거래정의조항집은 지정채무가 적격보증채무인 경우 확인서에 정한 채무의 속성을 보증채무와 피보증채무 중 어느 쪽이 갖추어야 하는지, 아니면 두 채무가 모두 갖추어야 하는지에 대하여 상세한 규정을 두고 있다.[41]

(4) 적용제외채무

위와 같이 채무의 유형과 속성을 선택하였어도 당사자들이 특정채무를 신용보장의 대상에서 제외하고자 하면 그렇게 합의하여 확인서에 적용제외채무(Excluded Obligation)로 기재하면 된다.[42]

5. 신용사건

(1) 신용사건과 여신계약상의 채무불이행 사유

신용스왑으로 보장되는 신용위험이 현실화되는 것이 바로 신용사건의 발생이다. 신용사건은 여신계약(대출계약, 채권발행계약 등)에서의

40) Edmund Parker, 앞의 책(주 20), 251면 ; Jan Job de Vries Robbe, 앞의 책(주 5), 155면.
41) 2003년 신용파생거래정의조항집 제2.21조 (d)항.
42) 2003년 신용파생거래정의조항집 제2.17조.

채무불이행 사유 또는 기한의 이익상실 사유와 동일하지는 않다. 여신계약상의 채무불이행(event of default) 사유는 채권자가 자신의 이익을 보호하기 위하여 적절한 조치를 취할 수 있는 조기경보장치로서의 기능을 하는 데 반하여, 신용스왑에서의 신용사건(Credit Event)은 준거채무자의 신용도, 즉 채무이행능력이 현저하게 악화된 상태를 나타내는 것이므로 여신계약상의 채무불이행 사유가 신용사건보다 훨씬 광범위한 것으로 설명되고 있다.[43] 신용사건에는 이른바 기술적 채무불이행(technical default)에 해당하는 사유를 포함하지 않고 주로 지급이 되지 않는 상태가 발생하는 경우로 정하고 있으므로 이와 같은 설명이 대체로 타당하다. 그러나 채무재조정과 같은 경우에는 채무불이행이라고 하기 어려운 상황도 신용사건에 해당될 수 있다는 점에서 여신계약의 채무불이행 사유보다 더 넓게 되어 있다는 지적[44]도 일리가 있다.

2003년 신용파생거래정의조항집은 신용사건을 파산, 지급불이행, 지정채무불이행, 지정채무 기한의 이익상실, 채무재조정 및 이행거부/지급정지의 6가지 유형으로 정하여 그중 1개 또는 수개를 당사자들이 선택하여 확인서에 기재하도록 하고 있다. 또한 이러한 신용사건이 발생한 경우, 설령 (i) 준거채무자가 권한 없이 채무를 부담하였다는 점, (ii) 채무가 위법, 무효, 집행 불가능하다는 점, (iii) 법령, 법원 또는 행정관청의 해석이나 명령, (iv) 외환거래 또는 자본거래 규제 등에 기인하여 그 신용사건이 발생하였다거나 위와 같은 사정에 기초한 항변을

43) Jan Job de Vries Robbe, 앞의 책(주 5), 144면.

44) Jeffrey S. Tolk, Understanding the Risks in Credit Default Swaps (Moody's, Structured Finance Special Report) (March 16, 2001), 1면. available at http://www. securitization. net/pdf/MoodysSyntheticCDORisks.pdf는 채무재조정 이외에도 파산, 지정채무불이행, 지정채무 기한의 이익상실이 무디스가 인정하는 채무불이행 사유보다 넓다고 지적하였다.

할 수 있다고 하더라도 신용사건으로 취급되는 데 지장이 없도록 규정하고 있다.[45] 이 조항은 신용사건의 발생 여부를 판단함에 있어서 객관성을 높이기 위한 것으로 설명된다.[46] 이 조항이 신용사건의 객관성을 높이는 효과는 있겠으나, 다른 한편 신용보장매도자가 신용위험만이 아니라 법적인 위험(legal risk) 내지는 계약서 등의 서류를 제대로 작성 또는 심사하지 않는 데 따른 위험(documentation risk)까지 부담하는 결과가 된다. 신용보장매도자의 입장에서 이러한 법적인 위험 내지는 서류관련 위험까지 부담하지 않으려면 2003년 신용파생거래정의조항집 제4.1조의 적용을 전부 또는 일부 배제하는 특약을 할 필요가 있다.

일반회사 또는 금융기관이 준거채무자인 경우에는 통상 파산, 지급불이행 및 채무재조정이 이용되고, 국가채무자가 준거채무자인 경우에는 통상 채무재조정 대신에 이행거부/지급정지가 이용된다.[47] Basel II와 이를 수용한 우리나라 은행의 자기자본비율 규제상 신용위험경감기법으로 신용파생상품을 이용하는 경우에는 신용사건에 지급불이행, 파산과 채무재조정이 반드시 포함되어야 한다.[48] 아래에서 이 세

45) 2003년 신용파생거래정의조항집 제4.1조.

46) Edmund Parker, 앞의 책(주 20), 281면.

47) Jan Job de Vries Robbe, 앞의 책(주 5), 145면. 2003. 5. 12. 신용평가기관인 Fitch의 보고서에 따르면 2000년부터 2003년 1월까지의 기간 중 합성유동화(신용파생거래를 이용한 유동화거래)에서 신용사건이 발생한 112건을 분석하여 보면 94.5%가 파산 또는 지급불이행이고 3.3%가 채무재조정이었다. Fitch Ratings Credit Product Special Report, "Credit Events in Global Synthetic CDOs : 2000–2003," May 12, 2003. Joseph P. Collins/Pamela J. Sackmann, Assessing The Legal And Regulatory Environment For Credit Derivatives, Prepared for the ABA Annual Meeting, Section of Business Law, Commercial Financial Services Forum A Structured Finance Trio (August 11, 2003), 7면에서 재인용.

48) 은행감독업무시행세칙 별표3(위험가중자산에 대한 자기자본비율 산출기준) 88문

가지 신용사건을 중심으로 신용사건의 의미에 대하여 살펴본다.

(2) 파산

1) 2003년 신용파생거래정의조항집

파산(Bankruptcy)은 준거채무자가 (a) (합병 이외의 사유로) 해산하거나, (b) 채무초과 또는 지급불능이 되거나 사법, 행정절차상 지급불능을 서면으로 인정하거나, (c) 채권자들을 위하여 일반적 자산양도 또는 채무자들과 화의를 하거나, (d) 파산 기타 도산절차의 개시를 신청하거나 또는 준거채무자가 아닌 다른 사람이 그 신청을 하거나(이 경우에는 개시결정이 발령되거나 30일 이내에 기각되지 않을 것), (e) (합병 이외의 사유로) 해산 또는 청산의 결의를 하거나, (f) 관리인, 관재인, 수탁자의 선임을 신청하거나 또는 그들의 관장하에 들어가거나, (g) 그의 자산 전부 또는 실질적인 전부에 대하여 담보채권자가 점유를 취득하도록 하거나, 압류 기타 법적 절차가 개시되어 30일 이내에 해소되지 않은 경우, (h) 기타 이와 유사한 사유가 발생하는 것을 의미한다.[49)]

1999년 신용파생거래정의조항집에서는 파산을 ISDA Master Agreement(Multicurrency-Cross Border)의 제5조 (a)항 (vii)호와 동일하게

단에서는 3가지 신용사건을 다음과 같이 표현하고 있다. "(가) 기초채무(underlying obligation)와 관련된 지급의무를 이행하지 않는 경우, (나) 파산, 지급불능, 차주의 부채상환 능력 상실, 지급예정일에 채무이행을 할 수 없다는 서면 통보 등 이와 유사한 사건이 발생하는 경우, (다) 원금, 이자, 수수료 등의 면제 및 지급 연기 등 채무재조정을 하는 경우." 이 조항은 Basel II의 191문단에 기초한 것으로 보인다. Basel Committee on Banking Supervision, International Convergence of Capital Measurement and Capital Standards, A Revised Framework (June 2004) available at http://www.bis.org/publ/bcbs107.pdf?noframes=1

49) 2003년 신용파생거래정의조항집 제4.2조.

규정하여 해산, 청산, 도산, 신청 등을 추진하거나 이에 대한 동의를 표시하는 모든 행위를 포함하는 포괄 조항을 두고 있었다. 이와 같은 포괄 규정은 지나치게 광범위하고 신용파생거래에는 부적합하다는 비판이 있었고,[50] 이러한 비판을 반영하여 2001. 11. 28. 이를 삭제하였고, 2003년 신용파생거래정의조항집 제4.2조에도 포괄 조항이 없다.[51] 또한 파산에는 준거채무자가 채무초과(insolvent)인 경우를 포함하는데, 이 채무초과가 무엇을 기준으로 하는지(재무제표를 기준으로 할 것인지, 재무제표에도 불구하고 자산 부채의 실질가치를 기준으로 할 것인지), 어느 시점을 기준으로 산정할 것인지 등에 관하여 논란이 있을 수 있다.[52] 각 신용파생거래의 준거법상 채무초과라는 개념을 어떻게 해석할 것인지에 따라 판단되어야 할 것이다.

2) 우리나라의 도산 및 부실기업 관련 절차

① 채무자회생 및 파산에 관한 법률

우리나라의 채무자회생 및 파산에 관한 법률에 따른 회생절차 또는 파산신청이 위에서 언급한 신용사건 중 파산에 해당하는 데 대하여는 의문이 없을 것이다.

② 기업구조조정촉진법

기업구조조정촉진법에 따른 채권금융기관 공동관리, 채권은행협의회에 의한 채권은행 공동관리 또는 주채권은행에 의한 은행관리에 들

50) Jeffrey S. Tolk, 앞의 논문(주 44), 6면.

51) Commentary on Supplement Relating to Successor and Credit Events to the 1999 ISDA Credit Derivatives Definitions (November 2001), 2-3면.

52) Jeffrey S. Tolk, 앞의 논문(주 44), 6면.

어간 경우는 어떠한가. 부실징후기업은 외부로부터의 자금지원 또는 별도의 차입(정상적인 금융거래에서 발생하는 차입을 제외한다)이 없이는 금융기관 차입금의 상환이 어렵다고 인정되는 기업을 말하므로 실질적으로 지급불능에 근접한 상태의 기업이고, 따라서 기업구조조정촉진법에 따른 관리절차도 도산절차와 유사하다고 볼 여지가 있다. 그러나 채권은행협의회, 채권금융기관 또는 채권은행이 사법, 행정절차에 따른 권한을 행사하는 것이 아니라는 점, 기업구조조정촉진법에 따른 공동관리는 채권금융기관협의회 또는 채권은행협의회의 의결에 따라 채권금융기관 또는 채권은행에게 효력이 미치는 것을 기초로 하고 있고, 주채권은행에 의한 관리는 주채권은행의 판단에 따라 개시된다는 점, 관리의 대상인 부실징후기업에 대하여는 그 기업과 경영정상화계획의 이행을 위한 약정을 체결하여 그 약정의 효력으로 관리를 한다는 점에 비추어 볼 때, 기업구조조정촉진법에 따른 공동관리 또는 주채권은행의 관리절차의 개시시 채무자가 관리인의 관장하에 들어갔다거나, 실질적으로 자산의 전부에 대하여 담보채권자가 점유를 취득하였다거나 압류 등 법적 절차가 개시된 것 또는 이와 유사한 것으로 인정하기는 어려울 것이다.

기업구조조정촉진법에 따른 '경영정상화계획의 이행을 위한 약정'을 체결한 경우는 어떠한가. 신용사건으로서의 파산의 정의조항은 채무자가 해산 또는 청산하거나 채무자의 자산을 공적인 관리인의 관리하에 두거나 법적인 절차에 따라 관리하여 자산을 동결하는 상황을 전제로 하고 있는데, 기업구조조정촉진법에 따른 '경영정상화계획의 이행을 위한 약정'은 부실징후기업의 경영목표(매출액 · 영업이익 등)를 달성하기 위하여 필요한 기업의 구조조정을 위한 약정이므로 채무자의 자산을 동결하는 것과는 거리가 있는 것으로 보인다.

이렇게 본다면 기업구조조정촉진법상의 관리절차의 개시나 경영정상화계획의 이행을 위한 약정의 체결은 신용사건 중 파산에 해당한다고 보기는 어려울 것이다. 그러나 앞서 언급한 바와 같이 부실징후기업이 기본적으로 지급불능에 근접한 상태의 기업이라는 점에서 실제 지급불능이라는 점을 확인할 수 있다면 신용사건 중 파산에 해당할 것이다. 기업구조조정촉진법상의 절차가 지급불능임을 입증하는 것이라고 보지 않는 한 그 대상기업이 지급불능인지의 여부에 대하여는 사실관계의 입증상 분쟁의 소지가 많을 것이다. 또한 부실징후기업의 성격상 기업구조조정촉진법상의 절차가 파산의 정의에 해당하는지의 여부에 대하여 견해가 나뉠 수 있으므로, 우리나라 기업을 준거채무자로 하는 신용스왑에서는 이 점을 계약상 명백하게 할 필요가 있다. 기업구조조정촉진법에 따른 절차가 채무재조정에 해당할 수 있는 여지도 있을 것이나 이에 대하여는 아래에서 별도로 논의하기로 한다.[53]

③ 금융기관의 구조개선에 관한 법률 및 예금자보호법

금융기관의 구조개선에 관한 법률 또는 예금자보호법에 따른 부실금융기관이나 예금자보호법에 따른 부실우려금융기관으로 지정된 경우는 신용사건인 파산에 해당하는가. 부실금융기관은 (i) 경영상태를 실사한 결과 부채가 자산을 초과하는 금융기관 또는 거액의 금융사고 또는 부실채권의 발생으로 부채가 자산을 초과하여 정상적인 경영이 어려울 것이 명백한 금융기관으로서 금융위원회 또는 예금보험위원회가 결정한 금융기관, (ii) 예금 등 채권의 지급 또는 다른 금융기관으로부터의 차입금의 상환이 정지상태에 있는 금융기관, (iii) 외부로부터의 자금지원 또는 별도의 차입(정상적인 금융거래에서 발생하는 차입

53) 아래 II. 5. (4) 2) 참조.

을 제외한다)이 없이는 예금 등 채권의 지급이나 차입금의 상환이 어렵다고 금융위원회 또는 예금보험위원회가 인정한 금융기관을 말한다.[54] 부실금융기관에 대하여 일정한 경우 관리인을 선임할 수 있는데,[55] 이러한 관리인의 선임은 위에서 언급한 신용사건으로서의 파산의 정의 중 (f)에 해당될 수 있을 것이다. 관리인의 선임 없이 부실금융기관으로 지정된 경우는 어떠한가. (i)과 (ii)의 경우는 지급불능에 해당한다고 볼 수 있을 것이고, (iii)의 경우도 공적인 기관인 금융위원회 또는 예금보험위원회가 결정한다는 점에서 기업구조조정촉진법상의 절차와는 달리 볼 수 있는 부분이 크지만 논란의 여지가 있을 것으로 보인다. 이러한 논란에 따른 분쟁을 예방하기 위해서는 우리나라의 금융기관을 준거채무자로 하는 신용스왑계약에서는 부실금융기관 지정이 신용사건 중 파산에 해당하는지의 여부를 명백하게 할 필요가 있다.

부실우려금융기관은 재무구조가 취약하여 부실금융기관이 될 가능성이 농후하다고 예금보험위원회가 결정하는 부보금융기관을 말하므로,[56] 부실우려금융기관으로 지정된 것만으로는 신용사건인 파산에 해당한다고 보기 어렵다.

(3) 지급불이행

1) 2003년 신용파생거래정의조항집

지급불이행(Failure to Pay)은 준거채무자가 변제기에 도래한 지정채

54) 금융기관의 구조개선에 관한 법률 제2조 제3호, 예금자보호법 제2조 제5호.

55) 금융기관의 구조개선에 관한 법률 제14조 제1항.

56) 예금자보호법 제2조 제5의2호.

무를 — 유예기간(Grace Period)을 부여받은 경우에는 그 기간이 경과될 때까지 — 변제하지 않는 것을 말한다. 여기서 중요한 것은 지급불이행을 신용악화의 징표로 삼기 위해서는 중대한(material) 금액에 관하여 지급불이행이 일어났어야 한다는 점이다. 중대성의 기준(Payment Requirement)은 당사자들이 확인서에 정하여 놓을 수 있고, 확인서에 정하지 않은 경우에는 미화 100만 달러로 간주하여 그 이상의 금액에 대한 지급불이행이 발생한 경우에만 신용사건에 해당한다.[57] 준거채무자가 지정채무를 변제기에 지급하지 못하였으나〔잠재적 지급불이행(Potential Failure to Pay)의 발생〕, 지정채무의 조건상 유예기간이 인정되고 그 유예기간이 경과하기 전에 신용파생거래의 만기가 도래하면 신용보장매입자로서는 신용보장매도자로부터 신용파생거래에 따른 지급을 받을 수 없게 되는 상황도 발생할 수 있다. 이러한 경우에 대비하여 유예기간연장(Grace Period Extension)을 선택하면 유예기간만큼 신용파생거래의 만기가 연장되도록 하는 장치를 갖추고 있다.[58]

2) Deutsche Bank AG v. ANZ Banking Group Ltd. 사건[59]

지급불이행의 발생 여부와 관련하여 신용스왑계약 조항을 어떻게 해석할 것인지에 대한 분쟁이 발생한 사례가 있다. Deutsche Bank와 ANZ는 신용보장매입자 Deutsche Bank, 신용보장매도자 ANZ, 준거채무자 모스크바시로 하고 신용사건에 지급불이행이 포함되는 내용으로 신용스왑을 체결하고 1997. 9. 19.자 확인서에 계약의 내용을 기재

57) 2003년 신용파생거래정의조항집 제4.5조, 제4.8조 (d)항.

58) 2003년 신용파생거래정의조항집 제1.11조, 제1.12조.

59) Deutsche Bank AG v. ANZ Banking Group Ltd., 2000 WL 1151384〔QBD (Comm Ct)〕(May 28, 1999).

하였다. 이 신용스왑계약에 따르면, (i) (적용될 수 있는 유예기간을 적용한 후) 1,000만 달러 이상의 채무의 지급불이행이 발생하고, (ii) 보장매입자가 보장매도자에게 공개된 정보의 통지(notice of public information)를 행하고, (iii) 보장매입자가 보장매도자에게 통지한 후 14일간 지정채무의 시장가격이 액면가의 85% 이하를 유지하면〔이른바 가격의 중대성(price materiality) 조항〕, 보장매입자가 제공하는 모스크바시 발행 채권을 보장매도자가 2,500만 달러에 매입할 의무를 부담하는 계약이었다. 모스크바시는 Daiwa (Europe) Limited와 1997. 7. 17. 체결한 미화 5,000만 달러의 차입계약(및 변경계약)상의 변제기인 1998. 8. 21.(금요일)에 일부만 지급하였고, 다음 영업일인 1998. 8. 24.(월요일)에 잔액 미화 1,370만 달러를 지급하였다(모스크바시와 Daiwa 간의 차입계약상으로 유예기간은 부여되지 않았다). 지연지급이 이루어진 이후인 1998. 9. 26. International Financing Review(IFR)에 이 사실이 보도되었다.

그런데 Deutsche Bank는 ANZ와의 신용스왑과는 별도로 Daiwa와의 사이에 Daiwa를 신용보장매입자로 하고 준거채무자를 모스크바시로 하는 신용스왑(Deutsche Bank와 ANZ 간의 신용스왑과 유사하지만 동일한 내용은 아님)을 체결하였다. 모스크바시의 위와 같은 지급불이행이 발생하자 Daiwa가 Deutsche Bank에게 신용스왑상의 지급을 청구하였고, Deutsche Bank는 ANZ가 주장한 것과 유사한 주장을 하며 다투다가 결국 Daiwa에게 신용스왑계약상의 신용보장매도자로서의 지급의무를 이행하였다. Deutsche Bank는 1998. 9. 28. ANZ에게 통지(공개된 정보의 통지 및 신용사건발생통지)를 하고 지급을 청구하였다.

ANZ는 신용사건은 기술적인 것이 아니라 실질적인(substantial) 것이어야 하고 실제 신용불량을 입증하는 것이어야 한다는 것이 계약조항의 묵시적인 의미라는 취지로 주장하였으나, 영국 법원(High Court of

Justice)의 Langley 판사는 계약에서 그러한 묵시적 합의를 인정할 근거가 없고, 파생거래시장에서 활동하는 두 은행이 체결한 계약에서는 더욱 그렇다고 하고, 중요성 기준은 계약상 지급불이행의 최저금액(1,000만 달러)과 가격의 중대성 조항에 이미 반영되어 있었다고 보았다. Langley 판사는 ANZ의 주장은 이제 와서 계약서를 더 낫게 만들었으면 좋았을 것이라고 생각하며 계약서를 고쳐 쓰자고 시도하는 것과 마찬가지이고 "이미 체결한 계약을 고쳐 쓰는 것은 허용되지 않는다는 것이 법이다"라고 판시하여 Deutsche Bank의 청구를 인정하였다.

이 사건은 계약의 문언에 충실하게 계약을 해석하는 영국 법원의 태도를 잘 나타내는 판결이라고 하겠고, 신용스왑계약을 작성할 때 신용사건의 발생 등의 계약조건을 보다 면밀히 검토하여 신중하게 작성하여야 한다는 점을 알려주었다. 이 사건 이후 준거채무자의 신용도의 문제가 아닌 행정적인 사유로 지급이 지체되는 경우 신용사건이 발생한 것으로 보게 되는 불합리를 줄이기 위하여 지정채무의 조건상 유예기간이 없거나 짧은 경우에도 신용파생거래계약상으로는 3영업일의 유예기간을 인정하는 것으로 1999년 신용파생거래정의조항집에 반영하였고, 2003년 신용파생거래정의조항집에도 유지되고 있다.[60)]

(4) 채무재조정

1) 2003년 신용파생거래정의조항집

채무재조정(Restructuring)은 확인서에 정한 일정한 금액(Default Require-

60) 2003년 신용파생거래정의조항집 제1.12조 (a)항 (iii)호.

ment) 이상의 1개 또는 수개의 지정채무에 대하여 (i) 그 지정채무의 모든 채권자들을 구속하는[61] 형식으로 일정한 조건변경〔원리금의 감축, 원리금 지급기일 또는 이자계산기일의 연기, 지정채무 순위의 하향조정, 원리금 지급통화를 허용된 통화(G-7 국가의 통화 또는 OECD국가로서 AAA 신용등급을 받은 국가의 통화) 이외의 통화로의 변경〕이 발생하거나, (ii) 준거채무자(또는 정부기관)와 충분한 숫자의 채권자들 간에 그 지정채무의 모든 채권자들을 구속하는 내용으로 그러한 조건변경에 대하여 합의가 이루어지거나, (iii) 준거채무자(또는 정부기관)가 그 지정채무의 모든 채권자를 구속하는 형식으로 그러한 조건변경을 발표하거나 명령하는 경우를 의미한다.[62] 다만 신용파생거래의 거래일 및 지정채무의 발생일 현재 그러한 사항이 지정채무의 조건상에 명시적으로 규정되어 있는 경우, 준거채무자의 신용도 또는 채무 상황의 악화로 인한 것이 아닌 경우 또는 일상적인 업무처리 과정에서 회계, 세무, 행정, 기술적인 조정으로 인한 경우는 제외한다.

당사자들이 확인서에서 달리 규정하지 않는 한 채무재조정이 발생하였는지의 여부를 판단함에 있어서 지정채무는 다수채권자채무(Multiple Holder Obligation)인 경우에 한한다. 다수채권자채무는 상호 특수관계(Affiliate)에 있지 않은 4인 이상의 채권자가 보유하는 채권으로서 채무재조정에 해당하는 사항에 대한 승인을 하기 위해서는 3분의 2

61) 1999년 신용파생거래정의조항집에서는 채무재조정의 정의에 교환공개매수도 포함하는 내용이 들어 있어서 아르헨티나 정부의 자발적 채무교환 제안이 채무재조정에 해당하는지의 여부에 관하여 분쟁이 발생하였고〔Eternity Global Master Fund Ltd. v. Morgan Guaranty Trust Co. of New York and JP Morgan Chase Bank, No. 02 Civ. 1312, 2002 WL 31426310 (S.D.N.Y. Oct. 29, 2002)〕, 2003년 신용파생거래정의조항집에서는 "채권자를 구속하는" 이라는 요건이 포함되었다.

62) 2003년 신용파생거래정의조항집 제4.7조.

이상의 채권자의 동의가 필요한 경우를 말한다.[63] 3분의 2 이상의 동의 요건에 대하여 유로본드에서는 사채권자의 4분의 3 출석을 의사정족수로, 출석사채의 4분의 3을 의결정족수로 하므로 56.7%의 사채만으로 결의가 되는 경우도 있을 수 있다는 점에서 3분의 2 이상의 동의 요건을 충족하지 못한다는 문제가 발생하였다.[64] 이 문제를 해결하기 위하여 ISDA에서는 2003년 5월 변경조항으로 채권은 모두 3분의 2 이상의 동의요건을 충족하는 것으로 간주하는 문안을 2003년 신용파생거래정의조항집 제4.9조 (a)항에 추가하였다.

이 조항은 지정채권을 소수의 채권자가 보유하고 있는 경우 그 채권자가 신용파생거래를 하여 신용보장을 받고 있는 상태에서 채권자에게 불리한 (궁극적으로는 신용보장매도자에게 불리한 효과를 가져오는) 채무재조정을 하는 상황을 방지하기 위한 것이다. 이와 관련하여 은행단 구성방식에 의한 대출(syndicated loan)은 다수채권자채무에 해당하는가. 일부 문헌은 다수채권자채무에는 이러한 은행단 구성방식에 의한 대출이 포함되는 것으로 해석하고 있다.[65] 2003년 신용파생거래정의조항집의 내용을 이용하되 준거법을 한국법으로 정하여 신용스왑계약을 체결하면 한국법에 따라 용어를 해석하여야 할 것이다. 대법원은 은행단 구성방식에 의한 대출을 각 대출은행의 개별적인 대출채권으로 보고 있으므로,[66] 은행단 구성방식에 의한 대출은 각 대출은행별로 나누어 단독채권자가 가진 채권으로 보아 다수채권자채무에 속하지 않는다고 볼 여지도 있다. 그러나 은행단 구성방식에 의한 대

63) 2003년 신용파생거래정의조항집 제4.9조.

64) Edmund Parker, 앞의 책(주 20), 300면.

65) Edmund Parker, 앞의 책(주 20), 301면.

66) 대법원 2001. 12. 24. 선고 2001다30469 판결.

출(syndicated loan)에서 대출조건의 변경은 일정한 비율 이상의 대출은행들(majority lenders)의 동의를 요구하고 이자의 감액, 변제기의 연장 등 일정한 사항은 대출은행 전원의 동의를 요구하는 것이 통상이므로, 이러한 경우에는 각 대출은행이 자신의 대출채권을 개별적으로 행사할 수 있다고 하더라도 채무재조정의 맥락에서는 다수채권자채무에 해당한다고 보는 것이 합리적일 것이다.

채무재조정을 신용사건의 하나로 취급하는 것이 합리적인가에 대하여는 논란이 있다. 즉, 신용파생거래시 신용보장매입자는 준거채무자의 신용도의 악화를 반영한 금액을 신용보장매도자로부터 받고자 하는 것이다. 채무재조정을 통하여 준거채무자의 채무이행능력은 개선될 터인데, 이를 신용사건으로 취급하는 것은 불합리하다는 것이다.[67] 물론 '준거채무자의 신용도 또는 채무 상황의 악화로 인한 것이 아닌 경우'에는 신용사건에 해당하지 않도록 하는 조항을 두고 있고 최소금액(Default Requirement)의 제한이 있으나, 실제 채무재조정이 채무자의 신용도 또는 채무 상황의 악화로 인한 것인지의 여부를 구체적인 사실관계에 따라 판단할 때 견해가 나뉠 수 있는 경우도 발생할 수 있어 신용사건 발생 여부에 대한 객관성이 부족하게 되는 우려가 있다. 나아가 채무재조정에 관한 데이터의 부족 및 채무재조정의 형태를 표준화하기 어렵다는 점 등 때문에 채무재조정에 따른 위험을

67) Edmund Parker, 앞의 책(주 20), 289-290면 ; Conseco가 2000. 8. 은행대출금의 만기를 3개월 연장하면서 이자율 상향조정, 계열회사 보증 추가, 대출계약에 채권자를 위한 확약사항(covenant) 추가 등을 행한 사안에 대하여 신용평가기관은 채무불이행 사유에 해당하지 않는 것으로 보았으나 ISDA 계약조항에 따른 신용파생거래상으로는 원금만기의 연장이므로 채무재조정에 해당하여 신용평가기관의 판단과 신용사건의 발생이 차이가 나는 대표적인 사례로 지적되고 있다. Jeffrey S. Tolk, 앞의 논문(주 44), 7면.

평가하기가 어렵고 신용사건발생 후 결제금액을 산정하기 어렵다는 문제도 있고, 파산이나 지급불이행과 같이 신용사건이 발생하면 준거채무자의 모든 채무에 공통적인 효과를 가져오는 것과는 달리 채무재조정의 효과는 그렇지 않다.[68] 또한 1개 또는 수개의 지정채무의 채무재조정이 신용사건에 해당하므로 파산, 지급불이행 등 다른 신용사건에 비하여 쉽게 발생할 수 있다는 점에서 신용도 악화를 나타내는 징표로 사용하기 적절한지에 대한 의문이 제기될 수 있다.[69] 앞서 언급한 바와 같이 Basel II와 이를 수용한 우리나라의 은행의 자기자본비율 규제상 신용위험경감기법으로 신용파생상품을 이용하는 경우에는 신용사건에 채무재조정이 반드시 포함되어야 한다.[70]

다른 신용사건의 발생시와는 달리 채무재조정을 신용사건으로 삼는 경우에는 신용보장매입자가 수회에 걸쳐 신용사건발생통지(Credit Event Notice)를 보낼 수 있으므로,[71] 신용보장매입자는 신용보장매도자에게 지급을 요구할 때 교부할 채권(Deliverable Obligation)을 충분한 시간을 가지고 확보할 수 있게 된다.[72]

2) 기업구조조정촉진법

기업구조조정촉진법에 따라 부실징후기업이 채권금융기관과 동법 제2조 제7호의 채권재조정(즉 채권금융기관이 보유채권에 대하여 상환기

68) Schuyler K. Henderson, 앞의 책(주 11), 149면.

69) 이러한 문제를 해결하기 위한 방안으로 감축된 금융채무(diminished financial obligation)라는 개념과 비자발적 재조정이라는 요건을 채무재조정의 정의에 포함시킬 것을 주장하는 견해도 있다. Jeffrey S. Tolk, 앞의 논문(주 44), 8면.

70) 위의 II. 5. (1) 주 48 및 그 본문 참조.

71) 2003년 신용파생거래정의조항집 제3.9조.

72) Jan Job de Vries Robbe, 앞의 책(주 5), 148면.

일 연장, 원리금 감면, 대출금의 출자전환, 그 밖에 이에 준하는 방법으로 조정하는 내용)이 포함된 '경영정상화계획의 이행을 위한 약정'을 체결하는 경우 채무재조정에 해당하는가. 이는 지정채무를 어떻게 정하는지에 따라 달라질 수 있다. 지정채무가 기업구조조정촉진법의 적용을 받는 채권금융기관이 제공하는 여신을 포함하는 경우에는 이러한 '경영정상화계획의 이행을 위한 약정'의 체결이 채무재조정에 해당될 것이다. 위에서 언급한 바와 같이 채무재조정 조항은 별도 약정을 하지 않는 한 다수채권자 채무만을 대상으로 하게 되므로 금융기관이 단독으로 여신을 제공한 경우에는 채무재조정 조항이 적용될 여지가 없다. 은행단 구성방식의 대출(syndicated loan)에 대하여도 논란의 여지가 있으므로 만약 기업구조조정촉진법에 따른 채권재조정을 신용사건인 채무재조정의 범주에 항상 포함되도록 하고자 한다면 그러한 내용을 신용스왑계약 체결시 명시적으로 포함시켜야 할 것이다.

3) 채무재조정시의 도덕적 해이의 문제

또한 채무재조정을 신용사건으로 하는 경우 신용보장매입자는 채무재조정에서 배제되어 가치가 다른 채무보다 더 낮아진 채무를 신용보장매도자에게 교부하고 지급을 청구하는 도덕적 해이의 문제가 야기될 수 있다.

이 문제는 실제 Conseco 사건에서 발생하였다. 미국의 보험회사 Conseco가 유동성 위기를 맞아 2000. 9. 은행차입금을 채무재조정하여 이자율을 연 2.5% 높이고 추가 담보를 제공하였다. 채무재조정 이후 만기가 15개월 남은 은행대출금은 원금의 92%에 거래되었으나, 만기가 장기인 회사채는 68%에 거래되었다. 대출은행 중 일부가 대출채권의 신용위험을 헤지하기 위하여 실물결제방식의 신용스왑을 체결하였고, 대출채권의 재조정이 신용사건이 되었으나 신용사건 발생 후 신용보장매입자로서 신용보장매도자에게 양도할 준거채무자의 채무에는 제한이 없었다. 따라서 대출은행은 대출채권을 원금의 92%에 매각하고 회사채를 원금의 68%에 매입하여 신용보장매도자에게 양도함으로써 원금의 24%에 해당하는 이익을 발생시킬 수 있었다.[73] 이 사건 발생 후 ISDA에서는 채무재조정만을 신용사건으로 하고 실물결제를 하는 경우에는 (i) 채무자의 동의 없이 양도할 수 있는 채권으로서 (ii) (a) 만기가 채무재조정일로부터 30개월 또는 (b) 재조정된 채권 또는 대출의 만기 중 빨리 오는 날 이전에 만기가 도래하여야 하도록 규정하였다.[74] 이 조항에 대하여 유럽의 대출관행을 반영한 추가 개정이 이루어졌으나[75] 이 부분은 신용사건 발생 후의 결제에 관한 문제로 차후에 별도로 다루기로 한다.

(5) 지정채무불이행과 지정채무 기한의 이익상실

지정채무불이행(Obligation Default)은 지급불이행 이외에 준거채무자에 관한 채무불이행 사유의 발생으로 확인서에 정한 일정한 금액(Default Requirement) 이상의 지정채무가 기한의 이익이 '상실될 수 있는' 상태로 되는 것을 의미한다.[76] 지정채무 기한의 이익상실은 지급불이행 이외에 준거채무자에 관한 채무불이행 사유의 발생으로 확인서에 정한 일정한 금액 이상의 지정채무에 대한 기한의 이익이 '상실

73) Edmund Parker, 앞의 책(주 20), 292면.
74) 2003년 신용파생거래정의조항집 제2.32조.
75) 2003년 신용파생거래정의조항집 제2.33조.
76) 2003년 신용파생거래정의조항집 제4.4조.

된' 것을 의미한다.[77] 여신계약상 기한의 이익상실 사유는 매우 넓고 지급채무불이행이 아닌 다른 사유도 기한의 이익상실 사유가 될 수 있으므로 기한의 이익상실(또는 기한의 이익상실이 될 수 있는 상황)이 반드시 준거채무자의 신용악화를 의미한다고 하기 어렵다. 기한의 이익이 상실된 경우 준거채무자가 기한의 이익상실로 변제기에 도래한 채무를 변제하지 못하면 지급불이행에 해당할 것이고, 전부 변제하면 아무런 신용위험도 현실화되는 것이 아니며, 채무를 변제하지 않고 조건을 재조정하는 경우에는 그 내용에 따라 채무재조정에 해당할 수 있을 것이므로 지정채무불이행과 지정채무 기한의 이익상실을 별도의 신용사건으로 인정할 필요가 있는지에 대하여도 의문이다.[78] 또한 기한의 이익상실은 채권자가 결정할 수 있는 사항이므로 신용보장매입자가 지정채권을 보유하고 있는 경우에는 신용파생거래를 하지 않은 경우보다 더 기한의 이익상실을 선언할 유인이 커지고, 기한의 이익상실 후 그 지정채권의 변제를 받는 경우에도 그 지정채권의 가격이 액면가 미만으로 하락하는 경우 액면가와의 차이를 신용파생거래에 따라 추가로 지급받음으로써 지정채권의 원리금 수령보다 더 큰 금액의 이익을 취할 수 있는 불합리가 발생할 수도 있다.[79] 실제로도 이 두 가지 사유를 신용사건으로 이용하는 경우는 거의 없다.[80]

---

77) 2003년 신용파생거래정의조항집 제4.3조. 확인서에 Default Requirement를 정하지 않은 경우에는 미화 1,000만 달러로 간주한다〔2003년 신용파생거래정의조항집 제4.8조 (a)항〕.

78) Jeffrey S. Tolk, 앞의 논문(주 44), 10면.

79) Jeffrey S. Tolk, 앞의 논문(주 44), 11면.

80) Jan Job de Vries Robbe, 앞의 책(주 5), 153면. Edmund Parker, 앞의 책(주 20), 281면은 지정채무 기한의 이익상실은 유럽의 보험회사와 유럽 신흥시장의 준거채무자의 경우 이용된다고 한다.

(6) 이행거부/지급정지

이행거부/지급정지(Repudiation/Moratorium)는 (i) 준거채무자 또는 관련정부가 확인서에 정한 일정한 금액(Default Requirement) 이상의 지정채무에 대하여 부인, 이행거부 또는 효력을 다투거나 법적으로 또는 사실상 지급정지 또는 연기를 선언하고 (ii) 이행거부/지급정지 판단일 현재 지급불이행〔최소금액요건(Payment Requirement)은 적용하지 않음〕이 발생한 경우를 의미한다.[81] 이 신용사건은 기본적으로 국가가 준거채무자인 경우에 적용할 조항이고, 일반 기업이나 금융기관이 준거채무자인 경우에 적용하기에는 적합하지 않다.

III. 맺음말

최근 금융위기와 관련하여 주목받고 있는 신용파생거래 특히 신용스왑에 대하여는 규제적인 측면뿐 아니라 계약상의 당사자 간의 권리의무관계를 면밀하게 분석해 볼 필요가 있다. 신용스왑은 대체로 ISDA에서 발간한 2003년 신용파생거래정의조항집에 정의된 용어와 개념을 이용하여 거래하기 때문에 이 정의조항집의 내용을 기초로 신용보장의 대상이 되는 준거채무자의 지정과 지정채무의 범위 설정 및 신용보장에 따른 지급의 실체적인 사유가 되는 신용사건의 의미와 이와 관련하여 제기된 분쟁을 살펴보았다. 2003년 신용파생거래정의조항집은 그동안 제기된 문제점을 시정하여 많은 개선이 이루어졌으나

---

81) 2003년 신용파생거래정의조항집 제4.7조.

아직 완벽하다고 볼 수 없다. 그동안 발생한 분쟁들에 비추어 보면 거래 당사자가 의도한 바를 신용스왑계약의 내용에 정확하게 반영하는 것이 가장 중요한 점이고, 2003년 신용파생거래정의조항집의 내용이 거래 당사자의 의도를 정확하게 반영하지 못하는 경우에는 필요한 수정을 가하여 계약(즉 확인서)에 반영하여야 한다. 또한 2003년 신용파생거래정의조항집은 영미의 개념을 중심으로 작성되어 파산 등 우리 법과 관련되는 부분에서는 견해가 나뉠 수 있는 부분도 있으므로 이 점도 신용스왑계약 체결시 유의할 필요가 있다. 이 글에서는 신용스왑계약의 법률관계 중 신용보장의 범위만을 다루었고, 신용사건 발생 후 신용스왑 당사자 간에 어떠한 절차로 무엇을 결제해야 하는지에 대하여는 제5장에서 논의한다.

제5장

신용스왑(Credit Default Swap)계약상 신용보장의무의 이행*

박 준**

5

I. 머리말

신용파생거래계약에서는 우선 신용보장매도자가 부담하기로 하는 신용보장의 범위와 더불어 신용보장의무를 이행하여야 하는 상황과 이행방법을 정해야 한다. 신용보장의 범위에 대하여는 제4장에서 다루었고, 이번에는 신용보장매도자가 부담하는 신용보장의무가 어떠한 조건하에서 현실화되고 어떻게 이행하여야 하는지를 살펴보고자 한다.

이 글에서는 신용파생거래의 기본형인 신용스왑(credit default swap)

---

* 이 논문은 BFL 제34호(2009. 3)에 게재된 글을 수정 · 보완한 것이다.

** 서울대학교 법학전문대학원 교수

중에서도 가장 기본적인 형태인 단일 준거채무자를 대상으로 하는 신용스왑(single name credit default swap)을 대상으로 하고, 신용스왑계약 체결시 통상 사용되는 ISDA의 표준적인 계약조항을 중심으로 검토하고자 한다. 신용파생상품의 개념과 신용스왑계약서의 기본 구조에 대하여는 제4장을 참조하기 바란다.

II. 결제의무의 발생(신용보장의무의 현실화)

1. 결제의무가 발생하기 위한 요건

신용보장매도자가 신용스왑계약상 부담하는 결제의무가 현실화되기 위해서는 다음과 같은 절차가 충족되어야 한다.[1] 신용스왑계약(즉 확인서)상 현금결제를 하도록 한 경우에는 (i) 신용사건이 발생하고, (ii) 신용사건이 발생하였다고 결정할 수 있는 사실관계를 상당한 정도로 상세히 기재한 신용사건발생통지(Credit Event Notice)와 (iii) (확인서상 요구되는 경우) 공개정보통지(Notice of Publicly Available Information)가 행하여져야 하며, (iv) 실물결제를 하도록 한 경우에는 이에 추가하여 실물결제통지(Notice of Physical Settlement)가 이루어져야 한다.

결제의무의 발생요건을 보면 신용스왑계약과 보증계약의 차이가 드러난다. 첫째, 신용스왑계약상 신용보장매도자의 신용보장의무는 지정채무(Obligation)에 대한 부종성을 가지지 않는다. 즉, 신용스왑계약시 신용보장매입자가 반드시 지정채무의 채권자이어야 하는 것은 아

1) 2003년 신용파생거래정의조항집 제3.2조 (a)항.

니고, 신용보장매도자의 신용보장의무가 지정채무의 성립 여부에 의존하지 않으며 준거채무자(Reference Party)가 채권자에 대하여 가지는 항변권으로 신용보증매입자에게 대항할 수 없다. 둘째, 신용보장매도자의 신용보장의무는 보충성을 가지지 않는다. 즉, 신용스왑계약상 정한 신용사건의 발생으로 신용보장의무가 현실화되는 것이고, 신용사건 가운데 지정채무가 변제기에 도달하였으나 변제되지 않은 상태〔지급불이행(Failure to Pay)〕뿐 아니라 아직 변제기에 도달하지 않았으나 신용도가 악화된 또는 악화될 것으로 인정되는 다른 사유〔예 : 채무재조정(Restructuring)〕 또는 지정채무불이행(Obligation Default)도 포함되어 있다.[2)]

2. 신용사건발생통지

신용사건발생통지를 하기 위해서는 신용사건이 발생하여야 하는데,[3)] 신용사건이 발생하였는지의 여부에 대하여 주관적인 판단이 필요한 경우도 있으므로[4)] 누가 신용사건발생통지를 할 권한이 있는지가 중요한 의미를 가지게 된다. 준거채무자의 신용도가 점차 악화되고

---

2) Robert Aicher, Deborah Cotton and TK Khan, Credit Enhancement : Letters of Credit, Guaranties, Insurances and Swaps (The Clash of Cultures), 59 Bus. Law. 897-974(2003)는 전통적인 보증, 신용장, 보증보험 및 신용파생거래의 연혁과 기능의 차이 및 이에 따른 미국법상 차이에 대하여 잘 정리하고 있다.

3) 신용사건의 종류와 내용에 대하여는 제4장 박 준, 신용스왑(Credit Default Swap)계약상 신용보장의 대상과 범위 II. 5. 181-199면.

4) 예컨대, 2003년 신용파생거래정의조항집 제4.2조에 규정된 파산(Bankruptcy)의 정의에서 채무초과(insolvent) 또는 지급불능(unable to pay)에 해당하는지의 여부, 제4.7조 (b)항 (ii)호에 규정된 채무재조정(Restructuring)의 정의에서 채무재조정이 준거채무자의 신용 악화로 인한 것인지의 여부 판단 등.

있는 상황이라면 (신용보장매도자의 신용이 충분하다고 전제할 때) 신용보장매입자 입장에서는 신용보장매도자에게 인도할 인도가능채무(Deliverable Obligations)를 준거채무자의 신용도가 더 악화된 이후에 매입한다면 더 낮은 가격으로 매입할 수 있을 것이므로 가능한 한 신용스왑계약상의 결제를 늦추는 것이 유리할 것이다.[5] (물론 신용스왑계약의 종료일 이전에 결제가 이루어질 수 있을 정도까지만 늦출 수 있을 것임). 신용보장매도자는 반대의 이해관계를 가질 것이다. 확인서상에 신용사건발생통지를 행할 당사자를 정한 경우에는 그 당사자가, 정하지 않은 경우에는 신용보장매입자나 신용보장매도자 어느 쪽도 신용사건발생통지를 행할 수 있다.

3. 공개정보통지

신용스왑의 당사자가 준거채무자에 대하여 채권을 가지고 있는 경우도 있지만 그렇지 않은 경우도 있을 수 있고, 이러한 경우에는 신용스왑계약의 당사자가 준거채무자에 대하여 신용사건이 발생하였는지를 직접 확인하기 어려울 것이다. 또한 은행이 고객에 대한 대출의 신용위험을 헤지하기 위하여 신용스왑계약을 체결한 후 고객의 채무불이행 등 신용사건발생 사실을 신용보장매도자에게 알리는 것이 고객에 대한 관계에서는 고객관련 정보를 대외적으로 제공하는 것으로 볼 수 있다. 물론 이러한 경우 고객의 사전 동의를 받아 두면 고객대출과 관련하여 고객정보 비밀유지의무 위반의 문제는 없을 것이다. 그러나 은행이 신용파생거래를 한다는 점을 고객이 반기지 않을 수 있기 때

5) Schuyler K. Henderson, Henderson on Derivatives (LexisNexis, 2003), 153면.

문에 은행은 이러한 사전 동의를 얻으려고 하기를 꺼려 할 것이다. 공개정보(Publicly Available Information)의 개념은 이러한 문제들을 해결하기 위한 방안의 하나로 도입되었다고 할 수 있다.[6] 즉, 2003년 신용파생거래정의조항집은 공개정보에 기초하여 신용사건발생 여부를 결정하기로 신용스왑계약에서 정할 수 있도록 하고 있다. 신용보장매입자가 가지고 있는 정보를 기초로 신용보장매도자에게 신용사건발생 사실을 통지하는 것이 아니라 공개된 정보를 기초로 신용사건발생 여부를 판단하도록 하는 것이다.

공개정보는 신용사건발생통지에 기재된 신용사건이 발생하였다고 결정하는 데 관한 사실을 합리적으로 확인하는 정보로서 (i) 확인서에 정한 수(정하지 않은 경우에는 두 개)의 언론 또는 정보제공기관(Public Source)[7]이 보도한 정보〔이러한 보도가 신용스왑계약의 당사자 또는 그의 특수관계인(Affiliate)을 인용한 경우에는 인용된 당사자 또는 특수관계인이 아래 (ii) (b)의 지위에 있는 경우에 한하여 공개정보로 인정됨〕, (ii) (a) 신용파생거래의 당사자가 아닌 준거채무자 또는 (b) 지정채무의 수탁회사, 재무대리인, 업무수탁대리인, 지급대리인, 청산대리인으로부터 입수한 정보, (iii) 준거채무자가 제출하거나 준거채무자를 대상으로 제출된 파산, 청산 신청서에 포함된 정보, (iv) 법원, 감독기관, 거래소 등의 명

6) Paul C. Harding, A Practical Guide to the 2003 ISDA Credit Derivatives Definitions (Euromoney Institutional Investors plc, 2004), 22면.

7) 당사자들이 확인서상에 특별히 정하지 않은 경우에는 Bloomberg Service, Dow Jones Telerate Service, Reuter Monitor Money Rates Services, Dow Jones News Wire, Wall Street Journal, New York Times, 日本經濟新聞, 아사히신문, 요미우리신문, Financial Times, La Tribune, Les Echos Australian Financial Review 및 준거채무자 설립지 국가의 주요 경제뉴스와 기타 국제적으로 인정되는 뉴스제공자를 말한다. 2003년 신용파생거래정의조항집 제3.7조.

령이나 통지 또는 이러한 기관에 제출된 서류에 포함된 정보를 의미한다.[8)]

공개정보에는 신용사건의 중대성을 판단하는 기준〔즉, 지급불이행에서의 최소금액기준(Payment Requirement)이나 채무재조정, 지정채무불이행 또는 이행거부/지급정지(Repudiation/Moratorium)에서의 최소금액기준(Default Requirement)〕을 충족하였다거나, 유예기간(Grace Period)을 경과하였다거나, 신용사건의 주관적 기준을 충족하였다는 등의 내용이 포함되지 않아도 무방하다.[9)] 공개정보에 기초하여 신용사건발생 여부를 판단하도록 하는 경우에는 이와 같이 중대성 판단 기준을 적용하지 않게 되므로 중대성 요건을 둔 의미가 없게 될 우려가 있다는 비판도 있다.[10)]

신용스왑계약의 어느 한 당사자가 다른 당사자로부터 이와 같은 공개정보〔특히 (ii), (iii), (iv)에 열거한 정보〕를 받은 경우에는 그러한 정보제공이 준거채무자에 대한 비밀유지의무의 대상이 되지 않고 기타 법규 또는 계약을 위반한 것이 아니라고 믿고 행동해도 무방하다.[11)] 신용보장매도자는 신용스왑계약(A계약)상의 신용위험을 헤지하기 위하여 반대 방향의 다른 신용스왑계약(B계약)을 체결할 수 있는데, 이러한 경우 신용보장매도자가 A계약의 신용보장매입자로부터 신용사건이 발생하였다는 공개정보를 제공받은 경우 그 정보를 B계약상 신용보장매입자의 입장에서 사용할 수 있도록 하기 위한 것이다.[12)]

8) 2003년 신용파생거래정의조항집 제3.4조, 제3.5조 (a)항.
9) 2003년 신용파생거래정의조항집 제3.4조, 제3.5조 (d)항.
10) Schuyler K. Henderson, 앞의 책(주 5), 154면.
11) 2003년 신용파생거래정의조항집 제3.4조, 제3.5조 (c)항.
12) Schuyler K. Henderson, 앞의 책(주 5), 154면.

4. 실물결제통지

신용사건발생통지와는 달리 실물결제통지는 신용보장매입자가 신용보장매도자에게 행한다. 실물결제통지에는 신용보장매입자가 실물결제방식으로 결제하겠다는 점을 취소불가능하게 확인하는 내용과 신용보장매입자가 신용보장매도자에게 인도할 인도가능채무(Deliverable Obligations)를 상세히 기재하여야 한다. 실물결제통지는 사유발생결정일(Event Determination Date, 즉 신용사건발생통지와 공개정보통지가 효력을 발생한 날) 이후 30일 이내에 통지가 이루어져야 한다.[13)]

III. 결제(신용보장의무의 이행)

1. 결제의 방법

신용사건이 발생하고 신용보장의무를 이행할 다른 조건(통지 등)을 모두 갖춘 경우 신용스왑계약상 신용보장의무를 이행하는 방법에는 실물결제와 현금결제의 두 가지가 있다. 그중 어느 방법을 택할 것인지는 확인서(Confirmation)에서 정한다. 신용스왑계약에서는 다음과 같은 이유로 실물결제가 많이 사용된다.[14)] 인도가능채무가 시장에서 널

---

13) 2003년 신용파생거래정의조항집 제3.4조, 제3.2조 (c)항.

14) Edmund Parker, Credit Derivatives : Documenting and Understanding Credit Derivatives Products (Globe Business Publishing Ltd, 2007), 123면 ; Jan Job de Vries Robbe, Securitization Law and Practice in the Face of the Credit Crunch (Wolters Kluwer, 2008), 158-160면.

리 거래되지 않는 것이면(예 : 은행의 대출채권) 시장가치를 산정하는 것이 쉽지 않고 가격 산정에 대하여 당사자 간의 분쟁이 발생할 소지가 크다. 실물결제를 하면 인도가능채무의 시장가치를 산정할 필요가 없다는 점에서 더 간편하고 당사자 간의 분쟁 발생 여지를 줄일 수 있다. 또한 신용보장매도자 입장에서도 실질적으로 신용위험을 부담한 이상 신용이 악화된 준거채무자에 대하여 채무재조정 등을 통하여 회수금액을 높일 수 있는 방안을 마련하여야 할 텐데 이러한 방안을 강구하기 위해서는 준거채무자에 대한 채권을 직접 보유하고 있는 편이 유리할 것이기 때문에 실물결제를 선호하게 된다. 1997년 아시아 금융위기시 인도네시아 채권의 평가에 어려움을 겪으면서 신용스왑계약의 결제방법으로 실물결제가 선호되어 왔으나, 준거채무자가 발행한 채권이나 차입한 대출금의 규모보다도 그 준거채무자에 관한 신용파생거래의 규모가 훨씬 더 커지게 되어 실물결제를 위한 인도가능채무의 가격 형성이 왜곡되는 일이 생기자 2005년부터 ISDA에서는 신용사건이 발생한 특정 준거채무자를 대상으로 일률적으로 결제할 수 있는 Protocol을 활용하는 결제방식을 제시하고 있다.[15)]

신용스왑계약과는 달리 신용파생거래를 증권화한 신용연계증권(CLN, credit linked note)의 경우에는 통상 현금결제 방법을 이용한다.[16)] 증권화된 경우에는 실물결제가 현실적으로 어렵고 가능하다고 하더라도 불편하기 때문이다.

15) 주 67, 68의 본문 참조.

16) Jan Job de Vries Robbe, 앞의 책(주 14), 158면.

2. 실물결제

실물결제는 신용보장매입자가 신용보장매도자에게 인도가능채무[17]를 인도하고 신용보장매도자는 신용보장매입자에게 이에 상응하는 실물결제금액(Physical Settlement Amount)을 지급함으로써 이루어진다.[18]

(1) 인도가능채무

1) 인도가능채무의 종류와 속성

신용스왑계약의 당사자는 확인서(Confirmation)에서 신용사건발생시 신용보장매입자가 신용보장매도자에게 인도할 인도가능채무의 종류와 속성을 미리 확인서에서 정하여야 한다.

2003년 신용파생거래정의조항집은 인도가능채무를 지정채무의 종류와 동일하게 다음의 6가지 범주로 나누어 그중 1개만을 선택하도록 하고 있다.[19]

① 차입금채무를 포함한 현재 또는 장래의 (우발채무를 포함한) 모든 금전지급채무(Payment)

② 예금채무와 신용장발행의뢰인으로서의 상환채무를 포함한 차입

---

17) 2003년 신용파생거래정의조항집의 Deliver라는 용어의 정의를 보면 실질적으로는 양도를 의미하므로 '양도'라는 용어를 사용할 수도 있겠으나, assign, assignable, transferable 등의 용어가 별도로 사용되고 있으므로 이와 구별하기 위하여 Deliverable Obligation 및 Deliver라는 용어를 원칙적으로 '인도가능채무' 및 '인도'로 표시하였다. 또한 2003년 신용파생거래정의조항집은 Obligation이라는 용어를 사용하고 있으나, 이는 채무자 입장에서는 채무를, 채권자 입장에서는 채권을 의미할 수 있으므로 문맥에 따라 '채권' 또는 '채무'를 사용하기로 한다.

18) 2003년 신용파생거래정의조항집 제8.1조.

19) 2003년 신용파생거래정의조항집 제2.20조 (a)항, 부록A 제4조.

금채무(Borrowed Money)

③ 확인서에 준거채무로 기재된 것을 의미하고 다른 속성은 적용하지 않는 준거채무한정(Reference Obligations Only)

④ 증권으로 표시된 채권(Bond)

⑤ 차입금 중 만기를 정한 차입계약서(term loan agreement), 회전대출계약서 기타 여신계약서로 서류가 작성된 대출(Loan)

⑥ 채권 또는 대출(Bond or Loan)

통상 마지막 종류인 '채권(債券) 또는 대출(Bond or Loan)'을 인도가능채무로 정한다.[20)]

2003년 신용파생거래정의조항집은 인도가능채무의 속성을 정할 때 지정채무의 경우보다 더 다양한 속성을 제시하고 그 가운데 당사자가 신용스왑계약에서 적용할 것을 선택하도록 하고 있다. 즉, 지정채무의 경우 사용하는 7가지의 속성인

i) 후순위가 아닐 것(Not Subordinated)

ii) 확인서에 표시된 특정한 통화로 표시될 것(Specified Currency)

iii) 국가나 국제기구에 대한 채무가 아닐 것(Not Sovereign Debt)

iv) 내국통화로 표시되지 않았을 것(Not Domestic Currency)

v) 준거채무자의 설립지 국가의 법이 준거법이 아닐 것(Not Domestic Law)

vi) 거래소에 상장될 것(Listed)

vii) 준거채무자의 국내시장에서 발행되거나 모집하고자 한 채무가 아닐 것(Not Domestic Issuance)

---

20) Jan Job de Vries Robbe, 앞의 책(주 14), 160-161면.

등의 7가지 이외에 다음과 같은 8가지의 속성들을 추가적으로 제시하고, 그 가운데 적용할 사항들을 선택하도록 하였다.[21)]

viii) 우발적인 사유에 의하지 않고 금액을 확정할 수 있을 것(Not Contingent)[22)]

ix) 준거채무자(또는 그 대리인이나 보증인)의 동의 없이(원래의 채권자나 신디케이트 구성원이 아닌) 상업은행 기타 금융기관에게 양도 가능한 대출일 것(Assignable Loan)

x) 준거채무자(또는 그 대리인이나 보증인)의 동의를 받아야 하는 대출일 것(Consent Required Loan)

xi) 직접 대출참가일 것(Direct Loan Participation)

xii) 법규 또는 계약상 기관투자자에 대한 양도에 대한 제한이 없을 것(Transferable)

xiii) 최장 만기(Maximum Maturity)의 표시

xiv) 기한의 이익상실 또는 변제기에 도래하였을 것(Accelerated or Matured)

xv) 무기명채권이 아닐 것(Not Bearer)[23)]

위의 속성 가운데 (ix)의 동의 없이 양도 가능한 대출의 범위와 관련

---

21) 2003년 신용파생거래정의조항집 제2.20조 (b)항, 부록A 제4조. 일본에서는 (i), (ii), (viii), (ix), (x), (xii), (xiii)(30년), (xv)의 8가지를 선택하는 것이 통상이고, 미국이나 유럽 시장에서도 마찬가지다. 河合祐子/湛田眞吾, クレジット・デリバティブのすべて(第2版), 2007, 310면.

22) 인도일(Delivery Date) 및 그 이후 (지급 이외의) 사건 또는 상황의 발생에 의하여 차입원금 또는 변제할 금액이 감액될 수 없는 경우를 의미한다. 2003년 신용파생거래정의조항집 제2.20조 (b)항 (i)호.

23) Euroclear나 Clearstream을 통하여 결제되는 증권은 무기명식이 아닌 것으로 취급한다. 2003년 신용파생거래정의조항집 제2.20조 (b)항 (viii)호.

하여 대출계약의 준거법이 우리나라 법인 경우 대출계약상 특별한 정함이 없으면 민법에 따라 통지만으로 양도가 가능할 것이므로 (ix)의 '동의 없이 양도 가능'의 속성을 가지는 것으로 볼 수 있을 것이다. 그런데 아래[24]에서 보는 바와 같이 신용보장매입자는 실물결제를 위하여 양도한 채권에 대한 모든 권리와 이익을 담보, 부담 기타 제한(준거채무자의 상계권, 항변권, 반대청구권 등 포함) 없이 신용보장매도자에게 이전한다는 점을 진술하는 것이고, 이 진술이 잘못된 경우 신용보장매도자가 입는 손해를 배상할 책임을 진다.[25] 통지만으로 양도하는 경우에는 채무자가 양도인(신용보장매입자)에게 대항할 수 있는 사유로 양수인(신용보장매도자)에게 대항할 수 있다는 점에서 위와 같은 손해배상의 문제가 발생할 것이므로 신용보장매입자 입장에서는 결국 대출계약상 아무런 정함이 없는 경우에도 준거채무자에 대한 양도통지만으로는 부족하고 양도에 대한 승낙을 받아야 할 필요가 있을 것이다.[26]

위의 속성 가운데 (viii)의 우발적인 속성 유무에 관하여는 1999년 신용파생정의조항집상으로는 전환사채가 우발적인 속성이 있는지의 여부에 대하여 명시적인 조항이 없어서 이에 대하여 논란이 있었다.[27]

---

24) 주 55의 본문.

25) 2003년 신용파생거래정의조항집 제9.2조 (a)항.

26) 河合祐子/糸田眞吾, 앞의 책(주 21), 315면도 유사한 취지.

27) Nomura International plc v. Credit Suisse First Boston International 〔2003〕 EWHC 160 (Comm) Nomura가 신용보장매입자, CSFB가 신용보장매도자로서 영국의 철도운영회사인 Railtrack을 준거채무자로 한 신용스왑을 체결한 이후 Railtrack이 도산하자 신용보장매입자가 Railtrack이 발행한 exchangeable bonds를 신용보장매도자에게 인도하고 신용스왑계약에 따른 지급을 청구하였다. 신용보장매도자는 전환사채의 원리금지급채무가 전환권을 행사하지 않는 경우에만 발생한다는 점을 들어 not contingent의 요건을 충족하지 못한다고 주장하였다. 법원은 채권자만 선

2001. 11. 9. ISDA는 보충서[28)]를 발표하여 사채권자(또는 그의 대리인이나 수탁자)가 전환권을 가지고 있는 한 우발적인 속성이 없는 것으로 하였고, 그 내용이 2003년 신용파생정의조항집에 반영되어[29)] 채권자가 전환권 또는 교환권을 가지는 전환채무(Convertible Obligation)나 교환가능채무(Exchangeable Obligation)는 우발적인 속성이 없는 것으로 정하였다.

2) 채무재조정 관련 실물결제시 인도가능채무의 요건

2000년 Conseco 건에서 신용사건으로 채무재조정이 발생한 이후 더 낮은 금액으로 거래되는 장기채권을 인도가능채무로 삼아서 실물결제하는 이른바 'cheapest to deliver'의 문제가 발생하였다.[30)] 이 문제를 해결하기 위하여 2001. 5. 11. ISDA는 1999년 신용파생거래정의조항집을 개정하는 채무재조정 관련 보충서(Restructuring Supplement to the 1999 ISDA Credit Derivatives Definitions)를 발표하였다.[31)] 이 보충서는 신용스왑계약에서 실물결제를 하기로 하고, 아울러 실물결제시 인도가능채무의 만기에 대한 제한 조항 등이 적용되는 것으로(Restructuring Maturity Limitation and Fully Transferable Obligations Applicable) 정한 경우에 적용된다. 이렇게 정한 경우를 수정채무재조정(Modified Restructuring)으로 부른다. 이 경우에는 실물결제를 위하여 사용할 인도가능채무는

택권을 가진 경우에는 우발적인 채권이라고 볼 수 없고, not contingent의 요건을 충족한다고 판시하였다.

28) Supplement to the 1999 ISDA Credit Derivatives Definitions on Convertible, Exchangeable or Accreting Obligations.

29) 2003년 신용파생거래정의조항집 제2.20조 (b)항 (i)호. 제8.7조 (a)항 (iii)호, (v)호.

30) 제4장 박 준, 신용스왑(Credit Default Swap)계약상 신용보장의 대상과 범위, 주 73의 본문.

31) ISDA, Commentary On Restructuring Supplement (May 11, 2001).

(i) 양도 가능한 채권(債券, Bonds)이거나, 일정한 적격양수인[32]에게 양도할 때에는 준거채무자 또는 보증인의 동의가 필요 없는 것(Fully Transferable Obligation)으로서 (ii) 만기가 (a) 채무재조정일로부터 30개월 또는 (b) 재조정된 채권 또는 대출의 만기 중 빨리 오는 날〔또한 이 날은 신용스왑계약의 예정종료일(Scheduled Termination Date) 이후 30개월 이내이어야 함〕 이전에 만기가 도래하여야 하도록 규정하였고, 이 내용은 2003년 신용파생거래정의조항집에도 그대로 유지되었다.[33] 이때 대출이나 채권의 수탁회사, 재무대리인, 지급대리인 등에 대한 양도, 경개 통지가 필요한 경우는 채무자의 동의가 필요한 것으로 보지 않는다.[34] 또한 양도 가능한지의 여부는 그 양도대상이 되는 채권의 계약상의 조건에 따라 결정되는 것이지 행정법규상의 제한 등은 고려하지 않는다.[35]

이 조항에 대하여 유럽의 대출관행을 반영한 추가 개정이 이루어졌다. 신용스왑계약에서 실물결제를 하기로 하고, 아울러 실물결제시 인도가능채무의 만기에 대한 수정 제한 조항 등이 적용되는 것으로 (Modified Restructuring Maturity Limitation and Conditionally Transferable Obligations Applicable) 정한 경우에는 위의 수정채무재조정과는 다른 조

---

32) 적격양수인(Eligible Transferee)은 총자산이 미화 5억 달러 이상인 은행, 보험회사, 집합투자기구, 증권매매 또는 중개회사 또는 이들 기관의 계열회사, 자산 미화 1억 달러 이상의 투자기구(헤지펀드 등), 자산 5억 달러 이상의 회사, 파트너십, 신탁, 또는 국가 또는 국제기구를 말한다. 2003년 신용파생거래정의조항집 제2.32조 (f)항.

33) 2003년 신용파생거래정의조항집 제2.32조 (a)항 내지 (c)항.

34) 2003년 신용파생거래정의조항집 제2.32조 (b)항.

35) 예컨대 양도할 채권이 은행의 대출채권이고, 그 국가의 은행 법규상 은행의 대출채권의 양도는 양수인이 해당 국가에서 은행업 허가를 받은 경우에만 허용되도록 정하고 있다. 신용스왑계약의 신용보장매도자가 그러한 은행업 허가를 받지 않은 경우라고 하더라도, 이러한 은행 법규의 제한 때문에 그 대출채권이 Fully Transferable Obligation에 해당하지 않게 되는 것은 아니다. Allen & Overy Memorandum, Definition of "Fully Transferable Obligation," in the ISDA Restructuring Supplement (November 21, 2001).

건이 적용된다. 이러한 경우를 재수정채무재조정(Modified Modified Restructuring)으로 부른다. 이 경우에는 실물결제시 사용할 인도가능채무는 (i) 양도 가능한 채권이거나, 일정한 수정적격양수인(Modified Eligible Transferees)[36]에게 양도할 때에는 준거채무자 또는 보증인의 동의가 필요 없는 것(Conditionally Transferable Obligations)으로서[37] (ii) 만기가 (a) 신용스왑계약의 예정종료일(Scheduled Termination Date), (b) 채무재조정된 대출 또는 채권인 경우에는 채무재조정일로부터 60개월(기타의 경우에는 채무재조정일로부터 30개월) 중 늦게 오는 날 이전에 만기가 도래하여야 한다.[38] 준거채무자 또는 보증인의 동의가 필요한 경우라 하더라도 준거채무자 또는 보증인이 동의를 불합리하게 거부할 수 없도록 정한 경우에는 Conditionally Transferable Obligations에 해당된다. 이와 같이 재수정채무재조정의 경우에는 수정채무재조정과 비교할 때 동의 여부, 적격양수인의 범위, 만기 등 여러 면에서 실물결제에 사용할 수 있는 인도가능채무의 범위가 넓다.

신용스왑계약상 당사자들이 채무재조정에 대하여 정할 수 있는 선택지는 결국 (i) 채무재조정을 신용사건의 범위에 포함시키지 않는 것, (ii) 채무재조정을 신용사건에 포함시키고 다른 특별한 약정을 하지 않는 것(이른바 Full Restructuring), (iii) 수정채무재조정, (iv) 재수정채무재조정의 네 가지가 되었다.

---

36) 수정적격양수인(Modified Eligible Transferee)은 은행, 금융기관 기타 대출, 증권 기타 금융자산을 만들거나 매입하거나 투자를 정규적으로 영위하거나 그러한 행위를 할 목적으로 설립된 법인/및실체를 말한다. 자산규모에 대한 제한은 없다. 2003년 신용파생거래정의조항집 제2.33조 (f)항.

37) 2003년 신용파생거래정의조항집 제2.33조 (a)항과 (b)항.

38) 2003년 신용파생거래정의조항집 제2.33조 (c)항.

(2) 인도

인도(Deliver)는 인도가능채무상의 모든 권리와 이익을 담보, 부담, 상계 등의 항변 없이〔다만 2003년 신용파생정의조항집 제4.1조 (a)항 내지 (d)항의 항변[39]은 제외〕 넘길 수 있도록 하기 위한 교부(deliver), 경개(novate), 이전(transfer), 양도(assign), 매도(sell)를 의미한다. 직접대출참가(Direct Loan Participation)의 방식으로 인도하는 경우에는 인도는 신용보장매도인 앞으로 participation을 하는 것을 의미하고, 인도가능채무가 적격보증채권(Qualifying Guarantees)인 경우에는 적격보증채권과 피보증채권을 함께 양도하는 것을 말한다.[40]

인도가능채무가 교부에 의하여 양도할 수 있는 증권인 경우(예 : bond)에는 신용보장매입자가 그 인도가능채무를 신용보장매도자에게 인도하는 데 특별한 어려움이 없을 것이다. 그러나 대출채권과 같은 지명채권을 인도가능채무로 이용할 의도라면, 신용보장매입자는 신용스왑계약 체결시점 내지는 그 이전부터 미리 그 채권이 양도할 수 있는 것인지, 양도하기 위해서는 어떠한 절차를 거쳐야 하는지 등을 확인하여 나중에 신용사건발생시 실물결제를 하기 위한 조건을 충족하는 데 문제가 발생하지 않도록 할 필요가 있다.

신용보장매입자는 인도가능채무에 대하여 신용보장매도자에게 participation을 제공함으로써 인도할 수도 있다.[41] 그러나 participation 방법을 이용하는 경우 신용위험이 이미 현실화되어 신용보장매도자

39) 제4장 박 준, 신용스왑(Credit Default Swap)계약상 신용보장의 대상과 범위, 주 45의 본문.

40) 2003년 신용파생거래정의조항집 제8.2조.

41) 2003년 신용파생거래정의조항집 제2.20조 (b)항 (iv)호.

가 신용보장매입자에게 결제금액을 지급한 이후에도 신용보장매입자가 채권자의 지위에 남아 있고, 신용보장매도자는 준거채무자에 대하여 직접적인 권리를 행사할 수 없게 되므로 신용보장매도자가 선호하지 않을 것이다.[42)]

(3) 인도 기한

신용사건발생 후 신용보장매입자가 실물결제의 방법으로 신용스왑계약상의 신용보장금액의 지급을 받기 위해서는 인도가능채무를 신용스왑계약에서 정한 기한 내에 신용보장매도자에게 인도하여야 한다. 신용보장매입자가 실물결제 통지에 기재한 인도가능채무를 신용보장매도자에게 인도하지 못하는 경우에도 신용보장매입자에 대하여 신용스왑계약이나 그 기본계약상 채무불이행(Event of Default)이 발생하는 것은 아니다.[43)] 경우에 따라 현금결제가 적용되거나 다른 방법에 의한 실물결제가 적용될 수 있다.[44)]

---

42) Jan Job de Vries Robbe, 앞의 책(주 14), 160면.

43) 2003년 신용파생거래정의조항집 제9.2조 (c)항 (ii)호.

44) 1999년 신용파생거래정의조항을 적용한 사례로서 신용보장매입자가 인도가능채무를 적시에 확보하지 못하여 신용스왑계약상의 신용보장금액을 지급받지 못한 사례가 있다. 2000. 4. 19. DB가 신용보장매입자, Ambac Credit Products LLC('ACP')가 신용보장매도자로 되어 60개의 준거채무자 내지는 준거채무〔Solutia Inc.가 발행한 2027년 만기 연이자율 7.375% 채권('Solutia Bonds') 포함〕를 대상으로 하는 신용스왑계약을 체결하였다. 2003. 12. 17. Solutia Inc.가 파산신청을 하여 신용사건이 발생하였고, DB는 2003. 12. 17.자로 신용사건발생통지(Credit Event Notice)와 공개정보통지(Notice of Publicly Available Information)를 보냈으며, 2004. 1. 16. 아울러 "DB가 ACP에게 다음의 인도가능채무를 인도할 것으로 합리적으로 기대하고 있다(Solutia Bonds). 신용파생거래의 조건에 따라, DB는 실물결제를 위한 인도가능채무〔신용파생거래의 조건에 따라 요구되고(Solutia Bonds)의 최종 가격에 따라 결정되는 원금액의 채권〕를 2004. 2. 4.('인도일')에 인

즉 (i) 신용보장매입자의 귀책사유 없이 매입자의 인도 또는 매수자의 인수가 불가능하거나 위법하게 되어 일정 시한(Latest Permissible Physical Settlement Date)[45)]까지 실물결제가 행하여지지 않게 된 경우에

도할 것이다. 인도일에 ACP는 DB에게 신용파생거래의 조건에 따라 요구되는 금액을 지급할 것이다" 라고 기재한 실물결제의향통지(notice of intended physical settlement, NIPS)도 발송하였으며, 2004. 2. 2. DB는 ACP에게 실물결제의 조건을 확인하는 편지를 다시 보냈다(이 신용스왑계약 체결시 사용한 1999년 신용파생거래정의조항집 제3.4조에서는 실물결제의향통지는 신용보장매입자가 취소불가능하게 신용보장매도자에게 실물결제방식으로 결제할 것임을 확인하고, 신용보장매입자가 신용보장매도자에게 인도할 것으로 합리적으로 예상하는 인도가능채무의 종류를 상세히 적어서 보내도록 하고 있었다. 아울러 신용사건발생통지 후 30일 이내에 실물결제의향통지를 보내지 않으면 신용스왑거래가 종료하도록 규정하였다). 1999년 신용파생거래정의조항집 제9.3조 (C)항 (ii)호에 따르면 신용보장매입자는 5영업일의 유예기간을 부여 받도록 하였으므로 DB는 늦어도 2004. 2. 11.까지 Solutia Bonds를 인도할 의무가 있었으나, 그때까지 이를 확보하지 못하였다. DB는 자신이 신용보장매도자인 신용스왑을 JP Morgan과 체결하는 등 JP Morgan과 CSFB로부터 Solutia 발행채권을 양수할 것으로 예상하고 위와 같은 실물결제통지를 Ambac에게 보낸 것이었으나, 실제 Solutia 채권을 양수하지 못하여 2004. 2. 4.에는 ACP에게 인도할 Solutia Bonds의 3분의 1밖에 확보하지 못하였고, Solutia Bonds를 다른 방법으로 확보할 노력을 하지 않았다. DB는 2004. 3. 4.에 이르러서야 JP Morgan과 CSFB로부터 Solutia Bonds를 양수하여 ACP에게 인도하기 위하여 변제의 제공을 하였으나, ACP는 수령을 거부하고 신용보장금액의 지급도 거절하였다. 이에 2004. 7. 19. DB는 ACP 및 ACP의 보증인인 ACP의 모회사 Ambac Assurance Corporation('AAC')를 상대로 신용보장금액의 지급을 청구하는 소송을 제기하였다. DB는 소송에서 (i) 신용스왑계약(즉 확인서)상에 인도일(delivery date)을 확정하게 되어 있어도 인도가능채무를 확보할 수 있을 때까지 인도일이 연장될 수 있고 그것이 신용스왑거래의 관행이며, (ii) ACP가 인도일에 대하여 유예한 것으로 볼 수 있고, (iii) ACP의 지급거절이 신의성실과 공정거래의무(implied covenant of good faith and fair dealing) 위반이라는 등의 주장을 하였으나, 법원에서는 이러한 주장을 모두 배척하였다. Deutsche Bank AG v. AMBAC Credit Products, LLC Not Reported in F. Supp. 2d, 2006 WL 1867497 (S.D.N.Y.)(July 6, 2006).

45) 2003년 신용파생거래정의조항집 제9.7조에서 실물결제를 행할 수 있는 시한(Latest Permissible Physical Settlement Date)을 정하면서, 동 정의조항집 제2.33조 (b)항 (i)호 (C)목이 적용되는 경우에 대하여 규정하고 있는데, 2003년 신용파생거래정의조항집 제2.33조 (b)항 (i)호에는 (A)목과 (B)목만 있을 뿐 (C)목이 없다. 오

는 2003년 신용파생거래정의조항집 제9.3조에 따라 현금결제가 적용되고, (ii) 2003년 신용파생거래정의조항집 제9.4조 내지 제9.6조를 적용하기로 하고, 역시 일정 시한까지 실물결제가 이루어지지 않은 경우에는 위 조항에 따라 현금결제가 적용되고, (iii) 실물결제통지에 인도하겠다고 기재한 인도가능채무(Deliverable Obligation)의 채권인 경우에는 제9.9조에 따라 신용보장매도자가 매입권(buy-in)을 행사할 수 있게 되고, (iv) 실물결제통지에 인도하겠다고 기재한 인도가능채무가 대출채권(Loan)인 경우에는 제9.10조에 따라 다른 방법으로 실물결제를 하게 된다.

2003년 신용파생거래정의조항집상으로는 사실상 결제시한이 무기한 인정되는 것과 마찬가지이므로 신용스왑계약이 결제되지도 않고 종료되지 않는 상태가 장기간 유지될 우려가 있고, 이러한 상태의 지속을 원하지 않는 당사자들을 위하여 ISDA는 2003. 8. 5. 실물결제일로부터 60영업일 후에 신용스왑계약이 종료되도록 하는 내용의 이른바 '60영업일 결제시한조항'(60 Business Days Cap on Settlement)에 관한 별도약정표준안을 발표하였다.[46]

(4) 인도가능채무의 확보와 관련된 문제

신용보장매입자가 신용스왑계약을 체결하는 시점부터 인도가능채무를 보유하고 있는 경우에는 별 문제가 없을 것이나, 그렇지 않은 경

류로 보인다. 이를 제2.33조 (c)항으로 해석하는 견해〔Paul C. Harding, 앞의 책(주 6), 156면〕도 있는데 근거가 없는 것으로 보인다.

46) 60일 결제시한조항은 북미를 제외한 시장의 관행이라고 한다. 河合祐子/湛田眞吾, 앞의 책(주 21), 309면.

우에는 인도가능채무를 확보하여야 한다. 그러나 신용사건발생 후 인도가능채무를 확보하는 것이 실제 어려울 경우도 있고,[47] 신용보장매입자의 인도가능채무의 확보 필요성이 준거채무자의 구조조정에 영향을 미칠 수도 있다. 2006년 영국의 소매업자인 GUS가 소매업자인 Argos와 신용심사업자인 Experian으로 분할되고 GUS의 채무를 Experian이 인수하고자 하였는데, 이와 같은 구조조정이 GUS가 발행한 채권의 채무불이행 사유에 해당되어 이를 해소하고자 사채권자들에게 사채의 조기상환과 0.5%의 수수료 지급을 제시하였다.[48] 2009년 만기인 채권과 2011년 만기인 채권의 사채권자들은 이에 동의하였으나, 2013년 만기인 채권의 사채권자들은 동의하지 않았다. 동의하지 않은 사채권자들 가운데는 GUS를 준거채무자로 하는 신용파생거래의 신용보장매입자인 헤지펀드들도 있었고, 이들 헤지펀드들은 사채가 모두 상환되면 신용파생거래상 인도할 인도가능채무를 확보할 수 없게 된다는 점을 우려한 것이었다.[49] GUS는 이러한 부동의한 사채권자의 입장을 수용하여 동의 수수료를 상향 조정함과 아울러 지배권의 변동조항(change of control clause)을 추가하고, 기업인수 등이 발생한 경우 이자율을 2% 인상하는 내용을 추가하였다. 사채권자 입장에서는 인도가능채무를 계속 보유하면서 혹시 지배권의 변동 등이 발생하면

47) 예컨대 준거채무자가 자금조달을 위한 자회사를 설립하여 그 자회사가 조달한 자금을 활용하여 준거채무자의 기존채무를 모두 상환하는 경우 원래의 준거채무자에 대한 채권을 구하기 어려울 수 있다. 이러한 경우에 대비하여 미리 인도가능채무를 확보하거나, 아니면 위와 같은 재무구조변경을 할 수 없도록 하는 권리를 확보하는 등의 방법을 생각하여 볼 수 있다. 그러나 준거채무자가 채무를 상환하는 경우에는 미리 확보하는 방안도 도움이 안 된다. Jan Job de Vries Robbe, 앞의 책(주 14), 164면.

48) GUS 건은 Jan Job de Vries Robbe, 앞의 책(주 14), 165-166면에 의존하였다.

49) 이렇게 인도가능채무를 확보할 수 없게 되는 경우의 신용스왑을 고아가 된(orphaned) 신용스왑으로 부른다. Jan Job de Vries Robbe, 앞의 책(주 14), 165면.

원금을 조기상환 받거나, 아니면 인상된 이자율로 이자를 지급 받을 수 있게 된다.[50)]

(5) 신용보장매도자의 매입권(Buy-in)[51)]

신용보장매입자가 실물결제 통지에 인도가능채무로 채권을 인도하겠다고 기재하였으나, 실물결제일(Physical Settlement Date) 이후 5영업일이 되도록 신용보장매도자에게 인도하지 못하는 경우(신용보장매입자의 귀책사유 없이 인도 또는 양수가 불가능하거나 위법하게 된 경우는 제외함 — 이 경우에는 2003년 신용파생거래정의조항집 제9.3조에 따라 현금결제가 적용됨)에는 신용보장매도자가 그 채권(Bonds)을 스스로 매입하여 신용스왑거래의 결제를 마무리 지을 권리(buy-in right)가 있다. 신용보장매도자가 스스로 채권을 매입하기 위해서는 2영업일 전에 신용보장매입자에게 매입일(Buy-in Date)을 정하여 매입통지(Buy-in Notice)를 하고 매입일에 5개 이상의 매매업자로부터 해당 채권의 매도호가(Buy-in Offer)를 받도록 시도하여야 하고, 그중 가장 낮은 금액을 매입가격(Buy-in Price)으로 정한다. 신용보장매도자가 스스로 채권을 매입하는 경우 실물결제금액(Physical Settlement Amount)에서 그 매입가격과 중개수수료를 공제한 금액을 신용보장매입자에게 지급하여 결제를 마무리 짓게 된다.[52)] 신용보장매도자가 매입일에 매매업자로부터 매도호가를 받지 못하는 경우 그 이후 4영업일에 걸쳐(매입기간, Buy-in

---

50) 이러한 조항을 anti-orphaning 조항으로 부른다. Jan Job de Vries Robbe, 앞의 책(주 14), 166면.

51) 2003년 신용파생거래정의조항집 제9.9조.

52) 2003년 신용파생거래정의조항집 제9.9조.

Period) 매도호가를 받도록 시도할 수 있다. 신용보장매도인이 매입기간 중 매도호가를 받지 못하면 신용보장매입자가 그 후 5영업일간 인도가능채무를 인도할 수 있고, 그 기간 동안 인도하지 못하는 경우에는 신용보장매도자가 다시 매입권을 행사할 수 있다. 이 과정은 신용스왑거래가 최종적으로 결제될 때까지 반복된다. 결국 사실상 결제시한이 무한정 인정되는 것과 다름이 없다.

(6) 대체절차에 의한 실물결제

신용보장매입자가 실물결제 통지에 인도가능채무로 대출채권(Loan)을 인도하겠다고 기재하였으나 실물결제일 이후 5영업일이 되도록 신용보장매도자에게 인도하지 못하는 경우(신용보장매입자의 귀책사유 없이 인도 또는 양수가 불가능하거나 위법하게 된 경우는 제외함—이 경우에는 2003년 신용파생거래정의조항집 제9.3조에 따라 현금결제가 적용됨)에는 대체절차에 따른 결제가 진행된다. 신용보장매입자가 대출채권의 양도에 필요한 동의를 얻고자 합리적인 노력을 하였다는 확인서를 제공하고, 대출채권에 갈음하여 인도가능채무의 속성을 갖춘 채권(Bond) 또는 다른 대출채권(Loan)을 선정하여 인도할 수 있고,[53] 신용보장매입자가 대체절차개시일 이후 15영업일 이내에 인도가능채무를 인도하지 않는 경우에는 대출채권에 갈음하여 인도가능채무의 속성을 갖춘 채권 또는 다른 대출채권을 선정하여 인도할 것을 요구할 수 있도록 함으로써[54] 신용보장매입자와 신용보장매도자에게 순차적으로 신속하게 결제할 수 있는 권한을 부여하였다.

53) 2003년 신용파생거래정의조항집 제9.10조 (b)항.

54) 2003년 신용파생거래정의조항집 제9.10조 (c)항.

(7) 실물결제시 인도한 인도가능채무에 대한 신용보장매입자의 책임

신용보장매입자는 실물결제를 위하여 인도한 인도가능채무에 대한 모든 권리와 이익을 담보, 부담 기타 제한(준거채무자의 상계권, 항변권, 반대청구권 등 포함) 없이 신용보장매도자에게 이전한다는 점을 진술하는 것이고, 이 진술이 잘못된 경우 신용보장매도자가 입는 손해를 배상할 책임을 진다.[55] 다만 2003년 신용파생거래정의조항집 제4.1조 (a)항 내지 (d)항에 규정된 사항으로 인한 항변이나 반대청구권에 대하여는 이러한 진술 및 손해배상을 적용하지 않는다.[56] 제4.1조 (a)항 내지 (d)항은 (i) 준거채무자가 지정채무 부담하는 데 대한 권리능력 결여 또는 무권한, (ii) 채무가 위법, 무효, 집행 불가능하다는 점, (iii) 법령, 법원 또는 행정관청의 해석이나 명령, (iv) 외환거래 또는 자본거래 규제 등이다. 신용보장매입자가 신용보장매도자에게 인도한 인도가능채무상 준거채무자가 위와 같은 사유에 근거한 항변을 가지고 있더라도 그 항변은 신용보장매도자가 부담하게 된다. 제4.1조는 신용사건의 발생 여부를 판단함에 있어서 객관성을 높이기 위한 것으로 설명된다.[57] 제4.1조에 정한 사유에 근거한 항변이 있더라도 인도가능채무를 인도한 것으로 되므로 결국 신용보장매도자가 제4.1조에 정한 사유가 발생할 위험, 즉 법적인 위험(legal risk) 내지는 계약서 등의 서류를 제대로 작성 또는 심사하지 않는 데 따른 위험(documentation risk)까지 부담하는 결과가 된다. 신용파생거래가 신용위험을 이전하는 기능을 가진다는 점에서 보증 또는 participation과 유사한 기능을 가진다고 할 수 있으

55) 2003년 신용파생거래정의조항집 제9.2조 (a)항.
56) 2003년 신용파생거래정의조항집 제9.2조 (a)항.
57) Edmund Parker, 앞의 책(주 14), 281면.

나, 보증이나 participation의 경우에는 준거채무자에 대한 채권(債權, 예컨대 대출채권)을 발생시키는 시점부터 관여할 수 있고 신용위험을 부담하는 시점에 준거채무자의 권리능력, 권한 등 법적 위험이나 서류작성을 부실하게 하는 위험 등도 통제할 수 있는 데 반하여, 2003년 신용파생거래정의조항집 제9.1조 (a)항이 적용되는 신용파생거래의 경우에는 그렇지 않다는 점에서 상당한 차이가 있다. 만약 신용보장매도자의 입장에서 이러한 법적인 위험 내지는 서류 관련 위험까지 부담하지 않으려면, 2003년 신용파생거래정의조항집 제4.1조의 적용 또는 제9.1조 (a)항의 적용을 일부 배제하는 특약을 할 필요가 있다.

3. 현금결제

(1) 현금결제를 하는 경우

다음과 같은 경우 현금결제를 하게 된다.

① 신용스왑계약상 미리 현금결제를 하기로 합의한 경우

② 실물결제를 하기로 합의하였으나 실물결제가 신용보장매입자가 제어할 수 없는 사유로 인도가능채무의 인도(Deliver) 또는 인수(accept Delivery)가 불가능하거나 위법하게 되는 경우[58)]

③ 신용스왑계약상 미리 일부 현금결제(Partial Cash Settlement)할 수 있음을 명시하였고, 실물결제통지에 기재한 인도가능채무가 준거채무자(또는 보증인)의 동의가 필요한 대출채권이고, 그러한 동의를 얻지 못한 경우[59)]

58) 2003년 신용파생거래정의조항집 제9.3조.

59) 2003년 신용파생거래정의조항집 제9.4조 (b)항. 이 경우에도 신용스왑계약상 직접

④ 신용스왑계약상 미리 일부 현금결제할 수 있음을 명시하였고, 실물결제통지에 기재한 인도가능채무가 양도가능대출(Assignable Loans)이며 그 양도에 필요한 동의를 얻지 못한 경우[60)]

⑤ 신용스왑계약상 미리 일부 현금결제 할 수 있음을 명시하였고, 신용스왑계약상 직접대출참가(Direct Loan Participation)가 인도가능채무에 포함되어 있으나, 실물결제할 시한(Latest Permissible Physical Settlement Date)까지 직접 대출참가가 이루어지지 않는 경우

(2) 현금결제금액의 산정

현금결제에는 (i) 시장가격을 기준으로 결제금액을 산정하는 형태(시장가격 참조형)의 거래와 (ii) 확정금액을 미리 정하여 그 금액으로 결제하는 형태(정액형)의 거래가 있다. 즉, 확인서에서 현금결제금액(Cash Settlement Amount)을 일정 금액으로 미리 정하여 놓으면 신용사건 발생 후 준거채무자에 대한 채권의 시장가격의 변동(즉 준거채무자에 대한 채권회수율이 얼마나 될 것인가)에 관계없이 신용보장매도자는 신용보장매입자에게 미리 정한 현금결제금액을 지급할 의무를 지고,[61)] 현

대출참가(Direct Loan Participation)가 인도가능채무에 포함되어 있지 않거나 포함되어 있더라도 직접대출참가가 이루어지지 않아야 한다.

60) 2003년 신용파생거래정의조항집 제9.5조 (b)항. 양도가능대출(Assignable Loan)은 준거채무자(또는 보증인)의 동의 없이 최소한 은행 또는 금융기관에게 양도할 수 있는 대출채권을 의미하므로〔2003년 신용파생거래정의조항집 제2.20조 (b)항 (ii)호〕, 양수인이 은행 또는 금융기관이 아니라서 동의가 필요한데, 그 동의를 얻지 못한 경우에 현금결제를 하도록 규정한 것으로 보인다. 이 경우에도 신용스왑계약상 직접대출참가(Direct Loan Participation)가 인도가능채무에 포함되어 있지 않거나 포함되어 있더라도 직접대출참가가 이루어지지 않아야 한다.

61) 정액형은 신용사건발생 후 실물결제 또는 현금결제시 가격 산정할 만한 준거채무자의 채무를 구하기 어려운 경우 또는 신용파생거래의 수수료의 유연한 산정을

금결제금액을 미리 정하지 않은 경우에는 준거채무(Reference Obligation)의 가격에 기초하여 다음과 같이 산정한 금액을 지급할 의무를 진다.[62)]

현금결제금액 = 〔기준가격(Reference Price) − 최종가격(Final Price)〕 ×변동지급자계산금액(Floating Rate Payer Calculation Amount)

기준가격과 최종가격은 백분율로 표시하는데, 기준가격은 통상 100%로 정한다. 신용사건이 발생하면 통상 준거채무의 가격이 하락할 것이고, 최종가격을 백분율로 표시하면 100%에 미치지 못할 것이다. 신용보장매도자는 그 차이에 신용스왑계약금액〔보다 정확하게는 신용보장매도자에게 적용되는 계약금액인 변동율지급자계산금액(Floating Rate Payer Calculation Amount)〕을 곱하여 나온 금액을 신용보장매입자에게 지급할 의무를 진다. 준거채무의 가격(Final Price)은 신용스왑계약에서 미리 정한 평가방법(Valuation Method)에 따라 산정한다. 언제, 누구로부터, 어떠한 금액에 대하여 몇 번 평가를 할 것인지, 평가는 무엇을 기준으로 할 것인지, 그 평가결과를 어떻게 최종가격 산출에 반영할 것인지 등을 미리 정하여야 한다. 즉, 평가일을 단수로 할 것인지(Single Valuation Date), 아니면 복수로 할 것인지(Multiple Valuation Dates), 가격은 매수호가(Bid), 매도호가(Offer) 또는 중간가격(Mid-market) 중 어느 것을 기준으로 할 것인지, 평가일이 복수인 경우 최고치로 할 것인지, 아니면 최고치의 평균(Average Highest)으로 할 것인지 등에 따라 평가방법이 달라진다.

위하여 이용되고, 일본의 경우에는 보험회사를 준거채무자로 하는 경우에 정액형이 이용된다고 한다. 河合祐子/湛田眞吾, 앞의 책(주 21), 306면.

62) 2003년 신용파생거래정의조항집 제7.3조.

① 준거채무가 1개이고 평가일도 1개인 경우에는 계산대리인이 정하는 시장가치(Market Value) 또는 계산대리인이 받은 가격제시의 최고호가(Highest)를 기준으로,

② 준거채무가 1개이지만 평가일이 복수인 경우에는 평균시장가격(Average Market) 또는 제시된 가격의 최고치(Highest) 또는 평균최고호가(Average Highest)를 기준으로,

③ 준거채무가 복수이고 평가일이 1개인 경우에는 복수준거채무의 시장가격을 단순평균한 혼합시장가격(Blended Market) 또는 복수준거채무에 대하여 제시된 가격의 단순평균인 혼합최고호가(Blended Highest)를 기준으로,

④ 준거채무가 복수이고 평가일도 복수인 경우에는 평균혼합시장가격(Average Blended Market) 또는 평균혼합최고치(Average Blended Highest)를 기준으로 사용할 수 있다. 확인서에서 평가방법에 대하여 아무런 언급이 없으면 평균혼합최고치를 사용하는 것으로 본다.

(3) 계산대리인(Calculation Agent)

계산대리인은 현금결제시 금액 산정을 위한 가격제시(Quotation)를 받고 최종가격(Final Price)을 결정하는 등 결제에서 중요한 역할을 수행한다. 계산대리인은 신용스왑계약의 두 당사자 중 한 당사자가 할 수도 있고 제3자가 할 수도 있으나, 제3자가 하는 경우는 드물고 통상 신용보장매도자가 행한다.[63]

신용스왑계약상 특별한 지정이 없는 경우에도 신용보장매도자가

63) Paul C. Harding, 앞의 책(주 6), 39면.

행하는 것으로 본다.[64] 이렇게 신용스왑계약의 당사자가 계산대리인을 겸하는 경우에는 이해상충의 문제가 발생할 수 있다. 그 사례로는 GMO Trust와 CSFB 간의 분쟁을 들 수 있다. GMO Trust는 신용보장매입자로서 CSFB와 에콰도르 발행 채권을 대상으로 하고 현금결제하기로 하는 신용스왑계약을 2개 체결하였고, CSFB를 계산대리인으로 정하였다. 2000. 3. 에콰도르가 채무불이행하여 신용사건이 발생하였고, 신용보장매입자인 GMO는 채권의 액면가와 시가의 차액을 현금으로 받을 권리가 있었다.

GMO Trust는 CSFB가 가격제시한 매매업자에게 부당한 압력을 가하는 등 명백히 잘못되고 부풀린 가격으로 가격 산정을 하였다고 주장하여 소송을 제기하였고, CSFB는 GMO Trust가 가격제시한 5개의 매매업자 중 2개에게 가격을 낮추도록 부당한 압력을 행사하였고, 최종가격이 시장가격보다 낮았다고 주장하면서 반소를 제기하였다. GMO Trust와 CSFB가 결국 합의하여 분쟁을 종결지었다.[65]

4. 새로운 결제 방법—결제 Protocol

신용스왑계약상 신용보장매도자의 의무이행은 현금결제보다는 실물결제로 이루어지는 편이 더 많았다.[66] 신용보장매입자가 이미 준거채무자에 대하여 대출하고 있거나 준거채무자가 발행한 채권을 보유하고 있는 경우가 아니라면, 실물결제를 위하여 준거채무자에 대한

64) 2003년 신용파생거래정의조항집 제1.14조.

65) Finnerty, John D./Brown, Mark S. An Overview of Derivatives Litigation, 1994 to 2000, 7 Fordham J. Corp. & Fin. L. 131 (2001), 137-139면.

66) 주 14.

인도가능채무를 확보하여야 하고, 이는 통상 시장에서 유통되는 준거채무자 발행채권을 매입하는 방법으로 이루어진다. 그런데 유통시장에서 확보할 수 있는 준거채무자 발행채권이 적은 경우 특히, 준거채무자 발행채권이나 준거채무자에 대한 대출채권의 규모에 비하여 신용파생거래의 규모가 큰 경우에는[67) 신용사건발생 후 그 인도가능채무 확보로 인한 수요 때문에 준거채무자 발행채권의 가격이 왜곡될 수 있고 실물결제를 위한 인도가능채무를 확보하는 것이 사실상 매우 어려워지게 된다. 이러한 문제를 해결하기 위하여 ISDA에서는 2005년부터 다수의 신용파생거래가 이루어진 주요한 준거채무자의 신용사건발생시 결제를 위한 protocol을 작성하여 신용파생거래의 당사자들이 결제를 효율적으로 할 수 있도록 하고 있다.[68)]

예컨대 2008. 9. 15. 미국 파산법상 회생절차의 개시를 신청한 Lehman Brothers Holding Inc.를 준거채무자로 하는 신용파생거래에 관하여 ISDA는 2008. 10. 6. 결제 Protocol(2008 Lehman CDS Protocol)을 발표하였다. 이를 따르고자 하는 금융기관은 Protocol 비준서(Adherence Letter)를 2008. 10. 8.까지 제출하도록 하였고, 실제 358개의 금융기관이 비준서를 제출하였다. Protocol을 따르기로 한 당사자들 사이에서는 Protocol의 적용대상인 신용스왑거래(Covered Transactions)〔(Lehman

67) 자동차부품회사인 Delphi가 발행한 채권(債券)은 22억 달러, 대출채무는 30억 달러인 데 반하여, Delphi를 준거채무자로 하는 신용파생거래의 규모는 280억 달러에 달하는 것으로 평가되었다. David Mengle, Credit Derivatives : An Overview (2007), 33면. available at http://www.frbatlanta.org/ news/conferen/07fmc/07FMC_mengle.pdf

68) 2005. 5. 17. 파산신청한 Collins & Aikman Products Co.를 시작으로 Delta Airlines, Northwest Airlines을 비롯하여 2008년에는 도산 내지는 구제를 받은 Fannie Mae, Freddie Mac, Lehman Brothers, Washington Mutual 등을 준거채무자로 하는 신용파생거래에 관한 Protocol을 발표하였다.

Protocol의 경우에는 기본적으로 Lehman Brothers Holding Inc.를 준거채무자로 한 신용파생거래로서 2008. 9. 15. 이전에 체결되고 예정종료일(Scheduled Termination Date)이 2008. 9. 15. 이후이어야 하고 기타 몇 가지 다른 기준을 충족하여야 함)]의 계약조건이 일률적으로 변경된다. 계약조건의 변경 내용은 (i) 본래의 신용스왑계약상 행한 신용사건발생통지, 공개된 정보의 통지, 실물결제통지 등은 모두 취소되고, (ii) Lehman의 회생절차 개시신청일인 2008. 9. 15.에 신용사건발생통지와 공개된 정보의 통지가 행하여진 것으로 간주하고, (iii) Protocol의 적용대상거래는 결제방법이 현금결제로 정하여진 것으로 보고 결제하되, (iv) 현금결제시 가격의 산정을 일정한 경매 방법을 사용하도록 하고 있다.[69] Protocol을 따르면서도 실물결제를 하고자 하는 당사자는 경매에 참여하는 방법으로 실물결제를 하게 된다.

5. 신용스왑계약의 결제와 관련된 법적 문제

(1) 미공개중요정보의 이용

준거채무자의 신용사건발생은 통상 준거채무자의 심각한 신용도 악화를 의미할 것이므로[70] 준거채무자 발행 증권 투자 여부 판단에 중

69) 경매방식에 대한 설명이 16페이지로 Protocol에서 가장 많은 분량을 차지한다. Lehman의 경우에는 Lehman에 대한 채권을 2008. 10. 10. 경매하여 2008. 10. 21. 현금결제를 하는 것으로 되어 있다. Plain English Summary of the Auction Methodology in the 2008 Lehman CDS Protocol available at http://www.isda.org/

70) 채무재조정(Rescheduling)은 신용도 악화라고 할 수 있는지의 여부에 대하여 논란이 있을 수 있으나, 채무재조정의 경우에도 신용도 악화로 인한 것이 아니면 신용사건에 해당하지 않는 것으로 정하고 있다. 2003년 신용파생거래정의조항집 제4.7조 (b)항 (iii)호.

대한 영향을 미칠 수 있는 정보에 해당하는 경우가 많을 것이다. 이러한 미공개중요정보 이용의 문제는 자본시장에 대한 규제가 발달한 곳에서는 항상 발생할 수 있는 문제이다. 2003년 10월 ISDA를 비롯한 4개의 금융기관협회[71)]가 합동으로 '신용시장 참여자들의 미공개중요정보의 취급에 대한 원칙과 권고사항'(Statement of Principles and Recommendations Regarding the Handling of Material Nonpublic Information by Credit Market Participants)을 발표하였다. 이 발표에서는 미국시장에서의 미공개중요정보 이용시 Rule 10b-5 위반 등의 법적인 문제를 지적하고 정보의 통제에 관한 권고사항(정보차단장치의 구축, 정보의 불필요한 확산을 막기 위한 '필요한 범위 내에서만 정보 접근가능' 하도록 하는 원칙의 적용, 요주의 정보의 별도관리 등)을 제시하였다. 2005년에는 2003년 발표에, EU의 시장남용지침(Market Abuse Directive)[72)] 위반 등 EU시장에서의 법적인 문제와 권고사항을 보충하는 내용의 EU보충서를 발표하였다. EU보충서는 EU의 시장남용지침상으로는 증권관련 파생거래의 체결, 양도, 종결뿐 아니라 신용보장매입자가 신용사건의 발생 통지를 하는 행위도 그로 인하여 시장에서 거래되는 증권(publicly traded securities)의 취득 또는 처분을 초래하게 되는 것이라면 미공개중요정보 이용금지의 대상인 것으로 보고 있다.[73)]

71) The Joint Market Practices Forum은 ISDA 이외에 Bond Market Association, International Association of Credit Portfolio Managers, Loan Syndications and Trading Association의 3개 기구가 참여하였다.

72) Directive 2003/6/EC of the European Parliament and of the Council of 28 January 2003 on insider dealing and market manipulation (market abuse).

73) Statement of Principles and Recommendations Regarding the Handling of Material Nonpublic Information by Credit Market Participants European Supplement (May 2005), 12면.

우리나라의 법제를 살펴보자. 신용사건이 발생하였으나, 그 사실이 자본시장과 금융투자업에 관한 법률(이하 '자본시장법') 제174조 및 동법 시행령 제201조 제1항에 따른 미공개성을 보유하고 있는 상태에서 신용보장매도자가 신용보장매입자로부터 신용사건발생 사실을 통지받은 후 그 정보에 기초하여 준거채무자 발행증권에 관한 거래를 하는 경우에는 미공개중요정보 이용행위에 해당할 것이다. 따라서 신용보장매도자로서는 신용파생거래 담당 부서와 증권 거래를 행하는 부서 간에 정보차단장치를 구축할 필요가 있을 것이다. 신용보장매도자에게 정보차단장치가 없다면, 신용사건발생통지를 받은 경우 그 통지내용이 미공개중요정보를 포함하고 있는지의 여부를 확인하여야 하고, 포함하고 있다면 미공개중요정보의 성질을 상실하기 전까지 준거채무자 발행증권의 매매 기타 거래를 하여서는 안 된다.

신용사건발생 사실이 아직 미공개중요정보의 성질을 가지고 있는 상황하에서 신용보장매입자가 신용사건발생통지를 하고 실물결제를 하는 과정에서도 미공개중요정보 이용행위에 해당하는지의 여부를 검토할 필요가 있다. 우선 신용보장매입자가 실물결제용으로 사용하기 위하여 증권시장 내에서 또는 장외거래로 준거채무자가 발행한 채권을 매입하는 경우는 위의 신용보장매도자에 관하여 논의한 것과 마찬가지로 미공개중요정보 이용행위에 해당할 수 있을 것이다. 한편 신용사건발생 사실이 아직 미공개중요정보의 성질을 가지고 있는 상황하에서 신용보장매입자가 신용보장매도자에게 준거채무자가 발행한 채권을 양도하여 실물결제를 하는 행위는 어떠한가. 이러한 경우에는 신용보장매입자가 신용사건발생을 신용보장매도자에게 통지할 것이므로 신용보장매입자는 미공개중요정보를 신용보장매도자와 공유하게 될 것이고, 실물결제의 당사자들인 신용보장매입자와 신용보장매도자 간에 정보의 불균형이 없으므로 실물결제 자체는 미공개중요정보 이용행위에 해당하지 않는다고 보는 것이 합리적일 것이다.[74)]

신용보장매입자가 준거채무자에 대하여 신용사건이 발생할 가능성이 높은 것을 알면서(예 : 준거채무자가 채무재조정을 계획하고 있음을 알면서) 그러한 사정을 모르는 거래 상대방과 금융투자상품 거래를 하는 경우 자본시장법 제178조 제1항의 부정거래행위에 해당하게 될 가능성이 높다. 종전의 증권거래법상으로는 이러한 유형의 부정거래행위가 증권의 불공정거래행위로서 증권거래에 한하여 적용되었으나, 자본시장법에서는 금융투자상품에 적용되고 장외파생거래도 금융투자상품에 해당되므로 부정한 수단 등을 사용하거나 중요사항에 관한 거짓의 기재나 기재가 누락된 문서를 사용하면 부정거래행위에 해당하게 될 것이다.

그런데 2003년 신용파생거래정의조항집 제9.1조 (b)항 (iv)호에서는 신용파생거래의 당사자 중 일방이 상대방당사자가 가지고 있지 않은 미공개정보로서 해당 신용파생거래의 맥락에서 중요한 정보를 가지고 있을 수 있다는 취지와 신용파생거래를 체결한다고 하여 그러한 정보를 가진 당사자가 상대방당사자에게 그러한 정보를 제공할 의무를 지는 것은 아니라는 취지의 조항을 두고 있다. 이렇게 당사자가 명시적으로 상대방이 중요한 정보를 가지고 있을 수 있다는 점과 정보의 불균형을 알면서도 신용파생거래를 한 경우에도 자본시장법 제178조 제1항 위반이 될 수 있는지는 의문이다. 자본시장법 제178조 제1항은 기본적으로 자본시장에서 공정한 거래가 이루어지도록 하기 위한 조

74) 대법원 2006. 5. 11. 선고 2003도4320 판결 참조.

항이므로 당사자가 사적으로 합의하여 적용을 배제할 수 있는 성질의 조항은 아닐 것이다. 그러나 신용파생거래에 따르는 위험에 대한 판단을 할 수 있는 능력이 있는 당사자 간에 상대방과의 사이에 정보의 불균형이 있을 수 있음을 알면서도 2003년 신용파생거래정의조항집을 적용하여 신용파생거래를 한 경우에는 자본시장법 제178조 제1항의 보호법익의 범위를 벗어나는 것이라고 보는 것이 보다 합리적이지 않을까 하는 생각이다.

2003년 신용파생거래정의조항집 제9.1조 (b)항 (iv)호과 관련하여 한 가지 주목할 사항은 보험계약에서 보험계약자 또는 피보험자가 부담하는 고지의무와 정반대의 입장을 취하고 있다는 점이다. 신용파생거래에서 이와 같은 조항을 두고 있는 것은 신용파생계약 체결 후 정보 미제공을 이유로 한 계약의 해지 내지는 불이행 또는 이에 관한 분쟁 발생의 소지를 예방하여 신용파생계약의 법적 안정성을 높이기 위한 것으로 보인다.

또한 신용파생거래를 행하는 당사자들이 신용위험에 대한 전문성을 가지고 있는 것을 전제로 한 것이었을 것으로 예상된다. 신용위험을 독자적으로 판단할 수 있는 금융기관들이 당사자가 되는 동안에는 이 조항의 합리성이 있다고 할 수 있겠으나 신용파생상품〔예컨대 신용연계증권(credit linked note)〕이 비전문가에게도 판매되어 신용위험이 비전문가에게 이전되는 상황에서는 적절한 조항인지 의문이 있다. 이와 같은 조항이 포함된 신용스왑거래를 증권화하는 경우 유동화거래의 주선자와 증권화된 금융투자상품의 판매자는 각 단계의 거래에서 어느 당사자가 어떠한 위험을 부담하는지에 대하여 면밀하게 검토하여 투자자가 부담하는 위험이 무엇인지를 파악하여 투자자에게 고지할 필요가 있을 것이다.

(2) 비밀보장의무

우리나라 금융기관은 금융실명거래에 관한 법률에 따라 일정한 예외를 제외하고는 원칙적으로 금융자산에 대한 정보를 다른 사람에게 제공하여서는 안 되고, 신용정보의 보호 및 이용에 관한 법률에 따라 일정한 신용정보를 보호할 의무가 있다. 이러한 법률상의 명시적인 조항이 없더라도 고객과의 계약상 이러한 비밀보장의무를 부담할 수도 있다.

법률의 명시적인 고객정보 보호조항의 적용대상도 아니고 고객과의 계약상 명시적으로 금융기관이 비밀보장의무를 부담한다는 조항이 없는 경우는 어떠한가? 관련 고객정보가 이미 널리 알려졌거나, 고객의 동의가 있거나, 법적으로 정보 제공이 요구되거나, 정보 제공이 불가피한 경우 등 정당한 사유가 있는 경우라면 고객정보의 제공이 문제가 안 될 것이나, 그러한 정당한 사유가 없는 상황이라면 계약관계의 내용이나 계약 위반의 내용에 따라서는 금융기관이 비밀을 유지하여야 할 의무를 부담한다고 보는 것이 합리적인 경우가 꽤 있을 것이다. 신용스왑거래의 상대방인 신용보장매도자에게 고객관련 정보를 제공하는 것이 정당한 정보 제공행위라고 볼 수 있을까. 신용스왑거래가 은행의 신용위험 헤지를 위한 일상적인 행위에 해당하는지, 정보수령자가 다수인지의 여부, 정보수령자가 비밀유지의무를 지겠다는 약정을 체결하는지의 여부 등에 따라 달라질 것이다. 신용스왑거래가 은행의 일상적인 행위라고 볼 수 있는지에 대하여는 논란이 있을 수 있을 것이나, 신용스왑거래의 상대방인 정보수령자가 또 다른 금융기관으로서 비밀유지약정을 체결하도록 하는 등의 조치를 취한 후 신용스왑거래에 따른 고객정보를 제공한 경우까지 묵시적인 고객정보비밀의무 위반이라고 보는 것은 조금 지나친 것 아닌가 하는 생각이 든다.

앞서 본 바와 같이 이러한 문제를 해결하는 방안의 하나로 공개정보(Publicly Available Information)의 개념이 도입되어 공개정보를 기초로 신용사건발생 여부를 판단하도록 하였다. 상장된 채권 또는 공모 발행된 채권의 경우에는 많은 투자자들이 이해관계를 가지게 되므로 채무불이행 등 채무자의 신용도 악화에 관한 정보가 공개될 가능성이 높은 데 반하여, 은행대출과 같은 경우에는 이러한 정보가 공개되어 보도되는 것이 쉽지 않고 보도된다고 하더라도 그 사실의 발생과 보도 사이에 많은 시간 간격이 생길 가능성이 높다. 은행의 고객에 대한 비밀유지의무를 위반하지 않으면서 동시에 고객에게 은행의 신용파생거래 사실을 알리지 않기 위하여 신용스왑계약상 준거채무자를 특정인으로 명시하지 않고 일정한 기준(예 : 설립지 또는 주된 사무소 소재지, 업종, 신용등급)을 정하는 방법을 사용할 수 있다는 견해도 있으나,[75] 신용사건발생시 발송하는 신용사건발생통지서상에 신용사건발생 여부를 판단하는 데 필요한 사실을 상당한 정도 세부적으로 기재하여야 하므로[76] 과연 이 단계에서도 신용사건이 발생한 준거채무자가 누구인지를 밝히지 않아도 될 것인지는 의문이다.

(3) 신용파생거래와 관련된 이해상충의 문제

준거채무자에 대한 대출채권을 가진 채권자 중 신용파생거래를 행

75) Paul C. Harding, 앞의 책(주 6), 22면.

76) 2003년 신용파생거래정의조항집 제3.3조.

하여 신용보장매입을 한 경우에는 준거채무자의 회생을 위한 채무재조정 등의 노력을 하는 것보다는 채무불이행 내지는 도산하도록 하는 것이 더 쉽게 채권을 회수하는 길일 수도 있다. 채권자가 신용파생거래를 하였는지의 여부는 다른 채권자가 알 수 없으므로 이러한 채권자가 있는 경우 준거채무자의 회생을 위한 채권자 간의 협의가 원활하게 진행되지 않을 수 있다. 또한 준거채무자의 주식 또는 채권에 투자하고 있거나 다른 거래관계가 있는 자가 신용보장매입을 한 경우 신용파생거래의 규모가 다른 거래의 규모에 비하여 어느 정도의 비중을 가지는가에 따라서는 신용파생거래상 신용사건이 발생하는 편이 더 많은 이익을 얻을 수도 있을 것이고, 그러한 목적으로 다른 거래(주식 또는 채권거래)를 하는 경우에는 시제조종이나 부정거래행위에 해당할 수 있는 경우가 발생할 수 있다.[77]

Ⅳ. 맺음말

신용스왑(credit default swap)계약상 신용보장의무의 이행에 관한 당사자 간의 권리의무관계를 ISDA에서 발간한 2003년 신용파생거래정의

77) Joseph P. Collins/Pamela J. Sackmann, Assessing The Legal And Regulatory Environment For Credit Derivatives, Prepared for the ABA Annual Meeting, Section of Business Law, Commercial Financial Services Forum A Structured Finance Trio (August 11, 2003), 9면은 Gotham Partners Management Co.가 MBIA Inc.와 Farmer Mac.을 준거채무자로 하는 신용보장매입 금액을 대규모로 늘리고 준거채무자 발행 주식을 공매도 하면서 이들 회사에 대하여 주식매도 입장을 취하고 있음을 공개적으로 밝힘으로써 신용사건의 발생 가능성이 높아지도록 하였다는 혐의를 두고 뉴욕의 유명한 Spitzer 검사가 수사한 사건이 있다고 하고 있으나 그 결과는 확인하지 못하였다.

조항집에 정의된 용어와 개념을 중심으로 살펴보았다. 신용보장의무의 이행, 즉 결제는 계약 당사자 간의 권리의무의 차원에서도 중요한 부분이고 매우 기술적인 부분들도 많이 포함되어 있지만, 결제가 원활하게 이루어지지 않는 경우 금융시장에 미치는 파급효과가 커질 수 있으므로 금융시장의 안정성의 차원에서 매우 중요한 부분이라고 할 수 있다. ISDA에서 최근 몇 년에 걸쳐서 시도하고 있는 결제 Protocol이나 2008년 금융위기를 맞아 미국에서 신용파생거래 결제를 위한 청산기구를 설립하려는 움직임[78]이 있는 것도 이러한 맥락에서 이해할 수 있다. 또한 신용파생거래가 증가하면서 단순히 신용위험의 헤지 내지는 이전만이 아니라 미공개중요정보의 이용 등의 다른 법적인 문제도 발생할 수 있는 등 관련 다른 분야에서의 문제도 발생할 수 있어 다각도로 검토가 필요한 것으로 보인다.

78) 2008년 11월 14일 미국 연방준비제도이사회, 증권거래위원회와 상품선물거래위원회가 CDS시장의 중앙청산기관(CCP, Central Counterparty)에 관한 감독의 협력과 정보의 공유 등에 관한 양해각서를 체결하였다. Memorandum of Understanding Between The Board of Governors of The Federal Reserve System, The U.S. Commodity Futures Trading Commission and The U.S. Securities And Exchange Commission Regarding Central Counterparties For Credit Default Swaps. Available at http://www.ustreas. gov/press/releases/reports/finalmou.pdf. 신용파생거래에 관한 미국의 규제에 대하여는 박 준, "서브프라임대출관련 금융위기의 원인과 금융법의 새로운 방향 모색," 국제거래법연구 제17집 제2호(2008. 12), 국제거래법학회, 33-35면 참조.

제6장

장외파생상품거래와 담보[*]

-Rehypothecation 문제를 중심으로-

한 민** · 홍선경***

6

I. 머리말

장외파생상품거래에서는 계약의 종료시 당사자 간의 거래를 모두 시가평가(mark to market valuation)에 의해 정산하여 하나의 잔액채권(net exposure)으로 만드는 일괄정산(close-out netting)조항을 ISDA Master Agreement와 같은 기본계약서에 규정하고 있는데,[1] 이러한 일괄정산 조항에 의하여 상대방의 채무불이행으로부터 생기는 신용위험을 하나의 잔액채권으로 줄일 수 있다.[2] 그러나 일괄정산조항에 의하여

---

* 이 글은 BFL 제44호(2010. 11)에 게재된 글을 수정 · 보완한 것이다.

** 이화여자대학교 법학전문대학원 교수, 변호사

*** 김 · 장법률사무소 미국 변호사

1) ISDA Master Agreement (Multi-Currency Cross Border), Section 6.

2) 잔액채권은 기본계약에 따라 두 단계로 이루어지는 일괄정산에 의하여 산출된다.

당사자 간의 장외파생상품거래가 하나의 잔액채권으로 된다고 하더라도 이러한 잔액채권을 어떻게 회수할 것인가의 문제가 남게 된다. 담보거래는[3] 일괄정산에 의하여 산정된 이러한 잔액채권의 회수를 담보하기 위한 목적으로 행하는 것이다.[4] 한편, 금융기관은 담보를 취득함으로써 은행의 위험가중자산에 대한 자기자본비율, 금융투자업자의 영업용순자본비율, 보험회사의 지급여력비율의 산출 등과 관련하여 금융규제법규상 적격담보에 부여되는 신용위험 경감 효과를 얻을 수 있다. 나아가 아래에서 보는 바와 같이 담보의 재이용이 허용되는 경우에는 담보물을 매각 · 대여 · 재담보 또는 그 밖의 방법으로 치분할 수 있게 되어 유동성을 확보하고 자금조달 비용을 절감할 수 있다.[5]

최근 리먼브러더스 그룹사들의 파산으로 인하여 담보의 재이용에 따른 고객 또는 거래 상대방의 보호문제가 국제적인 현안이 되어 있다. 영국에서 administration 절차가 진행 중인 증권회사 리먼브러더스 인터내셔널 유럽(Lehman Brothers International Europe, 이하 'LBIE')의 경우,

---

첫 번째는, 계약에 따라 관련 거래들을 종료시키는 단계(close-out)이고, 두 번째는 해당 거래들의 종료가액을 평가하여 정산함으로써 단일한 잔액을 도출하는 단계(netting)로 이루어진다. Chin-Chong Liew/I-Ping Soong, Hong Kong Derivatives (Law and Practice), LexisNexis (2010), p.118 참조.

3) 담보가 제공되는 전형적인 장외파생상품거래로는, interest rate swaps and options, cross currency swap, forward rate agreement, commodity derivatives, equity derivatives, bond options, credit derivatives, foreign exchange, currency options 등을 들 수 있다. Paul C. Harding/ Christian A. Johnson, Mastering Collateral Management and Documentation, Prentice Hall (2002), pp.68-69.

4) 정순섭, "신종금융거래의 담보화에 관한 연구," 증권법연구 제4권 제1호(2003), 한국증권법학회, 148면 ; 西村總合法律事務所 編, ファイナンス法大全〔上〕, 商事法務, 2003, 611-612면 참조.

5) 이러한 점에서 담보거래는 회수기능(recovery function) 이외에 거래기능(tradeability function)을 갖고 있다. 허항진, 국제증권시장의 법과 실무, 세창출판사, 2009, 487면.

prime brokerage 거래에서 고객들(헤지펀드 등)이 prime broker인 LBIE에게 담보로 제공한 증권을 담보의 재이용권에 기하여 처분하거나 다른 자산과 혼장시켜 보관함으로써 고객들이 담보 증권이나 그 가액의 상당 부분을 회수하지 못하게 되어 막대한 손실에 직면해 있다.[6] 미국의 리먼브러더스 그룹사의 경우와는 달리, LBIE의 경우 담보의 재이용으로 인하여 고객들이 위와 같은 손실을 입게 된 가장 큰 이유는, 미국에서는 증권회사가 증권거래와 관련하여 고객이 제공한 담보를 재이용하는 것에 대하여 증권 법령상 고객보호 시스템을 갖추고 있으나, 영국에서는 고객이 제공한 담보의 재이용에 관하여 그 금액 한도에 관하여 아무런 규제 장치를 두고 있지 않은 데에 있다고 한다.[7] LBIE는 위 prime brokerage 거래 이외에도, 장외파생상품거래에서 고객들로부터 소유권이전 방식에 의해 제공받은 담보를 재이용권에 기하여 처분하였는데, 그러한 담보 중 피담보채권 금액을 초과하는 담보가액(예컨대, 아래에서 보는 독립담보의 제공에 따른 초과담보가액)에 대한 고객의 반환채권이 무담보채권으로 취급되어 고객들이 상당한 손실을 입게 되

6) LBIE는 2008. 9. 15. administration 절차가 개시되기 전에 약 220억 달러 상당의 고객 재산을 담보의 재이용권에 따라 제3자에게 대여하였다고 한다. Mariya Deryugina, "Standardization of Securities Regulation : Rehypothecation and Securities Commingling in the United States and the United Kingdom," Review of Banking & Financial Law Vol.29 (2009-2010), p.274 참조. 위 영국의 administration 절차에서 고객들의 채권 회수에는 상당한 시일이 소요될 것으로 예상되고 있는데, 고객들의 채권 회수에 이렇게 시간이 많이 소요되게 된 것은, 미국의 Securities Investor Protection Act(SIPA)와는 달리 영국의 도산법제는 증권회사와 같은 금융기관만을 대상으로 하는 별도의 도산절차를 두고 있지 않기 때문이라는 지적도 있다. Manmohan Singh/James Aitken, "Deleveraging after Lehman-Evidence from Reduced Rehypothecation," IMF Working Paper (WP/09/42), p.3.

7) 예컨대, 미국 Securities Exchange Act의 Rule 15c3-3에 따라 증권회사는 고객의 채무잔액(debit balance)의 140%까지만 담보의 재이용이 허용된다. Manmohan Singh/James Aitken, 앞의 글(주 6), 4면.

었다.[8] 그리하여 prime brokerage 거래와 장외파생거래에서 고객 또는 거래 상대방의 손실을 방지하기 위한 제도개선 방안이 논의되고 있다.[9]

이 글에서는 위와 같은 배경하에서, 우선 담보 재이용의 개념 및 외국에서의 입법 동향을 간략히 살펴본 후에, ISDA의 표준담보계약서에 따른 담보제공 방법과 담보의 재이용문제에 관하여 검토하고, 초과담보에 따른 신용위험과 관련하여 특히 이슈로 되어 있는 독립담보의 문제점과 개선방안을 살펴본 다음, 우리나라 법에 따른 담보의 재이용 방안으로서 민법상의 전질권이 갖고 있는 한계를 짚어 보고, 끝으로 새로운 담보제공 방법의 모색 필요성에 관해 검토하기로 한다.

II. 금융담보와 Rehypothecation

Rehypothecation은 그 용어 정의가 확립되어 있는 것은 아니나, 대체로 거래계에서는 담보를 제공받은 담보권자가 그 담보를 자신의 목적을 위하여 다시 담보로 제공하거나 그 소유권을 이전하는 등 일체의 방법으로 이용하는 것을 의미하는 용어로 쓰인다.[10] 이 글에서는 이와 같이 rehypothecation을 재담보뿐만 아니라 기타 방법에 의한 담보물의 처분 및 이용을 포함하는 넓은 의미로서 '담보의 재이용' 이라고 부르기로 한다. 장외파생상품거래, 증권거래 등 금융거래에서 은행, 증

8) ISDA, MFA and SIFM, Independent Amounts, Release 2.0 (March 1, 2010), p.7 참조.

9) 영국의 법제 개선 노력에 관하여는, 우선 Erica Johansson, "Reuse of Financial Collateral Revisited," Intermediated Securities-Legal Problems and Practical Issues (Ed. By Louise Gulliffer and Jennifer Payne), pp.162-164 참조. ISDA 등의 노력에 관하여는 ISDA, MFA and SIFM, 앞의 글(주 8) 참조.

10) Erica Johansson, 앞의 논문(주 9), 152면.

권회사 등 금융기관은 일반적으로 담보로 제공받은 담보물을 재이용하는 권리를 갖고자 한다. 담보의 재이용에 의하여 담보권자는 담보물을 즉시 매각하거나, 증권대차 영업에서 담보증권을 대여하거나 또는 그 자신의 채무를 담보하기 위하여 이용할 수도 있다.[11] 그러나 가장 대표적인 담보의 재이용 방식은 담보취득자가 담보증권을 리포(repo)거래의 상대방에게 매각하는 것이다. 담보부차입의 방식이 아니라 증권매각 방식을 취하고 있는 이러한 리포거래에 의해 담보권자는 저렴한 비용으로 자금을 조달할 수 있게 된다. 담보로 제공받은 증권을 채무불이행이 없는 상태에서 매각할 수 있도록 하는 이러한 실무는 국채 시장에서 증권대차거래 대신에 리포거래가 활성화된 때문이기도 하다.

미국에서는 아래에서 보는 바와 같이 담보의 재이용이 일어나더라도 담보권의 효력이 상실되지 않도록 하는 통일상법전(Uniform Commercial Code)의 규정들로 인하여 담보의 재이용이 가능하게 되어 있고, 유럽에서는 EU의 금융담보지침(Financial Collateral Directive) 제5조에 따라 담보의 재이용이 도입되어 모든 EU 회원국에서 시행되고 있는데, 이에 따르면 담보약정에서 규정하는 경우에는 그 범위 내에서 담보취득자가 마치 담보물의 소유자인 것처럼 담보를 재이용할 수 있다.[12] 2009. 10. 스위스 제네바에서 채택된 사법통일국제연구소(UNIDROIT)의 '중개된 증권에 관한 실질법 규칙에 관한 협약' (Convention on Substantive Rules regarding Intermediated Securities)에서도[13] 담보계약에 명시된 경우

11) C. A. Johnson, "Derivatives and Rehypothecation Failure : It's 3:00 p.m., Do You Know Where Your Collateral Is?," Arizona Law Review 949 (Fall 1997), p.36.

12) Erica Johansson, 앞의 논문(주 9), 152면.

13) 제네바증권협약(Geneva Securities Convention)이라고 약칭하며, 실질법의 주요 측면에 관하여 전 세계적으로 통일할 필요가 있는 최소한의 원칙을 정한 것이다.

담보의 재이용권을 인정하고 있다.[14] 위와 같이 담보의 재이용을 허용하는 목적은, 시장에서의 유동성을 증대시키고 가격변동성을 줄이며 투자자들이 보다 쉽게 공정한 가격으로 증권을 매입 또는 매각할 수 있도록 하기 위한 것이다.[15] 그러나 재이용된 담보와 동가의 담보가 담보제공자에게 반환되지 아니할 경우, 담보제공자는 초과담보 부분에 대하여 무담보채권자가 된다는 문제점이 있다.

한편, 우리나라와 같이 채무불이행이 생기기 전에 담보를 처분하는 것이 허용되지 아니하는 경우에는 제한된 범위 내에서 전질(re-pledge)이 이용된다. 전질에서는 채무불이행이 발생하기 전에 담보물을 위와 같이 매각하는 것은 허용되지 아니하므로 담보권자가 담보물을 리포거래 등을 위해 이용할 수 없게 된다. 그럼에도 불구하고, 전질권에 의하여 담보권자는 그 자신의 채무를 담보하기 위하여 담보를 이용할 수 있고 이에 따라 보다 적은 비용으로 자금을 조달할 수 있다는 이점이 있다. 특히 back-to-back 방식의 장외파생상품거래에서 전질은 중요한 기능을 할 수 있다. 예를 들면, 장외파생상품거래가 채무인수를 한 중앙청산소(CCP)를 통하여 청산결제되는 경우, 제공된 담보는 중앙청산소에 전질될 필요가 있다. 실제로 우리나라에서는 질권이 설정된 담보의 재이용은 허용하고 있지 아니하므로 전질(또는 전전질)이 장내에서 거래되는 선물거래의 담보제공 방법으로 일반적으로 이용되고 있다.[16]

14) 박철영, "제네바증권협약의 제정과 국내 증권법의 과제," 증권법연구 제11권 제1호(2010), 한국증권법학회, 331면.

15) Erica Johansson, 앞의 논문(주 9), 152-153면.

16) 장내파생상품거래와 관련하여, (i) 위탁자가 한국거래소 결제회원의 고객인 경우(즉, 위탁자가 결제회원에게 질권 설정을 해준 대용증권을 결제회원이 거래증거금으로 이용하고자 하는 경우), 대용증권에 대하여 한국거래소에게 전질권을 설정하

III. 장외파생상품거래에서 표준담보계약서에 의한 담보제공과 담보의 재이용

장외파생상품거래의 담보로는 권리 이전이나 담보권 설정의 용이성 또는 가격평가에 소요되는 시간과 비용, 관리의 용이성, 풍부한 유동성 등의 이유로 국채 등 증권이나 현금이 이용된다.[17] 국제적으로는 G10 국가의 국채, 특히 미국 달러화나 유로화 현금이나 미국 국채(US Treasury Bonds)를 적격담보(Eligible Credit Support)로 인정하는 것이 일반적이고 기타 국가의 현금이나 정부채는 예외적으로 이용된다.[18] 국내 담보로는, 국채(Korea Treasury Bonds), 통화안정채(Monetary Stabilization Bonds)가 주로 이용된다. 정부투자기관이 발행한 회사채, 현금(보증금), 은행 예금 등을 적격담보에 포함시키는 경우도 있다. 이하에서 살펴보는 다양한 ISDA 표준담보계약서에 의한 담보제공 방법은 크게 소유권이전 방식과 담보권설정 방식으로 나눌 수 있다. 우리나라의 실무에서는 국내 담보에 관하여는 담보권설정(근질권) 방식만 이용되고 있고, 외국 소재 담보가 함께 제공되는 경우에는, (i) 외국 담보에 대하여 뉴욕주법 Credit Support Annex(이하, 'CSA')를 이용하되, 이 CSA의 말미에 한국법에 따른 근질권설정 특약을 작성하는 방법(실무상 이를

여야 하고, (ii) 위탁자가 매매전문회원의 고객이어서 매매전문회원이 결제회원의 고객이 된 경우(즉, 매매전문회원 앞으로는 질권, 결제회원 앞으로는 전질권이 설정되어 있는 대용증권을 결제회원이 거래증거금으로 이용하고자 하는 경우), 한국거래소에게 전전질권을 설정해야 한다. 한국예탁결제원, 증권 등의 담보관리에 관한 규정 제21조 제4항.

17) 정순섭, 앞의 논문(주 4), 167면.

18) 황민택, 장외파생상품 계약실무, 탐진, 2007, 363면 ; Paul C. Harding, Mastering The ISDA Master Agreements 〔1992 and 2002〕 (Third Ed.), Prentice Hall (2010), pp.402-403.

'Dual Law CSA' 라고 부른다), 또는 (ii) 외국 담보에 대하여 영국법 CSA를 적용하되, 국내 담보에 대하여는 한국법에 의한 CSA를 따로 작성하는 방법을 이용한다.

1. 영국법 CSA

담보제공자가 담보물의 소유권을 담보취득자에게 이전하는 방식에서는 소유권이전이 담보권설정으로 인정될 위험이 없도록 하는 것이 중요하다. 소유권이전이 당사자들의 의도와는 달리 담보권설정으로 인정되는 경우에는 담보권설정을 위한 요건을 갖추지 못하여 담보권으로도 효력을 인정받지 못할 수 있기 때문이다.[19)]

영국법 CSA에서는 이러한 위험을 피하기 위하여 CSA에 따른 소유권이전은 담보권의 설정을 의도하거나 담보권을 설정하는 것이 아니라는 점을 명시적으로 선언하고 있고,[20)] 담보물의 교체는 담보취득자의 동의를 요하는 것으로 정하고 있으며,[21)] 담보의 재이용을 제한하는 아무런 규정을 두고 있지 아니하다. 이러한 영국법 CSA에서의 소유권이전 방식은 적어도 영국법상으로는 그 효력에 법적 안정성이 부여되어 있다.[22)] 영국법 CSA의 이점은 담보의 재이용이 허용되고, 대부분의 주요 국가에서 담보물에 관한 소유권이전의 효력을 보장받는 것이 담보권설정 방식보다는 더 효과적이고 확실성이 있다는 데

---

19) Nina Hval, "Credit Risk Reduction in the International Over-the-Counter Derivatives Market : Collateralizing the Net Exposure with Support Agreements," 31 Int' l L. 801 (1997), p.810.

20) 영국법 CSA, paragraph 5(c).

21) 영국법 CSA, paragraph 3(c).

22) Paul C. Harding, 앞의 책(주 18), 403면.

있다.[23)] 상대방의 귀책사유로 인한 기한의 이익상실사유 발생시 담보의 처분에 관한 영국법 CSA의 특징적인 내용은, CSA에 의한 기제공 담보의 평가금액(Credit Support Balance)을 Master Agreement에 따른 미지급금액(Unpaid Amount)으로 간주하여 모든 거래(Transaction)의 종료가액(termination value)과 위 미지급금액을 일괄정산의 대상으로 한다는 점이다. 따라서 영국법 CSA에서 담보의 재이용이 허용된다고 하더라도 담보제공자인 상대방은 자신의 채무금액이 기제공 담보의 평가금액과 상계될 수 있으므로 그 한도 내에서는 별다른 신용위험을 갖지는 않게 된다. 그런데 기제공 담보의 평가금액이 자신의 채무금액을 초과할 경우, 초과담보금액에 관하여는 무담보채권자가 되는 부담을 안게 된다.

2. 뉴욕주법 CSA

뉴욕주법 CSA에 의한 담보의 제공은 뉴욕주 통일상법전에 의한 담보권(security interest)을 설정하는 방식이고, 당사자 간의 담보권 설정(attachment)과 제3자에 대한 대항요건(perfection)을 갖추어야 한다. 뉴욕주 통일상법전 Section 9-314(c)에 의하면, 담보목적물이 투자재산(investment property)인 경우에는,[24)] 담보권자가 지배권(control)을 취득하여 담보권의 대항요건을 일단 갖추면 채무자가 담보목적물인 증서의 점유나 등록명의 또는 증권권리를 취득하지 않는 한, 담보권자가 대

23) Nina Hval, 앞의 논문(주 19), 810, 812면.

24) 투자재산은 증서화된 무기명식 증권, 증서화된 기명식 증권, 무권화된 직접 보유 증권 및 증권권리(securities entitlement)를 말한다. 증권권리는 증권중개기관을 통하여 증권 기타 금융자산을 보유하는 자의 권리와 재산권을 말한다.

항요건을 갖춘 후에 담보목적물에 대한 지배권을 상실하더라도 담보권의 효력은 여전히 유지된다. 따라서 담보권자가 제공받은 담보물을 전질 · 매각하거나 기타 방법으로 처분하더라도 담보권의 효력이 유지되므로 담보의 재이용이 가능하게 되는 것이다. 뉴욕주법 CSA는 아래에서 보는 영국법 CSD나 일본법 CSA에서의 담보권설정 방식과는 달리, 당사자 간에 반대약정을 하지 않는 한, 담보물의 매각 · 입질 · 담보제공 등 담보의 재이용을 허용하고 있다.[25)]

채무자인 담보권설정자의 귀책사유로 Master Agreement상의 기한의 이익 상실사유(Event of Default) 기타 지정된 사유가 발생하는 경우, 담보권자는 (i) 피담보채권과 담보권자의 담보물가액 반환채무를 대등액에서 상계하거나 (ii) 담보물을 입찰 또는 수의계약에 의한 매각 또는 기타 방법으로 처분하여(담보권자가 이를 매입할 수도 있음) 그 처분대금을 피담보채권의 변제에 충당할 수 있다.[26)] 반면에 질권자의 귀

---

25) 뉴욕주법 CSA, paragraph 6(c)는, 당사자들이 달리 정하지 아니하는 경우, 담보권자는 뉴욕주 통일상법전 Section 9-207에도 불구하고, 아래와 같은 담보의 재이용 권리를 갖는다고 규정하고 있다.
"right to sell, pledge, rehypothecate, assign, invest, use, commingle or otherwise dispose of, or otherwise use in its business any Posted Collateral it holds, free from any claim or right of any nature whatsoever of the Pledgor, including any equity or right of redemption by the Pledgor"
그런데 위 규정에서 "Section 9-207에도 불구하고"라는 문구가 있는 이유는, 뉴욕주법 CSA가 간행된 1994년 당시 시행 중이던 개정 전의 뉴욕주 통일상법전 Section 9-207(2)(e)에서는 "〔달리 합의하지 아니하는 한〕 담보권자는 채무자의 담보물 반환청구권을 해하지 않는 조건으로 담보물을 전질할 수 있다"라고 규정되어 있었기 때문에, 이 규정을 배제하고 담보의 재이용 권리를 넓게 인정하기 위한 것이었다. 그 후 뉴욕주 통일상법전이 개정되어 현재의 뉴욕주 통일상법전 Section 9-207에서는 채무자의 담보물반환청구권을 해하지 않아야 한다는 조건은 더 이상 요구하지 않고 있다.

26) 뉴욕주법 CSA, paragraph 8(a).

책사유로 인하여 Master Agreement상의 기한의 이익 상실사유나 기타 지정된 사유가 발생하여 기한 전 종료일(Early Termination Date)이 정해진 경우에는, 질권설정자는 담보권자가 반환의무를 부담하는 담보가액에 대한 채권과 자신의 채무를 상계할 수 있고, 상계권을 행사하지 않고 담보권자가 담보를 반환할 때까지 그 담보가액에 상당하는 자신의 채무의 이행을 거절할 수도 있다.[27] 뉴욕주법 CSA에서 담보의 재이용을 허용하기로 하는 경우, 담보권자가 도산절차에 들어가더라도 영국법 CSA의 경우와 마찬가지로 담보설정자는 채무금액을 기제공 담보의 평가액과 상계할 수 있으므로 그 한도 내에서는 담보권자의 신용위험을 부담하지는 아니하나, 초과담보 부분에 대하여는 일반 무담보채권자가 되는 부담이 따른다.[28]

3. 영국법 Credit Support Deed

영국법을 준거법으로 하는 ISDA Credit Support Deed(이하, 'CSD')는 영국법에 의한 확정담보권(fixed charge)을 설정하는 방식이다.[29] 담보의 재이용은 허용되지 않는 것으로 규정하고 있고,[30] 담보물을 담보취득자의 다른 재산과 구분하여 관리하도록 규정하고 있다.[31] 영국법 CSD는 담보의 재이용이 허용되지 않고 담보권의 대항요건 구비 절차로

---

27) 뉴욕주법 CSA, paragraph 8(c).

28) Paul C. Harding/Christian A. Johnson, 앞의 책(주 3), 56면.

29) 영국법 CSA, paragraph 2(a). 영국법상의 확정담보는 담보권설정자의 채무불이행 시 담보권자가 담보목적물을 매각하여 그 대금으로부터 피담보채권을 회수할 수 있는 권리를 부여한다. Nina Hval, 앞의 논문(주 19), 812면.

30) 영국법 CSD, paragraph 6(d).

31) 영국법 CSD, paragraph 6(c).

인한 부담으로 인하여 별로 이용되고 있지 않다고 한다.[32] 국내 실무에서도 영국법 CSA나 뉴욕주법 CSA를 주로 이용하고 영국법 CSD는 거의 이용하지 않는다.

4. 일본법 CSA

일본법을 준거법으로 하는 CSA에서는 소비대차 방식(현금 · 증권을 대상)과 근질권 방식(예금 · 증권을 대상)을 병용한다. 소비대차 방식에서는 담보제공자는 담보목적물을 담보권자에게 대여하고 담보권자가 담보가액 반환채무와 피담보채권을 상계할 수 있는 권리를 부여받고, 근질권 방식에서는 담보물에 대하여 근질권을 설정하고 담보가액 반환채무와 피담보채권을 상계할 수 있는 권리도 함께 부여한다.[33] 또한, 담보권자의 귀책사유로 기한 전 종료일이 정해진 경우, 뉴욕주법 CSA와 마찬가지로 담보제공자에게 담보가액 상당의 채권과 피담보채무를 상계할 수 있는 권한을 부여하고 있다.[34] 담보의 재이용에 관하여는, 소비대차 방식에서는 영국법 CSA의 경우와 마찬가지로 담보계약서에는 이에 관하여 아무런 규정을 두고 있지 아니하나, 소비대차의 성격상 당연히 담보의 재이용은 허용된다. 근질권 방식의 경우에는 법상 허용되는 범위 내에서 전질권을 설정할 수 있다. 근질권 방식의 경우, 질권설정자는 질권자가 도산절차에 들어가더라도 잉여담보에 대하여 환취권이 있어서 유리하나, 질권자 입장에서 보면, 질권

32) 2009 ISDA Margin Survey에 의하면, 영국법 CSD가 이용된 사례는 담보가 제공된 거래 중 1% 미만에 불과하다고 한다. Paul C. Harding/Christian A. Johnson, 앞의 책(주 3), 403면.

33) 일본법 CSA, paragraph 2(a), (b), paragraph 8(a).

34) 일본법 CSA, paragraph 8(b).

설정자에 대하여 일본의 회사갱생절차가 개시되는 경우 질권실행이 중지되는 단점이 있다. 반면에 소비대차 방식의 경우, 담보권자 입장에서는 회사갱생절차에서 근질권설정 방식이 갖는 문제점은 없으나, 도산절차에서 잉여담보는 환취권의 대상이 되지 아니하여 그 가액 상당의 채권이 일반 무담보채권으로 취급되는 부담이 있다.[35)]

IV. 독립담보와 담보의 재이용

1. 독립담보(Independent Amount)의 의의

장외파생상품거래의 당사자들은 정기적으로 피담보채권을 시가평가하여 평가시점을 기준으로 일괄정산 후 남는 상대방에 대한 잔액채권을 산정하고 그 금액에 충분한 담보를 제공받고 있는지 점검한다. ISDA의 표준담보계약서에서는 이러한 잔액채권을 담보하기 위해 필요한 담보가액으로서 신용보완금액(Credit Support Amount)이라는 용어를 쓰고 있는데, 이 신용보완금액과 기제공 담보의 평가액을 비교하여 담보의 추가 또는 반환이 이루어진다. 그런데 이 신용보완금액을 산정할 때 고려되는 것 중의 하나로서 독립담보라는 것이 있다. 독립담보는 ISDA 표준담보계약서(또는 개별거래의 Confirmation)에 정의되는데, 담보취득자의 피담보채권 평가액(exposure)과 상관 없이 상대방으로부터 받는 담보를 말한다. 독립담보는 이론상 당사자 쌍방이 서로 주고받는 의무로 할 수 있으나, 실제로 파생상품거래업자가 독립담보

35) 西村總合法律事務所, 앞의 책(주 4), 614-619면 참조.

를 제공하는 경우는 매우 드물고, 고객만이 파생상품거래업자에게 독립담보를 제공하고 있다. 주로 헤지펀드와 추가적인 신용위험이 있다고 여겨지는 고객에 대하여 부과하고 있다. 이 독립담보는 아래에서 보는 바와 같이 기본적으로 피담보채무 평가액의 변동에 대처하기 위한 것이다. 이에 반하여, 담보물가치의 할인(haircut)은 평가일과 그 다음 평가일 사이의 기간 또는 담보권 실행기간 동안에 담보물의 가격 변동에 대비하기 위한 것이다.[36)]

신용보완금액은 담보취득자의 피담보채권 평가액과 담보제공자에게 적용되는(즉, 담보제공자가 담보취득자에게 제공해야 하는) 독립담보의 가액을 합한 금액에서, 담보취득자에게 적용되는(즉, 담보취득자가 담보제공자에게 제공하여야 하는) 독립담보의 가액과 담보제공자에게 적용되는 일정액의 한도액(threshold amount)을 차감하여 산정한다. 일정액의 한도액은 피담보채권액의 평가액이 이 금액을 초과하는 경우에만 담보를 제공하기로 하는, 즉 피담보채권의 평가액이 이 금액에 이를 때까지는 담보를 제공받지 않고 무담보채권인 상태로 유지하기로 담보취득자가 양해한 금액을 말한다.[37)] 위와 같이 산정된 신용보완금액과 기제공 담보의 평가액을 비교하여 신용보완금액이 크면, 담보제공자는 담보취득자에게 그 차액에 상당하는 추가담보(delivery amount)를 제공하여야 한다. 반대로 기제공 담보의 평가액이 신용보완금액보다 큰 경우에는 그 차액에 상당하는 담보(return amount)를 담보제공자에게 반환한다. 위 담보의 추가와 반환은 추가 또는 반환되는 담보의 가액이 최소거래금액(minimum transfer amount)을 초과하는 경우에만 이를 행하

36) Paul C. Harding/Christian A. Johnson, 앞의 책(주 3), 65면.
37) Paul C. Harding/Christian A. Johnson, 앞의 책(주 3), 66면.

는 것으로 정할 수 있다.

2. 독립담보의 제공에 따른 문제점과 개선 방안

독립담보를 제공하는 주된 목적은 상대방의 채무불이행시 신용위험을 줄이기 위한 것으로 대체로 담보가액 산정 후에 추가담보가 요청되어 제공될 때까지 사이에 시가평가액이 변동됨에 따른 위험, 상대방의 채무불이행 발생시 추가담보는 제공되지 아니하면서 담보취득자가 채권을 회수할 때까지 신용위험은 계속 증가할 위험, 최소거래금액 등 담보추가에 대한 상품 구조상의 제한으로 인한 손실 위험 등을 고려한 것이다. 또한 해당 장외파생상품거래들에 대하여 중간시장가격(mid-market value)을 기준으로 담보가 제공되나, 실제로 상대방의 채무불이행 발생시 담보취득자의 손실은 시장에서 bid 또는 offer 가격으로 회수됨에 따라 담보가액과 피담보채권의 평가액 사이에는 항시 어느 정도의 불균형이 존재하고, 그 금액은 상당한 금액에 달할 수 있는 위험에도 대비하는 것이다.[38)]

또한 독립담보는 그 부수적인 목적으로서 담보권자인 파생상품거래업자가 담보를 재이용하기 위하여 제공되는데, 그 금액은 상당한 금액이 될 수도 있다. 그런데 담보의 재이용이 허용되는 경우, 파생상품거래업자의 채무불이행 또는 도산시 상대방 고객은 추가적인 손실위험을 부담하게 된다. 초과담보 부분은 우선권 없는 무담보채권이 된다. 따라서 파생상품거래업자의 신용에 문제가 생기는 경우에는, 고객들이 채권회수를 서두를 가능성이 많아 은행예금 인출 사태(bank

38) ISDA, MFA and SIFM, 앞의 글(주 8), 6면 참조.

run)와 유사한 사태가 생길 수 있다. 담보제공자가 피담보채권의 평가액에 연동하여 제공하는 변동담보(variable margin)는 피담보채권의 평가액 범위 내에서 제공되나, 독립담보는 피담보채권의 평가액의 변동에 의하여 영향을 받지 아니한다. 따라서 담보취득자의 도산시 담보제공자가 초과담보로 인하여 갖는 위와 같은 신용위험은 변동담보가 아니라 독립담보에서 비롯되는 것이라 할 수 있다. 이러한 초과담보로 인한 문제점의 해결은 아래에서 보는 바와 같이 독립담보의 재이용에 대한 제한문제로 연결된다. 그러나 아래에서 보는 독립담보에 대한 개선 방안은 소유권이전 방식에 의한 담보제공의 경우에는 해당되지 아니한다. 왜냐하면 소유권이전 방식에 의한 담보제공의 경우에는 담보의 재이용을 제한하게 되면 오히려 소유권이전이 아니라 담보권의 설정으로 인정되고, 이 경우 담보권의 대항요건 미비로 무효가 될 가능성이 있기 때문이다.

현재 ISDA 등에서 논의되고 있는 방안 중의 하나는, 담보제공자, 담보취득자 및 제3의 보관기관(custodian) 삼자 간에 체결된 계약에 의하여 보관기관에 개설된 구분관리되는 계좌(segregated account)에 독립담보를 제공하고 담보의 재이용을 허용하지 아니하는 방안(tri-party custodial arrangements)이다. 미리 정해진 조건에 따라 보관기관이 담보를 어느 일방 당사자에게 교부한다. 이는 상거래에서 많이 쓰이고 있는 에스크로 약정(escrow agreement)과 유사한 것으로 보인다. 따라서 담보취득자의 대리인으로서 제3의 보관대리인을 이용하는 것과는 다르다. 다만, 현금의 경우에는 본질적으로 혼장 위험을 피하기 어렵다. 그러나 에스크로 예금(escrow deposit) 방식으로 하는 경우 보관기관의 신용위험은 있으나, 파생상품거래업자의 신용위험으로부터는 차단시킬 수 있을 것이다. 물론 담보제공자 입장에서는 현금을 다른 데에 이용하지 못함에 따른 투자이익의 상실문제가 있다. 독립담보와 변동담보를 구분하여 별개의 담보약정을 체결하는 방법도 검토되고 있다. 독립담보는 담보의 재이용을 금지하고 구분관리하는 것으로 하고, 변동담보는 담보의 재이용과 혼장을 허용하는 방안이다.[39)]

V. 우리나라 법에 의한 담보의 재이용

1. 국내 담보에 관한 우리나라의 실무

우리나라에서는 실무상 외국 담보만 있고 국내 담보가 없는 경우에는 영국법 CSA 또는 뉴욕주법 CSA를 이용하고 있고, 앞에서 본 바와 같은 이유로 영국법 CSD는 거의 이용하지 않고 있다. 한편, 국내담보가 있는 경우에는 근질권설정 방식으로 하고 있고, 양도담보는 조세문제나 규제법상의 제약으로 인하여 이용되지 않고 있다. 뉴욕주법 CSA를 이용하는 경우에는 CSA의 특약조항(paragraph 13)에 국내담보에 관한 내용을 추가하는 방식을 많이 이용하나,[40)] 국내 담보에

---

39) ISDA, MFA and SIFM, 앞의 글(주 8), 13, 15면 참조.

40) 예컨대, 아래와 같이 뉴욕주 CSA, paragraph 13에 특약조항을 포함시키는 방법으로 국내 담보에 대한 질권설정에 관하여 규정한다.

Paragraph 13. Elections and Variables

(n) Other Provisions

(viii) As applied to the KRW Collateral, the following additional provisions shall apply :

1. As applied to KRW Collateral, Paragraph 2 of this Annex is deleted in its entirety and replaced by the following :

Security Interest : The Pledgor, as security for the performance of the Obligations,

관하여 근질권설정 방식을 규정하는 별도의 한국법 CSA를 작성하는 경우도 있다. 영국법 CSA를 이용하는 경우에는 국내 담보에 대하여 근질권설정 방식을 규정하는 별도의 한국법 CSA를 이용한다.[41] 국내 담보에 대한 근질권설정의 경우, 질권자는 법이 허용하는 범위 내에서 전질권을 설정할 수 있도록 하는 규정을 특약에 포함시키고 있다.[42] 그러나 전질권은 아래에서 보는 바와 같은 여러 제한으로 인하여 장외파생상품거래에서는 실제로 잘 활용되고 있지 않는 것으로 보인다.

---

pledges and agrees to pledge, with full title guarantee, in favor of the Secured Party all Posted Collateral and grants and agrees to grant a first priority perfected security interest (Kun Jil Kwon) in favor of the Secured Party in such Posted Collateral. The Transfer of the KRW Collateral by the Pledgor shall constitute conclusive evidence of the Pledgor's agreement to pledge.

41) 별도의 한국법 CSA를 체결하는 경우, 뉴욕주법 CSA 또는 영국법 CSA의 규정에 따른 담보관리와 한국법 CSA에 따른 담보관리가 중첩적으로 이루어지지 않도록 두 계약서를 조화시키는 것이 중요하다.

42) Paragraph 13. Elections and Variables
(g) Holding and Using Posted Collateral
〔중략〕
(ii) The provision of Paragraph (c) will apply ; 〔중략〕 provided further that <u>with respect to KRW Collateral,</u> the words "notwithstanding Section 9-207 of the New York Uniform Commercial Code" shall be deleted and subparagraphs (i) and (ii) shall be amended to read as follows :
(1) <u>re-pledge any Posted Collateral it holds, free from any claim or right of any nature whatsoever of the Pledgor, to the extent permitted under applicable law</u> ;
〔이하 생략〕

2. 우리나라 법에 의한 전질

(1) 책임전질

1) 의의 및 법적 성격

책임전질은 민법 제336조 제1항에 따라 질권자가 그 권리의 범위 내에서 자기의 책임으로 질물을 타인에게 입질하는 것이다.[43] 질권설정자의 동의를 요하지 아니한다. 그러나 질권자가 채무자에게 전질의 사실을 통지하거나 채무자가 이를 승낙하지 아니하면 전질로써 채무자, 보증인, 질권설정자 및 그 승계인에게 대항하지 못하고, 채무자가 통지를 받거나 승낙을 한 때에는 전질권자의 동의 없이 질권자에게 채무를 변제하여도 이로써 전질권자에게 대항하지 못한다.[44] 질권자가 파악한 담보가치를 그 범위 내에서 전질권자에게 우선적으로 파악하게 하는 것이다. 책임전질의 법적 성격에 관하여는, 피담보채권과 함께 질권이 전질권의 목적이 된다고 하는 채권 · 질권 공동입질설[45]과 질물재입질설(단독입질설)로 나뉘고 있고, 우리나라에서는 채권 · 질권 공동입질설이 통설 내지 다수설이나[46] 일본의 경우에는 오히려 질물재입질설이 통설 내지는 다수설이다.

43) 민법 제336조 제1항은, "질권자는 그 권리의 범위 내에서 자기의 책임으로 질물을 전질할 수 있다. 이 경우에는 전질을 하지 아니하였으면 면할 수 있는 불가항력으로 인한 손해에 대하여도 책임을 부담한다"라고 규정하고 있다.

44) 민법 제337조 제1항, 제2항.

45) 송덕수, 신민법강의(제3판), 박영사, 2010, 736면.

46) 강태성, "전질(권)에 관한 해석과 입법론," 저스티스 통권 제78호(2004. 4), 한국법학원, 9면은 질물재입집설을 취하고 있다.

2) 원질권이 근질권인 경우의 문제점

책임전질은 원질권에 의한 제약을 받게 되므로 원질권의 담보가치를 유지할 필요가 생기게 된다. 전질권자가 우선변제권을 갖는 것은 원질권의 피담보채권액까지이다. 또한 원질권의 피담보채권의 변제기가 도래할 때까지 전질권을 실행할 수 없다. 실무상 원질권의 피담보채권의 변제기가 도래하면 전질권의 피담보채권의 변제기도 도래하는 것으로 약정해 두는 방안을 고려해 볼 수 있다.[47)]

이와 관련하여 전질권이 근질권인 경우에는 어차피 전질권은 원질권의 범위 내라는 제약이 있으므로 별로 문제될 것은 없으나, 원질권이 근질권인 경우에는 문제가 있다. 우선, 위에서 본 바와 같이 전질의 사실을 채무자가 통지받거나 승낙한 경우에는 채무자는 원질권의 피담보채권을 변제하더라도 전질권자에게 대항할 수 없게 된다. 따라서 원질권인 근질권의 피담보채권이 전질권자의 동의 없이 감액 또는 소멸한 경우, 전질권자에게 대항할 수 없는 것 아닌가 하는 의문이 생긴다.[48)] 만일 원질권의 피담보채권을 변제하지 못한다고 하는 경우에는

47) 菅原胞治, "有價證券の轉擔保 · 再擔保取得上の問題點," 金融法務事情 第1185號 (1988. 4), 13-14면.

48) 坂本哲也, "デリバティブ取引の有擔保化における法的問題," 金融研究 第14卷 2號 (1995. 7), 日本銀行金融研究所, 150면도 원질권인 근질권의 피담보채권이 전질권자의 동의 없이 변제될 경우, 전질권자에게 대항할 수 없는 것으로 인정될 가능성이 있음을 지적하고 있다. 또한, 菅原胞治, 앞의 논문(주 47), 7-8면도 전질권의 설정에 의하여 원질권인 근질권의 성질이 당연히 상실되는지 어떤지는 반드시 명확하지 아니함을 지적하고 있다. 즉, 사실상 근질권의 성질을 원질권자가 일방적으로 정지하는 것이 가능하다고 해석할 여지가 있다고 하면서도, 다른 한편으로는 일본의 경우 근저당의 전저당에 관하여는 원본확정 전에 채무자의 변제를 금지할 수 없고(일본 민법 제398조의11 제2항), 이로 인하여 원저당의 담보가치를 유지할 수 없는 사태가 생겨서 현저히 이용가치가 떨어진다는 문제가 있는데, 근질권의 책임전질에도 이것이 유추 적용될 가능성이 있다고 한다.

피담보채권이 수시로 변제되어야 하는 장외파생상품거래에서는 책임전질은 이용하기가 곤란하게 된다. 다만 전질권자가 위 변제에 동의한 경우에는 물론 전질권자에게 변제로써 대항할 수 있다.

반면에, 원질권설정자가 원질권인 근질권의 피담보채권을 수시로 변제하는 것이 가능하다고 보는 경우에는, 전질권자의 통제 밖에서 원질권의 피담보채권이 감소하거나 소멸할 수 있고, 이에 따라 전질권의 담보가치도 마찬가지로 감소하거나 소멸될 수 있는 문제가 생긴다. 위와 같은 문제점으로 인하여 피담보채권이 증감변동하는 장외파생상품거래에서는 책임전질은 이용하기가 어려운 것으로 생각된다.

3) Back-to-back 거래에서의 이용 가능성

원질권과 전질권의 피담보채권의 내용이 동일한 back-to-back 거래에서는 예외적으로 책임전질을 이용할 여지는 있을 것이다. 그러나 이러한 예는 매우 드물 것으로 생각된다. 왜냐하면 거래가 back-to-back이라고 하더라도, 담보계약서의 내용은 당사자들의 신용상태에 따라 달라지게 되기 때문이다. 또한 파생상품거래업자는 앞의 거래를 그대로 반영한 거래(mirror image transaction)를 하기보다는 다양한 포트폴리오(portfolio)에 기초하여 일괄거래(wholesale transaction)를 하는 경우가 많을 것이다.

(2) 승낙전질

1) 의의 및 법적 성격

승낙전질은 원질권자가 원질권설정자의 승낙을 얻어 질물에 새 질권을 설정하는 것이다.[49] 따라서 원질권설정자는 물상보증인의 지위에 서게 되는 것으로 생각된다. 승낙전질의 경우에는 전질권과 원질권이 독립하여 존재하게 된다. 원질권설정자의 승낙을 요하는 대신에 원질권에 의한 제약(부종성에 의한 제약)을 전혀 받지 않는다는 특징이 있다. 이 점에서는 전질권자 입장에서 보면 책임전질보다도 이용가치가 높다. 다만, 후술하는 바와 같이 승낙전질의 경우에는 전질권과 원질권 중 어느 것이 우선하는가 하는 다른 문제가 생긴다. 승낙전질의 경우 전질권은 그 자체의 피담보채권의 변제기가 도래하면 실행할 수 있다. 원질권설정자는 원질권의 피담보채권을 변제하여 원질권을 소멸시킬 수는 있으나, 전질권을 소멸시킬 수는 없다. 질물을 반환받기 위해서는 전질권 자체의 피담보채권을 변제하여야만 한다.[50] 전질에 의하여 원질권자는 원질권을 상실하는 것은 아니나, 질물을 전질권자에게 인도하고 있는 관계로 원질권자 단독으로는 질권을 실행할 수 없게 된다. 책임전질과는 달리 근질권과 관련된 문제는 없다. 원질권과 전질권 어느 하나 이상이 근질권이라고 하더라도 서로 영향을 받지 아니하기 때문이다.

2) 승낙전질에서의 승낙

어떠한 승낙이 승낙전질의 '승낙'에 해당되는가의 문제가 있다. 이

---

49) 승낙전질의 경우에는 이러한 질물재입질설이 통설이다. 송덕수, 앞의 책(주 45), 735면. 국내의 통설 내지는 다수설에 의하면, 승낙전질은 민법 제343조 및 제355조에 의하여 준용되는 민법 제324조 제1항에 법적 근거를 두고 있다. 민법 제324조 제1항은, "유치권자는 채무자의 승낙 없이 유치물의 사용, 대여 또는 담보제공을 하지 못한다. 그러나 유치물의 보존에 필요한 사용은 그러하지 아니하다"라고 규정하고 있다.

50) 송덕수, 앞의 책(주 45), 737면 ; 곽윤직 대표편집, 민법주해(양승태 집필 부분), 박영사, 2002, 389면.

는 결국 당사자들의 의사해석의 문제이다. 책임전질에 대한 채무자의 승낙과 승낙전질에 대한 채무자의 승낙 또는 동의는 그 내용이 분명히 다르다. 따라서 그 승낙의 대상이 책임전질인지 승낙전질인지를 먼저 명확히 해야 하고, 당사자들의 의사가 명확하지 아니한 경우, 원질권설정자와 채무자 보호를 위해 책임전질로 해석해야 할 것으로 생각된다. 한편, 승낙전질에서의 승낙을 포괄적인 사전승낙으로 하는 것이 가능한가 하는 문제가 있다.

일본의 경우, 실무관행으로 인정되어 있다면 추상적 · 일반적으로 승낙하는 것도 가능하다는 하급심 판결이 있으나 그러한 관행이 그 후에도 존재한다고 볼 수 있는지에 의문을 표하는 견해도 있다.[51] 그런데 승낙전질에서의 승낙은 질물의 처분이라는 물권행위에 대한 수권이고, 실질상 원질권설정자가 전질권자 앞으로 물상담보를 제공하는 결과가 되는 것이므로 당사자의 의사해석에는 신중을 기할 필요가 있다. 전질권자와 전질권의 피담보채권의 범위가 전혀 특정되지 아니한 상태에서 사전적 · 포괄적 승낙을 하는 경우 그 효력이 제한되거나 부인될 가능성도 있다고 생각된다.

3. 승낙전질과 관련된 그 밖의 주요 법률문제

(1) 원질권과 전질권의 우선순위

질권자가 채무자의 승낙을 얻어 승낙전질 방식으로 질물을 입질한 경우에, 질권자의 질권(1번 질권)과 질권자가 설정한 질권(2번 질권, 즉

51) 菅原胞治, 앞의 논문(주 47), 9면 참조.

승낙전질권)의 우선순위가 어떻게 되는가의 문제가 있다. 통설 내지는 다수설에 의하면 2번 질권이 우선한다고 하나, 이에 대하여 우리 민법상 동일한 동산을 객체로 하는 여러 개의 질권이 존재할 수 있고, 승낙전질에서는 2번 질권이 1번 질권을 기초로 하는 것이 아니므로 시간에서 앞서는 1번 질권이 우선한다는 견해가 있다.[52] 원질권과 승낙전질의 전질권은 독립하여 존재하는 것이므로 먼저 설정된 원질권이 우선한다는 후자의 견해가 설득력이 있는 것으로 생각된다. 원질권자와 전질권자는 전질권자가 원질권에 우선하여 변제받을 수 있다는 계약을 할 수 있으나, 이는 두 당사자 간에만 채권적 효력이 있는 것이다.[53]

(2) 담보물의 반환

앞에서 본 바와 같이, 뉴욕주법 CSA를 이용하는 국내 담보에 관한 한국법 특약에 따라 승낙전질이 설정되는 경우, 원질권자에 의한 담보의 제공과 반환에 대하여는 뉴욕주법 CSA 제3조, 제4조(d)(ii), 제5조, 제6조(d) 및 제8조의 규정이 적용된다. 즉, 원질권자가 전질권을 설정하더라도 CSA에 따라 원질권설정자에게 담보를 반환할 의무를 진다. 이와 관련하여, 전질권이 설정된 경우 실제로 담보가 반환될 수 있는지, 반환될 수 있다면 어떻게 반환되는지가 문제된다. 전질권자의 원질권자에 대한 피담보채권이 잔존하고 있는 경우, 전질권자는 전질권의 담보를 해지해 주지 않을 것이다. 원질권자는 물론 시장에서 동종

52) 강태성, 앞의 논문(주 46), 22면.
53) 강태성, 앞의 논문(주 46), 23면.

의 증권을 매입하여 원질권설정자에게 반환할 수는 있다. 원질권설정자는 원래의 질권목적물을 반환받든, 동종의 증권을 반환받든 개의치 않을 것이기 때문이다.

그러나 원질권설정자에게 동종의 증권을 반환하기로 하는 경우, 원질권자 입장에서는 반환되는 증권에 상당하는 전질권 목적물에 대한 소유권은 동시에 원질권자에게 귀속되어야 한다. 그러기 위해서는 이 전질권목적물에 대한 소유권을 원질권설정자로부터 원질권자로 이전시켜야 하는데, 전질권이 설정된 상태에서 전질권 목적물의 소유권을 원질권설정자로부터 원질권자에게 이전시키는 것은 권리관계가 복잡해지고, 특히 전질권 목적물이 예탁증권인 경우에는 전질권을 해지하지 않은 상태에서 계좌 대체의 방법으로 그 소유권을 원질권자에게 이전하는 것이 어려운 것으로 생각된다. 따라서 보다 간편한 방법으로서, 원질권자가 미리 전질권자와 합의하여 위와 같이 전질권 목적물을 반환하여야 하는 경우에는 원질권자가 전질권의 담보물을 원질권자 소유의 현금이나 동종 또는 다른 종류의 증권 등으로 교체(substitution)하면서 교체된 담보물에 대하여 전질권자에게 새로운 질권을 설정해 줄 수 있는 권리를 부여받는 방안을 고려해 볼 수 있다. 이 방법에 따르면 원질권자는 전질권자로부터 반환받은 증권을 원질권설정자에게 반환하게 될 것이다.

이러한 담보의 반환 및 소유권이전에 관하여 원질권설정자와 원질권자 간, 그리고 원질권자와 전질권자 간에 명확히 합의해 두는 것이 필요하다. 그런데 예탁증권이 담보목적물인 경우에는 위와 같은 담보의 반환 및 소유권이전은 모두 예탁자계좌부나 투자자계좌부의 기재에 의하여 이루어지게 된다. 따라서 계좌부를 보관하고 있는 기관이 위 절차를 이해하고 준수하는 것이 매우 중요하다.

(3) 거래 상대방의 채무불이행 위험과 구제수단

원질권설정자와 원질권자가 ISDA Master Agreement 및 CSA에 따라 장외파생상품계약을 체결하였다고 가정하자. 원질권설정자는 원질권자에 의한 전질에 대하여 승낙전질을 위한 승낙을 하였고, 원질권자는 전질권자에 대한 대출채무를 담보하기 위하여 원질권의 목적물에 전질권을 설정하였다.

1) 원질권설정자의 채무불이행

① 원질권자의 구제수단

원질권자는 담보물을 전질하였고 담보물을 점유하고 있지 아니하므로 원질권을 실행하는 것은 곤란하다. 원질권자와 원질권설정자는 원질권설정자의 채무불이행이 있는 경우 원질권자가 원질권설정자에게 담보물의 시가 상당액을 지급할 수 있는 것으로 하고 이 지급채무와 원질권자의 원질권설정자에 대한 채권과 상계할 수 있는 것으로 미리 합의해 둘 수 있다. 이러한 합의는 뉴욕주법 CSA 제8조(a)(iii)에 담보권자의 구제수단으로 포함되어 있다.[54] 우리나라 법상으로도 이러한 상계는 허용된다고 생각되므로 위 조항을 적절히 수정하여 한국법 특약에 반영할 수 있다. 그러나 이 경우 질권 목적물의 소유권은 원질권자에게 이전되어야 하는데, 전질권이 설정된 상태에서 질권 목적

54) 뉴욕주법 CSA 제8조(a)(iii)은 담보권자가 아래와 같이 상계권을 갖는다고 규정하고 있다. "the right to set-off any amounts payable by the Pledgor with respect to any Obligations against any Posted Collateral or the Cash equivalent of any Posted Collateral held by the Secured Party (or any obligation of the Secured Party to Transfer that Posted Collateral)"

물의 소유권을 원질권자에게 이전시키는 것은 권리관계가 복잡해지고, 특히 예탁증권의 경우에는 계좌 대체의 방법으로는 소유권 이전이 어려운 것으로 생각된다. 따라서 위 "(2) 담보물의 반환"에서 살펴본 바와 같이, 원질권자가 미리 전질권자와 합의하여 전질권의 담보물을 원질권자 소유의 현금이나 동종 또는 다른 종류의 증권 등으로 교체하면서 교체된 담보물에 대하여 전질권자에게 새로운 질권을 설정해 줄 수 있는 권리를 부여받는 방안을 고려해 볼 수 있다.

② 전질권자의 구제수단

전질권설정자 겸 채무자인 원질권자는 채무불이행을 한 것이 아니므로 당사자 간에 달리 약정하지 않은 한 전질권자는 전질권을 실행할 수 없다. 따라서 전질권자는 전질권 목적물에 대하여 전질권을 계속 보유하거나(위 ①에서 본 바와 같이, 전질권이 설정된 상태에서 원질권자에게 전질권 목적물의 소유권을 이전하는 것이 가능한 경우), 또는 원질권자와의 합의에 따라 교체된 담보물(위 ①에서 본 바와 같은 원질권자 소유의 현금이나 동종 또는 다른 종류의 증권 등)에 새로운 질권을 설정받을 수 있을 것이다.

2) 원질권자의 채무불이행

원질권설정자와 원질권자 누구도 두 당사자 간의 파생상품계약상 채무불이행 상태에 있지 아니하나, 만일 원질권자가 전질권자에 대한 관계에서 채무불이행 상태에 있다면 전질권자는 담보권을 실행할 수 있다. 만일 그 후에 원질권설정자가 원질권자에 대한 피담보채권을 완제하거나 피담보채권의 평가액이 감소하는 경우, 원질권자는 담보물을 원질권설정자에게 반환할 의무를 지게 된다. 전질권자가 이미 담보권을 실행하였다면, 원질권자는 원질권설정자에게 담보를 반환할 수 없게 된다.

만일 원질권자의 재무 상태가 양호하여 등가의 증권을 반환할 수 있다면, 원질권설정자는 아무런 손해를 입지 아니할 것이다. 원질권자가 원질권설정자에게 담보를 반환하지 못하게 되면, 이는 기한 전 종료사유를 구성하여 파생상품거래는 기한 전에 종료될 것이다. 이 경우 원질권설정자는 뉴욕주법 CSA 제8조(b)에 따라 담보물의 시가 상당액에 대한 채권과 그의 채무를 상계할 수 있을 것이다. 만일 초과담보가 있으면, 원질권설정자의 초과담보에 대한 채권은 원질권자에 대한 무담보채권이 될 것이다.

(4) 거래 상대방의 도산위험

원질권설정자, 원질권자 및 전질권자 모두 채무자회생 및 파산에 관한 법률의 적용을 받는다고 가정한다.

1) 원질권설정자의 도산

① 원질권자의 담보권

원질권설정자가 도산하는 경우, 파생상품거래는 해지되고 원질권자는 뉴욕주법 CSA 제8조(a)에 따라 담보권의 실행 · 상계 등 구제수단을 갖게 된다. 상계는 원질권자의 원질권설정자에 대한 채권과 담보물 또는 담보물 가액에 상당하는 금액의 반환채무 간에 일어난다. 이러한 상계는 유질(담보물에 대한 소유권취득과 상계)에 해당한다고 해석될 수 있으므로 원질권설정자에 대하여 회생절차가 개시되는 경우, 이러한 상계는 회생담보권의 실행에 해당되어 금지될 여지가 있다.

② 전질권자의 담보권

원질권설정자의 도산은 전질에 의해 담보되는 원질권자의 채무의 기한의 이익상실사유에는 해당되지 않을 것이다. 그런데 전질권자는 원질권설정자 소유의 재산상에 전질권을 갖는 것이므로 전질권자의 담보권은 별제권(원질권설정자에 대하여 파산절차가 개시된 경우) 또는 회생담보권(원질권설정자에 대하여 회생절차가 개시된 경우)으로 취급될 것이다.

2) 원질권자의 도산

① 원질권설정자의 권리

원질권자의 도산은 장외파생상품거래가 기한 전에 종료되게 할 것이고, 이 경우 원질권설정자는 뉴욕주법 CSA 제8(b)(iv)에 따라 원질권자에 대한 그의 채무와 원질권자의 담보가액 반환채무를 상계할 수 있다. 이러한 구제수단은 우리나라 법상의 대물변제로 볼 수 있고, 한국법 특약사항에 위 뉴욕주법 CSA 제8조(b)(iv)의 규정에 대한 특약을 규정해 두는 것이 바람직하다. 담보목적물의 가액이 피담보채권액을 초과하는 경우에는 원질권설정자는 그 초과담보 가액에 대하여 무담보채권을 갖게 된다.

② 전질권자의 담보권

원질권자가 도산한 경우, 전질권자는 원질권자의 전질권자에 대한 채무의 기한의 이익을 상실시키고, 원질권자의 도산절차 밖에서 원질권설정자의 재산상에 설정된 전질권을 실행할 수 있다. 이는 채무자 회생 및 파산에 관한 법률상 제3자가 제공한 담보는 채무자에 대한 도산절차의 영향을 받지 않기 때문이다.

VI. 맺음말 – 새로운 담보제공 방식의 모색

위에서 본 바와 같이, 현재 실무상 국내 담보에 관하여는 근질권설정 방식만 이용되고 있다. 양도담보는 규제법 및 조세상의 불확실성 내지는 불이익으로 인하여 이용되지 않고 있고, 담보권자 입장에서는 어차피 양도담보의 경우에도 담보의 재이용이 허용되지 않는 것이어서 굳이 질권보다 양도담보를 선호할 이유도 별로 없다.[55] 위에서 본 바와 같이 우리 민법상의 전질권은 장외파생상품거래에서 담보의 재이용 방법으로는 적절치 않거나(책임전질의 경우), 이용하기에는 관련 약정이나 절차가 복잡해지고 부담이 된다(승낙전질의 경우). 담보권자가 담보를 재이용하지 못하는 경우, 담보의 재이용이 가능한 담보에 비하여 그 담보의 가치는 낮게 평가된다. 이는 국내 담보로 주로 제공되는 우리나라의 국공채의 담보가치를 떨어뜨림으로써 국내 당사자가 국제적인 장외파생상품거래를 하는 데 불리한 요소로 작용할 수 있다. 상대방 외국 당사자는 우리나라의 국공채보다는 현금을 더 선호할 수 있다.

당사자들의 필요에 따라 (i) 담보의 재이용이 당연히 허용되는 소유권이전 방식(또는 소비대차 방식), (ii) 당사자 간의 약정에 의해 담보의 재이용이 허용되는 담보권설정 방식과, (iii) 담보의 재이용이 허용되지 않는 담보권설정 방식 등 다양한 방식을 제공하고 있는 외국의 법제를 참고하여 장외파생상품거래에서의 담보, 나아가 증권을 목적물로 하는 담보에 관한 우리나라의 법제와 실무를 보완할 필요가 있는

55) 실무상 한국예탁결제원을 통하여 보유하는 외국의 간접보유증권을 국내에서 담보제공하는 경우, 담보권의 효력에 관한 준거법 결정과 관련한 법적 불확실성으로 인하여 질권설정 방식보다는 영국법 CSA에 의한 소유권이전 방식을 취하고 있다.

것으로 생각된다. 담보의 재이용을 허용하는 방법으로는 우선 일본에서 이용하고 있는 소비대차 방식을 참고할 필요가 있다. 이는 영국법 CSA에 의한 소유권이전 방식과 그 실질에 있어서는 차이가 없다. 당사자들이 담보의 재이용을 원하는 경우, 소비대차 방식에 의하면 된다. 다만, 소비대차 방식을 이용하는 데에 우리나라의 현행 법규상 제약이 있는 경우에는,[56] 증권대차거래에 대한 규제에 예외를 인정하여 담보 목적의 증권대차거래를 허용해 주는 방안을 고려해 볼 필요가 있다. 또한 외국 기관과의 증권대차거래의 경우에는 관련 세무문제에 대한 검토도 필요할 것이다. 담보의 재이용은 담보취득자에게 유동성을 부여하고 다른 용도로 담보를 활용하게 함으로써 낮은 비용으로 자금조달이 가능하도록 해주는 등 이점을 부여해 주고 있다. 반면에 앞서 살펴본 바와 같이 담보취득자에게 담보 재이용권을 부여해 주는 경우, 담보제공자의 입장에서는 초과담보 부분에 대하여 무담보채권자로서 권리를 행사해야 하는 불이익이 생길 수 있다. 따라서 피담보채권의 평가액까지는 담보의 재이용을 허용하고, 이를 초과하는 가액의 담보에 대하여는 담보의 재이용을 허용하지 않고 근질권을 설정하는 방식을 취함으로써 소비대차와 근질권을 병용하는 방식도 생각해 볼 수 있다.

56) 예컨대, 국내 은행 및 국내 증권회사의 경우에는 현행 법상 증권의 대여 및 차입 양 방향의 영업을 모두 영위할 수 있으나, 증권회사의 경우에는 증권대여의 경우 반드시 담보를 취득하도록 하고 있어서, 증권회사가 장외파생상품거래의 담보 목적으로 증권대차거래를 하는 것은 사실상 어려운 것으로 보인다.

7

제7장

채무자회생 및 파산에 관한 법률 제120조의 해석*

-지급결제제도, 청산결제제도 및 적격금융거래에 대한 특칙의 적용범위-

박 준** · 홍선경*** · 김장호****

I. 머리말

2005년 3월 31일 제정되어 2006년 4월 1일부터 시행된 채무자회생 및 파산에 관한 법률[1] 제120조는 '지급결제제도에 관한 특칙'이라는 제목하에 (i) 한국은행이 지정한 일정한 지급결제제도의 지급결제의 완결성(finality) 보장, (ii) 증권선물거래의 청산결제제도의 청산결제의

* 이 논문은 BFL 제22호(2007. 3) 및 석광현/정순섭 편, 국제금융법의 현상과 과제(제1권), 소화, 2009에 게재된 것을 수정 · 보완한 것이다.

** 서울대학교 법학전문대학원 교수

*** 김 · 장법률사무소 미국 변호사

**** 크레디트스위스증권 서울지점 변호사

1) 이 글에서 법령의 조항 인용시 단순히 '법'으로 표시한 것은 채무자회생 및 파산에 관한 법률(2005년 3월 31일 법률 제7428호)을 의미하고, '시행령'이라고 표시한 것은 동법 시행령(2006년 3월 29일 대통령령 제19422호)을 의미한다.

완결성 보장 및 (iii) 일정한 적격금융거래의 종료 및 정산의 효력 보장을 위하여 회생절차상의 부인 · 해제 등의 적용을 배제하는 등의 특칙을 두고, 제336조에서 파산절차에도 이를 준용하도록 하고 있다. 이러한 특칙의 제정은 우리나라 금융거래의 발전과 금융시장의 성장을 반영한 것이라고 할 수 있다.

먼저 지급결제제도의 완결성을 보장하기 위한 법 제120조 제1항은, 지급결제제도를 이용하는 금융기관 등에 대하여 회생절차가 개시된 경우 관리인이 회생절차에서 부인권, 미이행 쌍무계약의 해제권 등의 권리를 행사하여 지급결제제도를 통한 결제의 효력이 인정되지 않고 결제가 원상복귀되어야 하거나 지급결제를 위한 계약이 중도해제되어 지급결제를 완결할 수 없게 되면, 그 파급효과가 지급결제제도에 참여하고 있는 다른 금융기관과 금융시스템 전체에 미치게 되어 매우 심각한 사태를 초래할 수 있다는 점을 고려한 것이다.[2] 법 제120조 제2항도 같은 취지에서 증권선물거래소를 통한 다수 당사자 간의 증권선물거래에 대한 특칙을 마련한 것이다.

한편, 일정한 적격금융거래의 종료 및 정산시 특칙을 규정한 법 제120조 제3항은, 파생금융거래가 우리나라에서도 점차 활발해지는 현상을 반영하여 파생금융거래 당사자들의 예측 가능성을 높이고 리스크를 줄일 수 있도록 하는 조항이다. 그동안 국제금융시장에서는 파생금융거래에 따른 거래 상대방 신용리스크를 줄이기 위하여 네팅

2) 국제결제은행(BIS)에서도 각국이 지급결제시스템의 결제의 완결성을 보장하는 조치를 취하도록 권고하여 왔다. Committee on Payment and Settlement Systems(이하 'CPSS'), Core Principles for Systemically Important Payment Systems, CPSS Publications No.43 (January 2001)〔이하 'CPSS, 앞의 글(주 2)' 로 인용〕. http://www.bis.org/publ/cpss43.pdf, 2007년 2월 5일 최종확인.

(netting),[3] 특히 거래 당사자의 도산 등 채무불이행 발생시 일괄정산(close-out netting)[4]을 하도록 하는 내용의 계약〔예컨대 ISDA(International Swap and Derivatives Association, Inc.) Master Agreement〕을 체결하여 왔다. 종전의 파산법 및 회사정리법(채무자회생 및 파산에 관한 법률에 의해 각 폐지된 법률)상으로도 이러한 일괄정산 약정의 효력이 인정되어야 한다는 것이 학자들의 견해였지만, 법률상 효력을 명시적으로 인정하고 있지 않다는 점에서 논의의 여지가 있을 수 있었다. 우리나라 금융기관과 거래하는 외국 금융기관에서는 파산 등의 절차에서 일괄정산의 효력이 우리 법상 확실히 인정되지 않을 수 있다는 점, 즉 거래 상대방 리스크가 네팅하지 않은 거래금액 전액이 될 수 있다는 점을 거래에 반영하게 되어, 국내 금융기관의 국제적 파생금융거래 조건에 불리한 영향을 줄 수 있어 법률상 명시적으로 일괄정산의 효력을 인정하여야

---

3) 네팅의 종류에 대하여는 김건식, 스왑계약에 관한 법적 연구, 한국금융연구원, 1997, 58면 이하 참조.

4) 법 제120조 제3항의 '적격금융거래의 종료 및 정산'은 close-out netting을 의미하는 것으로 보인다. 채무자회생 및 파산에 관한 법률 시행 이전에는 각종 논문에서 close-out netting을 '일괄청산네팅'으로 표현하기도 하였으나, 시행 이후에는 '일괄정산'으로 표현하고 있다〔오수근/김나영, "적격금융거래의 일괄정산에 관한 입법론," 법학논집 제8권 제2호(2004. 2), 이화여자대학교 법학연구소, 41면 ; 서울중앙지방법원 파산부 실무연구회, 회생사건실무(상), 박영사, 2007, 153면 ; 임치용, "지급결제제도에 관한 회생 및 파산절차의 특칙 : 제120조의 해석론," 인권과 정의 제356호(2006. 4), 대한변호사협회, 88면 및 96-97면 ; 임치용, 파산법 연구 2, 박영사, 2006, 177면 ; 정순섭, "통합도산법상 금융거래의 특칙에 관한 연구 : 채무자회생 및 파산에 관한 법률 제120조 제3항의 해석론을 중심으로," 증권법 연구, 제6권 제2호(2005. 12), 한국증권법학회, 260면〕.
참고로 일본에서는 파생금융거래에서 널리 이용되는 ISDA Master Agreement에서는, 당사자의 일방에게 채무불이행 사유가 발생한 경우, 당사자 간의 모든 파생금융거래가 해지되고 그 해지가격(termination value)이 산정된 다음 차감계산(net)된 하나의 채권으로 남게 되는 전 과정을 close-out netting이라고 하고 이를 일괄청산으로 표현한다〔西村總合法律事務所, ファイナンス法大典(上), 商事法務, 2003, 590면 참조〕.

한다는 주장이 증대되었다. 따라서 이러한 점과 아울러 국내에서도 파생금융거래가 증가하고,[5] 증권대차거래 및 환매조건부 채권매매거래 등 새로운 유형의 금융거래가 발달 및 증가함에 따라 국내외 금융환경의 변화를 수용하여 일괄정산의 효력에 대한 불확실성을 해소할 필요 등을 반영하여 법 제120조 제3항의 특칙을 제정하기에 이른 것이다.[6]

이 글에서는 법 제120조의 제1항 내지 제3항의 해석 및 적용에 관하여 검토하여 일부 불명확한 부분에 관한 문제를 제기하고 이에 관한 올바른 해석론을 모색하고자 한다.

II. 지급결제제도를 통한 결제의 완결성 보장(제1항)

법 제120조 제1항[7]은 일정한 지급결제제도의 참가자에 대하여 회

---

5) 금융감독원이 2006년 12월 발표한 "2006년 1~9월 국내 금융회사의 파생상품 거래현황"에 따르면 은행(외국은행의 국내지점 포함), 증권회사(외국증권회사의 국내지점 포함), 보험회사(외국보험회사 국내지점 포함), 은행신탁, 투신운용회사, 선물회사, 종금사, 카드회사 등 국내 금융기관의 2006년 1~9월 파생상품 총거래현황은 3경 4,552조 원으로, 2005년 같은 기간의 2경 6,207조 원에 비하여 약 31.8% 증가하였다. http://dtm.fss.or.kr/kor/dtm/gen/general_v.jsp?seqno=6769&no=15, 2007년 2월 9일 최종확인.

6) 정순섭, 앞의 논문(주 4), 247-250면.

7) 제1항 : 지급결제의 완결성을 위하여 한국은행 총재가 재정경제부 장관과 협의하여 지정한 지급결제제도의 참가자에 대하여 회생절차가 개시된 경우, 그 참가자에 관련된 이체지시 또는 지급 및 이와 관련된 이행, 정산, 차감, 증거금 등 담보의 제공 · 처분 · 충당 그 밖의 결제에 관하여는 이 법의 규정에도 불구하고 그 지급결제제도를 운영하는 자가 정한 바에 따라 효력이 발생하며 해제, 해지, 취소 및 부인의 대상이 되지 아니한다. 지급결제제도의 지정에 관하여 필요한 구체적인 사항은 대통령령으로 정한다.

생절차가 개시된 경우, 그 참가자에 관련된 이체지시 또는 지급, 기타 이와 관련된 결제행위에 관하여 지급결제제도를 운영하는 자가 정한 바에 따라 효력이 발생하도록 하는 특칙을 두고 지급결제제도의 지정에 관하여 필요한 구체적 사항은 시행령에서 정하고 있다.

1. 적용대상 지급결제제도

제120조 제1항은 지급결제제도의 정의 규정을 두고 있지 않다.[8] '지급결제'란 문언상 자금의 이체를 전제로 하는 것이라고 할 수 있고, 제1항은 특칙이 적용되는 행위에 관하여 "이체지시 또는 지급 및 이와 관련된 이행, 정산, 차감, 증거금 등 담보의 제공, 처분, 충당 그 밖의 결제"라고 규정하고 있는바, 이들 모두 자금의 이체를 전제로 한 행위에 해당하는 것이어서 채무자회생 및 파산에 관한 법률상으로는 자금의 이체를 행하는 지급결제제도를 적용대상으로 한 것으로 보인다.[9]

---

8) 참고로 BIS의 Committee on Payment and Settlement Systems가 2003년 3월 발간한 『Glossary of Terms Used in Payment and Settlement Systems』에서는 Payment and Settlement Systems에 관한 포괄적 정의는 없고, 다만 다음과 같이 payment system과 settlement system에 관하여 독립적으로 정의하고 있다(http://www.bis.org/publ/cpss00.pdf, 2007년 2월 9일 최종확인). 이러한 정의는 CPSS, 앞의 글(주 2), 14면의 6.4.에서도 같다.

payment system : payment system consists of a set of instruments, banking procedures and, typically, interbank funds transfer systems that ensure the circulation of money.

settlement system : a system used to facilitate the settlement of transfers of funds or financial instruments.

9) 한국은행 총재는 2006년 8월 21일을 발효일로 하여 (i) 한국은행이 운영하는 한은금융망, 금융결제원이 운영하는 (ii) CD공동망, (iii) 타행환공동망, (iv) 전자금융공동망 및 (v) CLS Bank International이 운영하는 CLS System의 5개 지급결제제도를 제120조 제1항의 적용을 받을 수 있는 지급결제제도로 지정하였다. 이들 5개 지급결제제도는 모두 자금 이체를 행하는 시스템들이다.

그런데 시행령 제5조에서 지급결제제도 지정 신청시 제출할 서류를 정하면서 이체지시는 "자금의 이체와 유가증권의 대체를 포괄한다"라고 규정하고 있다. 이 조항이 (i) 단순히 자금이체를 행하는 지급결제시스템이 자금이체와 더불어 증권의 대체를 통한 계약이행의 종결절차까지 행하는 경우를 염두에 두고 제출서류의 범위에 유가증권의 대체에 관한 사항을 포함시킨 것인지, 아니면 (ii) 제120조 제1항의 적용대상인 지급결제제도에 증권결제제도도 포함시키고자 한 것인지 명확하지 않다.

그러나 지급결제시스템이라는 용어의 의미나 제120조 제1항의 특칙이 적용되는 행위에 비추어 볼 때, 자금의 이체를 전혀 행하지 않고 증권의 대체만 행하는 시스템을 제120조 제1항의 적용을 받을 수 있는 지급결제시스템이라고 보기는 어려울 것이다.[10] 자금의 이체와 증권의 대체를 함께 행하는 시스템의 경우는 어떠한가? 제120조 제1항이 증권의 대체를 행하는 시스템까지 지급결제시스템에 포함하도록 한 것인지에 대하여는 의문이 있다. 이 점에 대하여는 제120조 제2항에 관하여 검토하면서 다시 논하기로 한다.

10) "제120조 제1항은 중앙은행과 시중은행, 우체국 간에 현금으로 이루어지는 자금결제제도뿐 아니라 증권매매에 따라 증권예탁결제원에서 계좌 간 대체결제를 통한 증권결제제도에도 적용된다"라는 견해가 있다〔서울중앙지방법원 파산부 실무연구회, 앞의 책(주 4), 148면 ; 임치용, 앞의 논문(주 4), 100면 ; 임치용, 앞의 책(주 4), 195면〕. 그러나 그 근거가 무엇인지, 그 적용범위가 어디까지인지 등에 대하여는 명확하게 설명하지 않고 있다. 증권예탁결제원의 계좌 간 대체결제는 증권의 교부에 갈음하는 것에 불과하므로 증권선물거래소에서의 매매거래, 즉 장내거래의 결제와 증권선물거래소를 통하지 않은 매매거래, 즉 장외거래의 결제시뿐 아니라 매매거래가 아닌 다른 증권의 교부가 필요한 거래(예컨대 질권의 설정)시에도 행하여질 수 있다. 이러한 모든 경우를 제120조 제1항의 적용대상으로 삼는 것은 제1항의 입법취지나 아래에서 보는 제2항의 적용범위에 비추어 볼 때 불합리하다고 본다.

한편, 지급결제제도의 범위와 관련하여 2003년 9월 3일 개정된 한국은행법 제81조는 한국은행에게 지급결제제도의 운영 개선 및 자료 제출을 요구할 수 있는 권한을 부여하였고, 동법 제28조는 지급결제제도에 관한 사항을 통화신용정책에 관한 사항의 하나로 정하고 있다.[11] 지급결제제도의 운영 관리에 대한 행정법적 감독과 민사법적 취급의 일관성을 유지한다는 점에서 법 제120조 제1항의 지급결제제도는 한국은행법 제81조의 적용을 받는 지급결제제도와 같은 의미로 해석하는 것이 바람직한 면이 있다. 그런데 한국은행법에서도 지급결제제도의 정의를 두지 않았고, 다만 한국은행의 지급결제제도 운영관리 규정 제2조 제2호에서 "자금의 이체를 가능하게 하는 지급수단, 참가기관, 운영조직, 업무처리 규정 및 절차, 전산시스템 등으로 구성되는 제도적 장치"라고 지급결제시스템을 정의하고 있을 뿐이어서 법 제120조 제1항의 적용을 받는 지급결제제도의 범위를 정하는 데 큰 도움을 주지 못하고 있다.[12]

11) 한국은행법 제28조 제10~11호.

12) 2003년 한국은행법 제81조의 개정과 관련된 입법자료를 보면, 지급결제제도(payment and settlement system)란 실물 및 금융거래 등 각종 경제활동의 결과 발생하는 채권채무관계를 화폐적 가치의 이전을 통해 종료시키는 제도적 장치를 총칭하는 것이라고 설명하면서(법안 검토보고서 12면), 증권예탁원의 증권결제시스템도 우리나라의 지급결제제도의 구조도 속에 넣어서 설명하고 있다(법안 검토보고서 25면). 입법론적으로는 증권의 결제를 행하는 결제제도의 안전성과 효율성을 도모하기 위하여 지급결제제도와 유사하게 관리 · 감독할 필요성 및 결제의 완결성을 보장할 필요성이 있다는 점은 타당하다고 하겠으나, 앞서 지적한 바와 같이 과연 해석론으로 증권결제제도를 지급결제제도의 범주에 포함된다고 하는 것이 타당한지에 대하여는 의문이 있다.

2. 적용대상 행위

한국은행이 지정한 지급결제제도의 참가자에 대하여 회생절차 또는 파산절차가 개시된 경우, 그 "참가자에 관련된 이체지시 또는 지급 및 이와 관련된 이행, 정산, 차감, 증거금 등 담보의 제공 · 처분 · 충당 그 밖의 결제"에 관하여는 채무자회생 및 파산에 관한 법률의 규정에 불구하고 그 지급결제제도를 운영하는 자가 정한 바에 따라 효력이 발생하며 해제, 해지, 취소[13] 및 부인의 대상이 되지 아니한다. 즉 (i) 지급결제제도의 참가자에 관련된 (ii) 이체지시 또는 지급 및 이와 관련된 이행, 정산, 차감, 증거금 등 담보의 제공 · 처분 · 충당 그 밖의 결제에 대하여 특칙이 적용된다.

"참가자에 관련된" 이체지시, 지급 등에는 참가자가 행한 이체지시, 지급 등뿐 아니라 참가자에게 행한 지급도 포함된다. 정산, 차감, 결제, 담보의 처분 · 충당 등은 대체로 지급결제제도의 운영기관이 하는 행위가 될 것이다. 다만 담보제공의 경우에는 참가자가 지급결제제도의 운영기관에게 제공하거나 기타 지급결제제도의 이용을 위한 담보제공행위가 모두 포함된다고 보아야 할 것이다.

법 제120조 제1항에는 이체지시 · 지급 등이 언제 이루어져야 하는

13) 법 제120조 제1항 내지 제3항은 모두 '취소'의 대상이 되지 않음을 규정하고 있다, "이 법의 규정에도 불구하고"라는 문안이 있다는 점과 취소 이외에 '해제, 해지, 부인' 등 적용이 배제되는 사항이 모두 채무자회생 및 파산에 관한 법률상의 조항의 적용을 배제하는 것이므로 취소도 채무자회생 및 파산에 관한 법률상의 취소를 의도한 것으로 보인다. 그러나 채무자회생 및 파산에 관한 법률상 제120조 제1항 내지 제3항에 규정된 행위를 취소할 근거가 되는 조항을 찾을 수 없다. 이를 근거로 법 제120조의 취소가 다른 법률상의 취소(예컨대 민법상의 채권자취소권의 행사, 사기, 강박, 착오 등에 따른 취소 등)을 포함한다고 보는 견해도 있을 수 있으나 다른 법률의 적용을 배제하였다고 해석하기에는 무리가 있어 보이고, 이 점에 대하여는 더 깊은 검토와 연구가 필요하겠다.

지에 대하여는 아무런 언급이 없다. 이체지시 · 지급 등이 해당 참가자에 대하여 회생절차 개시결정 또는 파산선고가 있기 전에 행하여진 경우, 그 이체지시 · 지급 등에 대하여 특칙이 적용된다는 점에 대하여는 의문이 없을 것이다. 그런데 해당 참가자에 대한 회생절차 개시결정 또는 파산선고 이후에 이체지시 · 지급 등이 행하여진 경우, 특칙이 어떻게 적용되는 것인지에 대하여는 의문이 있을 수 있다. 회생절차 개시결정 또는 파산선고 이후에는 관리인 또는 파산관재인이 참가자의 재산에 대한 관리처분권을 가지게 될 것이므로(법 제56조 제1항 및 제384조), 그 후에 이루어지는 참가자의 이체지시 또는 지급은 관리인 또는 파산관재인이 행하여야 할 것이다.[14] 법 제120조 제1항은 해제 · 해지 · 취소 · 부인에 대한 특칙을 마련하기 위한 것일 뿐이고, 관리인 또는 파산관재인의 권한에 기하지 않은 참가자의 행위에 대하여 효력을 부여하는 것은 아니라고 볼 여지도 있으나, 이 조항에서 "지급결제제도를 운영하는 자가 정한 바에 따라 효력이 발생"하도록 하고 있고, 이 조항이 지급결제제도를 통한 이체지시 · 지급 · 결제 등의 완결성을 보장하여 지급결제제도 운영의 안정성을 확보하기 위한 것이라는 점을 고려할 때, 이체지시 또는 지급이 행하여진 시점이 회생절

---

14) 법 제64조 제2항과 제310조에서 채무자가 회생절차개시일 또는 파산선고일에 행한 법률행위는 회생절차개시 또는 파산선고 이후에 행한 것으로 추정하도록 하고 있어서 실제로 관리인 또는 파산관재인이 선임되기 전에 한 법률행위도 관리인 또는 파산관재인이 선임된 이후에 행한 것으로 추정된다. 따라서 (제120조 제1항이 적용되지 않는다면) 이러한 추정을 깨지 않는 한 관리인 또는 파산관재인이 선임되기 전에 행한 행위임에도 불구하고 관리인 또는 파산관재인에 의한 행위가 아니라는 이유로 효력이 부인될 수 있을 것이다. 이러한 결과는 지급결제제도의 안정성에 심각한 문제를 야기할 수 있다. 다만 지급결제제도는 통상 전산망을 이용할 것이므로 이체지시, 지급 등이 행하여진 시간을 정확하게 입증할 수 있다면 이체지시, 지급 등이 행하여진 시간에 대한 추정은 쉽게 깨질 수 있을 것이다.

차 개시결정 또는 파산선고 전후인지 여부를 불문하고 법 제120조 제1항의 특칙이 적용되는 것으로 해석하는 것이 타당하다.

이를 다시 살펴보면, 통상 전산망을 통하여 이루어지는 이체지시 또는 지급을 관리인 또는 파산관재인이 직접 행하는 경우는 매우 드물 것이고 실제로는 참가자의 임직원이 행할 것이므로, 관리인 또는 파산관재인이 그 행위를 승인하지 않았다는 것은 참가자의 내부 수권의 문제이다. 지급결제제도의 운영규정이나 참가계약상 참가자의 이체지시 또는 지급이 행하여진 경우, 지급결제제도 운영기관은 별도로 참가자 내부 수권 여부를 확인할 필요 없이(지급결제기관을 통하여 수많은 지급결제가 이루어지는 경우 지급결제기관이 이러한 확인을 한다는 것은 사실상 불가능할 것이다) 참가자가 적법하게 행한 것으로 믿고 처리하도록 하는 내용이 포함되어 있으면 그 운영규정이나 참가자와 지급결제제도 사이의 관계에서는 참가계약에 따라 이체지시 · 지급 등의 효력이 발생하는 것으로 보는 것이 입법취지에 부합하다고 하겠다. 이러한 경우 참가자의 관리인 또는 파산관재인이 이체지시 또는 지급에 대하여 다투고자 한다면, 지급결제제도 밖에서 그 이체지시에 따른 이체 또는 지급의 실질적인 상대방(즉 지급결제제도를 통하여 실제 지급을 받을 자)을 상대로 하여야 할 것이다.[15]

15) (i) 관리인의 일정한 행위에는 법원의 허가를 받아야 하고(법 제61조 제1항), 통상 법원은 법원의 허가사항 및 위임사항에 대한 결정을 통해 관리인의 행위 중 "항목당 일정 금액 이상의 금원 지출. 다만 회생담보권 및 회생채권에 대한 변제는 그 일정 금액 미만의 금원 지출도 포함" 등을 '법원의 허가사항'으로 정하고 있고 (ii) 법 제61조 제3항은 "법원의 허가를 받지 아니하고 한… 행위는 무효로 한다. 다만 선의의 제3자에게 대항하지 못한다"라고 규정하고 있어서 법원의 허가를 받지 않고 이루어진 이체지시 또는 지급 등의 효력 여하에 대한 논란이 있을 수 있다. 지급결제제도를 통하여 지급 등이 이루어진 경우 법 제61조 제3항은 지급을 한 참가자와 실질적 상대방 사이에 적용하고 선의 여부도 (지급결제제도의 운영

정산, 차감, 결제, 담보의 처분 · 충당 등은 참가자가 행하는 행위가 아니고 지급결제제도의 운영기관이 행하는 지급결제제도 운영행위이므로, 그 행위시점이 참가자에 대한 회생절차의 개시 또는 파산선고 전후인지 여부를 불문하고 법 제120조 제1항의 특칙이 적용되는 것으로 해석하여야 한다.

법 제120조 제1항에서는 제3항과는 달리 중지명령 또는 포괄적 금지명령의 적용을 배제한다는 점을 명시적으로 언급하고 있지 않지만, 제3항

기관이 아닌) 실질적 수령자를 기준으로 판단하는 것이 타당할 것으로 본다.
회생절차개시결정이나 파산선고 후에 행한 이체지시는 효력이 없고 또한 회생절차개시결정이나 파산선고 후에 이체지시가 이루어지는 것이 허용되는 결제제도는 완결성을 보호할 가치가 있는지 의문이라고 하면서, 이러한 이체지시에 수반되어 이루어지는 결제의 효력을 인정할 수 없다는 견해가 있으나〔오수근, "도산절차와 결제제도, 신도산법 제120조 해석론," 증권예탁 제62호(2007년 2분기), 한국예탁결제원, 16-17면〕, 법 제120조 제1항의 입법취지에 부합하는지 의문이다. 법 제120조 제1항에서 의도하는 결제의 완결성 보장은 한국은행이 심사하여 적격요건을 갖춘 결제제도를 통하여 이루어진 결제에 대하여는 결제의 완결성을 보장하는 것이다. 결제의 완결성 보장은 결제제도를 통하여 이미 이루어진 결제를 무효화하거나 취소하지 못한다는 것이고 이는 결제의 무효화 내지는 취소에 따른 금융시스템의 혼란을 방지하기 위한 것이며, 이는 결제제도에 참가하는 다른 참가자들과 금융시스템 전체가 결제완결성 보장의 수혜자라고 할 수 있다(주 2 및 그 본문 참조). 아마도 대체로 지급결제제도의 운영규정상 참가자에 대하여 채무불이행 등 일정한 사유(회생절차의 개시결정 또는 그 개시신청, 파산선고 또는 그 신청 등)가 있으면 그 결제제도를 이용할 수 없도록 하는 조항을 두고 있을 것이지만, 결제제도의 운용기관이 그 사유 발생을 모르는 상태에서는 그 참가자가 행한 이체지시를 적법한 이체지시로 믿고 처리할 수 있도록 하는 내용을 포함하는 것이 일반적일 것이다. 이렇게 결제제도의 운용규정에 따라 적법한 이체지시로 믿고 그 이체지시에 따라 결제가 이미 이루어진 경우 그 결제를 무효화 또는 취소하여 원상회복하여야 한다면 그 결제제도를 통하여 이루어진 수많은 결제의 원상회복의 문제가 발생할 수 있고 이는 금융시스템에 심각한 영향을 미칠 것이다. 이러한 경우에는 법 제120조 제1항에 따라 결제의 완결성을 인정하고 관리인 또는 파산관재인은 지급결제제도 밖에서 그 이체지시에 따른 이체 또는 지급을 받은 상대방(지급결제제도가 아닌 실제 지급받은 자)을 상대로 다투면 충분히 보호가 될 것이고 결제의 완결성에 영향을 주도록 하여서는 안 될 것이다.

과 마찬가지로 제1항의 적용 대상이 되는 행위에 대하여는 중지명령 또는 포괄적 금지명령의 대상이 되지 않는다고 보아야 할 것이다.[16)]

3. 결제완결성 보장 조항의 한계

결제완결성 보장 조항은 채무자회생 및 파산에 관한 법률에 따른 부인권의 적용을 배제하고 있으나, 민법상의 채권자취소권의 적용은 배제하지 않고 있다.[17)] 법 제120조 제1항에서 부인권의 적용을 배제하고 있는 취지를 감안하면 적어도 회생절차 · 파산절차 개시 후에는 민법상의 채권자취소소송 제기가 허용되지 않는다고 보는 것이 타당하다. 또한 회생절차개시결정 또는 파산선고 전에 지급결제제도 내에서의 지급행위 등에 대하여 사해행위취소를 하는 것도 아래와 같은 이유로 허용되지 않는다고 보는 것이 합리적이다.

지급결제제도를 통상적으로 운영하는 경우, 지급결제제도 참가자의 채권자가 참가자의 지급결제제도를 통한 이체지시 · 지급 등에 대한 채권자 취소권의 행사가 허용되어서는 안 된다. 지급결제시스템의 참가자는 이미 다른 당사자와의 사이에서 발생한 채권 · 채무를 이행하기 위하여 지급결제시스템을 이용하여 지급결제하는 것이고, 지급결제제도는 단지 경제활동의 효율을 높이기 위하여 결제에 관여하는 것에 불과하므로, 지급결제시스템 또는 그 운영기관이 아니라 그 지

16) 서울중앙지방법원 파산부 실무연구회, 앞의 책(주 4), 148-149면 ; 임치용, 앞의 논문(주 4), 100면 ; 임치용, 앞의 책(주 4), 196면도 같은 취지.

17) 법 제120조 제1항에서 취소의 대상이 되지 않는다고 하여 채권자취소권의 적용도 배제한 것이라고 볼 여지도 있으나, "이 법의 규정에도 불구하고 … 효력이 발생하며 … 취소 … 의 대상이 되지 않는다"라고 하였으므로 법 제120조 제1항의 문면상 민법상의 채권자취소권의 적용이 당연히 배제된다고 보이지는 않는다(주 13 참조).

급결제로 해소된 채권 · 채무의 당사자(실질적으로 지급을 받은 자)가 지급결제시스템을 이용한 지급결제의 수익자에 해당한다고 보아야 할 것이다. 따라서 참가자의 지급결제제도를 통한 이체 또는 지급으로 인하여 참가자의 채권자를 해하게 된 경우에도 채권자취소권 행사에 있어서 상대방은 지급결제제도의 운영기관이 아닌, 지급결제로 해소된 채권 · 채무의 당사자가 되어야 한다고 보는 것이 타당하다. 또한 지급결제제도의 운영기관은 이체지시 수령, 지급결제 등을 시스템을 이용하여 운영하는 것이므로 각 이체지시, 지급 등이 참가자의 채권자를 해하는 행위임을 알 수 없다고 하겠다. 지급결제제도에 대한 담보의 제공 또한 지급결제의 편의를 도모하기 위한 것이므로 통상의 거래에서의 담보 제공과 동일시하여서는 안 될 것이다.

만약 지급결제제도의 참가자의 이체지시 · 지급 · 담보의 제공 등의 행위에 대하여 참가자의 채권자가 채권자취소권을 행사하여 결제가 원상복귀되어야 하는 경우가 발생한다면, 결제완결성 조항을 두게 된 입법목적의 배경이 된 금융시스템에 미치는 부정적 영향이 심각할 것이므로 채권자취소권의 적용도 명시적으로 배제하도록 입법화하는 것이 더 바람직하였을 것으로 생각된다.

III. 증권청산결제제도를 통한 청산결제의 완결성 보장(제2항)

법 제120조 제2항[18]은 자본시장과 금융투자업에 관한 법률에 따른

18) 제2항 : 자본시장과 금융투자업에 관한 법률, 그 밖의 법령에 따라 증권 · 파생금융거래의 청산결제업무를 수행하는 자 그 밖에 대통령령에서 정하는 자가 운영하는 청산결제제도의 참가자에 대하여 회생절차가 개시된 경우 그 참가자와 관련된

증권 · 파생금융거래의 청산결제제도의 참가자에 대하여 회생절차가 개시된 경우, 그 참가자와 관련된 청산결제에 관하여는 청산결제제도를 운영하는 자가 정한 바에 따라 효력이 발생하도록 하는 특칙을 두어 한국거래소를 통한 증권 · 장내파생상품거래의 청산결제의 완결성을 보장하고 있다.

1. 적용대상 청산결제제도

자본시장법 그 밖의 법령에 따라 증권 · 파생금융거래의 청산결제업무를 수행하는 자 또는 그 밖에 대통령령에서 정하는 자가 운영하는 청산결제제도에 대하여 적용되는데, 현재 대통령령으로 정한 것은 없다.

제1항과는 달리 제2항은 별도의 지정절차를 거치지 않고 증권 · 파생금융거래의 청산결제제도에 대하여 특칙을 적용하고 있다. 제2항은 자본시장법에 따른 한국거래소에서의 증권 선물거래를 염두에 둔 것으로 이러한 법률에서 청산결제제도에 대하여 정하고 있다는 전제하에서 별도의 지정절차를 두지 않은 것으로 보인다.[19] 그런데 증권거래법 · 선물거래법에는 "증권 · 파생금융거래의 청산결제업무를 수행하는 자"에 대한 명시적 조항은 없었고, 청산결제업무의 의미 내지는 범

채무의 인수, 정산, 차감, 증거금 그 밖의 담보의 제공 · 처분 · 충당 그 밖의 청산결제에 관하여는 이 법의 규정에 불구하고 그 청산결제제도를 운영하는 자가 정한 바에 따라 효력이 발생하며 해제, 해지, 취소 및 부인의 대상이 되지 아니한다.

19) 법 제120조 제1항의 적용을 받는 지급결제제도에 증권결제제도가 포함된다고 보기 어려운 점에 대하여는 앞에서 논의한 바 있다. 제1항의 적용을 받는 지급결제제도에 증권결제제도가 포함된다고 보는 경우에도 제1항은 지급결제제도에 대하여 적용되는 일반적인 조항이고, 제2항은 증권 · 파생상품거래의 청산결제제도에 적용되는 특별 조항이라고 보아야 할 것이고, 결국 제2항이 적용되는 범위에서는 제1항이 적용될 여지가 없다고 보아야 할 것이다.

위에 관한 조항도 없었다. 자본시장법이 제정되면서 증권시장 및 파생상품시장에서의 매매확인, 채무인수, 차감, 결제증권 · 결제품목 · 결제금액의 확정 등의 청산업무에 따른 처리를 하는 청산기관은 한국거래소(제378조), 증권시장에서의 매매거래에 따른 결제기관은 예탁결제원(제297조), 파생상품시장에서의 결제기관은 한국거래소(제378조)로 정하였다. 또한 자본시장법상 관련되는 조항으로는 매매거래계약의 체결 및 결제방법을 한국거래소의 업무규정에 정하도록 한 자본시장법 제393조 제1항 제3호와 선물거래의 결제의 방법을 업무규정에 정하도록 한 자본시장법 제393조 제2항 제7호를 들 수 있다.

한국거래소의 유가증권시장업무규정 제74조(차감 및 결제증권 · 결제대금의 확정)에서 거래소는 매매거래의 종류별로 증권과 대금을 차감하여 회원이 납부할 증권과 대금을 확정하도록 정하고 있고, 제75조의2(거래소와 결제회원간 증권 및 대금의 수수) 제3항에서 거래소와 결제회원 간 증권 및 대금의 수수는 일정한 예탁결제원계좌와 결제회원계좌 간의 대체 또는 이체방법으로 행하도록 하였다.

한국거래소에서의 증권매매거래는 대량적 · 집단적 · 반복적 거래의 특성을 가지고 있고 그 매매거래를 이행하는 단계를 결제라고 할 수 있다. 결제는 다시 (i) 협의의 결제, (ii) 청산과 협의의 결제를 포함하는 개념인 광의의 결제로 나누어 볼 수 있다. 청산은 통상 증권매매에 따른 매매보고, 매매확인의 절차를 거쳐 확인된 매매의 이행을 위하여 차감 등의 방식으로 이행할 최종적인 채권 · 채무를 확정하는 절차(위에서 본 유가증권시장업무규정 제74조에 규정된 사항)를 말하고, 협의의 결제는 청산과정을 통하여 정해진 최종적인 채권 · 채무에 따라 매매당사자가 매매대금을 지급하고 증권을 인도하여 증권과 대금의 소유권을 이전하는 절차(위에서 본 유가증권시장업무규정 제75조의2에 규정된 사항)를 말한다.

이와 같이 증권매매거래의 청산과 결제가 각각 별개의 의미를 가지고 있는데 법 제120조 제2항은 '청산결제업무'라는 용어를 사용하고 있어 그것이 과연 무엇을 의미하는 것인지에 대하여 의문이 있을 수 있다. 제2항의 목적은 증권선물시장의 참여자의 도산으로 인하여 증권선물 청산 및 결제시스템이 영향을 받고 이로 인하여 증권선물매매거래 시스템 내지는 금융시장에 영향을 주는 사태를 방지하기 위한 것이라고 할 수 있으므로, 제2항에서 말하는 청산결제업무란 증권선물거래의 이행을 위한 일련의 과정인 '청산'과 '협의의 결제'를 모두 포괄한 개념으로 보는 것이 합리적이라고 하겠다. 이와는 달리 제2항은 청산업무에만 적용되고 협의의 결제업무에는 적용되지 않는다는 견해[20]도 있으나, 만약 제2항을 청산업무에만 적용할 의도였다면 '청산결제업무'라는 용어가 아니라 '청산업무'라는 용어를 사용하였어야 올바를 것이다. 또한 증권매매거래의 결제는 청산과 협의의 결제라는 일련의 과정을 거쳐서 이루어지는데, 청산에 관하여는 별도의 지정절차 없이 제2항을 적용하고 협의의 결제에 관하여는 제1항을 적용하여 지급결제제도로서 지정받아야 한다는 것은 균형이 맞지 않아 제2항의 입법취지에도 어긋난다. 제2항의 적용을 받는 "청산결제업무를 수행하는 자가 운영하는 청산결제제도"에는 증권선물거래소를 통한 증권거래 및 선물거래의 청산뿐 아니라 협의의 결제제도를 포함한다고 보는 것이 합리적이다.

20) 서울중앙지방법원 파산부 실무연구회, 앞의 책(주 4), 148면 ; 임치용, 앞의 논문(주 4), 100면 ; 임치용, 앞의 책(주 4), 195면 등은 "입법과정에서 자금결제와 증권결제제도를 분리하여 규정할 것인지에 관한 논의가 있었으나 증권결제제도 중 청산에 대하여는 법 제120조 제2항으로, 결제에 대하여는 자금결제와 합하여 동법 제120조 제1항으로 규정하는 방안이 채택되었다"라고 적고 있다.

자본시장법이 증권시장 및 파생상품시장에서의 매매확인, 채무인수, 차감, 결제증권 · 결제품목 · 결제금액의 확정 등의 청산업무에 따른 처리를 하는 청산기관은 한국거래소(제378조), 증권시장에서의 매매거래에 따른 결제기관은 예탁결제원(제297조), 파생상품시장에서의 결제기관은 한국거래소(제378조)로 정한 이상, 한국거래소와 예탁결제원이 법 제120조 제2항에 규정된 청산결제업무를 수행하는 자에 해당된다고 보아야 할 것이다.

2. 적용대상 행위

청산결제제도의 참가자와 관련된 채무의 인수, 정산, 차감, 증거금 그 밖의 담보의 제공 · 처분 · 충당 그 밖의 청산결제에 관하여 특칙을 적용한다. 채무의 인수는 자본시장법 제398조 제1항,[21] 한국거래소의 회원관리규정 제21조 제1항,[22] 한국거래소의 유가증권시장업무규정 제73조 제1항,[23] 파생상품시장업무규정 제94조 제1항[24]에 따른 채무

---

21) 자본시장법 제398조 제1항 : 거래소는 증권시장 및 파생상품시장에서의 매매거래를 원활하게 하기 위하여 증권시장업무규정 및 파생상품시장업무규정이 정하는 바에 따라 회원을 대신하여 그 회원의 증권시장 또는 파생상품시장에서의 매매거래에 의한 채권 · 채무에 대하여 그 채권을 행사 또는 취득하거나 그 채무를 이행 또는 인수할 수 있다.

22) 회원관리규정 제21조 제1항 : 거래소는 증권시장에서의 증권의 매매거래 또는 파생상품시장에서의 장내파생상품거래에 관하여 결제회원이 다른 결제회원에 대하여 부담하는 채무를 면책적으로 인수하고 그와 동시에 그 결제회원은 거래소가 인수한 채무와 동일한 내용의 채무를 거래소에 대하여 부담하는 방법으로 결제한다.

23) 유가증권시장업무규정 제73조 제1항 : 거래소는 제72조의2에 따라 확인한 매매거래에 대하여 회원이 상대방인 회원에 부담하는 채무를 인수하고, 해당 회원은 거래소가 인수한 채무와 동일한 내용의 채무를 거래소에 부담한다.

24) 파생상품시장업무규정 제94조 제1항 : 거래소는 제93조의2에 따라 확인한 거래에

의 인수 등을 의미한다.

증거금에는 장내파생상품거래시 결제회원이 한국거래소에 예탁하는 거래증거금이 이에 해당한다. 법 제120조 제2항이 한국거래소를 통한 증권 · 파생상품거래의 청산결제의 완결성을 보장하고자 하는 것이고, 장내파생상품거래의 경우 한국거래소와의 결제는 결제회원과의 사이에서만 이루어지므로 매매전문회원이 결제회원에게 제공하는 거래전문회원증거금은 법 제120조 제2항의 증거금에 포함되지 않는다고 보는 것이 타당하다.

적용대상 청산결제제도의 범위와 관련하여 위에서 논의한 바와 같이 '그 밖의 청산결제'는 청산과 협의의 결제를 모두 의미한다고 보는 것이 합리적이다. 한편, 법 제120조 제2항에서는 제3항과는 달리 중지명령 또는 포괄적 금지명령의 적용을 배제한다는 점을 명시적으로 언급하고 있지 않지만, 제3항과 마찬가지로 제2항의 적용대상이 되는 행위에 대하여는 중지명령 또는 포괄적 금지명령의 대상이 되지 않는다고 보아야 할 것이다.

Ⅳ. 파생금융거래의 네팅 등 보장(제3항)

법 제120조 제3항[25]은 기본계약에 근거하여 행하는 장외파생금융

대하여 회원이 상대방인 회원에 부담하는 채무를 인수하고, 해당 회원은 거래소가 인수한 채무와 동일한 내용의 채무를 거래소에 부담한다.

25) 제3항 : 일정한 금융거래에 관한 기본사항을 정한 하나의 계약(이 항에서는 '기본계약'이라고 한다)에 근거하여 다음 각호의 거래(이 항에서는 '적격금융거래'라고 한다)를 행하는 당사자 일방에 대하여 회생절차가 개시된 경우 적격금융거래의 종료 및 정산에 관하여는 이 법의 규정에 불구하고 기본계약에서 당사자가 정

거래 등 일정한 적격금융거래의 당사자 일방에 대하여 회생절차가 개시된 경우, 적격금융거래의 종료 및 정산에 관하여는 기본계약에서 정한 바에 따라 효력이 발생하도록 하고 있다.

법 제120조 제3항의 입법 배경을 살펴보면 우선 국제결제은행의 권고를 들 수 있다. Angell Report[26)]와 Lamfalussy Report[27)] 등의 보고서는 네팅이 은행 간 거래, 특히 국제금융거래에서 거래 상대방에 대한 신용위험과 유동성 위험을 효과적으로 감소시킬 수 있음을 인정하고, 각국에서 네팅의 효력을 인정하는 확실한 법적 근거가 마련되어야 함을 권고하였다. 실제 국제금융거래에서는 당사자 간 계약(예컨대 장외파생금융거래의 경우에는 ISDA Master Agreement, 증권대차거래의 경우에는 Global Master Securities Lending Agreement)으로 어느 한 당사자의 채무불이행 또는 도산이 발생하는 경우, 그 당사자와 행한 복수의 거래에 따른 채권 채무를 일괄정산하여 남는 잔액을 지급하거나 수령할 하나의 채권 · 채무만 남도록 합의하는 것이 일반적이다. 이와 같이 은

한 바에 따라 효력이 발생하고 해제 · 해지 · 취소 및 부인의 대상이 되지 아니하며, 제4호의 거래는 중지명령 및 포괄적 금지명령의 대상이 되지 아니한다. 다만 채무자가 상대방과 공모하여 회생채권자 또는 회생담보권자를 해할 목적으로 적격금융거래를 행한 경우에는 그러하지 아니하다.

i) 통화, 유가증권, 출자지분, 일반상품, 신용위험, 에너지, 날씨, 운임, 주파수, 환경 등의 가격 또는 이자율이나 이를 기초로 하는 지수 및 그 밖의 지표를 대상으로 하는 선도, 옵션, 스왑 등 파생금융거래로서 대통령령이 정하는 거래

ii) 현물환거래, 유가증권의 환매거래, 유가증권의 대차거래 및 담보콜거래

iii) 제1호 내지 제2호의 거래가 혼합된 거래

iv) 제1호 내지 제3호의 거래에 수반되는 담보의 제공 · 처분 · 충당

26) CPSS, Report on Netting Schemes Prepared by the Group of Experts on Payment Systems of Central Banks of the Group of Ten Countries, CPSS Publications No.2 (February 1989). http://www.bis.org/publ/cpss02.pdf, 2007년 2월 9일 최종확인.

27) CPSS, Report of the Committee on Interbank Netting Schemes of the Central Banks of the Group of Ten countries, CPSS Publications No.4 (November 1990). http://www.bis.org/publ/cpss04.pdf, 2007년 2월 9일 최종확인.

행 등 금융기관들은 계약으로 신용위험과 유동성위험을 감소시키는 조치를 취하여 왔으나, 상대방의 도산시 과연 그러한 계약의 효력이 인정될 것인지에 대하여 법률상 명시적인 조항을 두고 있지 않았다. 법 제120조 제3항이 입법되기 전의 학설은 대체로 파산 또는 회사정리절차상 파생금융거래의 네팅(특히 ISDA Master Agreement를 이용한 파생금융거래 당사자 일방의 채무불이행시 close-out netting)의 효력을 인정하여야 한다는 입장이었으나,[28] 논란의 여지가 있으므로 입법적으로 명확하게 하여야 한다는 의견이 제시되었다.[29] 이번 입법은 금융거래의 신용위험과 유동성위험 및 이러한 위험부담으로 인한 자기자본비율 저하를 감소시킬 필요성과 이에 관한 학계의 논의를 반영한 것이라고 볼 수 있다.[30)·31)]

28) 김건식, 앞의 책(주 3), 78면 ; 석광현, "스왑거래의 법적 문제점," 민사판례연구(23), 박영사, 2001, 665-671면.

29) 김건식, "파생금융상품," 민사판례연구(23), 박영사, 2001, 636면 ; 석광현, "파생금융상품거래에 있어서의 일괄정산의 문제점과 도산법의 개정," 국제거래법연구(8), 국제거래법학회, 1999 ; 정순섭, 장외파생금융상품거래의 도산절차상 취급에 관한 법제도 정비방안, 한국법제연구원, 2003 ; 오수근/김나영, 앞의 논문(주 4).

30) 법 제120조 제3항이 적용되는 적격금융거래의 종료 및 정산을 법 제120조 제1항 및 제2항과 마찬가지로 '결제제도'의 하나로 파악하고, 법 제 120조 제3항에 의하여 기본계약에서 당사자가 정한 바에 따라 적격금융거래의 종료 및 정산의 효력을 인정하는 것을 '결제제도의 완결성'을 보장하는 것으로 파악하는 견해가 있는데〔오수근, 앞의 논문(주 15), 9-11, 24-25면〕, 제3항의 적용대상을 제1항 및 제2항과 동일하게 결제제도로 파악하는 것은 의문이다. 제1항과 제2항은 다수의 참가자들(주로 금융기관)이 참가하는 지급결제제도 및 증권선물결제제도, 즉 '결제시스템'에서의 "결제의 완결성을 보장(즉 결제제도를 통하여 결제가 이루어진 경우 사후에 그 결제를 무효화하거나 취소할 수 없도록 보장)"하기 위한 것이고 이는 결제제도라는 금융시장의 하부구조에 의존하여 작동하는 금융시스템의 혼란 방지를 목적으로 한다. 제3항은 적격금융거래를 행하는 당사자들이 네팅약정을 통하여 거래상대방에 대한 신용위험과 유동성위험을 효과적으로 감소시키고자 할 경우 그 "약정의 효력이 인정됨"을 명백하게 함으로써 적격금융거래를 행하는 당사자가 위험감소의 목적을 달성할 수 있도록 한 것이다. 제1항 내지 제3항이 모두

예측가능성을 높이기 위한 것이기는 하지만, 제3항의 적용을 받는 적격금융거래 내지는 네팅을 통한 적격금융거래의 정산이 '결제시스템' 내지는 '결제제도에 의한 결제'를 구성하는 것은 아니며, 제3항은 '네팅 약정의 효력'을 인정하는 데 중점이 있다. 제3항의 입법취지에 대한 기본적인 시각의 차이는 제3항의 해석에 상당히 큰 영향을 준다(주 33, 42 참조).

31) 채무자회생 및 파산에 관한 법률 이외에도 실질적으로 도산절차를 다루는 법의 하나인 기업구조조정촉진법은 채권금융기관들이 채무자회사에게 행한 신용공여에 대하여 채권행사유예 등을 포함한 경영정상화계획을 의결하면 그 내용을 성실히 이행하도록 하고 있으나(제22조), 법 제120조 제3항과 같은 조항을 두고 있지 않다. 기업구조조정촉진법에 따른 경영정상화 계획에서 채권행사를 일정기간 유예하도록 하는 경우가 대부분일 텐데, 이때 채권행사의 유예 속에 일괄정산 약정에 따른 일괄정산이 포함되는지에 대하여 논란이 있을 수 있다. 이와 관련하여 재정경세부는 "여러 파생금융거래가 하나의 기본계약인 ISDA Master Agreement에 근거하여 이루어지고, 동 계약이 동 계약에 따라 행한 여러 파생금융거래를 일괄정산하여 잔액만을 결제할 의무를 지도록 하는 조항을 두고 있는 경우에는, 동계약에 따라 일괄 정산한 잔액을 당사자 간의 채권으로 볼 수 있다"라고 하여(재정경제부 2003. 1. 27.자 유권해석) 일괄정산 후의 단일의 잔액채권을 신용공여액으로 보고 있다. 한편, 대법원은 기업구조조정촉진법 제14조 제1항(현행 기업구조조정촉진법 제9조 제1항에 해당)에 의한 "채권행사 유예요청은 채권금융기관을 구속하는 법적 효력이 없으므로, 금융감독원장이 채권금융기관에 대하여 채권행사를 유예하도록 요청하였다 하더라도, 위 요청을 받은 채권금융기관은 부실징후기업에 대하여 부담하는 채무와 자신의 채권이 상계적상에 있는 경우 대등액에 관하여 상계할 수 있다"라고 하여(대법원 2005. 9. 15. 선고 2005다15550 판결) 마치 채권금융기관을 구속하는 내용의 경영정상화계획이 의결되면 상계도 금지되는 듯이 판시하고 있다. 그러나 상계는 채권자의 권리 행사로서 채권자의 일방적인 의사표시에 의하여 법률효과가 발생하는 것인 데 반하여, 일괄정산의 경우에는 거래가 종료된 경우 당사자 사이의 일괄정산 약정에 따라 일괄정산되는 효과가 발생하는 것으로서 채권자의 일방적인 선택에 의하여 효과가 발생하는 것이 아니므로 상계와는 성격이 다르다. 따라서 위 대법원 판결의 판시사항을 일괄정산 약정에 그대로 적용할 수 있다고 보기는 어렵다. 기업구조조정촉진법상의 부실징후기업관리에 들어가는 경우 일괄정산 약정에 따른 적격금융거래의 종료 및 정산의 효과를 약정대로 인정하지 않는다면, 당사자들이 네팅약정을 통하여 거래상대방에 대한 신용위험과 유동성위험을 효과적으로 감소시키고자 하는 목적을 달성하지 못하게 된다. 법 제120조 제3항의 입법취지에 맞추어 일괄정산 약정에 따른 적격금융거래의 종료 및 정산의 효력을 인정하는 방향으로 기업구조조정촉진법상의 경영정상화계획의 실무가 정착되는 것이 바람직할 것이다.

1. 적용대상 거래

(1) 기본계약의 존재

1) 법 제120조 제3항에 따른 특칙을 적용받기 위해서는 적격금융거래가 기본계약에 근거하여 행하여져야 한다. 법 제120조 제3항에서 기본계약의 내용에 관하여 명시적으로 정하고 있지는 않다.[32] 그런데 이 조항은 기본적으로 기본계약에 따른 다수의 거래의 정산을 하고자 하는 당사자들의 의사를 존중하여 어느 한 당사자의 도산이 발생하더라도 일괄정산의 효력에 대한 예측 가능성을 높이는 데 입법 취지가

---

32) 참고로 일본의 '금융기관 등이 행하는 특정 금융거래의 일괄청산에 관한 법률(平成 10년 법률 제108호)' 제2조 제5항은 기본계약서를 "특정 금융거래를 행하고자 하는 금융기관 등과 그 상대방 간에 둘 이상의 특정 금융거래를 계속적으로 행하기 위하여 작성되는 계약서로서, 계약의 당사자 간에 이루어지는 특정 금융거래에 관한 채무에 관하여 그 이행방법 기타 당해 특정 금융거래에 관한 기본적 사항을 정하는 것"으로, 제2조 제6항은 일괄청산을 "기본계약서에 기하여 특정 금융거래를 하고 있는 당사자 일방에 일괄청산사유가 발생한 경우에는 당해 당사자 쌍방의 의사에도 불구하고, 당해 일괄청산사유가 발생한 때에 있어 당해 기본계약서에 기하여 행해지고 있는 모든 특정 금융거래에 대하여 그때에 있어서의 당해 특정 금융거래의 각각에 관하여 총리부령, 대장성령으로 정하는 바에 따라 산출된 평가액을 합산하여 얻어지는 순합계액이 당해 당사자 간 하나의 채권 또는 하나의 채무가 되는 것"이라고 각각 정의하고 있다. 한편, 위 법률 제3조 제1항은 "파산절차의 개시결정, 재생절차 개시결정 또는 정리절차 개시결정(이하 이 조에서는 '파산절차개시결정 등'이라고 한다)을 받은 자가, 일괄청산의 약정을 한 기본계약서에 의하여 특정 금융거래를 하고 있었던 금융기관 등 또는 그 상대방인 경우에는, 당해 기본계약서에 의하여 행해지고 있었던 모든 특정금융거래에 대하여 그들이 갖고 있는 다음의 각호에 열거한 법률에 규정하는 당해 각호에 정하는 재산 또는 채권은, 당해 파산선고 등에 관한 일괄청산사유가 발생함으로써 각각 당해 파산절차 개시결정 등을 받은 자가 당해 약정에 기하여 가지게 된 하나의 채권 또는 그 상대방이 당해 약정서에 기하여 가지게 된 하나의 채권으로 한다"라고 규정하여, 파산절차개시결정 등 이후에 일괄청산의 유효성이 인정되는 것은 해당 기본계약서에 일괄청산 약정이 포함되어 있는 경우를 전제로 하고 있다.

있다고 보아야 할 것이고, 이러한 입법 취지를 감안하면 기본계약에는 복수의 거래를 하나의 채권 · 채무로 만드는 정산조항(일괄정산조항)이 있어야 할 것으로 보는 것이 합리적이다.[33] BIS의 자기자본비율 규제상으로도 네팅의 효과를 인정하기 위한 전제로 이와 같이 하나의 채권 · 채무로 만드는 계약의 존재를 요구하여 왔다.[34] 법 제120조 제3항에서 기본계약에 근거하여 적격금융거래를 한 경우에 한하여 특칙을 적용하고자 하는 것도 같은 취지라고 하겠다.[35]

---

33) 이러한 점을 고려하여 법 제120조 제3항의 규정상 명시적으로 규정되어 있지 않음에도 불구하고, 일괄정산조항의 존재를 기본계약의 존재와는 독립된 별도 요건의 하나로서 설명하는 견해가 있다〔임치용, 앞의 책(주 4), 204면 ; 성순섭, 앞의 논문(주 4), 260면〕. 일괄정산조항이 반드시 있어야 하는 것은 아니라는 견해도 있으나〔오수근, 앞의 논문(주 15), 24-25면〕, 기본계약에서 다수의 적격금융거래를 일괄하여 정산하도록 하지 않고 예컨대 개별거래를 각각 독립적으로 종료 정산하도록 한 경우까지 법 제120조 제3항의 특례를 적용해야 할 합리적 이유가 있는 것인지 의문이다. 또한 제3항의 보호대상을 결제시스템이라고 보고 공적 결제시스템에 버금가는 정도로 기본계약이 높은 규범성을 가져야 하고 공정성을 유지하여야 한다는 견해도 있으나〔오수근, 앞의 논문(주 15), 25면〕, 제3항의 적용대상은 적격금융거래이고 제3항이 보호하고자 하는 것은 당사자 간의 사적인 계약인 것이지 적격금융거래의 네팅약정을 금융시스템의 하부구조인 결제제도와 같은 평면에서 다룰 문제는 아니라고 생각된다. 제3항이 제1항 및 제2항과 같은 조문 속에 들어 있는 것은 입법상의 편의를 위한 것이었지 같은 조문에 있다고 하여 제3항의 입법취지 및 적용대상을 제1항 및 제2항의 그것과 동일하게 볼 수는 없을 것이다.
이와 관련하여 법 제120조 제3항의 적용요건과 직접 관련되는 것은 아니지만, 금융감독원의 '파생상품 업무처리 모범규준(금융권역 공통)' (2006. 11)의 '〈참고 7〉 파생상품에 대한 위험가중자산 산출시 상계의 인정범위' 에서는 '상계인정요건' 의 하나로 "상계계약은 거래의 상대방이 파산, 부도, 청산 등의 사건이 발생했을 시에는 양 당사자 간 모든 채권 · 채무관계가 상계되어 하나의 채권 · 채무관계가 된다는 조항을 포함하여야 한다" 라고 '일괄정산조항의 존재' 를 명시적으로 규정하고 있다.

34) Basel Committee on Banking Supervision, The Super-visory Recognition of Netting for Capital Adequacy Purposes (April 1993). http://www.bis.org/publ/bcbs11c.pdf, 2007년 2월 9일 최종확인.

35) 한편, 제120조 제3항은 기본계약에 대하여 "일정한 금융거래에 관한 기본적 사항을 정한 하나의 계약" 이라고 규정하였을 뿐, 구체적 의미에 대하여는 정의하고 있

2) 국제금융거래를 중심으로 하여 보면 파생금융거래에서 가장 흔히 사용되는 ISDA Master Agreement,[36] 증권대차거래에서 많이 사용되는 Global Master Securities Lending Agreement와 종전 버전인 Overseas Securities Lending Agreement, 환매거래에서 많이 사용되는 Global Master Repurchase Agreement 등이 대표적 기본계약에 해당될 것이다. 국내 거래에서는 금융투자협회가 정한 금융투자회사의 약관운용에 관한 규칙에 따른 표준약관인 증권대차거래약관과 기관간 환매조건부매매약관, 표준약관은 아니지만 금융투자협회에서 권고안으로 제시하고 있는 장외파생상품거래 한글약정서 권고안 등이 이에 해당될 수 있을 것으로 보인다. 그러나 금융투자협회의 표준약관 중 대고객 환매조건부매매약관은 동일 고객과의 다수의 환매조건부 증권매매거래에 적용되는 약관이기는 하지만, 정산에 관한 조항(일괄정산조항)이 없는 계약으로서 제120조 제3항의 기본계약에는 해당하지 않을 것으로 보인다. 한국예탁결제원의 증권대차거래의 중개 등에 관한 규정에 따른 증권대차거래 가운데 맞춤거래의 경우에는 대차 당사자들이 별도로 체결한 계약이 무엇인지에 따라 달라질 것이다.[37] 대차거래 당사자들이 Global Master Securities Lending Agreement 또는 Overseas Securities Lending Agreement를 체결하고 한국예탁결제원의 대차중개서비스를 이용하여 맞춤거래[38]를 하는 경우에는 당사자들이 체결한

지 않다는 점에서 해석 및 적용상의 혼란을 피하기 위하여 정의규정을 둘 필요가 있다는 주장〔정순섭, 앞의 논문(주 4), 255면〕을 경청할 필요가 있다.

36) 1992년 버전과 2002년 버전이 모두 사용되고 있고 두 계약서는 기본계약에 해당한다고 하겠다.

37) 본문에서는 한국예탁결제원이 중개하는 대차거래만 논의하였으나, 한국증권금융주식회사가 별도로 유가증권 대차거래 중개업무규정에 따라 중개하는 대차거래의 경우도 마찬가지이다.

38) 맞춤거래 : 대차수수료율 및 담보비율 등 대차거래조건의 협의에 의하여 이루어

Global Master Securities Lending Agreement 또는 Overseas Securities Lending Agreement를 기준으로 기본계약의 존재 여부를 판단하여야 할 것이다. 결제거래[39]나 경쟁거래[40]의 경우에는 한국예탁결제원의 증권대차거래의 중개 등에 관한 규정을 근거로 체결된다고 할 수 있으나, 위 규정이 각 거래의 종료에 대한 사항을 정하고 있을 뿐 여러 거래의 일괄정산을 정하고 있지 않으므로 결국 각 거래를 개별로 취급하는 계약이라고 할 수 있고, 이러한 경우를 법 제120조 제3항에서 의도한 기본계약에 해당된다고 볼 수 있을지 의문이다.[41]

3) 장외파생금융거래를 할 경우 우선 ISDA Master Agreement와 계약서의 부속서인 스케줄에 준거법 · 관할 · 계약 종료시 지급통화 · 담보제공 등 선택적으로 합의하여야 할 사항에 관한 합의를 하여 서명하며, 그 이후 각 개별거래를 하는 것이 원칙이고 각 개별거래가 ISDA Master Agreement 서명 후 이루어지는 경우가 대부분이다.

그러나 두 당사자 간 최초로 장외파생거래를 하는 경우 ISDA Master Agreement를 체결하기 위해서는 계약의 부속서인 스케줄에 기재하는 선택적으로 합의하여야 할 사항에 관한 협상에 시간이 걸리는 경우가 있다. 이러한 경우 ISDA Master Agreement를 서명하기 전 해당

지는 대차거래(증권대차거래의 중개 등에 관한 규정 제2조 제1항 제1호 다목).

39) 결제거래 : 유가증권시장에서의 매매거래에 따른 결제증권의 부족분의 보전 등을 목적으로 이루어지는 대차거래(증권대차거래의 중개 등에 관한 규정 제2조 제1항 제1호 가목).

40) 경쟁거래 : 대차수수료율의 호가경쟁에 의하여 이루어지는 대차거래(증권대차거래의 중개 등에 관한 규정 제2조 제1항 제1호 나목).

41) 이러한 거래들의 경우 한국예탁결제원이 대이행책임을 부담한다는 점(유가증권대차거래의 중개 등에 관한 규정 제25조, 제25조의2 및 제26조) 및 거래의 상대방이 특정되어 있지 않다는 점 등을 고려할 때, 현실적으로 일괄정산 자체가 불가능하므로 법 제120조 제3항을 적용하기 어려운 것으로 보인다.

장외파생거래의 조건을 기재한 Confirmation을 통상의 Confirmation보다 상세하게 작성하여(이른바 Long Form Confirmation) 준거법과 관할에 관한 사항 등 당사자가 반드시 합의하여야 할 사항과 아울러 "ISDA Master Agreement를 서명하기 전에는 마치 스케줄이 없는 ISDA Master Agreement가 체결된 것과 마찬가지로 간주하여 ISDA Master Agreement의 적용을 받는다"라는 내용과 "스케줄에 합의하여 ISDA Master Agreement를 서명하면 이 Confirmation에 따른 거래도 그 ISDA Master Agreement에 따른다"라는 내용을 포함시켜 Confirmation에 서명하는 것이 관행이다. 또한 추후 ISDA Master Agreement를 서명하는 경우, 계약의 효력발생일은 실제 서명일자와는 달리 첫 번째 거래일 또는 그 이전일자로 소급하는 것으로 정한다. 이렇게 ISDA Master Agreement의 적용을 받는다는 점을 명시하여 Long Form Confirmation을 체결하는 경우에는 ISDA Master Agreement를 서명하지 않았더라도, ISDA Master Agreement에 근거하여 거래를 한 것이라고 보아야 할 것이다. 실제 이러한 Long Form Confirmation에 따른 거래를 한 후 ISDA Master Agreement를 서명하지 못하였거나 ISDA Master Agreement를 서명한 후 행한 거래가 하나에 그친 경우라고 하더라도, 앞서 살펴본 바와 같이 일괄정산조항 등을 포함하고 있는 ISDA Master Agreement의 조건들에 구속된다고 합의한 것이 명확할 때에는 ISDA Master Agreement와 같은 기본계약에 근거하여 거래를 행한 당사자들의 예측 가능성을 보호하기 위하여 법 제120조 제3항이 적용된다고 보아야 한다. 물론 Long Form Confirmation이나 ISDA Master Agreement와 같은 기본계약에 따른 거래를 이용하여 법 제120조 제3항을 남용하는 경우에 대하여는 그 조항의 단서에 의하여 특칙의 적용을 배제할 수 있을 것이다.

(2) 적격금융거래

법 제120조 제3항의 특칙은 제1호 내지 제4호에 열거된 적격금융거래, 즉 (i) 선도 · 옵션 · 스왑 등 파생금융거래로서 대통령령이 정하는 거래, (ii) 현물환거래 · 유가증권의 환매거래 · 유가증권의 대차거래 및 담보콜거래, (iii) 제1호 내지 제2호의 거래가 혼합된 거래, (iv) 제1호 내지 제3호의 거래에 수반되는 담보의 제공 · 처분 · 충당에 적용된다. 이 가운데 제4호의 담보거래에 대하여는 아래 '담보를 수반하는 적격금융거래'에 관한 논의에서 별도로 논하기로 한다. 기본계약을 체결하고 그 기본계약에 따라 적격금융거래를 행한 후 회생절차개시결정 또는 파산선고가 이루어진 경우에는 적격금융거래의 종료 및 정산 시점이 회생절차개시결정 또는 파산선고 전후 언제인지를 불문하고 법 제120조 제3항의 특칙이 적용된다고 보아야 한다. 적격금융거래의 당사자들이 체결한 기본계약 중 적격금융거래의 종료 및 정산에 관한 합의의 효력을 그대로 인정하겠다는 것이 법 제120조 제3항의 입법취지이기 때문이다. 적격금융거래의 종료 및 정산이 회생절차개시결정 또는 파산선고 이후에 이루어지는 경우에도 그 이전에 합의한 기본계약에 따른 효력을 인정하여야 법 제120조 제3항이 의도하는 효과가 있는 것이다.[42)]

42) 오수근, 앞의 논문(주 15), 16면은 기본계약에 의한 적격금융거래 체결 후 도산절차가 개시되고 그 이후 거래가 종료되고 정산이 이루어진 경우를 결제제도하에서 도산절차 개시 후에 이체지시가 이루어진 경우와 동일하게 취급하여 다른 의견을 취하고 있는 것으로 보이나 제3항의 입법취지에 부합하는지 의문이다(주 33 참조). 적격금융거래의 종료 및 정산에 수반되는 담보의 처분 및 충당에 대하여는 주 68 내지 주 70의 본문 참조.

2. 특칙 적용의 효과[43)]

기본계약에 근거하여 체결된 적격금융거래의 종료 및 정산에 관하여는 채무자회생 및 파산에 관한 법률의 규정에도 불구하고 기본계약에서 당사자가 정한 바에 따라 효력이 발생하고 해제 · 해지 · 취소 및 부인의 대상이 되지 아니하도록 하여 법 제120조 제3항이 입법되기 전에 논의되던 미이행 쌍무계약 조항 적용에 따른 cherry picking[44)]의 우려, 일괄정산조항의 효력에 대한 반론의 우려 등을 해소하였다.[45)] 일괄정산 후 남은 채권은 회생채권으로 채권을 행사하여야 할 것이다. 제4호의 거래, 즉 담보의 제공 · 처분 · 충당에 대하여는 부인권의 적용이 없을 뿐 아니라 중지명령 및 포괄적 금지명령의 대상이 되지 아니한다.

법 제120조 제3항이 규정한 적격금융거래에 있어서의 특칙의 효과

---

43) 석광현/정순섭 편, 국제금융법의 현상과 과제(제1권), 소화, 2009, 제10장에 게재된 내용을 보완하였다.

44) 당사자 사이의 기본계약의 적용하에 있는 다수의 적격금융거래들 중 회생절차가 개시된(또는 파산이 선고된) 당사자에게만 유리한 방향으로 일부는 이행, 일부는 해제 또는 해지하도록 관리인이 선택권을 행사하는 것을 말한다.

45) 참고로 미국연방파산법 Section 362(a)(17)은 파생거래〔법문에서는 Section 101(53B)에서 개별 파생거래를 'swap agreement' 라고 정의하여 이를 총칭하고 있다〕에 관하여, 회생절차 또는 파산절차의 개시신청에 따른 자동중지(automatic stay)의 적용을 배제하여 상계 및 담보의 처분 · 충당은 위 각 절차의 개시신청에 의하여 그 효력에 영향이 없도록 규정하고, 나아가 Section 546(g) 및 548(d)(2)는 부인의 대상에서 제외하도록 규정하며, Section 560은 파생거래를 일괄정산하는 계약상의 권리(contractual right)가 파산법의 규정 또는 법원의 명령 등에 의하여 중지 · 부인 또는 달리 제한되지 않음을 명시하여 그 효력을 인정하고 있고, 미이행 쌍무계약의 해제 여부에 대한 선택권을 규정한 Section 365(a)의 적용을 배제하고 있다〔한편 미국연방파산법 Section 101(53B)는 기본계약(master agreement)은 그에 기하여 체결된 개별적인 파생거래와 일체를 이룬다는 규정을 두어 미이행 쌍무계약의 해제 여부에 관한 cherry-picking을 허용하지 않고 있다〕.

와 관련하여 이 조항의 문언상 명확하지 않은 점이 있다. 특칙의 효과에 관한 부분을 보면 기본계약에 근거하여 적격금융거래를 행하는 당사자 일방에 대하여 회생절차가 개시된 경우 "적격금융거래의 종료 및 정산에 관하여는 이 법의 규정에 불구하고 ① 기본계약에서 당사자가 정한 바에 따라 효력이 발생하고 ② 해제 · 해지 · 취소 및 부인의 대상이 되지 아니하며, 제4호의 거래는 중지명령 및 포괄적 금지명령의 대상이 되지 아니한다"라고 규정하고 있다.

위 조항의 자구상 ①, ②로 표기한 법문은 모두 특칙의 효과를 규정한 술어 부분에 해당하지만, 법문상 그에 대응하는 각 주어는 명확하지 않다. 조항의 전체적인 내용상, ①부분("기본계약에서 당사자가 정한 바에 따라 효력이 발생하고")에 대응하는 주어가 "적격금융거래의 종료 및 정산"이라는 점은 의문의 여지가 없다. 그러나 ②부분 ("해제, 해지, 취소 및 부인의 대상이 되지 아니한다")에 대응하는 주어가 무엇인지에 대하여는 검토가 필요하다.

우선, 위 조항에서 "해제 및 해지"는 미이행 쌍무계약의 이행 또는 해제, 해지에 관한 관리인의 선택권(선택적 해제권, 법 제121조 및 제335조)에 대응하는 것이다. ①부분에서 이미 채무자회생 및 파산에 관한 법률의 규정에도 불구하고 당사자가 기본계약에서 정한 바에 따라 적격금융거래를 '종료'하고 '정산'하는 효력이 발생한다고 규정한 이상, 채무자회생 및 파산에 관한 법률이 규정하고 있는 미이행 쌍무계약에 관한 관리인의 선택권을 기본계약에 의하여 단일계약으로 인정되어 종료 및 정산되는 적격금융거래 전체에 대하여는 더 이상 기능할 수 없는 것이다. 관리인의 해제 및 해지에 관한 권한을 배제한 것은 기본계약의 적용을 받는 다수의 적격금융거래들 중 회생절차가 개시된(또는 파산이 선고된) 당사자에게만 유리한 방향으로 일부는 이행, 일부는 해제 또는 해지하는 것(이른바 'cherry picking')을 방지한다는 점에서 의미가 있다. 즉, 기본계약의 적용을 받는 각 적격금융거래에 관한 개별계약에 대하여 관리인이 기본계약에 의한 일괄정산에 어긋나는 "해제, 해지"하는 행위를 금지한 것으로 보아야 할 것이다.[46)]

다음, "취소 및 부인"의 대상이 되지 않는 것은 법안의 문면대로 읽으면 "적격금융거래의 종료 및 정산"이라고 할 수 있다. 이와 같이 읽을 때 몇 가지 의문이 생길 수 있다.

첫째, 채무자회생 및 파산에 관한 법률상 법률행위를 '취소' 할 수 있는 경우가 무엇인지 의문이다. 관리인 또는 파산관재인이 부인권을 행사하는 외에, 모든 채권자의 공적 수탁자로서 민법 제406조의 채권자취소소송도 제기할 수 있는지 여부에 관하여는 논의가 있을 수 있다.[47)] 즉, 회생절차개시결정 또는 파산선고 이후에도 관리인 또는 파산관재인이 민법 제406조에 근거하여 채권자취소소송을 제기할 수 있다고 본다면, 법 제120조 제3항의 ②부분의 취소는 채권자취소소송을 의미한다고 해석할 여지가 있다. 앞서 본 바와 같이,[48)] 이렇게 해석하지 않고 법문면상 민법상의 채권자취소권의 적용이 당연히 배제된

46) A와 B 간의 기본계약에 기하여 다수의 적격금융거래가 행하여졌고 A에 대하여 회생절차가 개시된 경우, A의 관리인이 특정 적격금융거래에 대한 B의 채무불이행을 이유로 (미이행 쌍무계약에 관한 조항 등 채무자회생 및 파산에 관한 법률상의 근거가 아닌) 다른 약정 또는 법정 해제권에 따라 개별 계약을 해제 또는 해지하고자 하는 경우에는 그 해제, 해지권의 행사는 제120조에 따른 제약을 받지 않는다고 보아야 할 것이다. 그렇게 해석하지 아니하면 B에게 불합리한 이득을 부여하는 결과가 생길 수 있다.

47) 한 민/박종현, "신탁과 도산법 문제," BFL 제17호(2006. 5), 서울대학교 금융법센터, 34-35면. 회생절차 개시결정 또는 파산선고 이후에는 채권자들이 개별적으로 민법 제406조에 의한 채권자취소소송을 제기할 수 없고, 모든 채권자를 위한 공적 수탁자인 관리인이 행사할 여지는 있다〔條解會社更生法[中], 弘文堂(1998), 223면 ; 注解 破產法[第3版](上卷), 青林書院(1998), 556면 참조〕.

48) 주 13 및 17 참조.

다고 보지 않는 경우에도, 법 제120조 제3항에서 적격금융거래에 관하여 관리인의 부인권의 대상에서 배제하는 내용의 특칙을 규정한 입법취지를 고려한다면, 회생절차 또는 파산절차 개시 이후에 관리인이 적격금융거래의 종료 및 정산을 대상으로 채권자취소소송을 제기하는 것은 허용되지 않는다고 해석하는 것이 타당할 것이다.[49]

둘째, "적격금융거래의 종료와 정산이 부인의 대상이 되지 않는다"라고 하려면 우선 "적격금융거래의 종료와 정산"이 관리인의 부인권 행사 대상으로 규정되어 있어야 할텐데 부인권의 대상은 기본적으로 채무자가 행한 행위 (또는 이와 동일시 할 수 있는 채권자 기타 제3자의 행위)와 집행행위이고 채무자와의 통모 등 채무자의 행위와 동일시 할 수 있는 것이 아니라면 채권자의 행위는 원칙적으로 포함되지 않는다. 채무자와 공모하여 회생채권자 또는 회생담보권자를 해할 목적으로 적격금융거래를 행한 경우가 아닌 한, 적격금융거래의 종료 및 정산에 관한 채권자의 행위가 부인권의 대상이 되는 행위라 하더라도 제120조에 의하여 부인권의 대상에서 제외된다.

셋째, 제3항 제1호 내지 제3호의 적격금융거래와는 달리 제3항 제4호의 "담보의 제공, 처분 및 충당"은 제3항 제1호 내지 제3호에 부수하여 발생하는 거래로서 특히 담보의 처분 및 충당은 이미 제공된 담보의 처분 충당이므로 처분 충당행위가 취소 또는 부인되면 "기본계약에서 정한 바에 따른 적격금융거래의 종료 및 정산"이 이루어지지 않게 된다. 이러한 상황이 발생하는 것을 방지하는 것이 입법취지에

49) 본고에서는 적격금융거래에 대하여 회생절차 개시 또는 파산선고 전에 민법상의 채권자취소소송이 제기되어 관리인/파산관재인이 이를 수계한 경우에는 어떻게 될 것인지의 문제는 다루지 않았으나 이 점도 앞으로 심도 있게 검토할 필요가 있다.

부합하고, 또한 담보의 처분 및 충당은 적격금융거래의 종료 및 정산의 일부를 구성한다고도 볼 수 있으므로, ②부분에서 "취소 또는 부인"의 대상이 되지 않도록 규정한 행위는 제3항 제4호의 "담보의 처분 및 충당", 즉 담보권의 실행과 회수대금의 변제충당을 포함한다고 보아야 한다.[50)]

3. 특칙 적용의 배제

채무자가 상대방과 공모하여 회생채권자 또는 회생담보권자를 해할 목적으로 적격금융거래를 행한 경우에는 법 제120조 제3항의 특칙을 적용하지 않는다. 법 120조 제1항과 제2항에는 없는 이러한 적용배제조항이 제3항에 들어 있다. 제1항과 제2항은 금융제도로서의 지급결제제도 및 청산결제제도에 대하여 적용되는 것이므로 당사자 간의 합의로 제1항 또는 제2항의 적용을 남용할 우려가 없겠으나, 제3항의 경우에는 당사자 간의 계약에 의하여 이루어지는 것이므로 남용될 우려가 있기 때문이다.

50) 종전 회사정리법이 적용되던 시기에는 대법원이 "이 사건과 같이 질권의 목적물을 타에 처분하여 채권의 만족을 얻는 경우도 그 실질에 있어서 집행행위와 동일한 것으로 볼 수 있다"는 점을 근거로 회사정리 개시결정 전에 이루어진 채권자의 질물처분행위를 부인의 대상으로 인정하였다(대법원 2003. 2. 28. 선고 2000다50275 판결). 이와는 달리 대법원 2004. 2. 12. 선고 2003다53497 판결과 2002. 7. 9. 선고 2001다46761 판결 집합채권의 양도담보에서 채권자에 의한 대물변제의 예약완결권 행사 및 채권양도통지가 채권자의 행위임을 이유로 부인대상이 아니라고 하였다. 대법원 2003. 2. 28. 선고 2000다50275 판결의 입장에 의하면 일괄정산에 따른 변제나 담보의 처분행위 등이 부인의 대상이 될 수 있게 된다. 제120조는 금융시스템 위험을 방지하고 거래의 안정을 보장하기 위하여 관리인 또는 파산관재인의 부인권을 배제한 것이라고 볼 수 있으므로 적격금융거래에 속하는 담보의 처분은 종전의 대법원 판결과 달리 제120조에 의거하여 부인의 대상이 되지 않는다고 보아야 할 것이다.

4. 담보를 수반하는 적격금융거래

(1) 금융거래의 신용위험과 담보의 수반

파생금융상품을 비롯한 신종금융거래에서는, 금융거래의 상대방 당사자가 도산 기타 사유로 이행기에 거래상 채무를 이행하지 못할 위험을 의미하는 신용위험(Credit Risk) 또는 상대방위험(Counter-party Risk)이 금리, 환율 등 경제상황의 변동에 따라 거래의 만기시까지 계속 변동하고 그 위험을 부담하는 주체도 변경된다. 파생금융거래의 신용위험의 관리를 위하여 담보구조(collateral arrangement)를 수반하도록 하는 거래, 즉 일방당사자(담보제공자)가 현금 또는 유가증권 등과 같은 자산을 상대방(담보취득자)에게 담보로 제공하고, 그 담보제공자가 채무불이행을 할 경우 담보로부터 채권의 만족을 얻는 거래가 증가하고 있다.[51] 1990년대 후반에 이르러 ISDA가 정한 신용보완문서 또는 담보부속서(Credit Support Document)의 출현에 의하여 담보구조를 수반하는 파생금융거래의 확산이 이루어졌고, 신용등급이 낮은 당사자가 신용보완을 위해 담보를 제공하는 전통적 담보구조뿐 아니라 최근에는 신용도가 비교적 우수한 은행 간 거래에서도 담보구조를 수반하는 금융거래의 비중이 증가하고 있다.

---

51) 금융거래의 신용위험을 관리하기 위한 수단으로서 해당 금융거래에 담보구조를 수반하는 Collateralization에 대하여는 정순섭, "신종금융거래의 담보화에 관한 연구," 증권법 연구 제4권 제1호(2003), 한국증권법학회, 145-147, 148면 각주 2에 기재된 문헌 등 참조.

(2) 적격금융거래에 수반되는 담보거래의 유형

장외파생상품거래, 유가증권의 환매거래 및 유가증권의 대차거래에서 흔히 사용되는 담보는 질권 등 담보권의 설정(담보권설정방식)과 담보물의 소유권이전(양도방식)의 두 유형이 있다.[52)]

담보권설정방식은 담보제공자가 담보취득자를 위하여 유가증권 등 특정 자산에 대하여 질권 등 담보권을 설정하여 주는 것으로 우리 민법상 담보물권 설정과 본질적으로 차이가 없고, 담보제공자에 대한 채무불이행 사유가 발생하지 않는 한 담보취득자는 담보물을 처분할 수 없다. 또한 담보권설정방식의 경우 그 담보권의 피담보채권은 일괄정산이 먼저 이루어지고 남은 단일의 잔액채권인 것이고, 그 잔액채권에 대하여 담보권의 실행이 이루어진다.

양도방식의 경우에는 담보제공자가 담보취득자에게 현금이나 유가증권 등 종류물의 소유권을 이전(양도)한다. 담보제공시 담보취득자는 담보물의 소유권을 취득하고 반대로 담보제공자는 담보물에 대한 소유권을 상실한다. 다만 담보제공자가 담보물의 제공으로 담보하고자 한 거래상 채무(피담보채무)를 이행할 경우, 양도받은 담보물과 동일한 가치를 가지는 동종 동량의 등가대체물(equivalent collateral)을 반환할 의무를 부담하며, 담보제공자는 담보취득자에 대하여 등가대체물(등가담보물)의 반환청구권을 가진다. 한편, 담보제공자에게 채무불이행 사유가 발생한 경우, 기본계약상 (i) 담보취득자가 담보제공자에 대하여 갖는 모든 채권과 (ii) 담보취득자가 담보제공자에 대하여 부담하는

52) 위 두 가지 기본 유형의 법적 성질 및 법적 효과는 (i) 담보계약의 준거법, (ii) 담보물의 성격 및 그 소재 및 (iii) 당사자의 유형 및 소재지 등에 따라 달라진다.

모든 채무(등가대체물의 반환채무 포함)와의 사이에서 일괄정산하는 방식으로 채권의 만족을 얻는다. 이러한 정산방식은, 담보를 제외한 나머지 개별채권 · 채무의 일괄정산이 먼저 이루어지고 남은 단일의 잔액채권에 대하여 다시 담보의 처분 및 충당이 이루어지는 담보권설정방식에서의 채권회수방식과는 차이가 있다〔물론 일괄정산 결과 (i)의 담보취득자가 보유하는 채권보다 (i)의 담보취득자의 채무가 큰 경우에는 담보취득자는 그 차액에 해당하는 등가대체물을 담보제공자에게 반환하여야 할 것이다〕.

위에서 살펴본 바와 같은 담보구조의 법적 성질의 차이는 법률효과면에서도 상이한 결과를 가져온다. 양도방식에 있어 담보취득자는 양도받은 자산에 관한 소유권자로서 그 소유권의 본질상 허용되는 범위 내의 제한 없는 지배권한을 보유하여, 담보물을 처분하거나 환매거래를 하거나 또는 자신의 채권자에게 자신의 다른 채무에 대한 담보물로 제공할 수도 있다. 이에 비하여 담보권설정방식의 경우, 담보제공자가 여전히 소유권을 보유하고[53] 담보취득자는 담보권자의 지위에 있을 수밖에 없다. 가령 제공된 담보가 우리 민법상 질권에 해당하는 경우, 담보취득자는 질권자로서 담보제공자(질권설정자)의 채무불이행이 있기 전에 담보목적물을 자유로이 처분할 수 없다(민법 제343조, 제324조).

53) 법 제141조는 양도담보권을 회생담보권으로 규정하고 있다. 양도담보의 법적 구성에 관한 이른바 신탁적 소유권이전설과 담보물권설의 견해 대립이 있고, 신탁적 소유권이전설에 의하더라도 양도담보권자는 대외적으로 소유권을 취득하지만, 그 소유권을 행사할 때 내부적으로 양도담보권설정자에 대하여는 담보목적을 넘어서는 그 소유권을 행사하지 않을 의무를 진다는 점에서 담보권설정방식의 범주에 속하는 것으로 볼 수 있다.

(3) 담보를 수반하는 적격금융거래의 실제

법 제120조 제3항 제4호는 "제1호 내지 제3호의 거래에 수반되는 담보의 제공 · 처분 · 충당", 즉 '담보거래'를 적격금융거래의 하나로 규정하여 제3항의 특칙의 적용대상임을 분명히 하고 있다. 따라서 이러한 담보거래에 관하여 제120조 제3항의 특칙이 적용되기 위하여는 담보거래는 '일괄정산조항이 포함된 기본계약'에 기하여 이루어져야 한다. 즉 담보거래가 법 제120조 제3항의 적용대상이 되기 위하여는 (i) 기본계약상 그 담보거래에 관하여 직접 규정하거나 (ii) 담보거래에 관한 부속계약서에서 해당 부속계약서는 기본계약과 일체로서 그 일부가 되는 것이라는 것을 규정하는 등 해당 담보거래가 기본계약에 기하여 이루어진 것임을 명확히 하여야 할 것이다.[54)]

이하에서는 담보를 수반하는 적격금융거래에 있어 담보거래에 사용되는 기본계약 등에 대하여 살펴보고자 한다.

1) 파생금융거래

파생상품거래시 가장 흔하게 사용되는 ISDA Master Agreement에서는 (i) 뉴욕주법을 준거법으로 하는 1994년판 Credit Support Annex(이하 '뉴욕주법 CSA'), (ii) 영국법을 준거법으로 하는 1995년판 Credit Support Annex(이하 '영국법 CSA'), (iii) 영국법을 준거법으로 하는 1995년판 Credit Support Deed(이하 '영국법 CSD'), (iv) 일본법을 준거법으로 하는 1995년판 Credit Support Annex(이하 '일본법 CSA') 및 (v) 2001년판 ISDA Margin Provisions를 편입하기 위하여 사용되는 2001년판

54) 西村總合法律事務所, 앞의 책(주 4), 618-619면 참조.

ISDA Margin Supplement 등이 표준화된 담보계약서로 사용된다.

이를 위의 담보구조에 관한 두 가지 방식에 따라 구분하여 본다면, 뉴욕주법 CSA[55] 및 영국법 CSD는 담보권설정방식을, 영국법 CSA는 양도방식을, 일본법 CSA 및 2001년판 ISDA Margin Supplement는 위 두 방식을 선별적으로 결합한 방식을 취하고 있다.

2) 유가증권 대차거래

유가증권 대차거래는 담보 제공을 기초로 이루어지는 전형적 거래이다. 다수의 국내외 기본계약서, 즉 Bond Market Association의 Master Securities Lending Agreement,[56] International Securities Lending Association의 Global Master Securities Lending Agreement 및 Overseas Securities Lending Agreement[57]와 국내 증권회사들의 유가증권 대차거래를 위해 금융투자협회가 정한 증권대차거래 약관 등에서 담보에 관하여 규정하고 있다.

---

55) 뉴욕주법 CSA에 의하더라도 당사자 간의 합의가 있는 경우에는 질권자(Pledgee)는 담보의 처분을 포함하여 소유권자와 마찬가지로 담보를 자유로이 이용할 수 있다〔뉴욕주법 CSA, 제6조 (c)항〕.

56) Master Securities Lending Agreement는 미국 국내 거래를 위한 표준계약서로서, 차입자는 Pledge라는 형태의 담보권설정방식에 따른 담보를 제공할 의무가 있고 그 담보물은 증권과 현금으로 구성된다. 대여자는 담보로 제공받은 현금을 그의 재량하에 이용하거나 투자할 수 있으나, 한편 중개인을 겸하는 딜러가 아닌 대여자의 경우에는 자기 자신의 자산 및 기타 유가증권과 혼합되는 것을 방지하기 위하여 이를 분리하여 담보로 제공받은 유가증권을 보유하여야 한다. 담보는 당사자 간 계약에 정한 바에 따라 총액기준 또는 순액 기준으로 제공될 수 있다.

57) Overseas Securities Lending Agreement는 영국 국적의 당사자들을 위한 것이고, Global Master Securities Lending Agreement는 영국 이외의 국적을 가진 당사자들이 용이하게 사용할 수 있도록 작성한 것이다. 이 두 가지 표준계약서 모두 차입자가 제공하여야 할 담보에 관하여 양도방식을 채택하였고, 그러한 담보는 당사자들의 합의에 따라 총액 기준 또는 순액 기준으로 제공될 수 있다.

3) 유가증권의 환매거래

국제 금융시장에서 유가증권의 환매거래에 관한 계약서로는 International Capital Market Association의 Global Master Repurchase Agreement(이하 'GMRA')가 주로 이용되고, 한편 금융투자협회는 기관간 환매조건부매매약관을 제정하였다. GMRA 및 금융투자협회의 환매조건부매매약관에 의하면, 대상증권들은 매도자로부터 매입자에게 매도되고 그에 따라 대상증권 및 증거금증권에 대한 소유권은 절대적으로 매입자에게 이전된다.

(4) 적격금융거래에 수반하는 담보의 의미

법 제120조 제3항은 담보의 의미에 관하여 아무런 정의를 내리지 않고 있다.[58)]

담보에는 질권, 저당권, 양도담보권 내지 그러한 담보권이 설정된

58) 법 제120조 제3항 제4호는 '담보의 제공 · 처분 · 충당'이 그 자체로서 '적격금융거래'에 해당하는 것처럼 규정하고 있다. 그러나 담보의 수반성을 고려할 때 '담보의 제공 · 처분 · 충당' 자체를 별도의 적격금융'거래'로 정한 위 규정에 대하여 의문이 제기될 수 있으나, 본 규정의 입법과정을 살펴본다면 이러한 의문은 해소될 수 있다. 즉 채무자회생 및 파산에 관한 법률안 초안의 작성과정에서 적격금융거래의 유형의 하나로 "…거래에 수반되는 담보 또는 담보목적의 소유권 이전거래"가 포함되어 있었다. 이와 같이 '담보목적의 소유권이전거래'가 명시적으로 적격금융거래에 포함된 것은 그에 따른 담보구조가 ISDA Master Agreement의 개별거래에 해당하는 것으로 규정하고 있는 영국법 CSA에 따른 담보구조, 즉 양도방식의 담보구조를 적격금융거래의 하나로 포섭할 의도에서 비롯되었다. 그러나 최종적으로 공포된 법률에는 '담보목적의 소유권이전거래'는 법 제120조 제3항 제4호에 포함되지 않게 되었고, '담보의 제공 · 처분 · 충당'을 독립적 적격금융거래로 한 것이다. 즉 '담보의 제공 · 처분 · 충당'을 독립적 적격금융거래의 하나로 규정한 배경에는 영국법 CSA에서 양도방식의 담보거래를 개별거래로 규정하고 있는 점이 고려되었다고 할 수 있다.

담보물이 포함되는 데 대하여는 의문이 없을 것이다. 질권 등 담보권이 외국법에 근거하여 설정된 경우(예컨대 뉴욕주법 CSA상의 pledge, 영국법 CSA상의 charge 또는 MSLA상의 pledge)라 할지라도, 그 담보권은 법 제120조 제3항의 담보에 해당하는 것으로 보아야 한다. 법 제120조 제3항 제1호 내지 제3호의 적격금융거래에 수반되는 양도방식의 담보제공이 제120조 제3항 제4호의 담보에 포함되는지에 대하여 논란이 있을 수 있으나, 제120조 제3항 제4호의 담보는 반드시 우리 민법에 의하여 인정되는 담보물권에 한하지 않고, 담보적 기능을 수행하는 것이라면 양도방식에 의한 증거금과 유가증권담보도 포함된다고 보아야 한다.[59)·60)]

제120조 제3항 제4호의 입법취지는 적격금융거래에 관한 담보구조를 채무자회생 및 파산에 관한 법률상 부인 또는 중지명령 등 다양한

59) 정순섭, 앞의 논문(주 4), 261-262면도 같은 취지.

60) 흔히 '인적 담보'로 부르는 보증은 적격금융거래 당사자의 채무부담행위이므로 담보의 '처분, 충당'의 대상이 될 수 없고, 때문에 제120조 제3항 제4호의 담보에는 포함되지 않는다. 적격금융거래의 당사자가 아닌 제3자가 보증채무를 부담하거나 물적 담보를 제공한 경우, 적격금융거래의 당사자에 대하여 회생절차가 개시되거나 파산이 선고되더라도 법 제120조 제3항이 없더라도 그 회생절차나 파산절차로 인하여 보증인에 대한 권리나 제3자가 제공한 물적 담보에 영향을 주지 않는다(법 제250조 제2항, 제567조). 적격금융거래의 당사자에 대하여는 회생절차가 개시되거나 파산이 선고되지 않은 상태에서 물적 담보를 제공한 제3자, 즉 물상보증인에 대하여 회생절차가 개시되거나 파산이 선고된 경우, 이러한 물상보증인을 적격금융거래의 당사자라고 볼 수는 없으므로 물상보증인에 대한 회생절차나 파산절차에서 법 제120조 제3항을 적용 또는 준용할 것은 아니라고 보아야 한다. 물상보증인에 대한 회생절차 또는 파산절차에서 제120조 제3항이 적용 또는 준용되지 않더라도, 채권자는 물상보증인에 대한 회생절차 또는 파산절차에서 회생담보권 또는 별제권을 가지게 될 것이다. 물상보증인에 대한 회생절차의 개시 또는 파산의 선고 등은 피담보채무의 발생원인이 되는 적격금융거래의 중도해지 사유가 되도록 계약을 체결된 경우가 대부분일 것이고 이러한 경우에는 채권자가 가지는 회생담보권 또는 별제권은 그 적격금융거래의 종료 및 정산 후 남는 단일의 잔액채권을 피담보채권으로 하는 권리가 될 것이다.

제한들의 적용으로부터 보호하려는 데 있는 것이므로, 담보권설정방식에 의한 담보와 대비하여 양도방식에 의한 담보를 다르게 취급하는 것은 부당하다(게다가 영국법 CSA와 뉴욕주법 CSA는 경제적 효과 면에서 실질적인 차이가 없다는 점을 고려하면 더욱 그러하다).

양도방식의 담보 중 현금담보는 우리 민법상으로는 보증금과 유사한 개념의 거래 내지는 일종의 소비임치 또는 소비대차계약에 상계약정을 부가한 계약관계라고 할 수 있을 것이다. 이러한 거래는 민법상의 담보권에 해당하지는 않겠으나, 소유권을 완전히 이전한다는 점에서 양도담보보다 강력한 담보적 효력을 가지는 거래 형태이다. (i) 법 제120조 제3항 제4호의 법문상 적격금융거래의 하나로서 '담보권의 설정 · 처분 · 실행'이 아닌 '담보의 제공 · 처분 · 충당'이라는 용어를 사용하고 있다는 점, (ii) 법 제 120조 제1항 및 제2항에서는 "증거금 등 담보의 제공 · 처분 · 충당" 또는 "증거금 그 밖의 담보의 제공 · 처분 · 충당"이라고 규정하여 현금담보의 대표적 예인 증거금을 담보의 한 유형으로 파악하고 있는 점[61] 및 (iii) 증거금 등 현금담보는 현금의 소유권을 이전하는 것으로 우리 민법상의 담보권의 설정에 해당하지는 않지만, 현실적 · 실질적으로 담보의 기능을 한다는 점[62] 등을 고려

61) 제120조 제1항(지급결제제도에 관한) 및 제2항(청산결제제도에 관한)은 "증거금 등 그 밖의 담보의 제공 · 처분 · 충당…에 관하여는 이 법의 규정에 불구하고…그 지급결제제도(청산결제제도)를 운영하는 자가 정한 바에 따라 효력이 발생하며 해제 · 해지 · 취소 및 부인의 대상이 되지 아니한다"라고 규정하고 있으므로, 제120조 제3항의 담보 역시 제1항 및 제2항의 담보와 동일한 의미를 가지는 것이고, 제3항의 담보에는 지급결제은행 또는 증권선물거래소에 제공되는 증거금과 같은 성질을 가진 담보가 포함된다고 해석하여야 일관성이 있다.

62) 현금담보는 국내거래에서도 현금증거금이라는 형태로 이미 이용되고 있다(증권업감독규정 제5-67조, 제5-69조 제1항 제2호 및 증권업협회 유가증권대차거래약관 제5조 제2항 제2호).

한다면, 양도방식의 현금담보 역시 제120조 제3항 제4호의 담보에 포함된다고 보는 것이 합리적이다.

한편, 유가증권의 소유권을 이전하는 방식(양도방식)의 담보거래에 관하여도 양도담보나 질권을 설정하는 방식으로 유가증권을 제공하는 경우에는 담보에 해당되고, 동일한 유가증권을 양도방식으로 제공하면 담보에 해당되지 않는다고 보는 것은 균형이 맞지 않는 결과가 된다. 따라서 현금이 아닌 유가증권의 소유권을 이전하고 변제기에 채무가 이행되면(또는 파생금융거래의 시장가치가 변동하여 담보제공의 필요성이 없어지거나 줄어들면) 동종의 유가증권으로 반환하고, 채무불이행이 발생하면 그 유가증권의 가액만큼 채무에 충당하기로 하는 약정을 한 경우에도 제120조 제3항의 담보로 취급하여야 할 것이다.[63)·64)·65)]

---

63) 양도방식의 담보구조를 취하는 영국법 CSA에 의하면, 양도인은 적격담보물(the Eligible Credit Support)에 대한 소유권을 양수인에게 완전히 이전하도록 되어 있고, 이에 따라 양수인은 적격담보물의 처분에 관한 절대적 권한을 가진다〔제5조 (a)항〕.
나아가 위 영국법 CSA의 제5조 (b)항은 당사자들은 담보권을 설정할 의도가 아님을 명시적으로 규정하고 있다. 우리 법상 양도담보에서는 담보물에 대한 소유권은 담보권자에게 담보목적으로 이전되지만, 채무자가 피담보채무를 전부 변제하면 담보물의 소유권은 채무자에게 회복되고 채무불이행이 발생하지 않는 한 담보권자는 담보물을 처분할 수 없다. 이러한 우리 법상 양도담보와 영국법 CSA상의 양도방식의 담보 간에는 차이가 있음을 고려할 때, 영국법 CSA상의 유가증권의 양도가 우리 법상 (회생절차상 담보권으로 취급되는) 양도담보에 해당하는 것으로 인정될지는 의문이지만, 양도담보로 인정되는지 여부에 관계없이 제120조 제3항 제4호의 담보에는 포함된다고 보는 것이 합리적이다.

64) 참고로 일본의 '금융기관 등이 행하는 특정금융거래의 일괄청산에 관한 법률시행규칙' 제1조 제1호는 "담보의 목적으로 행하는 금전 또는 유가증권의 대차 또는 임치"를 담보거래로 정의하고, 제1호 이하에서는 '금융기관 등이 행하는 특정 금융거래의 일괄청산에 관한 법률'의 적용대상이 되는 특정 금융거래를 열거하면서, 그 담보거래를 담보대상이 되는 거래와 아울러 특정 금융거래의 하나로 각각 포함시켜 금전 또는 유가증권의 대차 또는 임치를 담보로 인식하고 있다.

65) 서울중앙지방법원 파산부 실무연구회, 앞의 책(주 4), 160면도 같은 취지에서 "여

⑸ 적격금융거래에 수반되는 담보의 처분 및 충당

제120조 제3항 제4호는 "제1호 내지 제3호의 거래에 수반되는 담보의 제공, 처분 및 충당"을 적격금융거래의 하나로 열거하고 있다. 통상 거래라고 함은 둘 또는 그 이상의 당사자 간에 새로운 계약관계를 형성함을 이야기하는 것이지 어느 한 당사자의 일방적 행위를 포함하지는 않는다. 담보의 처분시 처분하는 담보권자와 그 담보물을 취득하는 자 사이에는 거래가 형성되겠으나, 담보제공자와 담보권자 간에서는 담보권자가 가지고 있는 권리의 행사로서 담보제공자와 담보권자 간의 새로운 거래라고 할 수는 없을 것이다. 담보 처분 후의 충당도 마찬가지로 담보제공자와 담보권자 간의 거래라고는 할 수 없을 것이다. 이와 같이 통상의 의미의 거래에 속하지 않는 행위를 적격금융거래의 범주에 넣은 것이 과연 논리적으로 타당한 입법인지 의문이 있을 뿐 아니라 실제 도산절차(특히 회생절차)상 적격금융거래에 속하는 담보의 처분 및 충당을 어떻게 취급할 것인지에 대하여 논란이 야기될 수 있다.

제120조 제3항에 의하면, 적격금융거래를 담보하기 위해 제공된 담보의 처분은 중지명령 또는 포괄적 금지명령의 대상이 되지 않으므로, 회생절차에 관하여 회생절차 개시 이전에 중지명령 및 포괄적 금지명령이 있더라도 담보의 처분이 허용된다는 점에 대하여는 의문의 여지가 없다. 그런데 법 제58조는 법원의 회생절차개시결정이 있으면 담보의 처분을 포함한 채권자의 모든 개별집행이 금지되도록 규정하

기서 말하는 '담보'라 함은 반드시 우리나라가 민법에 의하여 인정하는 담보물권의 목적물에 한하지 아니하고 담보적 기능을 하는 것이라면 소유권이전방식에 의한 증거금, 유가증권담보도 포함된다"라고 하고 있다.

고 있고, 회생담보권자로서 회생절차 내에서 권리행사가 인정될 뿐 회생절차 외에서의 변제 등 채권소멸행위는 원칙적으로 금지되나(법 제131조, 제141조 제2항), 적격금융거래에 관하여 제공된 담보의 처분에 관하여는 아무런 규정을 두고 있지 않아서 회생절차개시결정 이후 담보의 처분(환가)을 통한 채권의 만족이 허용될 것인지에 관하여는 논란의 여지가 있다.[66)]

우선 두 가지 담보제공방식 중 양도방식에 있어서는 앞서 살핀 바와 같이 (i) 양도방식의 담보제공은 법 제120조 제3항 제4호의 적격금융거래에 해당하는 것이고, (ii) 기본계약상 양도방식에 있어서는 담보제공자의 채무불이행사유 등이 발생한 경우 담보취득자의 담보제공자에 대한 기본계약상의 모든 채권과 담보제공자에 대한 기본계약상의 모든 채무(등가대체물 반환채무 포함) 사이의 일괄정산이 이루어지도록 하고 있을 것이므로, 법 제120조 제3항의 "적격금융거래의 종료 및 정산은 채무자회생 및 파산에 관한 법률의 규정에 불구하고, 기본계약에서 정한 바에 따라 효력이 발생한다"라는 규정에 따라 일괄정산의 효력이 인정된다. 즉 양도방식의 경우에는 회생절차개시결정 이후의 '담보의 처분' 또는 '담보(권)의 실행'이 아닌 '적격금융거래의 정산'을 통하여 채권의 만족을 얻는다는 점에서 채무자회생 및 파산에 관한 법률의 규정, 특히 법 제58조 및 법 제141조 제2항, 제131조 등에 불구하고 법 제120조 제3항에 따라 효력이 인정된다.[67)]

---

66) "좌담회 : 파생상품거래와 국내법상 합성증권화의가능성," BFL 제14호(2005. 11), 서울대학교 금융법센터, 28-31면.

67) 서울중앙지방법원 파산부 실무연구회, 앞의 책(주 4), 160면은 법 제120조 제3항 제4호의 담보에 양도방식의 담보가 포함된다고 하면서도, 아래에서 보는 바와 같이 "회생절차개시 후에도 담보물의 환가처분하는 것은 허용되지 아니한다"라고 하고 있으나, 양도방식의 담보의 경우에는 일괄정산 이외에 별도로 담보의 처분

담보권설정방식에 있어서는 일괄정산 후 남는 단일의 잔액채권을 담보하기 위하여 담보가 제공되고, 채무불이행 사유 발생시 담보의 처분 및 충당이 전제되어 있다는 점에서 양도방식의 경우와는 달리 논란의 여지가 있다. 즉 (i) 담보취득자에게 담보권을 설정하여 준 점에서 담보취득자에게 소유권이전이 이루어지는 양도방식과는 차이가 있고, (ii) 담보의 처분 및 충당은 실질상 담보권에 기한 채무자 재산에 대한 사적 집행에 해당한다고 보아 '회생담보권에 기한 강제집행'을 금지하는 법 제58조 제1항 제2호 및 회생계획에 규정한 바에 따르지 아니한 변제 등 채권소멸행위를 금지하고 있는 법 제13조 등의 취지에 비추어 회생절차개시결정 이후 담보의 처분 및 충당은 허용되지 않는다는 주장이 있다.[68)]

이에 반하여 (i) 현실적으로 양도방식 또는 담보권설정방식 중의 선택은 해당 담보물의 소재지 법률 및 관련 규제 등 해당 거래 외적인 사정에 의하여 좌우되는 경우가 많고, 앞서 살핀 바와 같이 두 가지 방식은 법적 형식에 차이에도 불구하고 경제적 효과는 거의 동일하다는 점 및, (ii) 회생절차상 실체법상 권리를 존중하여 채권자들을 취급할

및 충당이 이루어지지 않는 것이라는 점을 고려할 때, 회생절차개시결정 이후 담보권설정방식으로 제공된 담보의 처분 및 충당이 허용되지 않는다는 취지로 이해되고, 회생절차개시결정 이후 양도방식에 의한 담보에 관한 일괄정산까지도 허용되지 않는다는 취지는 아닌 것으로 이해된다.

68) 서울중앙지방법원 파산부 실무연구회, 앞의 책(주 4), 160면 ; 임치용, 앞의 논문(주 4), 108면 ; 임치용, 앞의 책(주 4), 206-207면은 "입법취지가 다른 채권자들의 희생하에 적격금융거래상의 채권자를 우대하는 것이므로 가급적 제120조 제3항을 엄격하게 해석할 필요가 있다. 따라서 담보권을 행사한다고 하는 것은 당초 적격금융거래를 시작하면서 일괄정산시에 사용할 담보물을 자동종료시점을 기준으로 환가정산한다는 것으로 한정적으로 해석하여야 한다"라고 하면서, "회생절차개시 후에도 담보물을 환가처분한다는 하는 것은 허용되지 아니한다. 이를 허용하면 개별집행금지에 어긋나게 되기 때문이다"라고 해석하고 있다.

때 양도방식의 담보권자와 담보권 설정방식의 담보권자 사이에 우열을 두어야 할 만한 실질적 차이가 없다는 점 등에 비추어 담보권 설정방식의 경우에도 회생절차개시결정 이후의 담보의 처분 및 충당을 통한 채권의 만족을 허용하여야 한다는 주장 또한 있을 수 있고, 후자의 주장이 파생금융거래 등 적격금융거래의 실정을 더 잘 반영하는 면이 있다.[69)]

위와 같은 논란은 기본적으로 회생절차상 일반채권자와 달리 적격금융거래, 특히 담보거래에서의 채권자를 어느 정도까지 특별하게 취급하여야 하는가 하는 측면의 문제로서, 이에 관하여는 앞으로 더욱 심층적인 연구 및 검토가 이루어져야 할 것으로 생각된다.

위에서는 회생절차상의 담보의 처분 및 충당에 대하여만 언급하였으나, 파산절차상 별제권의 행사에 대한 제한(법 제497조 제498조 등)과 관련하여서도 유사한 논란이 있을 수 있고 제120조 제3항을 근거로 이러한 별제권자의 처분기간에 대한 제한이나 파산관재인의 목적물 환가 권한 등에 대한 조항의 적용이 배제된다고 볼 수 있을지는 의문이다.

한편, 담보제공방식 여하에 불문하고 해당 적격금융거래에 관련된 기존의 채권(예컨대 일괄정산 및 담보의 처분 · 충당 등을 거친 후에도 완제되지 않은 채권)은 회생절차상 회생채권으로 취급되어야 할 것이므로,

---

69) 오수근, 앞의 논문(주 15), 31면은 "신도산법은 종료방법이나 정산시점까지 일률적으로 규정하지는 않았다. 따라서 당사자 간에 정한 대로 종료 및 정산이 이루어지게 된다.… 담보의 처분 및 충당은 독립된 행위가 아니고 넓은 의미의 결제의 일부로서 이루어지는 것이므로 도산절차의 개시와 동시에 결제가 시작된 이상 그 후에 담보의 처분이나 충당이 있더라도 당사자가 정한 바에 따라 효력이 발생된다고 본다"라고 하여 당사자 간에 도산절차개시 이전에 체결한 약정에서 정한 바 있다면, 도산절차의 개시 이후 그 당사자들이 정한 바에 따라 담보를 처분하여 단일의 잔액 채권의 변제에 충당하는 것도 그 효력이 있다고 하고 있다.

이러한 회생채권을 피담보채권으로 하여 회생절차개시 후 새로이 담보를 제공하는 것은 회생절차개시결정에 따른 효과로서 당연히 금지되어야 하는 것이다.

V. 맺음말

법 제120조는 우리나라의 금융거래와 금융시장의 성장을 반영한 시의 적절한 입법이나, 위에서 본 바와 같이 해석상의 의문점 몇 가지를 내포하고 있다. 법 제120조는 금융시장의 발전과 금융거래의 안정성 확보 및 금융거래 당사자의 예측 가능성 제고의 차원에서 해석 적용되어야 하고, 특히 법 제120조 제3항의 경우에는 적격금융거래 및 담보거래의 구조가 국제적으로 발전하고 있음을 감안하여 해석 적용될 필요가 있다. 또한 지급결제제도와 청산결제제도에 관한 특칙을 정하고 있는 법 제120조 제1항 및 제2항에는 입법적으로 해결하여야 할 문제들이 남아 있다.

제3부 규제

8

제8장

미국 금융규제개혁법상 장외파생상품 매매 · 청산 · 보고 인프라*

남길남**

I. 서론

2010년 7월 21일 오바마 대통령의 서명으로 제정된 '도드-프랭크 월스트리트 개혁 및 소비자보호법'(Dodd-Frank Wall Street Reform and Consumer Protection Act, 이하 '도드-프랭크법')은 2007년 이후 세계경제를 위기로 몰아넣었던 금융시장의 문제를 해결하고자 방대한 분야에 걸쳐 기존 규제를 개혁하였다. 총 16개의 타이틀로 구성된 도드-프랭크법은 7번째 타이틀을 '월스트리트 투명성 및 책임성법'(Wall Street Transparency and Accountability Act of 2010)으로 별도의 이름을 부여하고

---

* 이 논문은 BFL 제44호(2010. 11)에 게재된 글을 수정 · 보완한 것이다.

** 자본시장연구원 선임연구위원

금융위기 악화의 한 원인으로 지목된 장외파생상품시장의 규제에 관해 서술하고 있다. 도드-프랭크법의 장외파생상품 규제에서 핵심적인 것은 장외파생상품의 매매 · 청산 · 보고에 관한 인프라를 도입하여 사용을 의무화하였다는 점이다. 이는 2009년 9월 25일 G20 피츠버그 정상회의에서 합의한 장외파생상품시장 규제안의 이행인 동시에 기존 미국 장외파생상품시장 규제체계의 일대 혁신이라고 할 수 있다.

G20 피츠버그 정상회의에서는 "늦어도 2012년 말까지 표준화된 모든 장외파생상품은 적절한 경우 거래소나 전자거래 플랫폼(Electronic Trading Platform)에서 거래가 체결되어야 하고, 표준화된 모든 장외파생상품은 CCP(Central Counterparty)[1] 청산소를 통해 청산되어야 한다. 또한 모든 장외파생상품은 거래정보저장소(Trade Repository)에 보고되어야 한다. CCP를 통해 청산되지 않는 상품은 높은 자본규제를 적용받아야 한다. G20은 금융안정위원회(Financial Stability Board)와 관련 회원기구에게 정기적으로 집행상황과 이러한 조치가 파생시장에 투명성을 확대하고, 시스템위험을 완화하며, 불공정거래를 방지하고 있는지를 평가할 것을 요청한다"라고 합의하였다. 피츠버그 합의안은 장외파생상품시장에 전자거래 플랫폼, CCP 청산소, 거래정보저장소를 도입함으로써 표준화된 장외파생상품의 거래에 대하여 매매체결과 청산 인프라를 갖추도록 하였으며 비표준적인 장외파생상품에 대해서도 빠짐없이 거래정보저장소에 보고하도록 함으로써 시장의 투명성을 향상하고 감독당국의 감독능력을 제고할 수 있게 하였다. 도드-프랭크법

1) 본고에서는 다자간 청산의 채무이행을 보증하는 주체인 'central counterparty'를 별도의 번역 없이 CCP로 사용한다.

에서는 피츠버그 정상회의 합의안의 미국 내 적용을 위해 장외파생상품 인프라를 구체적으로 정의하고 관련 규제를 서술하고 있다.

본고에서는 도드-프랭크법 이전의 미국 장외파생상품 규제 및 인프라 체계를 살펴보고 G20 피츠버그 정상회의에서 제시된 장외파생상품의 매매 · 청산 · 보고 인프라가 도드-프랭크법에서 어떻게 반영되어 있는지를 분석하고자 한다.

II. 상품선물현대화법의 장외파생상품 규제체계 및 인프라

1. 장외파생상품의 규제면제

도드-프랭크법 이전의 미국 장외파생상품에 대한 규제체계의 변천을 살펴보면, 2000년 '상품선물현대화법'(Commodity Futures Modernization Act of 2000) 제정 이전까지는 장외파생상품에 대한 규제원칙이 명확하지 않았으나 상품선물현대화법의 제정으로 장외파생상품에 대하여 명시적으로 규제를 적용하지 않게 되었다고 할 수 있다.

미국의 파생상품 규제법은 1864년 '금선물거래금지법'(Anti-Gold Futures Act of 1864)이 처음이라고 할 수 있으며, 그 후 1936년 파생상품 규제를 위한 기본 법체계인 '상품거래법'(Commodity Exchange Act)의 제정과 1974년 감독기구인 상품선물거래위원회(Commodity Futures Trading Commission, 이하 'CFTC')의 설립을 위한 상품선물거래위원회법(Commodity Futures Trading Commission Act)의 제정으로 이어졌다. 그런데 파생상품의 규제체계가 정립되어 가고 있음에도 불구하고 장외파생상품의 거래에 대해서는 원칙적으로 모든 '상품'(commodity)에 대한 선물은 조직화된 상품시장인 지정계약시장(designated contract market)[2] 에서 거래되어야 하는 것[3]으로 받아들여지고 있었기에 언제든지 불법화될 수 있는 가능성이 존재하였다.

1980년대 후반에 들어서 장외파생상품거래가 점차 활성화되자 CFTC는 1989년 '특정 스왑거래에 관한 정책성명서' (Policy Statement on Certain Swap Transactions)를 발표하게 되었다. 정책성명서에서는 '스왑' (swap)[4]으로 총칭되는 장외파생상품이 맞춤형 거래로서 제한된 참가자에 의해 체결되어야 한다는 조건 등[5]을 만족하면 상품거래법의 선물로 부적절하게 규제되어서는 안 된다는 것을 분명히 하였다.[6] 그러나 정책성명서에도 불구하고 장외파생상품에 대한 규제의 불확실성이 완전히 사라지지는 않았다.

결국 장외파생상품에 대한 규제문제는 2000년 상품선물현대화법이 제정되면서 명확한 해결을 얻게 된다. 상품선물현대화법에서는 사적 협의에 의해 가격발견기능이 없는 적격참가자 간의 장외파생상품거래에 대해서는 '규제배제상품거래', '규제면제상품거래', '규제배제스

---

2) 파생상품시장의 정규거래소에 해당한다.

3) Philip McBride Johnson/Thomas Lee Hazen, Derivatives Regulation I, Aspen Publishers(2004), p.50.

4) 미국의 파생상품 규제체계에서 장외파생상품을 스왑으로 총칭하는 이유는 장외파생상품(over-the-counter derivative)이 순수한 의미의 장외파생상품인 스왑과 증권화되어 장내거래가 가능한 혼성상품(hybrid instrument)을 모두 포괄하고 있다고 보기 때문에 이를 구분하기 위함으로 판단된다. 본고에서는 장외파생상품을 도드-프랭크법의 스왑과 증권기초스왑(security-based swap)을 포함하는 개념으로서 사용한다.

5) 구체적 조건은 ① 거래의 주요 경제적 조건이 개별적으로 맞추어질 것, ② 거래소 형식의 상계가 없을 것, ③ 거래가 청산기구나 그와 비슷한 기구에 의해 지원받지 말아야 할 것, ④ 거래가 거래상대방의 업무와 연계되어 수행되어야 할 것, ⑤ 스왑거래가 일반 대중에게 권유되지 말아야 할 것 등이다.

6) CFTC Policy Statement on Certain Swap Transactions, 21 Sec. Reg. & L Rep. (BNA) 1136 (July 21, 1989).

왑거래' 로 분류하여 CFTC의 규제를 받지 않도록 하였다.[7] 상품선물현대화법에서의 장외파생상품에 대한 규제면제는 장외파생상품을 주요한 혁신상품으로 인정하고 이로 인한 금융시장의 활력을 기대했기 때문이었다.[8]

2. 상품선물현대화법의 매매체결 및 청산 인프라 도입

(1) 도입 배경

상품선물현대화법 이전까지는 장외파생상품거래와 관련된 인프라가 특별히 존재하지 않았으나 1990년대 후반 들어 장외파생상품의 거래가 급증하고 IT 기술이 발달하면서 정규거래소 이외의 전자적 매매체결 플랫폼과 매매체결과 분리된 독립적 청산서비스의 등장이 가시화되었다. 특히 1998년 6월 영국의 청산전문회사인 LCH(London Clearing House)가 이자율스왑에 대한 청산서비스를 위해 해당 거래의 상품거래법 적용면제를 CFTC에 요청하게 되자 새로운 형태의 매매체결과 청산을 다룰 수 있는 법제 마련이 시급해졌다. 결국 미국 금융당국은 상품선물현대화법에서 새로운 유형의 매매체결기구인 파생상품매매체결기구(Derivatives Transaction Execution Facility)와 면제거래소(Exempt Board of Trade), 독립적인 청산기구로서 파생상품청산소(Derivatives Clearing Organization)와 다자간청산소(Multilateral Clearing Organization)를 도입하였다.

---

7) 상품선물현대화법 Sec. 103, 105, 106.

8) President's Working Group on Financial Markets, Over-the-Counter Derivatives Markets and the Commodity Exchange Act (1999).

(2) 매매체결기구

파생상품시장에 파생상품 매매체결기구와 면제거래소가 도입됨에 따라 이전까지 유지되어 온 지정계약시장의 독점적 지위는 약화되었다. 반면 파생상품 매매체결기구와 면제거래소는 시장참가자와 거래상품에 제한이 별로 없는 정규거래소에 비하여 일정한 제한을 두되, 보다 느슨한 규제를 받게 됨으로써 새로운 기술에 기반하고 유연한 거래시스템을 구축할 수 있게 되었다.

파생상품 매매체결기구의 경우 지정계약시장에 비하여 거래상품의 기초자산에 대한 제약[9)]이 강하고 적격참가자와 선물중개업자를 통한 거래자만이 시장에 참여할 수 있어서 일반투자자의 접근이 제한되어 있지만, 지정계약시장에 비하여 시장참가자의 보호 · 분쟁조정 · 매매체결요건(경쟁 · 개방성 · 효율성) 등의 핵심 운영원칙(core principles)을 준수할 필요가 없었다. 면제거래소는 적격참가자만 참여할 수 있는 시장으로 면제요건만 충족하면 별도의 인가요건과 핵심 운영원칙이 존재하지 않아 파생상품 매매체결기구에 비하여도 느슨한 규제를 적용받았다.[10)]

9) 파생상품 매매체결기구에서 거래될 수 있는 선물 및 옵션의 기초자산 조건은 다음과 같다. ① 기초자산이 되는 상품은 무한정 인도 가능한 공급(nearly inexhaustible deliverable supply)이 가능해야 한다. ② 기초자산의 무한정한 공급이 이루어지지 않아도 시장조작의 가능성이 거의 없을 정도로 기초자산이 충분히 크고 인도 가능 공급이 이루어져야 한다. ③ 인도 가능 공급이 충분하지 않아도 별도의 현물시장(cash market)이 없으면 파생상품 매매체결기구에서 거래되는 파생상품의 기초자산이 될 수 있다. ④ 개별 증권선물의 거래도 가능하다. ⑤ CFTC는 위 조건에 해당하지 않더라도 시장조작의 가능성이 거의 없다고 판단할 경우 거래를 허용할 수 있다.

10) 면제거래소도 시장조작 및 가격발견과 관련된 CFTC의 규제는 적용받는다.

(3) 청산기구

상품선물현대화법은 이전까지 거래소의 부대업무 정도로 받아들여져 지정계약시장 규제의 연장선으로 간주되던 파생상품 청산업무를 매매체결과 분리할 수 있도록 청산기구인 파생상품청산소와 다자간 청산소를 도입하였다.[11] 이로써 LCH의 이자율스왑 청산과 관련된 신청에 대하여 대응이 가능해졌다.[12]

상품선물현대화법에서의 파생상품청산소는 거래의 각 상대방이 '경개' (novation) 또는 기타 방식으로 각 거래상대방의 신용을 파생상품청산소의 신용으로 대체하도록 함으로써 다자간 차감이나 결제를 제공하거나 신용위험을 중립화시켜 주는 기구로 정의되어 있다. 다만 CCP 없이 양자 간 방식이나, 은행 간 결제시스템을 통해서 또는 현물상품시장의 상품판매방식의 결제 · 차감 · 경개는 파생상품청산소의 정의에서 제외하고 있다.[13] 그리고 다자간청산소는 특정 은행[14]이나 파생상품청산소, 청산대리기구 또는 일정 기준을 만족하는 외국 청산기구로서 장외파생상품의 청산을 수행하는 기구이다.

11) 증권시장에서는 '1975년 증권법 수정' (Securities Acts Amendments of 1975)을 통해 청산기구인 '청산대리기구' (clearing agency)를 도입하였다.

12) LCH는 2001년 최초의 역외 파생상품청산소로 CFTC에 등록되었다.

13) 상품선물현대화법 Sec. 101.

14) A national bank, a State member bank, an insured State nonmember bank, an affiliate of a national bank, a State member bank, or an insured State nonmember bank, or a corporation chartered under section 25A of the Federal Reserve Act.

III. 도드-프랭크법의 주요 장외파생상품 인프라

1. 배경 및 개요

장외파생상품시장은 상품선물현대화법에 의한 장외파생상품의 규제 완화 조치와 맞물려 2000년 들어 비약적인 성장[15]을 보이지만 2007년 서브프라임 사태와 연이은 세계적 금융위기를 악화시킨 데 신용파생상품의 불투명한 거래가 있었음이 드러나자[16] 미국 금융당국은 더 이상 장외파생상품거래에 규제면제를 부여할 수 없게 되었다. 미국 의회에서는 이번 기회에 장외파생상품거래에 대한 상품거래법 적용면제를 삭제함으로써 장내거래를 의무화하는 법안[17]도 제기되었지만 고객에 대한 맞춤형 위험관리제공이라는 장외파생상품 고유의 역할과 금융시장의 파급효과를 감안하여 주요 인프라를 도입하고 시장참가자에 대한 규제를 강화하는 것으로 일단락되었다.

이에 따라 도드-프랭크법에서는 장외파생상품을 CFTC가 관할하는 스왑과 증권감독위원회(Securities and Exchange Commission, 이하 'SEC')가 관할하는 증권기초스왑으로 구분하고 기존 상품선물현대화법의 장외파생상품 면제조항을 삭제[18]함으로써 직접적 규제대상이

15) 국제결제은행의 통계에 따르면 2000년 말 세계 장외파생상품의 명목금액 기준 잔액은 95조 달러였으나 2008년 6월에는 684조 달러에 이르렀다.

16) 가장 대표적인 사례로는 5,000억 달러가 넘는 신용부도스왑(credit default swap)거래에서 발생한 손실로 1,800억 달러 이상의 구제금융이 승인된 AIG를 들 수 있다.

17) 2009년 1월 15일, 당시 상원 농산물위원회 위원장인 토마스 하킨 의원의 발의안, 'Derivatives Trading Integrity Act of 2009'가 대표적이다.

18) 상품선물현대화법의 규제배제상품거래, 규제면제상품거래, 규제배제스왑거래는 삭제되었다.

되도록 하였다. 또한 핵심적인 시장참가자인 스왑딜러(swap dealer), 주요 스왑참가자(major swap participant), 증권기초스왑딜러(security-based swap dealer), 주요 증권기초스왑참가자(major security-based swap participant)에 대해서는 등록 · 자본금 · 담보 등의 규제와 함께 적격상품에 대해서는 의무적으로 도드-프랭크법에서 도입한 인프라를 이용하여 매매를 체결하고 청산하며 모든 거래내역을 보고하도록 하였다.

2. 장외파생상품 청산기구

(1) 청산의무 및 접근 개방성

도드-프랭크법은 상품선물현대화법에서 독립적인 감독단위로 처음 도입한 파생상품청산소와 증권시장의 청산대리기구[19]를 장외파생상품 규제의 핵심적인 인프라로 만들었다. 원칙적으로 거래상대방이 최종사용자가 아니면 청산적격 스왑은 CFTC에 등록된 파생상품청산소나 등록이 면제된 파생상품청산소에서 청산되어야 하며, 청산적격 증권기초스왑은 SEC에 등록된 청산대리기구나 등록이 면제된 청산대리기구에서 청산되어야 한다.[20] 만약 해당 상품에 대한 청산서비스를 수행하는 장외파생상품 청산기구가 없거나 다른 이유로 접수가 되지 않은 장외파생상품은 후술할 장외파생상품 거래정보저장기구로 보고되어야 한다. 정보보고를 위한 장외파생상품 거래정보저장소가

19) 파생상품청산소와 청산대리기구의 청산서비스 대상이 장외파생상품에 국한되어 있지는 않지만 본고에서는 논의상 편의를 위하여 두 기구를 모두 지칭할 때 '장외파생상품 청산기구'로 표기한다.

20) 도드-프랭크법 Sec. 723(a)(3), 763(3).

없는 경우는 상품에 따라 해당 위원회[21)]에 보고되어야 한다.[22)]

또한 청산적격상품의 청산이 의무화됨에 따라 장외파생상품거래자가 청산서비스를 받을 수 있도록 파생상품청산소와 청산대리기구의 청산서비스에 대한 개방적 접근(open access)이 규정으로 보장되어야 한다. 우선 청산을 위해 제출된 스왑 및 증권기초스왑 중 경제적 등가물에 대해서는 상계가 가능할 수 있도록 해야 하며, 양자 간 체결되었거나 계열사가 아닌 지정계약시장 또는 후술할 스왑체결기구나 전국거래소 또는 증권기초스왑체결기구에 대해 청산서비스를 차별해서는 안 된다.[23)]

도드-프랭크법의 청산의무 조항은 장외파생상품의 거래상대방 위험을 경감하고 부실위험의 전이를 방지하기 위해 G20 피츠버그 정상회의에서 합의한 표준화된 장외파생상품의 CCP 청산의무를 명시적으로 채택한 것이라고 할 수 있으며 청산이 사용자의 자유로운 선택이 아니라 의무적 요건이 됨에 따라 청산회원이 아닌 사용자에 대한 서비스 접근권의 보장은 필수적이라고 하겠다.

(2) 청산적격상품의 결정 및 이해상충 방지

장외파생상품의 청산이 의무화됨에 따라 해당 위원회는 지속적으로 스왑 및 증권기초스왑 상품에 대하여 청산의무 대상 여부를 검토해야 한다.[24)] 각 위원회는 청산의무 대상 여부를 결정함에 있어서 다

---

21) 본고에서 해당 위원회라 함은 CFTC 또는 SEC를 의미하며 장외파생상품, 시장참가자, 인프라에 따라 이를 감독하는 개별 위원회로 특정된다.

22) 도드-프랭크법 Sec. 729, 766.

23) 도드-프랭크법 Sec. 723(a)(3), 763(a).

24) 도드-프랭크법 Sec. 723(a)(3), 763(a).

음을 고려하여야 한다.

1) 상당한 잔존 명목 익스포저, 거래 유동성, 적정한 가격자료의 존재
2) 규정체계, 운영 전문성 및 자원, 신용공여 인프라의 가용성
3) 시스템위험의 경감효과[25)]
4) 수수료 및 분담금을 고려한 경쟁효과
5) 장외파생상품 청산기구 또는 하나 이상의 청산회원의 채무불이행 처리를 위한 합리적이고 안정적인 법률체계의 존재

감독당국의 검토 및 고려사항 조항은 장외파생상품 청산기구가 단독으로 청산적격상품을 결정하는 것을 견제하기 위한 것으로 장외파생상품 청산기구가 사용자인 대형 은행과의 유착으로 청산의무를 회피하기 위해 의도적으로 특정 상품의 청산을 거부하거나 지연하는 일을 방지하기 위한 조치라고 할 수 있다. 이해상충을 방지하기 위한 추가적인 조치로 CFTC는 스왑을 대상으로 서비스를 제공하는 파생상품청산소와 후술할 스왑매매체결기구 및 지정계약시장의 지배구조에 관한 규정을 도드-프랭크법 제정 후 180일 이내에 마련할 수 있도록 하였다. 지배구조에 관한 규정은 연결재무재표 자산이 500억 달러 이상인 은행지주회사와 연방준비제도이사회의 감독을 받는 비은행 금융회사 그리고 이들 회사의 계열사, 스왑딜러, 주요 스왑참가자 등의 파생상품청산소에 대한 의결권 제한을 포함할 수 있다.[26)]

25) 해당 상품의 시장규모와 파생상품청산소 또는 청산대리기구의 청산자원을 고려하여 판단해야 한다.
26) 하원 법안에서는 린치(Lynch) 의원의 수정안을 반영하여 스왑딜러, 주요 스왑참가자 등의 20% 이상 의결권 취득을 제한하였다.

(3) 최종사용자의 면제요건

청산의무가 면제되는 최종사용자는 다음 세 가지 조건을 만족해야 한다.[27]

1) 금융기관[28]이 아닐 것
2) 장외파생상품을 헤징이나 위험경감 목적으로 사용할 것
3) 해당 위원회에 정해진 양식으로 청산의무의 예외적용과 관련된 요건의 충족방안을 보고할 것.

단, 총 자산이 100억 달러 이하인 부보기관, 농장신용시스템기관, 신용협동조합은 해당 위원회가 면제 여부를 결정할 수 있다. 최종사용자의 계열사에 대해서도 계열사가 스왑딜러, 주요 스왑참가자, 증권기초스왑딜러, 주요 증권기초스왑참가자, 선물투자신탁, 사모펀드, 종업원복지플랜, 연결재무재표 기준 자산이 500억 달러 이상인 은행지주회사가 아니면 청산의무를 면제한다.

청산의무 대상 장외파생상품을 스왑딜러, 주요 스왑참가자, 증권기초스왑딜러, 주요 증권기초스왑참가자와 이들이 아닌 일반 거래상대방이 거래하는 경우는 일반 거래상대방이 청산을 위한 장외파생상품

27) 도드-프랭크법 Sec. 723(a)(3), 763(a).

28) 금융기관이라 함은 스왑딜러, 주요 스왑참가자, 증권기초스왑딜러, 주요 증권기초스왑참가자, 선물투자신탁, 사모펀드, 종업원복지플랜, 주도적으로 은행업무 또는 금융활동을 수행하는 주체를 의미한다. 단, 주된 사업목적이 모회사 또는 자매회사가 90% 이상 제조한 상품의 구매 또는 리스를 촉진시키기 위한 자금조달에 의한 부분이 90% 이상을 차지하는 이자율 및 환율 익스포저로부터 발생하는 상업적 위험의 헤징인 주체, 즉 전속기업은 금융기관으로 간주하지 않는다.

청산대리기구를 선정할 권리가 있다. 청산의무 대상이 아닌 거래에 있어서도 일반 거래상대방이 청산 여부 및 장외파생상품 청산대리기구를 선정할 권리를 가진다.

(4) 의무

도드-프랭크법은 상품선물현대화법과 마찬가지로 위험이 집중되어 시스템위험을 일으킬 수 있는 장외파생상품 청산기구의 등록을 의무화하였다.[29] 그리고 파생상품청산소에 대해서는 CFTC가 필요하다고 판단하는 모든 정보를 제공하도록 하여 장외파생상품에 대한 감독을 보조할 수 있도록 하였다.[30] 특히 정보공개와 관련된 규정에 의거하여 CFTC는 파생상품청산소에 수집된 정보를 외부감독기구[31]의 요청에 의해 정보를 공유하도록 하였다. 다만 이러한 정보공유에 앞서, CFTC는 외부감독기구로부터 제공 정보의 보안과 관련한 제반 법규 준수에 대해 서면동의서를 수령해야 하며, 외부감독기구가 이와 관련하여 발생하는 소송비용에 대해 CFTC에 배상하도록 해당 외부감독기구로부터 동의를 받아야 한다. 또한 장외파생상품 청산대리기구는 준법감시인을 의무적으로 선임하고 준법감시인으로 하여금 청산기구의 이사회와 고위 경영진에게 핵심 운영원칙의 준수를 비롯한 제반

29) 스왑을 취급하는 파생상품청산소는 CFTC에 증권기초스왑을 취급하는 청산대리기구는 SEC에 등록하여야 한다〔도드-프랭크법 Sec. 725(a), 763(b)〕.

30) 도드-프랭크법 Sec. 725(e).

31) 외부감독기구는 연방준비제도이사회, 통화감독청, 연방예금보험공사, 농장신용청, 연방주택금융국 등 은행의 형태에 따른 건전성 규제당국자, 금융안정감시위원회, SEC, 법무부, 해당 위원회가 결정하는 외국 금융시장 감독당국(선물시장 감독당국 포함), 외국 중앙은행, 외국 정부부처이다.

준법감시업무에 대하여 직접적으로 보고할 수 있어야 하며 정기적인 연간보고서를 작성하도록 해야 한다.[32)]

도드-프랭크법에서 청산기구에 대한 등록, 정보 보고 및 공유, 준법감시인 선임의 의무는 후술할 장외파생상품 매매체결기구와 장외파생상품 거래정보저장기구에 공통된 사항으로서 장외파생상품 규제의 핵심적인 역할을 담당하는 이들 인프라에 엄격한 요건을 부여함으로써 인프라의 실패를 방지하겠다는 의미라고 할 수 있다. 특히 외부감독기구와의 정보 공유는 여러 개로 분산되어 있는 미국 금융감독 체계의 현실과 국경 간 거래나 역외거래가 용이한 장외파생상품의 특징을 반영하여 역내 및 국제적 감독정보 공유를 지원하기 위함이라고 할 수 있다.

한편, 파생상품청산소가 준수해야 할 핵심 운영원칙은 상품선물현대화법에서 13개로 제시되었는데 도드-프랭크법에서는 이를 17개로 확대 개편하였다. 중복이 되는 원칙에 대해서는 이전 원칙에서 추상적으로 설명되었던 부분을 보강하여 구체성을 갖도록 하였다.[33)]

대표적으로 재무적 자원의 확보에 대해서는 "재무적 자원은 극단적이지만 가능성이 있는 상황(in extreme but plausible market conditions)에서 파생상품청산소에 대한 익스포저가 가장 큰 회원이나 참가자의 채무불이행에 대해 다른 정상적인 회원과 참가자에 대해 채무이행을 수행할 수 있는 규모이어야 한다. 또한 1년간의 운영비용을 충당할 수 있어야 한다"로 세부요건을 추가하였다.

위험관리에 대해서는 "파생상품청산소는 일일 최소 1회 이상 파생

---

32) 도드-프랭크법 Sec. 725(b), 763.

33) 도드-프랭크법 Sec. 725(c).

상품청산소의 회원 및 참가자에 대한 신용 익스포저를 측정해야 하며 주기적으로 이를 관찰해야 한다. 파생상품청산소는 운영 불능이나 정상 회원 및 참가자가 예기치 못한 손실에 노출되는 사태를 방지하기 위하여 증거금과 다른 위험관리수단을 이용하여 회원이나 참가자의 채무불이행으로 인한 잠재적 손실을 통제하여야 한다. 이러한 손실을 대비하기 위해 파생상품청산소는 증거금을 충분하게 설정해야 하고 증거금 모형과 계수는 위험에 기반하여 설계하여야 하며 정기적으로 적정성을 검토하여야 한다" 로 보강하였다.

정보공개에 대해서는 "파생상품청산소는 청산 및 채무불이행 규정 및 운영절차에 대한 정보를 시장참가자에게 공개하여야 한다. 파생상품청산소는 청산결제 대상 계약의 조건, 제반수수료, 증거금 산정 방법론과 파생상품청산소가 보유한 재무적 자원의 크기 및 구성내용, 일일정산 가격 · 계약수 · 미결제계약 정보 등을 시장에 공시하고 CFTC에 보고하여야 한다" 로 세부적 요건을 명시하였다.

도드-프랭크법에서 신규로 추가된 4가지 핵심 운영원칙은 다음과 같이 파생상품청산소의 지배구조, 이해상충, 이사회 구성요건, 법률요건으로서 청산의무에 따른 이해상충과 장외파생상품거래의 특성을 반영한 원칙들이라고 할 수 있다.

신규 추가된 파생상품청산소 핵심 운영원칙

• **지배구조 적합 기준** : 각 파생상품청산소는 공공의 이익에 부합하고 소유자 및 참가자의 의견을 고려한 지배구조를 수립해야 한다. 파생상품청산소는 이사회의 이사, 징계위원회의 구성원, 청산회원, 기타 직접적 청산이용 주체 또는 계열사에 대한 적합성 기준을 마련하여야 한다.

• **이해상충** : 각 파생상품청산소는 의사결정과 관련된 이해상충을 최소화하기 위하여 규정과 이해상충을 해소할 수 있는 절차를 마련하여야 한다.

• **관리이사회**(governing board)**의 구성** : 각 파생상품청산소는 관리이사회 및 위원회의 구성에 시장참가자를 포함하도록 해야 한다.

• **법률위험** : 각 파생상품청산소는 청산활동과 관련하여 잘 정립되고 투명하며 집행할 수 있는 법률체제를 갖추어야 한다.

3. 장외파생상품 매매체결기구

(1) 정의 및 매매체결 관련의무

상품선물현대화법에서는 정규거래소에 비하여 참가자와 거래상품에 제한을 둠으로써 보다 느슨한 규제를 적용받는 파생상품 매매체결기구와 면제거래소를 도입하였으나 도드-프랭크법에서는 이들 기구를 모두 폐지하였다. 대신에 장외파생상품에 특화된 매매체결기구로서 스왑매매체결기구(Swap Execution Facility)와 증권기초스왑 매매체결기구(Security-Based Swap Execution Facility)[34]를 신설하였다. 장외파생상품 매매체결기구는 G20 피츠버그 정상회의에서 제시된 전자거래 플랫폼에 해당한다고 할 수 있다.

스왑매매체결기구와 증권기초스왑 매매체결기구는 장외파생상품의 매매체결을 촉진하기 위하여 다수의 참가자가 제시한 매수 · 매도

34) 본고에서는 논의상 편의를 위하여 스왑매매체결기구와 증권기초스왑매매체결기구를 모두 지칭할 때 '장외파생상품 매매체결기구'로 표기한다.

호가를 기반으로 각각 스왑과 증권기초스왑의 거래가 체결되는 거래 시스템이나 플랫폼으로 지정계약시장과 전국증권거래소가 아닌 기구이다.[35)]

도드-프랭크법에서는 원칙적으로 청산기구를 통한 청산이 의무화된 장외파생상품은 조직화된 매매체결기구를 통해 거래하도록 하고 있다.[36)] 청산대상 스왑은 지정계약시장이나 스왑매매체결기구에서, 청산대상 증권기초스왑은 거래소나 증권기초스왑 매매체결기구에서 거래가 체결되어야 한다.[37)] 다만 최종사용자와의 거래는 청산과 마찬가지로 매매체결의무에서 제외된다.

(2) 의무

CFTC와 SEC에 등록된 장외파생상품 매매체결기구와 정규거래소[38)] 이외의 기구는 장외파생상품의 매매체결을 수행할 수 없다. 다만 SEC, 건전성 규제당국자, 적정한 외국의 감독당국에 의해 CFTC에 상응하는 총체적 규제를 받는 스왑매매체결기구의 CFTC 등록은 면제된다. 반면에 증권기초스왑 매매체결기구의 등록면제는 CFTC에 의해 SEC에 상응하는 규제를 받는 증권기초스왑 매매체결기구에 한정하고 있다. 지정계약시장 및 전국증권거래소와 같은 정규거래소가 장외파생상품 매매체결기구를 겸업하면서 같은 전자매매체결시스템을 이용하는 경우는 장외파생상품의 매매체결이 정규거래소에서 이루어진

35) 도드-프랭크법 Sec. 721(21), 761(a).

36) 도드-프랭크법 Sec. 723(a), 763(a).

37) 스왑매매체결기구는 해당 위원회에 등록되었거나 등록이 면제된 매매체결기구를 의미한다.

38) 스왑은 지정계약시장, 증권기초스왑은 전국증권거래소.

것인지 아니면 장외파생상품 매매체결기구에서 발생한 것인지를 구분하여야 한다. 특징적으로 농산물스왑에 한해서는 CFTC가 규정으로 정한 것 이외에는 스왑매매체결기구에서의 거래가 금지된다.[39] 또한 장외파생상품 매매체결기구는 다음과 같은 핵심 운영원칙을 준수해야 한다.[40]

장외파생상품 매매체결기구의 핵심 운영원칙[41]

• **핵심 운영원칙 준수** : 장외파생상품 매매체결기구는 핵심 운영원칙을 준수해야 하며, 해당 위원회의 결정사항 이외에 대해서는 합리적 재량권을 갖는다.

• **규정의 준수** : 장외파생상품 매매체결기구는 ① 거래되는 장외파생상품의 세부조건, 장외파생상품 매매체결기구 접근제한, ② 공정한 시장접근, 규제위반 확인을 위한 정보수집, ③ 블록거래를 포함한 장외파생상품 매매체결기구의 운영에 관한 규정을 수립하고 준수해야 하며, 스왑매매체결기구는 ④ 스왑딜러 및 주요 스왑참가자가 청산의무 대상 스왑거래를 함에 있어 청산의무를 준수하도록 해야 한다.

• **시장조작 가능성** : 장외파생상품 매매체결기구는 시장조작 가능성이 극히 낮은 장외파생상품에 한하여 거래를 허용해야 한다.

• **거래 모니터링** : 장외파생상품 매매체결기구는 거래절차에 대한 규정 및 세부조건을 수립하고 시장조작, 가격왜곡, 결제실패를 방지하기 위해 모니터링을 수행해야 한다.

---

39) 도드-프랭크법 Sec. 733, 763(c).

40) 도드-프랭크법 Sec. 733, 763(c).

41) 증권기초스왑 매매체결기구의 핵심 운영원칙은 '포지션 한도 또는 내역소명'을 제외한다.

• **정보획득 능력** : 장외파생상품 매매체결기구는 ① 매매체결 업무에 필요한 일체의 정보를 얻을 수 있도록 규정을 마련하고 준수하도록 해야 하며, ② 해당 위원회에 정보를 제공할 수 있어야 하며, ③ 국제적 정보공유에 대응할 수 있는 역량을 갖추어야 한다.

• **포지션 한도 또는 내역소명** : 스왑매매체결기구는 시장조작 및 매매체결 정체의 잠재적 위험을 줄이기 위하여 포지션 한도 또는 포지션의 내역보고를 채택해야 하며, 포지션 한도의 설정이 CFTC 설정 한도보다 크지 않도록 하고, 포지션 변동을 모니터링해야 한다.

• **거래의 신실성** : 장외파생상품 매매체결기구는 거래되는 장외파생상품의 신실성이 확보되도록 관련규정을 세우고 준수하도록 해야 한다.

• **긴급권한** : 장외파생상품 매매체결기구는 해당 위원회와 협력하여 미결제약정의 정리 또는 이전이나 거래의 중지 또는 감축을 요구할 수 있는 권한을 가져야 한다.

• **적시적인 정보공개** : 장외파생상품 매매체결기구는 해당 위원회가 정한 바에 따라 가격, 거래량, 기타 거래자료를 공개할 수 있도록 해야 하며, 거래 관련자료를 전자설비를 통해 수집하고 전달할 수 있는 역량을 확보해야 한다.

• **기록유지 및 보고** : 장외파생상품 매매체결기구는 일체의 업무와 관련된 기록을 5년 동안 보관해야 하며, 해당 위원회에 정해진 양식으로 보고해야 한다. 각 위원회는 각 장외파생상품 매매체결기구에 대하여 청산기구 및 장외파생상품 거래정보저장기구에 상응하는 정보수집과 보고요건을 부과해야 한다. 스왑매매체결기구에 한해서는 광의의 증권지수를 기초로 한 스왑과 관련하여 SEC의 조사 및 검사에 임하여야 한다.

• **반독점 고려사항** : 장외파생상품 매매체결기구는 비이성적인 거래제한이나 반경쟁적인 요건을 부과해서는 안 된다.

• **이해상충** : 장외파생상품 매매체결기구는 의사결정과 관련된 이해상충을 최소화하기 위하여 규정과 이해상충을 해소할 수 있는 절차를 마련하여야 한다.

• **재무적 자원의 확보** : 장외파생상품 매매체결기구는 매매체결 업무를 수행하기 위해 적당한 재무적 자원과 운영 및 관리비용을 확보하여야 한다. 재무적 자원은 1년간 운영비용을 충당할 수 있어야 한다. 또한 증권기초스왑 매매체결기구는 극단적이지만 가능성이 있는 상황에서 증권기초스왑 매매체결기구에 대한 익스포저가 가장 큰 회원이나 참가자의 채무불이행에 대해 다른 정상적인 회원과 참가자에 대한 서비스를 수행할 수 있는 규모의 재무적 자원을 별도로 확보하여야 한다.

• **시스템 안정장치** : 장외파생상품 매매체결기구는 자동화시스템의 개선 등을 통해 운영위험을 최소화하기 위한 위험관리 프로그램을 수립하고 유지해야 한다. 또한 장외파생상품 매매체결기구는 긴급 상황에 대한 처리절차 및 백업기구를 마련하여 운영의 적시적 복구와 업무수행이 가능하도록 하여야 한다. 정기적인 테스트를 통해 주문처리 및 체결, 가격보고, 시장감시, 포괄적이고 정확한 감사추적(audit trail) 보관이 계속될 수 있도록 해야 한다.

• **준법감시인 선임** : 장외파생상품 매매체결기구는 준법감시인을 선임하여야 한다. 준법감시인은 이사회와 고위 경영진에게 핵심 운영원칙의 준수를 비롯한 제반 준법감시업무에 대하여 직접적으로 보고할 수 있어야 하며 정기적인 연간보고서를 작성해야 한다.

4. 장외파생상품 거래정보저장기구

(1) 정의 및 보고 관련의무

스왑정보저장소(Swap Data Repository)와 증권기초스왑정보저장소(Security-Based Swap Repository)[42]는 도드-프랭크법에서 처음 등장한 장외파생상품의 거래정보를 수집하고 중앙집중적으로 관리하는 기구이다. 도드-프랭크법에서는 청산 여부에 관계없이 모든 장외파생상품은 해당 장외파생상품 거래정보저장기구로의 보고를 의무화하였다.[43] 만약 장외파생상품의 거래정보 보고를 위한 장외파생상품 거래정보저장기구가 없는 경우는 해당 위원회에 보고해야 한다.[44]

장외파생상품 거래정보저장기구는 G20 피츠버그 정상회의에서 제시된 거래정보저장소에 해당하는 인프라로서 모든 장외파생상품이 조직화된 시장에서 매매체결을 거쳐 장외파생상품 청산기구에서 청산될 수는 없기에 이를 보완하여 감독당국과 시장에 정보를 제공하기 위한 기구라고 할 수 있다.

(2) 실시간 공시

CFTC와 SEC는 가격발견기능을 향상하기 위해 스왑과 증권기초스왑의 매매체결 후 기술적으로 허용되는 범위에서 신속하게 가격 및

---

42) 본고에서는 논의상 편의를 위하여 스왑정보저장소와 증권기초스왑정보저장소를 모두 지칭할 때 '장외파생상품 거래정보저장기구' 로 표기한다.

43) 도드-프랭크법 Sec. 727, 763(i).

44) 도드-프랭크법 Sec. 729, 766.

거래량을 포함한 거래정보를 공시(이하 '거래정보의 실시간 공시')할 수 있도록 관련규정을 마련해야 한다. 각 위원회가 규정에 의해 거래내역과 가격정보를 실시간 공시의 대상으로 간주하는 장외파생상품거래는 다음과 같다.[45)]

1) 최종사용자와의 거래를 포함하여 의무적 청산 대상인 장외파생상품

2) 청산의무 대상은 아니나 등록된 장외파생상품 청산기구를 통해 청산한 장외파생상품

3) 도드-프랭크법 제정 이전의 계약으로 청산의무가 면제되었으나 장외파생상품 거래정보저장기구나 해당 위원회에 보고 대상인 장외파생상품

4) 각 위원회의 검토로 청산의무 대상으로 결정되었으나 아직 청산되지 않은 장외파생상품

단, 1)과 2)에 해당하는 장외파생상품의 실시간 공시 관련규정에는 거래상대방 정보의 보완유지,[46)] 대량 거래의 요건, 공시까지의 시간지연 정도, 공시로 인한 유동성의 심각한 저하 가능성에 대한 고려를 포함하여야 한다.

각 위원회는 장외파생상품 거래정보저장기구의 정보를 활용하여 장외파생상품의 거래, 청산, 참가자, 최신 상품 관련정보를 담은 6개월과 1년 주기 보고서를 발간해야 한다.

45) 도드-프랭크법 Sec. 727, 763(i).

46) 3)에 대해서는 특정인의 거래행태와 포지션 정보가 노출되지 않도록 해야 한다.

(3) 의무

장외파생상품 거래정보저장기구는 해당 위원회에 의무적으로 등록[47]해야 하며 해당 위원회의 조사 및 검사를 받아야 한다. 또한 해당 위원회는 장외파생상품 거래정보저장기구가 수집하고 보관할 장외파생상품의 상세 항목 기준과 장외파생상품 거래정보저장기구의 자료 수집 및 보관 기준을 수립하여야 하며 이러한 기준은 각 위원회가 청산기구에 부여한 기준에 상응해야 한다.

도드-프랭크법에서 장외파생상품 거래정보저장기구가 수행할 의무는 다음과 같다.[48]

1) 해당 위원회가 수립한 기준에 따른 장외파생상품 거래정보의 접수

2) 양쪽 거래상대방과 함께 제출된 정보의 정확성 확인

3) 접수된 거래정보를 해당 위원회의 요건에 맞는 형태와 방식으로 일정 기간 보관

4) 해당 위원회가 보관 자료에 대해 직접적이고 전산화된 접근의 보장과 실시간 공시 요건을 위한 관련자료의 제공

5) 해당 위원회의 지시에 맞춰 장외파생상품 거래정보[49]를 관찰 · 검사 · 분석할 수 있는 자동화된 설비 구축

6) 사적 금융정보의 보호

---

47) 도드-프랭크법은 청산기구인 파생상품청산소가 스왑정보저장소로 등록하여 겸업하는 것을 허용하고 있다.

48) 도드-프랭크법 Sec. 728, 763(i).

49) 스왑거래정보저장소의 경우, 스왑거래에서 최종거래자 청산면제의 빈도 및 준법 여부에 관한 정보를 포함한다.

7) 해당 위원회 이외의 외부감독기구[50)]의 요청에 의한 개별 거래상대방의 거래 및 포지션 정보를 포함한 장외파생상품 거래정보저장기구가 획득한 일체 자료의 제공

8) 스왑정보저장소의 경우, 운영의 적시적 복구와 의무이행이 가능하도록 긴급 상황에 대한 처리절차, 백업기구, 재해복구 계획의 수립

또한 장외파생상품 거래정보저장기구는 다른 인프라와 마찬가지로 준법감시인을 의무적으로 선임하여 준법감시인으로 하여금 장외파생상품 거래정보저장기구의 이사회와 고위 경영진에게 핵심 운영원칙의 준수를 비롯한 제반 준법감시업무에 대하여 직접적으로 보고하고 정기적인 연간보고서를 작성하도록 해야 한다. 장외파생상품 거래정보저장기구의 핵심 운영원칙은 다음과 같이 구성되어 있다.[51)]

장외파생상품 거래정보저장기구의 핵심 운영원칙

- **반독점 고려사항** : 장외파생상품 거래정보저장기구는 비이성적인 거래제한이나 매매체결, 청산, 보고에 있어서 반경쟁적인 요건을 부과해서는 안 된다.
- **지배구조** : 각 장외파생상품 거래정보저장기구는 공공의 이익에 부합하고 연방정부, 소유자, 참가자의 목적을 뒷받침할 수 있도록 투명한 지배구조를 확립해야 한다.
- **이해상충** : 각 장외파생상품 거래정보저장기구는 의사결정과 관련된 이해상충을 최소화하기 위한 규정과 이를 해소할 수 있는 절차

50) 파생상품청산소의 해당 요건과 같다.

51) 도드-프랭크법 Sec. 728, 763(i).

를 마련하여야 한다.

• **추가의무** : 해당 위원회는 계속 발전하고 있는 미국 내 또는 국제적 장외파생상품 거래정보저장기구의 표준을 반영하여 추가적인 의무를 부과할 수 있으며, 해당 위원회로부터 지명받은 지명자에 의해 이해상충의 최소화, 거래정보의 보호 등을 위해 장외파생상품 거래정보저장기구에 추가의무를 부과할 수 있다.

IV. 결론

미국 도드-프랭크법의 장외파생상품 규제안은 금융위기의 재발을 막고 G20을 중심으로 한 국제적 공조의 구체적 실천이라고 볼 수 있다. 도드-프랭크법에서는 상품선물현대화법에서 부여한 장외파생상품의 규제면제를 전면적으로 폐지함으로써 규제의 사각지대에 있던 장외파생상품시장을 규제의 틀 안으로 들여왔다. 특히 핵심적 시장참가자에 대한 규제와 더불어 장외파생상품 청산기구, 장외파생상품 매매체결기구, 장외파생상품 거래정보기구와 같은 인프라를 중심으로 시장을 재편함으로써 시장의 투명성과 안정성의 제고를 도모하고 있다.

사실 도드-프랭크법에서 도입된 인프라 중 파생상품청산소와 스왑매매체결기구는 상품선물현대화법에서 먼저 소개되거나 파생상품 매매체결기구와 같이 유사한 형태의 도입이 있었다. 그러나 상품선물현대화법에서는 이러한 인프라를 시스템위험의 방지 수단으로서가 아니라 기술혁신과 시장의 요구에 대한 수세적인 대응 차원에서 수용한 면이 강했다고 할 수 있다. 따라서 장외파생상품시장에 대한 효과적

감독 수단으로 적극 사용되지는 못하였다. 도드-프랭크법에서는 원칙적으로 장외파생상품 시장참가자에 대하여 이들 인프라의 강제적 사용의무를 부과하고 있어 자발적 사용이었던 상품선물현대화법의 체계와 구분되고 있다. 또한 감독역량의 강화와 국제적 규제공조를 위해 정보공개 및 정보공유에 대한 요건을 분명히 하였다.

현재 시점에서는 세부 감독규정이 아직 마련되지 않고 법에서 제시하고 있는 인프라가 모두 서비스를 하지 않고 있어 도드-프랭크법에 의한 미국 장외파생상품시장의 미래 모습을 단정적으로 그려 보는 것은 어렵다고 하겠다. 그럼에도 도드-프랭크법의 장외파생상품 인프라가 본격적으로 운영되기 시작하면 미국뿐 아니라 세계 장외파생상품시장은 이전과는 다른 근본적인 변화에 직면할 것은 분명하다고 하겠다.

9

제9장

파생금융거래 일괄정산의 규제자본에 대한 효과*

김성은**

I. 머리말

양 당사자 간에 파생금융거래를 체결하는 경우 그 계약조건은 ISDA[1]가 출판하는 계약서 및 조건을 기본으로 당사자 간에 협의된 내용으로 이루어지는 경우가 대부분이고, 당사자 간에 ISDA Master Agreement를 체결하는 것이 좋다는 점은 대부분 상식적으로 알고 있는 사항이라고 생각한다.

---

* 이 글은 필자가 BFL 제26호(2007. 11)에 게재한 "파생금융거래의 상계와 은행법상 자기자본비율 요건"의 내용을 2012년 2월 기준으로 수정한 것이다.

** 골드만삭스 상무, 변호사

1) International Swaps and Derivatives Association의 약자로 자세한 내용은 www.isda.org 참조.

ISDA Master Agreement는 ISDA가 준비한 장외파생금융거래의 표준계약서로서 우리나라에서 쓰는 일반적인 약관과 달리 계약의 각 조항에 대하여 당사자가 그 구체적인 조건을 선택 · 수정할 내용을 담은 ISDA Schedule의 내용에 동의하는 방식으로 계약이 체결된다.[2)]

그러한 계약조건의 선택 · 수정은 당사자 간의 협의의 따라 이루어지므로 계약을 체결하기까지 통상 2~3개월에서 길게는 2~3년간의 협의기간이 소요되는 경우가 일반적이다.

ISDA 계약의 협상은 그다지 용이한 일이 아님에도 불구하고 신용위험 등의 관리를 이유로 ISDA 계약체결을 거래개시의 조건으로 하는 기업이나 금융기관도 종종 있다. 그렇다면, 과연 ISDA 계약을 체결하는 것이 리스크관리에 어떤 효용을 가지고 있는 것일까?

ISDA 계약을 체결하는 경우 가장 큰 효용 두 가지를 들자면 첫째, ISDA 계약은 대부분 국가의 도산법 제도에서 ISDA 계약조건에 따른 일괄정산(close-out netting)을 인정해 주는 특칙을 두고 있으므로, 거래상대방의 신용위험을 줄일 수 있고, 둘째, 금융기관의 규제자본금요건 산정에 있어서 파생금융거래의 상계가 인정되면 파생금융거래에 따른 필요한 자본금요건을 총계약금액 기준이 아닌 순계약금액 기준으로 산정하는 것이 허용되기 때문에 금융기관의 입장에서 파생상품영업에 필요한 규제자본금을 절약할 수 있고 따라서 결국 자본금을 훨씬 효율적으로 사용할 수 있다는 이점이 있다.

이 글은 일괄정산이 규제자본에 미치는 영향의 검토를 목적으로 한다.

2) 현재 금융투자협회에서 제정 · 사용하고 있는 기관간 환매조건부매매계약서가 ISDA와 같은 형식의 계약구조를 가지고 있다.

규제자본제도는 금융기관의 위험자산에 상응하는 자본을 갖추도록 하는 것으로서, 파생금융거래에 따른 신용리스크 산정시 거래상대방에 대한 익스포저 금액을 일괄정산 후의 순익스포저 금액으로 계산하는 경우 아래에서 살펴보는 바와 같이 파생금융거래에 필요한 규제자본금을 줄일 수 있게 된다.

따라서 이하에서는 우선 파생금융거래의 일괄정산에 대한 설명 및 도산법상 특칙을 먼저 살펴보고 이어서 일괄정산이 금융기관의 규제자본 산정시 어떠한 영향을 미치는지 살펴보기로 한다.

II. 파생금융거래의 일괄정산

파생금융거래의 경우, 채권자와 채무자가 명확한 대출계약 등과 달리, 파생금융거래의 기준이 된 기초자산의 가격이 변동함에 따라 계약의 가치가 변동함으로써 계약의 가치를 산정하는 시점에 따라 거래의 평가가치가 변경되고, 따라서 거래정산시 양(positive)의 평가가치를 지급받는 채권자의 지위가 변경될 수 있는 특징을 가지고 있다.

전형적인 이자율 스왑계약의 예를 들어 보면 일방당사자는 고정금리를 지급하고, 타방당사자는 변동금리를 지급하게 되는데, 그러한 스왑계약의 가치는 파생상품의 가치를 시가평가(mark to market, 이하 혼용하여 사용한다)하는 경우 계약상의 고정금리와 평가시점에서의 기준금리의 상대적 차이에 따라 그 가치가 변경되어 일방당사자에게는 내가격(in-the-money) 거래, 즉 그 계약의 평가가치, 또는 대체비용이 양(positive)인 거래가 되고, 타방 당사자에 대하여는 그 계약의 평가가치가 음(negative)인 외가격(out-of-the-money) 거래가 된다. 예를 들어, 고정금리와 변동금리를 주고받는 이자율 파생금융거래의 경우, 변동금리가 계약기간 중 계속 상승하게 되는 경우, 변동금리를 지급하는 거래당사자에게는 해당 거래는 외가격거래가 될 것이다.

이와 같이 기초자산의 시장가격에 따라 파생계약의 가치를 평가하는 것을 통상 mark to market(시가평가)이라는 용어로 표현한다. 파생계약이 조기종료되는 경우에는 조기종료 당시의 개별계약의 mark to market에 따른 금액을 산출한 후, 양의 가치와 음의 가치를 가지는 계약을 정산하여 당사자 간의 정산금액을 단일 채권채무관계로 만드는 과정을 일괄정산(close-out netting)이라고 하며, ISDA 기본계약 제5조 및 제6조는 그러한 정산내용 및 절차를 담고 있다.[3]

예컨대, 금융기관 A와 금융기관 B 간에 2개의 파생금융거래가 체결되어 있고 현재 각 계약의 시가평가가치가 반대방향인 다음과 같은 경우를 상정하여 보자. 아래의 그림은 스왑1에 대하여는 금융기관 B가 In-the-money이고, 스왑2에 대하여는 금융기관 A가 In-the-money인 경우를 보여 주고 있다.

〔그림 1〕

---

3) 1992년 ISDA Master Agreement와 2002년 ISDA Master Agreement의 내용은 다소 차이가 있으나 close-out 절차에 대한 기본적인 골격은 대동소이하며, 실제로는 아직까지도 1992 ISDA Master Agreement가 더 널리 사용되고 있다. 이 글은 특별한 언급이 없는 한 1992 ISDA Master Agreement를 기준으로 한다.

위의 경우에서 금융기관 A가 파산하였다고 가정하였을 때, 만일 스왑1과 스왑2가 별개의 거래로 인정되는 경우, 금융기관 A의 파산관재인은 스왑2에 대하여는 금융기관 B로부터 즉시 금액을 회수하고자 할 것이므로 금융기관 B는 A에 대하여 USD 600,000를 모두 지급하여야 하는 반면, 스왑1에 의하여 지급받아야 할 금액에 대하여는 금융기관 A에 대한 파산채권자로서 참여하여 그 금액을 회수하여야 할 것이므로 그 회수금액은 원래 채권액보다 훨씬 낮은 금액일 뿐만 아니라 그 회수기간도 파산절차기간에 따라 지연될 것이다. 따라서 금융기관 B로서는 USD 1,000,000 상당의 부실채권이 발생하는 결과가 되어, 금융기관 B의 자산건전성이 악화될 뿐 아니라, 나아가 금융기관 B가 스왑거래1을 헤지하기 위하여 금융기관 C와 스왑1거래의 반대방향거래인 스왑3을 체결한 경우, 금융기관 B의 입장에서는 스왑3의 거래에 대한 헤지인 스왑1거래가 부실채권화되었으므로 스왑3에 대하여 USD 1,000,000에 평가손(mark to market loss)을 입게 될 것이고, 이러한 거래들이 금융기관 간에 서로 연결되어 있는 금융기관들의 총체적인 부실을 초래하여 금융시스템에 불안을 초래할 수 있다.

그런데 금융기관 A와 금융기관 B가 체결한 ISDA 기본계약에 따라서 스왑1과 스왑2의 평가가치를 상쇄하여 금융기관 B가 금융기관 A로부터 평가가치의 순합계액인 USD 400,000의 파산채권을 행사하는 것이 인정되는 경우, 금융기관 A의 파산으로 인하여 금융기관 B가 입게 되는 손실을 줄일 수 있고, 나아가 금융기관 B가 금융기관 A와 ISDA 기본계약체결시 담보약정서 Credit Support Annex를 체결하여 금융기관 A에 대한 순익스포저(net exposure)인 USD 400,000 상당의 담보를 받아둔 경우에는 그 담보권을 행사함으로써 금융기관 A의 파산에 따른 손실을 피할 수 있을 것이다. 만일 금융기관 A의 파산에 따른 파생상품계약관계의 일괄정산에 따라 금융기관 B가 금융기관 A에 대하여 지급할 금액이 있는 경우 금융기관 B는 해당 지급의무가 금융기관 A에 대한 다른 금전채권과 상계할 수 있는 경우 이외에는 조기정산금을 금융기관 A의 파산관재인에게 지급하게 될 것이다.

III. 파생금융거래의 일괄정산의 도산법상 취급

1. 도산법상 제기되는 문제와 특칙의 제정

각각 개별적으로 체결된 스왑을 일괄정산하고 관련 담보를 처분하여 파생금융거래관계를 일괄정산하는 것이 (i) 파산조항(ipso facto clause)으로써 도산법상 유효한 것인지 여부, (ii) 파산관재인이 파산자에게 이득이 되는 거래만을 이행선택하는 것(이른바, cherry picking)을 막을 수 있는지 여부, (iii) 일괄정산에 따라 귀책사유 없는 당사자(즉, 파산자의 거래상대방)가 담보권을 행사하는 것이 회생절차에서는 담보권행사중지에 위배되는지에 여부 등에 대한 논의가 생길 수 있으므로,[4] 대부분의 국가에서는 파생금융거래 기타 양 당사자 간의 다수의 거래관계가 발생하는 특정한 종류의 거래의 경우에는 당사자 간에 단일기본계약(Single Master Agreement)을 체결하는 것을 조건으로 일괄정산(close-out netting)을 인정하여 주고, 파산법상 일반적인 부인권행사 기타 담보권행사중지 등의 적용대상이 아님을 명시하고 있다. 우리나라의 경우에도 2006년 4월 1일자로 발효된 채무자회생 및 파산에 관한 법률(이하 '도

---

4) ISDA, Research Notes, November 1, 2010, "The Importance of Close-out Netting," p.4.

산법') 제120조 제3항 및 제 제336조에서 이와 같은 특칙을 두고 있다.

2. 도산법상 특칙의 적용 요건

도산법 제120조 제3항에 따라 해제, 해지, 취소 및 부인의 대상이 되지 아니하고, 중지명령 및 포괄적 금지명령의 대상이 되지 않는 것은 "기본계약하에 근거하여 이루어진 적격금융거래"의 종료 및 정산으로 요약할 수 있다. 이하에서는 각 요건에 대하여 본다.

(1) 기본계약의 존재

기본계약은 일정한 금융거래에 대하여 일반적인 사항을 정한 하나의 계약으로서 장외파생금융거래에서는 ISDA Master Agreement를 사용하는 것이 일반적이다. 당사자 간에 기본계약을 체결하기 이전에 ISDA Master Agreement의 내용을 적용하는 것으로 간주하는 Long Form Confirmation에 따라 계약을 체결하는 경우 계약의 당사자 간에 기본계약이 존재하는 것으로 볼 수 있는지에 대한 논의가 있을 수 있다. 도산법상의 해석상으로는 계약조건상 단일 계약조항을 포함하는 ISDA 계약조건을 준용한다면 기본계약이 존재하는 것으로 보고 있다.[5] 다만, 아래에서 보는 바와 같이 규제자본상 자본금감축효과를 위한 유효한 일괄정산계약으로 인정되기 위하여 서명된 일괄정산계약이 존재할 것을 요건으로 한다.

---

5) 상세한 논의는 제7장 박 준 · 홍선경 · 김장호, "채무자회생 및 파산에 관한 법률 제120조의 해석" 참조.

(2) 적격금융거래

적격금융거래에 대하여는 도산법 제120조 및 동법 시행령 제14조에서 정하고 있는데, 장외파생금융거래 이외에도 현물환거래, 증권의 환매거래, 증권의 대차거래, 담보콜거래 및 이러한 거래와 관련하여 취득한 담보의 제공 · 처분 · 충당 등을 포괄하고 있다.

(3) 일괄정산조항의 존재

도산법상의 특칙의 요지는 법상의 명문의 규정에도 불구하고 기본계약에서 정한 바에 따른 계약종료 및 정산의 효력을 인정한다는 것이므로, 기본계약은 일괄정산에 관한 내용을 가지고 있어야 한다. ISDA 계약상 일괄정산조항의 가장 핵심적인 내용은 거래상대방이 파산한 경우 당자사 간의 모든 거래가 종료되고(즉, 일부거래만 선택적으로 종료할 수 없다), 모든 거래의 일괄정산가치(close-out amount)는 귀책사유 없는 당사자(non-defaulting party, 즉 파산당사자의 상대방)가 일정한 절차를 통하여 정한다는 점이다.

3. 도산법상의 특칙 적용의 효과

제120조 제3항은 "일정한 금융거래에 관한 기본적 사항을 정한 하나의 계약(이 항에서 '기본계약'이라 한다)에 근거하여 다음 각호의 거래(이 항에서 '적격금융거래'라고 한다)를 행하는 당사자 일방에 대하여 회생절차가 개시된 경우 적격금융거래의 종료 및 정산에 관하여는 이 법의 규정에 불구하고 기본계약에서 당사자가 정한 바에 따라 효력이

발생하고 해제, 해지, 취소 및 부인의 대상이 되지 아니하며, 제4호의 거래(적격금융거래에 대한 담보제공, 처분, 충당)는 중지명령 및 포괄적 금지명령의 대상이 되지 아니한다. 다만, 채무자가 상대방과 공모하여 회생채권자 또는 회생담보권자를 해할 목적으로 적격금융거래를 행한 경우에는 그러하지 아니하다" 라고 규정하고 있고 동 조항은 도산법 제336조를 통하여 파산절차에서도 준용되고 있다. 이와 같은 특칙의 실질적인 의미에 대하여 아래서 간단히 살펴본다.

(1) 파산조항(ipso facto clause)의 유효성

파산조항(ipso facto clause)이란 일반적으로 파산을 조건으로 거래를 종료하기로 사전 합의하는 것을 지칭하며, 파산법상 이러한 사전합의가 파산법상 유효하게 인정되는 합의인지 아니면 부인권의 대상인지의 논의가 있을 수 있다. 위 예시에서 본 것처럼 ISDA 기본계약에 따른 일괄정산이 가능한 경우, 파생금융거래의 상대방은 다른 종류거래의 파산채권자에 비하여 거래 상대방에 파산한 경우 전체 채권 금액의 만족을 받을 확률이 크다. 따라서 이러한 일괄정산이 파산법상 채권자평등의 원칙 등에 반하는지, 파산관재인의 부인권의 행사대상이 될 수 있는지에 대한 의문이 있을 수 있으므로 위 특칙은 "기본계약에 따른 적격금융거래의 종료 및 정산"은 도산법의 규정에 따라 효력이 발생하고 부인의 대상이 되지 아니함을 명시하고 있다. 그러나 당사자가 다른 채권자들을 해할 목적으로 기본계약의 종료 및 정산 절차를 이용하는 경우에는 제120조 제3항 단서에 의하여 적격금융거래를 한 것으로 인정되더라도 종료 및 정산절차를 인정하지 않을 여지를 두고 있다.

(2) 파산관재인의 체리피킹(cherry picking)금지

도산법 제120조 제3항은 적격금융거래에 대하여는 미이행 쌍무계약의 해제에 관한 제119조 및 제335조의 적용을 배제하고 있다. 따라서 파산관재인은 기본계약에 따른 여러가지 거래 중 파산자에게 유리한 계약(in-the-money)만을 이행청구하고, 불리한 계약(out-of-the-money)만을 선택하여 해제할 수 없고, 그 대신 기본계약에서 정한 바에 따라 귀책사유 없는 당사자(non-defaulting party)가 현존하는 당사자 간의 모든 계약을 일괄 종료하고 정산하여야 한다.

(3) 담보제공 및 행사

파생금융거래의 경우 일반 대출상품과 달리 신용익스포저금액이 금리나 주가 등 시장상황의 변화에 따라 변동하게 되므로, 일반 대출거래와 달리 사전에 피담보채권금액을 확정하기 어렵다. 또한 일반거래에서 담보는 신용이 낮은 당사자가 일방적으로 부담하는 것이 일반적이지만 파생금융상품거래에서는 쌍방이 모두 거래 상대방의 신용위험에 노출되므로 쌍방이 서로 담보제공의무를 부담하고 잉여담보는 담보제공자에게 반환하도록 약정한다. 따라서 회생절차 또는 파산절차의 개시 직전까지도 파산의 우려가 있는 거래 일방이 거래 상대방에게 계약가치의 변동에 따라 담보를 제공한 경우 그러한 담보제공행위가 위기시의 담보권설정행위로 부인의 대상이 되는지 의문이 있을 수 있으나,[6)] 제120조 제3항 특칙에 따라 그러한 담보제공행위는

---

6) 도산법 제100조와 제391조는 각각 회생절차와 파산절차에서의 부인할 수 있는 행

부인의 대상이 되지 아니할 것이다.

담보의 실행과 관련하여서는 파산절차에서 담보권자는 별제권자로서 담보권을 파산절차에 의하지 않고 실행할 수 있으나,[7] 회생절차가 개시되면 담보권자는 회생절차 이외에서의 담보권의 행사가 제한될 뿐 아니라 회생절차의 개시 전에도 포괄적 중지명령 등을 통하여 회생담보권의 행사를 제한할 수 있다.[8] 위 특칙은 적격금융거래에 대한 담보권자는 회생절차개시신청 후에도 회생절차에서 발하는 중지명령 및 포괄적 금지명령과 관계없이 담보물을 처분할 수 있다고 명시하고 있으므로 회생절차 신청과 동시에 회생절차의 중지명령 또는 포괄적 금지명령 신청이 제출된 경우에는 그 사이의 기간 동안 귀책사유 없는 당사자는 일괄정산을 하고 담보를 처분할 수 있음은 의문의 여지가 없다.

다만, 일단 회생절차가 개시된 이후의 담보물의 취득 및 처분이 가능한지 여부는 특칙의 법문상 명확하지 않아 견해가 나뉘고 있는데[9] 필자는 다음과 같은 이유로 회생절차개시 이후에도 담보의 처분을 가능하게 하는 것이 금융시장을 안정화시키고자 하는 입법취지에도 부합하는 해석이라고 생각한다. 따라서 해석상으로 이를 허용하거나 법령의 개정을 통하여서라도 회생절차개시 이후에도 담보의 처분 등이 가능하여야 한다고 생각한다.

우선, 거래상대방의 회생절차개시신청 시점과 중지명령 또는 포괄적 금지명령 신청 사이의 촉박한 기간 동안만 담보의 처분이 가능하

위를 다음과 같이 정하고 있는바, 일정한 담보의 제공은 각 제2호 및 제3호에서 명시적으로 부인의 대상으로 보고 있다.

7) 도산법 제411조 및 제412조.

8) 도산법 제44조 및 제45조.

9) 제7장 박 준 · 홍선경 · 김장호, "채무자회생 및 파산에 관한 법률 제120조의 해석" 참조.

다면 짧은 기간 내에 파산한 귀책당사자(여기에서는 회생자)의 거래상대방들이 그 귀책당사자로부터 받은 담보를 급히 처분하는 과정에서 관련 담보(예를 들어 국공채 또는 원화)의 가격이 비정상적으로 떨어질 수 있는 등 시장불안정 요인을 초래할 수 있을 것이다. 또한 위와 같은 불확실성 때문에 한국 거래 상대방과 ISDA 기본계약을 체결하는 경우에는 ISDA 기본계약에 있는 파산관련 조기종결사유보다 더욱 엄격한 기준을 적용하는 경우가 대부분이다. 즉, ISDA 기본계약상으로는 회생절차개시신청이 있더라도 즉시 조기종료사유(Event of Default)가 되는 것이 아니라, 제3자가 회생절차를 신청한 경우에는 회생절차가 개시되거나 30일 동안 회생절차개시신청이 기각되지 아니하는 경우에 비로소 조기종료사유가 발생하는 것으로 정하고 있으나, 한국당사자와 ISDA 계약을 체결하는 경우에는 회생절차개시가 있는 경우 즉시 조기종료사유로 약정하는 경우가 대부분인데,[10] 이러한 경우 실질적인 회생사유가 없는데도 불구하고 제3자가 악의적으로 회생신청을 하는 경우에도 회생절차 피신청인에 대한 파생금융거래 전체를 조기종결하게 될 우려가 있을 수 있다.

---

10) 1992 ISDA Master Agreement Section 5 (a) (vii) 중 파산 또는 회생절차개시에 관한 문구는 다음과 같은데 한국당사자와 ISDA Master Agreement를 체결하는 경우에는 밑줄 친 부분을 별도로 삭제하도록 합의하는 경우가 대부분이다.
The party, any Credit Support Provider of such party or any applicable Specified Entity of such party (중략) institutes or has instituted against it a proceeding seeking a judgment of insolvency or bankruptcy or any other relief under any bankruptcy or insolvency law or other similar law affecting creditors' rights, or a petition is presented for its winding-up or liquidation, <u>and, in the case of any such proceeding or petition instituted or presented against it, such proceeding or petition (A) results in a judgment of insolvency or bankruptcy or the entry of an order for relief or the making of an order for its winding-up or liquidation or (B) is not dismissed, discharged, stayed or restrained in each case within 30 days of the institution or presentation thereof</u>

Ⅳ. 파생금융거래의 일괄정산의 규제자본에 대한 효과

1. 국제적 기준 및 국내 법령

(1) 바젤 기준

BIS(국제결제은행)는 '자기자본 측정과 기준에 관한 국제적 합의' 에 의한 개념으로 은행의 자본적정성(capital adequacy)에 대한 기준을 제시하고 있고, 각 국가들은 이와 같은 BIS의 권고안을 기초로 각국에서 은행의 자본적정성에 대한 규제를 하고 있다. BIS는 1998년 BIS협약을 최초로 발표한 이후 2004년 6월에 바젤 II를 확정하였고, 2010년 12월에 바젤 III 기준을 공표하였다.

바젤 기준은 파생금융거래와 관련된 거래상대방 신용위험의 산출기준을 정하고 있는데,[11] 바젤 기준의 내용은 아래에서 보는 현행 은행법상 자기자본계산비율에 대부분 반영되어 있으므로 그 자세한 내용에 대한 논의는 생략하기로 한다.

파생금융거래 계약과 관련된 규제자본금계산의 핵심적인 요소는 netting agreement, 즉 일괄정산계약이 양 당사자 간에 존재하는지 여부이다. 참고로 아래에서 살펴보는 규제자본금 관련한 국내의 금융감독규정에서는 netting agreement를 '상계계약' 으로 번역하여 사용하고 있는데, 이는 민법상 인정되는 좁은 의미의 상계와 혼동의 여지가 있으므로 이 글에서는 관련 규정을 인용하는 각주 이외의 부분에서는 상계계약이라는 용어 대신 일괄정산계약이라는 용어를 사용하기로

11) BIS, International Convergence of Capital Measurement and Capital Standards, Annex 4.

한다. 일괄정산계약의 유효성과 관련하여 바젤 기준은 다음과 같은 기준을 정하고 있는데 그 핵심내용은 (i) 거래일방(귀책당사자)이 거래위반, 파산, 청산 기타 유사한 사정에 처하여 계약을 이행하지 않는 경우 양 당사자 간에 미결제된(outstanding) 파생금융거래는 모두 종결되어 하나의 순결제금액의 지급 또는 수취를 통하여 종결되어야 하고, (ii) 그와 같은 일괄정산조항의 유효성에 대하여 거래상대방이 설립지국가의 법 및 소재지법(외국소재 지점의 경우), 해당 일괄정산계약의 준거법 및 기타 유효한 상계를 위하여 필요한 계약관계를 준거하는 법에 따라 해당 일괄정산계약서가 유효하다는 법률의견서가 존재하여야 하며, 관련 감독기관이 그와 같은 상계의 유효성을 인정하여야 하며, (iii) 관련법이 변경될 경우에도 일괄정산계약의 법적 유효성을 확인할 수 있는 절차를 갖추어야 할 것을 제시하고 있다. 또한 일괄정산계약이 귀책사유 없는 당사자(non-defaulting party)의 귀책당사자에 대한 지급의무를 면제하는 조항, 즉 취소가능조항(walkaway clause)을 포함하는 경우에는 신용익스포저를 계산함에 있어서 상계후순익스포저금액을 이용할 수 없다고 하고 있다.[12)]

12) 위 Annex 4, Paragraphs 96(i) to 96 (iii)

96(i). Careful consideration has been given to the issue of bilateral netting, i.e. weighting the net rather than the gross claims with the same counterparties arising out of the full range of forwards, swaps, options and similar derivative contracts. The Committee is concerned that if a liquidator of a failed counterparty has (or may have) the right to unbundle netted contracts, demanding performance on those contracts favourable to the failed counterparty and defaulting on unfavourable contracts, there is no reduction in counterparty risk.

96(ii). Accordingly, it has been agreed for capital adequacy purposes that:

(a) Banks may net transactions subject to novation under which any obligation between a bank and its counterparty to deliver a given currency on a given value date is automatically amalgamated with all other obligations for the same currency and value

위와 같이 유효한 일괄정산계약이 있는 경우에는 파생금융거래에 따른 신용위험을 계산함에 있어서 각 파생금융거래를 개별거래로 보아 신용위험을 계산하지 아니하고, 당사자 간에 체결한 모든 미결제 파생금융거래를 시가평가하여 각 음과 양의 가치를 가진 파생금융거래의 순합산액인 순대체비용을 기초로 자기자본을 계산하게 되므로 자본금 감축의 효과가 있다.

---

date, legally substituting one single amount for the previous gross obligations.

(b) Banks may also net transactions subject to any legally valid form of bilateral netting not covered in (a), including other forms of novation.

(c) In both cases (a) and , a bank will need to satisfy its national supervisor that it has:

(i) A netting contract or agreement with the counterparty which creates a single legal obligation, covering all included transactions, such that the bank would have either a claim to receive or obligation to pay only the net sum of the positive and negative mark-to-market values of included individual transactions in the event a counterparty fails to perform due to any of the following: default, bankruptcy, liquidation or similar circumstances;

(ii) Written and reasoned legal opinions that, in the event of a legal challenge, the relevant courts and administrative authorities would find the bank's exposure to be such a net amount under:

· The law of the jurisdiction in which the counterparty is chartered and, if the foreign branch of a counterparty is involved, then also under the law of the jurisdiction in which the branch is located;

· The law that governs the individual transactions; and

· The law that governs any contract or agreement necessary to effect the netting.

(iii) The national supervisor, after consultation when necessary with other relevant supervisors, must be satisfied that the netting is enforceable under the laws of each of the relevant jurisdictions; (iii) Procedures in place to ensure that the legal characteristics of netting arrangements are kept under review in the light of possible changes in relevant law.

96(iii). Contracts containing walkaway clauses will not be eligible for netting for the purpose of calculating capital requirements pursuant to this Framework. A walkaway clause is a provision which permits a non-defaulting counterparty to make only limited payments, or no payment at all, to the estate of a defaulter, even if the defaulter is a net creditor.

(2) 은행법상 기준

은행법상 은행의 건전한 경영을 위하여 위험가중자산에 대한 자기자본의 비율을 8% 이상으로 유지하여야 하는데, 그러한 비율의 구체적인 산정기준은 국제결제은행(BIS)이 제시한 기준을 참작하여 금융감독원장이 정하고 있다.[13)]

은행법감독업무시행세칙 별표 3에서는 바젤 II의 기준에 따라 파생상품의 신용위험을 계산하고 있다. 즉, 파생금융거래의 익스포저 계산방법은 표준 방식, 커런트 익스포저 방식 또는 기대 익스포저 방식을 이용하여 산출할 수 있다. 기대 익스포지 방식은 익스포저 계산 방식을 해당 은행이 감독당국으로부터 사용허가를 받은 경우 사용할 수 있는 방식으로 동 세칙에 계산 방식이 명기되어 있지 아니하나, 커런트 익스포저 방식과 표준 방식은 각각 다음과 같은 방식으로 계산된다.

1) 커런트 익스포저 방식[14)]

익스포저 = 대체비용 + 추가비용

대체비용은 각 파생금융거래를 시가평가함으로써 산출한 대체비용

---

13) 은행의 건전경영을 위하여 은행법 제45조, 은행업감독규정 제26조에 따라서 은행의 위험가중자산에 대한 자기자본의 비율은 100분의 8 이상이어야 하여, 비율의 구체적인 산정비율은 은행업감독규정시행세칙에 위임되어 있다. 은행업감독업무시행세칙 제17조는 규정 제26조에서 정하는 경영지도비율의 산정기준을 별표 3 위험가중자산에 대한 자기자본비율 산출기준 및 별표 3-2 시장리스크 기준 자기자본비율 산출기준에서 정하고 있다.

14) 은행업감독업무시행세칙 별표 3, 제47호.

의 금액을 의미하는데, 만일 법적으로 유효한 양자가 일괄정산계약이 있는 거래에 대하여는 순대체비용(상계후 관련계약의 평가익)의 금액으로 하되, 파생계약의 가치가 시가평가하여 음의 가치를 가지더라도 영(0)을 하회하지 않는다.

추가비용의 경우 ① 양자 간에 일괄정산계약이 없는 경우에는 파생계약의 명목금액에 계약의 만기 및 기초자산의 종류에 따라 신용환산율을 곱하여서 나온 금액을 총추가항목으로 더하고, ② 당사자 간에 법적으로 유효한 일괄정산계약이 있는 경우에는 다음의 산식에 의하여 상계후 추가항목을 더하게 된다.

$$\text{상계후 추가항목} = 0.4 \times \text{총추가항목} + 0.6 \times \frac{\text{순대체비용}}{\text{총대체비용}} \times \text{총추가항목}$$

따라서 법적으로 유효한 일괄정산계약이 있는 경우에는 일괄정산계약이 없는 경우에 비하여 익스포저의 크기가 줄어들어 파생금융거래에 따른 신용위험을 감수하기 위하여 필요한 자기자본의 금액이 줄어들게 된다.[15)]

15) 은행업감독업무시행세칙 별표 3, 제47호에서는 다음과 같은 조건을 충족하는 경우 당사자 간에 유효한 상계계약이 존재하는 것으로 인정한다.

(1) 상계계약은 거래의 상대방이 파산, 부도, 청산 등의 사건 발생시 양 당사자 간 상계대상에 포함된 모든 채권 · 채무관계가 상계되어 하나의 채권 · 채무관계가 된다는 조항을 포함하여야 한다.

(2) 은행은 거래상대방에게 파산, 부도, 청산 등의 사건이 발생하는 경우 은행의 위험부담액이 채권 · 채무 상계후 순액으로 제한됨을 확인하는 문서화된 법률의견서를 상계계약서에 첨부 · 보관하여야 하며, 법률의견서는 거래관련 국가들의 관할 법정 및 감독당국이 인정할 수 있도록 상계대상거래의 내용, 거래상대방의 적정성, 관련국가에서의 상계계약의 법률적 유효성 여부에 대한 검토 등을 포함하여 합리적으로 작성되어야 한다.

(3) 거래상대방의 감독당국이 자국의 법률체계상 상계계약이 유효하지 않다고 판

다만, 위와 같은 커런트 익스포저 방식은 법적으로 유효한 일괄정산계약이 있는 경우 복수 장외파생금융거래들의 포지션보다는 평가손익에 초점을 맞춤으로써 올바른 인센티브를 제시하지 못하고, 규제자본이 과대 또는 과소평가 될 수 있으며, 순익스포저가 음의 가치를 가지는 경우에도 대체비용은 0으로 계산함으로써, 추가항목과의 상쇄가 되지 아니하고, 익스포저 산출방법이 일률적이어서 리스크 관리차별화에 대한 인센티브가 없다는 한계점이 있다.[16] 이러한 한계점을 극복하기 위하여 바젤 기준 및 은행업감독규정에서는 금융감독원장의 승인을 받아 기대 익스포저 방식을 사용하거나 커런트 익스포저 방식보다 좀 더 민감한 표준 방식을 사용할 수 있도록 하고 있다.

2) 표준 방식[17]

익스포저 = 1.4 × Max (순대체비용 − 담보의 가치, Σ_j 순리스크포지션j × 신용환산율j)

순대체비용: 상계군에 포함된 거래의 순대체비용(상계후 관련계약의 평가익)의 금액
담보의 가치: 상계군에 포함된 담보의 시가의 합계액
순리스크포지션j: 헤징군j에 있어서의 거래의 리스크포지션에서 담보의 리스크포지션을 차감한 금액의 절대값
신용환산율j: 헤징군j에 대한 신용환산율

단하는 경우 법률의견서에도 불구하고 상계가 인정되지 않는다.

(4) 은행은 관련국가의 법령 및 판례의 변경이 있는 경우에도 상계계약의 법적 유효성을 보장할 수 있도록 하여야 한다.

(5) 취소가능조항(walkaway clauses) 등 거래 일방에 의해 상계의 효력이 전부 또는 일부 정지되거나 배제되는 조항이 포함되지 않아야 한다.

16) KIS 채권평가, "바젤 II하에서 파생상품거래관련 거래 상대방 신용리스크 측정에 관한 연구," 2008. 4. 2. 본 자료는 금융감독원 홈페이지(www.fss.or.kr)에서 업무자료 → 은행업무 → 신 BIS 페이지에서 찾을 수 있다.

17) 은행업감독업무시행세칙 별표 3, 제48호.

위에서 상계군은 양자간에 법적으로 유효한 일괄정산계약하에 있는 거래에 대하여는 해당거래의 집합군을 말하여 그 이외의 거래에 대하여는 개별거래를 의미한다. 순리스크포지션 및 헤징군의 분류 및 계산은 파생계약의 기초자산 및 만기에 따라 달리 계산된다. 위에서 헤징군이란 개별상계군 내의 거래에서 발생하는 리스크포지션의 집합을 의미하므로, 하나의 거래에 복수의 리스크포지션이 있을 수 있다. 예를 들어 어느 한 지급부분이 자국통화인 통화선도계약은 (i) 환율리스크포지션, (ii) 외국통화 이자율 리스크포지션, 및 (iii) 내국통화 리스크포지션으로 분류된다.[18)]

3) 내부모형에 의한 기대 익스포저 방식

은행업감독규정시행세칙은 기대 익스포저 방식에 대하여는 승인기준에 대하여 자세한 내용을 담고 있지 않다. 다만 바젤 기준에 따르면 기대 익스포저는 다음과 같은 산식으로 계산되는데 본고에서는 자세한 논의를 생략하기로 한다.

$$\text{EAD(Exposure at Default)} = \alpha \times \text{Effective EPE}$$

여기서 Effective EPE(Expective Positive Exposure)는 일정기간의 예상익스포저의 시간 가중평균값을 의미하며, 조정계수인 알파(α)는 경기침체기, 동일한 리스크요인에 노출된 거래상대방에 걸친 익스포저 간 상관관계, 거래상대방 익스포저에 걸친 분산도의 잠재적인 부족을 반

18) KIS 채권평가, 앞의 자료(주 16), 12면 참조.

영하여 내부 자체적으로 추정하거나 1.4를 사용한다.[19]

결론적으로 위에서 보는 바와 같은 법적으로 유효한 일괄정산계약이 있는 경우 익스포저를 줄일 수가 있음은 복잡한 계산식을 예시하지 않더라도 직관적으로 알 수 있다.

(3) 자본시장법상 기준

증권회사 등에 대한 규제법인 자본시장과 금융투자업에 관한 법률(이하 '자본시장법')에서도 은행법령과 유사하게 파생상품매매거래업자에 대하여 위험자산에 대하여 영업용 순자본비율을 산정하도록 하고 있다.[20]

파생금융상품거래의 신용위험액산정의 구체적인 방식은 금융투자업시행세칙 별표 5에서 다음과 같이 정하고 있다.[21]

> 파생상품에 대한 신용위험액 = (대체비용 + 잠재적 위험액)
> × 거래상대방별 위험값

위 방식은 은행업감독규정상 인정되는 커런트 익스포저 방식과 동일한 방법으로 위 대체비용의 계산방법 및 거래상대방별 위험값의 계산방법의 구체적인 내용은 금융감독원 업무참고자료인 금융투자업자 영업용 순자본비율 산정기준 해설기준(이하 '금감원 해설기준')에서

19) KIS 채권평가, 앞의 자료(주 16), 13면 이하 참조 ; BIS, 앞의 자료(주 11), 28호부터 32호 참조.

20) 금융투자업규정 제3-10조.

21) 금융업투자업시행세칙 별표 5, 제23호.

보다 자세히 정하고 있다.[22] 위 금감원 해설기준에서도 당사자 간에 유효한 일괄정산계약이 있는 경우 대체비용 산정시 포지션상계를 허용하고 있다.[23]

---

22) 금융감독원, "금융투자업자 영업용 순자본비율 산정기준 해설기준," 133면 이하.

23) 금융감독원, 앞의 해설기준(주 22), 134면.

① 거래상대방이 파산, 부도, 청산 등의 사유가 발생할 경우 양 당사자 간 모든 채권 · 채무관계가 상계되어 하나의 채권 · 채무관계가 된다는 조항이 상계계약에 포함될 것

② 상계계약은 문서로 작성되어야 하며, 거래 일방에 의해 상계의 효력이 전부 또는 일부 정지되거나 배제되는 조항*을 포함하지 않을 것

* 취소가능조항(walkaway clauses): 채무불이행자의 거래상대방에 대한 채권이 채무보다 많은 경우에도 거래상대방이 채무불이행자의 재산에 대해 제한적 보상만을 하거나 전혀 보상하지 않을 수 있도록 허용하는 조항

③ 거래상대방에게 파산, 부도, 청산 등의 사건이 발생하는 경우 위험부담액이 채권 · 채무상계 후 순액으로 제한된다는 내용의 법률의견서를 보관하고 있을 것

※ 법률의견서는 상계계약서에 첨부 · 보관하여야 하며 동 의견서는 거래관련 국가들의 소관 법정 및 감독당국이 인정할 수 있도록 상계대상거래의 내용, 거래상대방의 적정성, 관련 국가에서의 상계계약의 법률적 유효성 여부에 대한 검토 등을 포함하여 합리적으로 작성되어야 함

거래상대방의 감독당국이 자국의 법률체계상 상계계약이 유효하지 않다고 판단하는 경우 법률의견서에도 불구하고 상계가 인정되지 않음. 또한 동 법률의견서는 거래상대방 국가의 법률 변동 및 상계대상거래내역의 변동 가능성을 감안하여 연 1회 이상 주기적으로 갱신되어야 함

또한 회사는 상계계약의 유효성 및 거래내역을 모니터링하고 관리할 수 있는 적절한 시스템 및 절차를 마련하여야 하고 동 시스템 및 절차에는 상계계약이 법적 유효성을 가질 수 있도록 관련 국가의 법령 및 판례의 변화를 모니터하는 내부시스템과 상계계약 거래내역을 기록 관리할 수 있는 적절한 통제시스템이 포함되어야 함

2. 규제자본 산정시 일괄정산이 인정되기 위한 요건

위와 같이 은행법령이나 자본시장법령상으로 파생금융거래에 필요한 규제자본을 줄이기 위하여는 BIS 기준과 일관되게 법적으로 유효한 일괄정산계약이 체결될 것을 요건으로 하고 있고, 법적으로 유효한 일괄정산계약은 공통적으로 다음과 같은 조건을 충족하여야 한다.

은행이 해당 은행과 거래 당사자 간에 일괄정산조항이 포함된 일괄정산계약을 체결하여야 하며,[24] 동 일괄정산계약상 취소가능조항이 부재하여야 하며, 관련국가의 상계법률의견서를 보관하며, 일괄정산계약의 유효성에 대한 통제시스템이 있어야 한다. 아래의 조건들은 BIS에서 권고하는 요건들을 채택한 것이다. 이하에서는 위 요건들에 대하여 좀 더 자세히 살펴보기로 한다.

(1) 일괄정산조항이 포함된 일괄정산계약

일괄정산계약은 거래의 상대방에게 파산, 부도, 청산 등의 사건이 발생했을 시에는 양 당사자 간 모든 채권/채무관계가 상계되어 하나의 채권/채무관계가 된다는 조항을 포함하여야 한다.

파생상품에 대한 국제거래에서 가장 널리 사용되는 ISDA Master Agreement의 경우 거래일방에 대하여 제5조 (a)항에서 발생하는 채무불이행사유(Event of Default)가 발생한 경우,[25] 제6조에 정한 일괄청산

24) 일괄정산계약으로는 경개에 의한 상계(netting by novation) 및 일괄청산에 의한 상계(close-out netting)가 모두 인정되나, ISDA Master Agreement 등 국제적으로 널리 통용되는 Master Agreement의 경우 close-out netting에 의한 상계기법을 사용하고 있으므로, 이 글에서의 논의도 close-out netting을 중심으로 보기로 한다.

25) 제5조의 채무불이행사유(Event of Default)로는 (i) Failure to Pay or Deliver, (ii) Breach

(close-out)절차에 따라 귀책사유 없는 당사자(non-defaulting party)는 귀책계약상대방(defaulting party)과의 사이에 ISDA Master Agreement에 따라 성립되어 있는 모든 거래(all outstanding transactions)를 종료하고, 정산하여 하나의 정산액을 구하여 계약관계를 종료시킬 수 있는 권리를 부여하고 있다.[26)]

1992 ISDA Master Agreement의 경우 당사자가 미리 합의하여 정산액을 구하는 방법을 시장가액방식(Market Quotation)[27)]과 손해방식(Loss)[28)] 사이에서 선택 가능하도록 하였고, 2002년 ISDA Master Agreement의 경우 두 가지 방법을 절충한 개념인 일괄정산금액(close-out amount)을 사용하고 있다.[29)] 따라서 ISDA Master Agreement을 서명한 경우에는 위 조건을 충족한다고 볼 수 있다.

---

of Agreement, (iii) Credit Support Default, (iv) Misrepresentation, (v) Default under the Specified Transactions, (vi) Cross Defualt, (vii) Bankruptcy, (viii) Merger Without Assupmtion이 열거되어 있는데, 상대방의 지급불능, 파산은 Bankrupty Event에 속한다.

26) 참고로 ISDA Master Agreement 제5조의 (b)항에서 정하는 계약종료사유(Termination Event)는 쌍방에 귀책사유가 없는 불가항력적인 사유들(Illegality, Tax Event, Tax Event Upon Merger, Credit Event Upon Merger, etc)을 열거하고 있는데, 이러한 경우에는 영향을 받은 계약(Affected Transactions)에 한하여 일괄정산하여 종료하는 것이 가능하다.

27) Market Quotation은 Reference Market Dealers로부터 비귀책당사자가 Quote를 받은 가격 중 가장 높은 가격과 가장 낮은 가격을 제외한 Quote를 평균하여 정산액을 구하는 방법이다.

28) Loss는 관련계약이 종료됨으로써 발생하는 여러 가지 비용을 포함한 손해금액을 비귀책당사자가 합리적으로 결정하는 방법이다.

29) 1992 ISDA Master Agreement와 2002 ISDA Master Agreement의 차이점에 대하여는 제2장 정순섭, 2002 ISDA 마스터계약서의 주요 개정사항 해설.

(2) 취소가능조항(walkaway clause)의 부재

취소가능조항은 채무불이행자의 거래상대방에 대한 채권이 채무보다 많은 경우에도 거래상대방이 채무불이행자의 재산에 대해 제한적 보상만을 하거나 전혀 보상하지 않을 수 있도록 허용하는 조항이다.

1992년 ISDA Master Agreement의 경우, close-out 절차에 따라 양당사자 간에 정해진 정산액의 지급조건에 대하여 First Method와 Second Method를 정하고 있는데, First Method의 경우 귀책사유 있는 당사자가 정산금액을 지급하여야 하는 경우에는 이를 지급하여야 하지만, 귀책사유 없는 당사자가 정산금액을 지급할 의무를 부담하는 경우에는 이를 지급하지 않도록 하는 한편, Second Method의 경우 귀책사유 있는 당사자인지 여부에 관계없이 정산금액을 지급하여야 하는 당사자가 상대방에 대하여 정산금액을 지급하도록 한다. 따라서 First Method를 선택하는 경우에는 취소가능조항으로 인정되어 자기자본계산시 순신용환산액을 적용할 수 없게 된다.

2002년 ISDA Master Agreement의 경우 귀책사유당사자인지 여부에 관계없이 close-out amount의 지급의무를 부담한다.

(3) 상계 법률의견서

은행은 거래상대방에게 파산, 부도, 청산 등의 사건이 발생하는 경우 은행의 위험부담액이 채권/채무상계 후 순액으로 제한됨을 확인하는 법률의견서를 일괄정산계약서에 첨부 · 보관하여야 한다.

법률의견서는 거래관련 국가들의 소관법원 및 감독당국이 인정할 수 있도록 상계대상거래의 내용, 거래상대방의 적정성, 관련국가에서의 일괄정산계약의 법률적 유효성 여부에 대한 검토 등을 포함하여 합리적으로 작성되어야 하며, 거래 상대방의 감독당국이 자국의 법률체계상 일괄정산계약이 유효하지 않다고 판단하는 경우 법률의견서에도 불구하고 상계가 인정되지 않는다. 또한, 동 법률의견서는 거래상대방 국가의 법률 변동 및 상계대상거래내역의 변동 가능성을 감안하여 연 1회 이상 주기적으로 갱신되어야 한다.

유효한 일괄정산계약으로 인정받기 위하여 바젤 기준에 따라서 법률의견서가 필요한 관련법은 (i) 거래당사자의 소재지법 및 (ii) 계약의 준거법이다. ISDA 계약의 준거법은 미국법 또는 영국법 중에서 선택하도록 되어 있는데, ISDA는 영국법 및 미국법상 ISDA 계약이 유효하다는 법률의견서를 받아서 ISDA 회원들에게 매년 갱신하고 있다. 당사자가 파산하지 않은 일상적인 상황에서의 법률관계는 계약의 준거법에 따라 해결될 것이나, 당사자가 파산한 경우에는 거래당사자의 소재지법이 계약의 준거법에 우선하여 적용된다. 따라서 ISDA Master Agreement의 상계조항의 유효성은 각국의 파산법제하에서 파생관련 계약의 일괄정산이 인정되는지 여부에 달려 있는데, ISDA에서는 각 국가별로 법률사무소를 지정하여 각국의 파산법제하에서 ISDA Master Agreement상의 close-out netting조항이 유효할지 여부에 대하여 close-out netting 의견서를 취합하여 이를 ISDA의 홈페이지에 게재하고 있고,[30] 그 의견서를 매년 갱신, 관리하고 있다.

그런데 현행 은행업감독규정 및 자본시장법 관련규정은 일괄정산계약의 유효성에 대한 법률의견서를 각 계약서에 "첨부 · 보관"하여

30) ISDA에 의하여 취합되는 close-out netting opinion은 각국의 지정된 법률사무소가 ISDA 회원을 수신인으로 하여 작성되며, ISDA 회원 이외의 당사자는 의견서에 의존할 수 없다고 명시하고 있다.

야 한다고 정하고 있어, 위 요건을 충족하기 위하여는 개별계약별로 별도로 법률의견서를 받아서 상계조항의 유효성을 확인하여야 하는 것인지, 각 국가별로 ISDA에서 제공하는 close-out netting 의견서를 보고 일괄정산계약의 유효성 여부를 확인할 수 있는 것인지가 불확실하다는 은행업계의 요청에 따라 은행연합회는 금융감독원과의 조율을 통하여 2007년 3월에 은행연합회 차원에서 파생금융거래 상계 관련 준칙(이하 '은행연합회준칙')에 관한 규준을 마련하였다.

위 은행연합회준칙은 2007년 당시 은행업감독업무시행세칙 별표 3을 기준으로 작성되었는데, 그 이후 별표 3이 개정되어 일괄정산계약의 유효성에 대한 조문내용 및 조문위치에 약간의 변경이 있었으나 유효한 일괄정산계약의 실질요건은 크게 차이가 없으므로 은행연합회준칙은 여전히 유효하다고 보아야 할 것이다. 또한 자본시장법상 유효한 일괄정산계약의 요건도 은행법상의 요건과 거의 동일하므로 그 세부적인 운용에 있어서 은행연합회준칙의 내용에 따를 수 있을 것으로 생각한다.

위 은행연합회준칙에서 법률의견서는 개별계약에 대한 의견서가 아니라 일정한 계약 양식에 대하여 업계가 공동으로 취합한 의견서도 포함되는 것으로 명확하게 되었고, 특히 ISDA Master Agreement를 사용하는 경우 ISDA의 close-out netting opinion에 의존할 수 있다고 이를 명시하였다.[31)]

---

31) 은행연합회 준칙

제4조 (표준 상계계약서에 대한 법률의견서 확보)

① 표준화된 상계계약서를 반복적으로 사용하여 거래하는 경우에는 매번 거래할 때마다 별도로 법률의견서를 확보하지 않고 표준화된 상계계약서 양식 자체에 대하여 거래관련 국가의 법률에 대한 법률의견서를 받아서 보관하고 이를 연 1회 이상 주기적으로 갱신함으로써 해당 상계계약서 양식을 사용한 전체 파생상

(4) 일괄정산계약의 유효성에 대한 통제시스템

은행은 일괄정산계약의 유효성 및 거래내역을 모니터링하고 관리할 수 있는 적절한 시스템 및 절차를 마련하여야 한다. 동 시스템 및 절차에는 일괄정산계약이 법적 유효성을 가질 수 있도록 관련국가의 법령 및 판례의 변화를 모니터하는 내부시스템과 일괄정산계약 거래내역을 기록/관리할 수 있는 적절한 통제시스템이 반드시 포함되어

품거래에 관한 해당 국가의 법률에 대한 법률의견서 확보요건 및 법률의견서의 주기적 갱신요건을 충족할 수 있다.

② 위 ①항에 따라 표준화된 상계계약서 양식 자체에 대하여 법률의견서를 받아서 보관하는 경우에는 해당 법률의견서가 어떤 상계계약서 양식에 대한 것인지를 명확히 확인할 수 있도록 표시하고, 필요시 해당 법률의견서를 쉽게 찾아볼 수 있도록 보관한다.

제5조 (다수 은행의 공동 법률의견서 확보)
다수 은행들이 실질적으로 동일한 양식의 상계계약서를 사용하는 경우 그 다수 은행이 공동으로 해당 상계계약서에 대한 거래관련 국가의 법률전문가의 법률의견서를 받아서 보관 및 갱신하거나 또는 전국은행연합회가 대표로 해당 상계계약서에 대한 거래관련 국가의 법률전문가의 법률의견서를 받거나 갱신하고 회원은행은 동 의견서의 사본을 받아서 보관하는 방법으로 법률의견서 확보 및 주기적 갱신요건을 충족할 수 있다.

제6조 (ISDA Master Agreement 사용시의 법률의견서 확보요건)

① ISDA Master Agreement를 사용하여 거래하는 경우, 각 거래관련 국가의 ISDA Opinion(주기적으로 갱신되는 의견 포함) 또는 이에 상응하는 법률의견서를 통하여 당해 국가의 법률이 상계처리 인정요건을 충족한다는 의견인지 여부를 확인하고 이를 보관함으로써 법률의견서 보관요건, 법률의견서의 주기적 갱신요건 및 거래관련 국가의 법령 및 판례 변화를 모니터하는 내부시스템요건을 충족하는 것으로 본다. 단, 외국은행 국내지점의 경우 본점 또는 그룹 차원에서 확보한 법률의견서 및 동 법률의견서가 상계처리 인정요건을 충족한다는 의견인지 여부를 확인할 결과를 원용할 수 있다.

② 제5조를 제1항에 따라 각 거래관련 국가의 ISDA Opinion 또는 이에 상응하는 법률의견서를 통하여 당해 국가의 법률이 상계처리 인정요건을 충족한다는 의견인지 여부를 확인하는 경우에 준용한다.

야 한다.

위 요건과 관련하여서도 ISDA Master Agreement의 경우 ISDA에서 매년 각국의 close-out netting 의견서의 갱신을 통하여 각국의 법률사무소를 통하여 각국의 파산법제의 변화 등을 모니터하고 이를 close-out netting opinion에 반영하도록 하고 있다.

은행연합회 준칙은 역시 ISDA Master Agreement를 사용하는 경우, ISDA의 의견서 갱신, 관리 절차에 따라 위 통제시스템요건을 충족하는 것으로 볼 수 있음을 명시하고 있다.

V. 맺음말

일괄정산기법은 금융기관을 거래상대방의 도산위험으로부터 보호하고, 규제자본금을 보다 효율적으로 사용하기 위하여 매우 중요한 수단이다. 이에 대하여 일부에서는 일괄정산기법은 거래상대방의 신용위험을 감시하는 인센티브를 줄인다는 등의 이유로 도산법상 파생금융거래의 일괄정산에 대하여 특칙을 인정하는 데 대하여 비판하는 견해도 있는 것으로 보이지만,[32] 일괄정산기법이 금융기관의 파생금융상품거래의 리스크를 관리하고 금융시스템의 안정을 위하여 필수불가결하다는 것에 시장참가자들과 규제당국의 공감대가 형성되어 있고 앞으로도 그러한 입장이 변경될 것으로는 예측되지 않는다.

최근 국제적인 규제개혁 논의 중 하나인 파생금융거래의 중앙청산소의 설립과 관련하여 중앙청산소와의 일괄정산계약관계, 일괄정산

32) ISDA, 앞의 Research Notes(주 4), p.5.

의 유효성 및 중앙청산소와 거래하는 경우 필요한 규제자본금에 대한 제도적 마련이 현재 각 규제당국의 당면과제라고 생각된다. 우리나라에서도 중앙청산소의 설립근거에 대한 자본시장법 개정안이 마련되었으니 이 점에 대하여도 조속히 구체적인 청사진을 마련해야 한다고 본다.

10

제10장

장외파생상품 사전심의제도의 주요 내용 및 운용방안에 대한 검토*

김홍기**

I. 머리말

파생상품은 당초 변동성이 심한 시장여건에 대응하기 위한 '리스크 관리의 수단'으로 개발되었으나 레버리지 효과 및 결제의 간편성 등으로 인하여 이익을 얻기 위한 '투기적 거래수단'[1]으로 급속히 성

---

* 이 논문은 BFL 제42호(2010. 7)에 게재된 글을 수정 · 보완한 것이다.
자본시장법상 장외파생상품 사전심의제도는 2011. 12. 31.까지 유효한 제도로 현재는 폐지되었다.

** 연세대학교 법학전문대학원 부교수

1) 파생상품 거래의 주요 기능인 리스크 관리와 이익의 획득은 동전의 양면과도 같다. 리스크 관리, 즉 헤지 기능은 파생상품거래 당사자가 자신이 보유하는 기초자산의 가격하락 위험 등에 대비하기 위한 것이지만, 다른 한편으로는 파생상품거래에서 얻는 이익으로 기초자산의 가격하락으로 인한 손실을 보전하는 것이기 때문이다. 따라서 기초자산의 가격변동과는 관계없이 순전히 이익만을 얻기 위해서 행해지는 거래는 투기성이 문

장하였다. 파생상품거래의 위험성에 대해서는 오래전부터 우려의 목소리가 있었으나, 그 위험성이 간과되다가 이번 미국발 금융위기에서는 뇌관으로 작용하였다는 비판을 받고 있다.

그러나 파생상품은 효용성도 크다. 환율 · 원자재 · 인플레이션 · 기후 등 경제환경의 급격한 변동에 대비하기 위한 경제주체들의 리스크 관리(흔히 헤지라 불린다) 수단으로 파생상품은 탁월한 효용성을 지닌다. 경제의 변동성과 연동성이 커지고 있음에도 불구하고 이를 관리할 수단이 부족한 상황에서 파생상품이야말로 리스크 관리를 위한 효율적인 대안이 될 수 있기 때문이다. 금융산업의 발전을 위해서는 빠르게 성장하는 파생상품시장을 소홀히 할 수도 없다.

문제는 파생상품은 레버리지 효과가 크고, 거래 당사자 일방의 이익이 상대방의 손해로 직결되기 때문에 안정적인 이용을 위해서는 그 부작용을 방지하거나 관리할 수 있는 시스템 구축이 필수적이라는 점이다. 특히 레버리지가 높은 장외파생상품거래는 그 동향을 파악하고 위험관리체계를 마련해 두는 것이 중요하다. 세계 각국은 금융위기 이후 장외파생상품거래를 포함하여 금융시장의 개혁방안을 마련 중에 있다. 뒤늦은 감이 있지만 타당한 방향이라고 본다.

이 글은 최근 개정된 자본시장 및 금융투자업에 관한 법률(이하 '자본시장법', 2010. 3. 12. 일부개정, 2010. 6. 13. 시행)상에 새로이 도입된 장외파생상품 사전심의제도의 주요 내용 및 향후 운용방안을 검토한 것이다. 먼저 장외파생상품거래의 규제와 관련한 각국의 입법례를 살펴본다(II. 장외파생상품 규제의 입법례). 다음에는 자본시장법상 장외파생상품

제될 수 있다. 이러한 상황은 헤지의 목적을 상정하기 어렵고 투기적 거래를 하는 경우에 해당할 가능성이 높기 때문이다.

사전심의제도의 주요 내용 및 향후 운용방안에 관하여 살펴본다(III. 장외파생상품 사전심의제도의 주요 내용 및 운용방안). 끝으로 파생상품시장의 건전한 발전을 위한 적정한 규제의 필요성을 논의한다(IV. 맺음말).

II. 장외파생상품 규제의 입법례

미국발 금융위기 이후 세계 각국은 금융위기의 원인을 분석하고 재발방지를 위한 제도적 개선방안을 마련 중이다. 주목할 점은 장외파생상품거래에 대한 규제를 근본적으로 강화하려는 움직임을 보이고 있다는 것이다. 중앙청산소(CCP, Central Counter Party), 거래정보저장소(Trade Repository) 등을 설치하고, 적합성원칙 · 적정성원칙 · 설명의무 등 금융기관의 책임을 강화하는 방안이 대표적이다. 미국에서는 글래스-스티걸법의 부활도 논의 중이다. 그러나 장외파생상품에 대한 사전심의제도가 채택된 사례는 없는 것으로 보인다.[2)]

1. G20

2008년 11월 15일 워싱턴에서 열린 G20 회의에서는 금융시장 개혁을 위한 5대 원칙과 47개의 실천과제가 발표되었다. 투명성과 책임 강화, 금융감독 · 규제 개선, 금융시장 신뢰성 제고, 국제협력 강화, 국제

2) 비슷한 제도가 중국에서 시행된 바 있지만 실제로는 심의로서 장외파생상품을 규제하고 있지는 않다고 한다. 정성구, "장외파생상품 사전심의제도에 관한 법적 분석," 은행법연구 제2권 제2호(2009. 11), 은행법학회, 223면 ; 박진순, "장외파생상품 사전심의제도에 관한 토론문," 은행법연구 제2권 제2호(2009. 11), 은행법학회, 234면.

금융기구 개혁이 5대 원칙에 포함되었다. 장외파생상품과 관련해서는 CDS 거래를 위한 전자거래 플랫폼 또는 청산소 설립을 지원하며, 신용파생상품시장의 투명성 강화 등 시스템 구축을 권고하고 있다.[3)]

2009년 4월 2일 런던에서 열린 G20 정상회의에서는 금융감독과 규제강화를 위한 9개 합의사항이 발표되었다. 금융시장의 과도한 자유를 제한하고, 금융안정화포럼(FSF, Financial Stability Forum)을 금융안정화위원회(FSB, Financial Stability Board)로 확대 개편하며, 헤지펀드와 조세피난처의 규제 등에 합의하였다.[4)]

2009년 9월 25일 피츠버그에서 열린 G20 정상회의에서는 금융기관의 자본기준 상향, 과도한 리스크 부담의 지양, 장외파생상품시장의 건전화 등에 합의하였다. 표준화된 모든 파생상품은 청산소나 전자거래 플랫폼을 통해서 수행하기로 하였고 늦어도 2012년까지 이를 완료하기로 하였다. 장외파생상품 이외에도 증권, 신용평가기관 등의 규제강화에도 합의하였다.[5)]

2. 미국

2008년 11월 14일 미국 대통령 직속 실무그룹인 President's Working Group on Financial Markets(PWG)는 장외파생상품시장에 대한 4가지 정책목표를 제시하였다. 장외파생상품시장의 투명성과 통합성 제고, 장외파생상품 리스크 관리의 강화, 장외파생상품시장 인프라스트럭

3) G20, Declaration Summit on Financial Markets and The World Economy, Nov. 15, 2008, p.3.

4) G20, The Global Plan for Recovery and Reform, April 2, 2009.

5) G20, Leader's Statement : The Pittsburgh Summit, Sep. 24-25, 2009, p.2, 7, 9. G20 관련 자료들은 〈http://www.g20. org/pub_communiques.aspx〉(2010. 1. 20. 방문) 참조.

처 강화, 규제기관의 협력 강화 등이 4대 목표에 포함되어 있다.[6)] 구체적으로 장외파생상품거래를 위한 중앙청산소의 설립, FRB, SEC, CFTC 등 규제기관의 협력을 위한 MOU 체결, 거래정보 등에 대한 신속한 보고 및 정보공시 시스템의 개발 필요성을 강조하였다.

2009년 6월 17일 미국 재무부는 '금융시장 감독체계 개혁방안'(Financial Regulatory Reform – A New Foundation : Rebuilding Financial Supervision and Regulation)을 발표하였다. 이 개혁방안은 금융회사에 대한 감독과 규제 강화, 금융시장에 대한 포괄적 감독체계 수립, 금융소비자와 투자자의 보호, 정부의 금융위기 관리수단 확충, 국제적인 공조와 협력의 강화 5개 영역으로 구성되어 있다. 장외파생상품거래와 관련해서는 장외파생상품의 포괄적 규제, 장외파생상품 딜러의 규제, 장외파생상품의 표준화 및 투명성 제고, 국제 공조체계 강화 등이 제시되어 있다.[7)]

2009년 12월 11일에는 정부의 '금융개혁법안'(The Wall Street Reform and Consumer Protection Act of 2009)이 연방하원을 통과했다. 금융규제 개혁, 소비자와 투자자의 보호, 장외파생상품시장의 개혁 등을 주된 내용으로 하고 있다. 총 6개 부분으로 구성되어 있으며 장외파생상품시장 개혁은 3편(Title 3. OTC Derivative Markets Act)에 규정되어 있다.[8)] 표준화된 장외파생상품(swap)은 청산소를 통해서 거래하고(Sec. 3103), 표

6) 〈http://www.ustreas.gov/press/releases/hp1272.htm〉(2010. 1. 20. 방문) 참조.

7) US Department of the Treasury, Financial Regulatory Reform – A New Foundation : Rebuilding Financial Supervision and Regulation, Jun. 17, 2009, p.3. 6-7, 13, 43, 46.

8) 동 법안 Title 1 Financial Stability Improvement Act, Title 2 Corporate and Financial Institution Compensation Fairness Act, Title 3 OTC Derivative Markets Act, Title 4 Consumer Financial Protection Agency Act, Title 5 Capital Market, Title 6 Federal Insurance Office로 구성되어 있으며, 현재 상원에 계류 중이다.

준화되지 못한 장외파생상품은 거래정보저장소에 거래정보를 집중시키고 이를 통하여 장외파생상품거래의 총량지표를 공시하며(Sec. 3106), 주요 장외파생거래 당사자에 대하여 자격요건 구비(등록의무, Sec. 3107), 거래 상대방 제한, 영업행위 규제, 거래규모에 상응하는 자본요건을 부과하는 것 등을 주된 내용으로 하고 있다.

3. EU

EU는 2009년 7월 3일과 2009년 10월 20일 2차례에 걸쳐 장외파생상품시장의 투명성과 안정성 강화에 관한 Communication을 발표하였다.[9] 그 내용은 미국의 금융개혁법안 제3편(OTC Derivative Markets Act)과 대동소이하며, 청산소의 설립 등과 2010년까지 장외파생상품 규제를 위한 법률을 제정하도록 권고하고 있다.

참고로 EU 역내에서는 이미 2009년 7월부터 ICE Clearing Europe과 EUREX가 청산소 서비스를 개시하였고, 대형 금융기관을 위주로 차츰 청산소를 이용한 장외파생상품거래를 수행하고 있다.

4. 중국

중국은 금융위기 이전인 2004년 2월에 이미 '금융기관의 파생상품거래 업무관리 수행방법'(金融机悊衍生産品交易業務管理暫行辦法)을 제

9) European Commission Communication COM(2009) 332 : Ensuring efficient, safe and sound derivatives markets(July 3, 2009). European Commission Communication COM(2009) 563 : Ensuring efficient, safe and sound derivatives markets : Future policy actions (Oct. 20, 2009). 상세한 내용은 〈http://ec.europa.eu/ internal_market/ financial-markets/derivatives/ index_en.htm# communications〉(2010. 1. 20. 방문) 참조.

정하고, 금융기관이 파생상품거래를 영위할 경우에는 중국은행업감독관리위원회(CBRC)의 사전승인(prior approval)을 받도록 하였다(동 규정 제5조).[10] 일종의 사전심의제도라고 볼 수 있지만 현실적으로는 심의로서 장외파생상품을 규제하지는 않고 있다고 한다.[11] 그러나 감독기구의 사전승인을 규정하고 있는 점에서는 우리나라의 장외파생상품 사전심의제도 도입 논의에 시사점을 주고 있다.

중국은행업관리감독위원회는 2009년 8월경 '은행과 기업고객 간의 파생상품거래에 관한 위험관리 추가강화 통지'(中國銀監會關于進一步加强銀行業金融机翹與机翹客戶交易衍生産品風險管理的通知)[12]를 발표하였다. 은행은 고객의 리스크 관리의 수요를 상세하게 파악하여야 하고, 고객의 기초자산 등을 비교하여 해당 파생상품거래의 적정성, 적합성 등을 평가하여야 하며, 고객에게 제공하는 상품은 기초적이고 단순할 것을 요구하고 있다.

10) Order of CBRC, Provisional Administrative Rules Governing Derivatives Activities of Financial Institutions, Article 5 〈http://www.cbrc.gov.cn/chinese/home/jsp/docView.jsp?docID=556〉(2010. 1. 15. 방문).

11) 중국의 제도는 심의가 아니라 등록에 준해서 운영되고 있다고 한다. 정성구, 앞의 논문(주 2), 223면 ; 박진순, 앞의 토론문(주 2), 234면.

12) Notice on Further Strengthening the Risk Management of Derivative Product Transactions between Banking Financial Institutions and Institutional Clients, Yin Jian Fa [2009] No.74, Article 1, 2. 동 규정의 내용은 〈http://www. cbrc.gov.cn/english/info/rules〉(2010. 1. 15. 방문) 참조.

5. 기타

(1) 일본

일본은 감독기관, 업계, 거래소 등의 공동논의를 거쳐 CDS 및 금리스왑 상품에 대한 청산소 도입을 추진하고 있다. 도쿄증권거래소(TSE), 도쿄선물거래소(TFX) 등 2곳에서는 2010년부터 IRS와 CDS에 관한 청산서비스 제공을 계획하고 있다. 그러나 최근에는 거래규모, 투명성 등을 위해서 역외 청산소의 이용 또는 연계 역시 고려하고 있다는 보도가 있다.[13)]

(2) 영국

영국 FSA는 금융상품 규제에 부정적이었던 입장에서 선회하여 금융상품 규제의 필요성을 검토하고 있다. 2009년 3월 24일 FSA Turner Review에서는 청산소를 통해 리스크 축소와 금융시장 안정을 도모하며, 청산소를 통해 거래되지 않는 부분에 대해서는 감독강화가 필요하다고 강력히 권고하고 있다.[14)]

---

13) Business Week, Japan May Push Derivatives Trading to Overseas Clearinghouses, January 21, 2010. 〈http://www.businessweek.com/news/2010-01-21/japan-may-push-derivatives-trading-to-overseas-clearinghouses.html〉(2010. 1. 22. 방문).

14) FSA, The Turner Review — A regulatory response to the global banking crisis, March 2009, pp.81-83.

(3) ISDA

국제스왑파생상품협회(ISDA)는 2009년 2차례 프로토콜(Protocol)을 발표하여 신용파생상품 결제제도 개선을 도모하고 있다.

2009년 3월에 발표한 빅뱅 프로토콜(Big Bang Protocol)에서는 CDS 중앙청산소를 설립하고, 신용사건 발생시에 경매정산방식(Auction Settlement)[15]을 도입하며, 이를 위하여 전 세계에 5개의 심의위원회(Determination Committee)를 조직하기로 하였다.[16]

2009년 7월에 발표한 스몰빅뱅 프로토콜(Small Big Bang Protocol)에서는 채무재조정 신용사건(Restructuring Credit Event) 발생시의 경매정산방식에 대하여 특별한 규정을 마련하였다.

우리나라에서는 금융투자협회가 국내 실정에 맞는 기본계약서(Master Agreement) 마련을 위한 예비 작업으로서 CDS 거래확인서(Confirmation) 제정 작업을 진행 중이다.[17]

(4) BIS

BIS은행감독위원회는 2009년 4월 발표한 '은행의 금융상품 공정가치 평가방식에 대한 감독기준'(Supervisory guidance for assessing banks' financial instrument fair value practices)에서 은행 자체 리스크 관리 기준 강화, 감독

---

15) 기존의 현물정산 또는 현금정산방식의 한계를 보완하기 위한 것이다. 신용사건 발생시 가격산정의 투명성을 도모하고, 표준화를 통한 대체가능성 및 유동성을 증대하며, 청산소 도입 기반의 구축 등이 도입 이유로 제시되어 있다.

16) ISDA, 2009 ISDA Credit Derivatives Determinations Committees and Auction Settlement CDS Protocol, March 12, 2009.

17) 연합뉴스, "빅뱅프로토콜," 2009. 11. 5.자.

당국의 강력한 감독, 공시 등을 통한 시장감시기능 강화를 제시하고 있다.[18)]

BIS가 2009년 6월 29일 발표한 연차보고서(BIS Annual Report)에서는 금융시스템의 안정성을 확보하기 위해서는 의약품에서와 같이 금융상품에 대해서도 등록 및 인증제(registration and certification system)를 도입할 것이 제안되어 있다. 즉 새로운 금융상품에 대해서 안전성 등급(degree of safety)을 부여하고, 비처방의약품(non-prescription medicine)과 같이 안전성이 검증된 금융상품에 대해서는 모든 투자자들의 접근을 허용하고, 처방의약품(prescription drugs)과 같은 금융상품에 대해서는 허가를 받은 투자자에 한하여 접근을 허용하며, 위험도가 극히 높은 금융상품은 불법으로 규정하여 판매 자체를 금지하는 방식이다.[19)] 우리나라의 장외파생상품 사전심의제도와 가장 유사한 방식이지만 그 이후 별다른 진전은 없는 것으로 보인다.

III. 장외파생상품 사전심의제도의 주요 내용 및 운용방안

1. 입법경위

이성남 의원 등은 미국발 금융위기가 최고조에 이르렀던 2008년 12월 29일 사전심의를 통과한 장외파생상품의 거래만을 허용하는 내용의

18) Basel Committee on Banking Supervision, Supervisory guidance for assessing banks' financial instrument fair value practices, April 2009. p.5 이하 참조. 동 보고서의 내용은 〈http://www.bis.org/publ/bcbs153.pdf?noframes=1〉 (2009. 1. 15. 방문) 참조.

19) BIS, BIS Annual Report 2008/09, June 29, 2009, pp. 126-127. 동 보고서의 내용은 〈http://www.bis.org/publ/ arpdf/ar2009e.htm〉(2009. 1. 15. 방문) 참조.

자본시장법 개정안을 발의하였다. 이에 대해서는 금융계, 특히 우리나라 장외파생상품거래의 대부분을 차지하는 은행 등의 반발이 있었고, 2009년 4월 10일 사전심의 대상을 축소하고, 심의주체를 금융위원회에서 금융투자협회로 변경하는 내용의 개정안이 다시 국회에 제출되었다.

이후 국회 정무위원회는 2009년 12월 30일자로 개최된 임시회의에서 이진복, 고승덕 의원 등이 제안한 다른 자본시장법 개정 법률안과 통합 · 조정해서 대안을 제시하였다. 대안에서는 투자자보호를 위해서 기초자산에 대한 정확한 가치산정이 어렵거나 일반투자자를 대상으로 하는 신규 장외파생상품에 대해서 사전심의제도를 도입하되, 2011년 12월 31일까지 한시적으로 운영하기로 하였다.

정무위원회가 제시한 자본시장법 개정 법률은 2010년 3월 12일 국회를 통과하였고 2010년 6월 13일부터 시행되고 있다. 뒤에서 살펴보겠지만 우리나라의 장외파생상품 사전심의제도는 금융위기 이후 외국에서 논의되는 규제 내용보다 훨씬 강력하다.[20] 금융위기의 직접적인 발생지가 아닌 우리나라에서 이처럼 강력한 규제가 논의되는 이유는 아마도 많은 중소기업이 타격을 입은 KIKO 사건이 커다란 영향을 미친 것으로 보인다.

다음의 〈표〉는 장외파생상품 사전심의제도의 입법경위 및 주요 내용을 정리한 것이다.

---

20) 장외파생상품 사전심사제도는 장외파생상품에 대한 세계 최초의 사전적 규제라는 측면에서 국제스왑파생상품협회(ISDA)를 비롯한 국내외 금융기관의 관심사가 되어 있다. ISDA, ISDA Expresses Concern over Korea's Proposed NPA Bill, News Release (2009. 12. 16.)〈http://www.isda.org〉(2010. 1. 18. 방문) 참조.

〈표〉 장외파생상품 사전심의제도의 입법경과 및 주요 내용

개정(안)	주요 내용	처리 결과
2008. 12. 29. (이성남 의원 등 12인 자본시장법 개정안 발의)[21]	1. 일정한 파생결합증권 또는 장외파생상품("장외합성상품")에 관한 영업을 하고자 하는 때에는 미리 금융위원회의 승인을 받도록 함. 다만 다음 각호의 경우는 제외(안 제417조의2, 제417조의4 신설). (1) 기초자산이 증권시장, 파생상품시장 또는 대통령령으로 정하는 그 밖의 시장에서 거래되고 있는 상품 (2) 권리 발생의 근거가 되는 계약의 일방 당사자가 기초자산을 보유하고 있거나 제3자로부터 이를 취득할 권리 또는 의무를 보유 또는 부담하고 있는 상품 2. 금융위원회에 장외합성상품심의위원회를 설치(안 제417조의3, 제417조의4 신설).	· 파생결합증권 및 장외파생상품을 심의대상으로 함. · 금융위원회를 심의주체로 함.
2009. 4. 10. (이성남 의원 등 16인 자본시장법 개정안 발의)[22]	1. 기초자산이 신용위험, 자연적 · 환경적 · 경제적 위험에 속하거나, 또는 일반투자자를 대상으로 신규로 취급하는 장외파생상품은 장외파생상품사전심의위원회의 사전심의를 거치도록 함. 다만 대통령령이 정하는 경우는 제외함(안 제166조의2 제1항 제6호 신설). 2. 금융투자협회에 장외파생상품심의위원회를 설치함(안 제286조 제1항 제4호, 제288조의2 신설). 3. 장외파생상품 사전심의제도는 2011년 12월 31일까지 한시적으로 운용함(안 부칙 제2항 신설).	· 사전심의대상을 축소. · 심의주체를 금융투자협회로 변경.

21) 동 개정안의 내용은 〈http://likms.assembly.go.kr/bill/ jsp/BillDetail.jsp?bill_id=PC_R0Q8O1I2T2O9W1T8I3H1T5G4M7D9F7〉(2010. 1. 10. 방문) 참조.

22) 동 개정안의 내용은 〈http://likms.assembly.go.kr/bill/jsp/ BillDetail.jsp?bill_id=PC_M0M9A0G4Z1M0Y1G2I0E8G1S2I1S8W8〉(2010. 1. 10. 방문) 참조.

2009. 12. 24. (조윤선 의원 등 13인 자본시장법 개정안 발의)[23]	1. 투자매매업자는 장외파생상품평가위원회를 설치하고, 새로운 장외파생상품을 거래하는 경우에는 투자자보호계획, 위험관리방안 등을 심사받도록 함(안 제166조의2 제1항 제6호 신설). 2. 투자매매업자가 일반투자자를 대상으로 새로운 장외파생상품을 거래하는 경우, 최초 매매일부터 5일 이내에 상품설명서의 내용 등을 인터넷 홈페이지 등에 공시하고, 상품내용·심사결과·투자자보호조치 내용 등을 금융감독원장에게 보고하도록 함(안 제166조의2 제2항 신설). 3. 금융감독원장은 투자자보호를 위하여 손실의 공지 및 계약의 보완을 요구하거나 거래의 일부 해지 등을 권고할 수 있음(안 제166조의2 제5항 신설).	· 투자매매업자 내부에 평가위원회를 설치함. · 공시·보고·감독절차에 중점을 둠.
2009. 12. 30. (정무위원회 임시회의)[24]	· 이진복, 고승덕 의원 등이 각각 대표발의한 다른 자본시장법 개정 법률안과 함께 통합·조정해서 대안을 제시하도록 함. · 기초자산 시장이 형성되지 않아 정확한 가치 산정이 어렵거나 일반투자자를 대상으로 하는 신규 장외파생상품에 대해서는 투자자보호 차원에서 민간자율의 사전심의제도를 2011년까지 한시적으로 도입하고, 이를 수행하기 위한 장외파생상품심의위원회를 금융투자협회에 설치토록 하였음.	정부 이송(2010. 3. 3).
	제166조의2(장외파생상품의 매매 등) ① 투자매매업자 또는 투자중개업자는 장외파생상품을 대상으로 하여 투자매매업 또는 투자중개업을 하는 경우에는 다음 각호의 기준을 준수하여야 한다.(개정 2010.3.12)	2010.6.13. 시행~2011. 12. 31. (부칙 제2조 : 일몰조항)

23) 동 개정안의 내용은 〈http://likms.assembly.go.kr/bill/jsp/ BillDetail.jsp?bill_id=PC_G0Y9Z1G2B2B4O1I6F3J5G5C1L1D5T6〉(2010. 1. 10. 방문) 참조.

24) 국회 정무위원회, 제285회 국회(임시회) 정무위원회의사록(2009. 12. 30), 5면. 상세한 내용은 〈http://likms.assembly.go.kr/kms_data/record/data2/285/pdf/285tb0001b.PDF〉(2010. 1. 10. 방문) 참조.

<table>
<tr>
<td rowspan="4">2010. 3. 12.
일부개정(법률 제10063호)[25]</td>
<td>1. 내지 5. (생략)
6. 다음 각목의 어느 하나에 해당하는 장외파생상품을 신규로 취급하는 경우 협회의 사전심의를 받을 것. 다만, 대통령령으로 정하는 경우는 제외한다.
가. 기초자산이 제4조 제10항 제4호 또는 제5호에 해당하는 장외파생상품
나. 일반투자자를 대상으로 하는 장외파생상품</td>
<td rowspan="4">· 심의주체 : 금융투자협회.
· 심의대상 : ①신용파생 또는 자연적 위험을 기초자산으로 하거나, 또는 ②일반투자자를 대상으로 하는 장외파생상품.</td>
</tr>
<tr>
<td>제286조(업무) ① 협회는 정관이 정하는 바에 따라 다음 각호의 업무를 행한다. (개정 2010. 3. 12)
1. 내지 3. (생략)
4. 금융투자업자가 다음 각목의 어느 하나에 해당하는 장외파생상품을 신규로 취급하는 경우 그 사전심의업무
가. 기초자산이 제4조 제10항 제4호 또는 제5호에 해당하는 장외파생상품
나. 일반투자자를 대상으로 하는 장외파생상품</td>
</tr>
<tr>
<td>제288조의2(장외파생상품심의위원회) ① 협회는 제286조 제1항 제4호에 따른 장외파생상품에 관한 사전심의업무 수행을 위하여 장외파생상품심의위원회("위원회")를 둔다.(본조 신설 2010. 3. 12)
② 내지 ⑦ (생략)</td>
</tr>
<tr>
<td>부칙 〈제10063호, 2010.3.12〉
제2조(장외파생상품 심의에 관한 유효기간) 장외파생상품 심의에 관한 제166조의2, 제286조 및 제288조의2의 개정규정은 2011년 12월 31일까지 효력을 가진다.</td>
</tr>
</table>

25) 법제처 웹사이트〈http://www.law.go.kr〉(2010. 6. 5. 방문) 참조.

2. 주요 내용 및 운용방안에 대한 검토

아래에서는 장외파생상품 사전심의제도의 주요 내용과 운용방안을 살펴본다.

(1) 심의주체

자본시장법은 금융투자협회 산하에 장외파생상품심의위원회를 두고 있다. 장외파생상품심의위원회는 위원장 1명을 포함한 5명 이상 10명 이내의 위원으로 구성되며, 재적위원 과반수의 출석과 출석위원 3분의 2 이상의 찬성으로 의결한다. 의결이 있을 경우 금융감독원장에게 지체 없이 보고하여야 한다(동법 제288조의2 제1항 · 제2항 · 제6항). 그 밖에 위원장 및 위원의 선임방법, 임기, 위원회의 운영방법, 심의절차, 효력에 관한 사항은 금융투자협회규정에 위임하고 있다(동법 제288조의2 제7항).

이와 관련하여 금융투자협회가 담당하는 사전심의권한의 법적 성질을 명확히 할 필요가 있다. 원래 금융위원회의 권한에 속하는 것을 금융투자협회에 위임하는 것인지, 아니면 사전심의 권한이 처음부터 금융투자협회에 속하는 것인지의 여부이다. 금융위원회에 속하는 권한이 위임된 경우에는 이른바 '공무위탁사안'에 해당하고 위임된 권한을 행사하는 금융투자협회는 행정주체의 지위가 인정되어 행정소송의 대상이 될 가능성이 높다. 반면에 위임관계가 인정되지 아니한다면 민사관계로 간주될 가능성도 완전히 배제할 수 없다고 본다.

자본시장법은 사전심의 권한이 처음부터 금융투자협회에 속하는 것처럼 규정하고 있다(제166조의2 제1항 제6호, 제286조 제1항 제4호, 제

288조의2). 그러나 사전심의 권한의 내용이나 성질을 고려할 때 금융위원회나 금융감독원의 권한이 자율규제기관에 위임되었다고 보는 것이 타당하다.[26] 위임시에는 자본시장법상 파생상품이 금융투자상품의 일종임을 감안하여 금융투자협회에 위임한 것은 타당하다고 생각한다. 다만 우리나라의 경우 은행이 장외파생상품거래의 대부분을 수행하고 있으므로 은행 등 다른 기관의 참여를 제도적으로 보장할 필요가 있다.

(2) 심의대상

사전심의대상은 기초자산이 자본시장법 제4조 제10항 제4호 및 제5호에 속하거나, 일반투자자를 대상으로 하는 장외파생상품이다. 다만, 대통령령으로 정하는 경우는 제외한다(동법 제166조의2 제1항 제6호). 이를 분설하면 다음과 같다.

1) 기초자산이 신용위험 또는 자연적 · 환경적 · 경제적 현상 등에 속하는 위험인 모든 장외파생상품(동법 제166조의2 제1항 제6호 가목)

장외파생상품 사전심의제도는 신용위험을 기초자산으로 하는 장외파생상품에 적용된다(동법 제166조의2 제1항 제6호 가목, 제4조 제10항 제4호). 이와 관련하여 고객이 보장매입자인 경우에도 사전심의대상에

26) 금융투자협회에 장외파생상품사전심의위원회를 설립하기로 한 것은 금융당국이 안정성을 보증한 상품으로 오인해 투자권유, 유통단계에서 도덕적 해이가 발생할 수 있다는 것을 우려한 것이라고 한다. 이성남, "장외파생상품 심의제도 Q&A," 자본시장법개정안 설명자료(2009. 9), 4면.

해당되는 것인지가 의문이다. 이 경우 고객은 헤지를 하는 것이므로 전혀 위험이 없기 때문이다. 사견으로는 해당 장외파생상품이 헤지의 목적으로 이용되는지는 고객의 포지션에 따라 다를 것이므로 고객의 사정에 따라 사전심의대상 여부를 판단하는 것은 불가능하다고 생각한다. 해당 장외파생상품이 판매에 적정한 것인지는 다양한 요소를 고려하여야 하고, 따라서 기초자산이 신용위험 또는 자연적 · 환경적 · 경제적 현상 등에 속하는 위험인 이상 고객의 헤지 여부에 관계없이 모두 심의대상에 해당한다고 볼 것이다.

장외파생상품 사전심의제도는 자연적 · 환경적 · 경제적 현상 등에 속하는 위험을 기초자산으로 하는 장외파생상품에 적용된다(동법 제166조의2 제1항 제6호 가목, 제4조 제10항 제5호). 대표적으로 인플레이션 · 기후 · 주파수 · 탄소배출권 등에 기초한 장외파생상품이 있다. 자본시장법상 기초자산에 대한 규정체계에 비추어 기초자산이 금융투자상품, 통화, 일반상품인 것을 제외한 대부분의 장외파생상품이 규제대상에 포함될 가능성이 높다(제4조 제10항).

2) 일반투자자를 대상으로 하는 장외파생상품(동법 제166조의2 제1항 제6호 나목)

사전심의제도는 일반투자자를 대상으로 하는 장외파생상품에 적용된다(동법 제166조의2 제1항 제6호 나목).

'일반투자자'는 전문투자자가 아닌 투자자를 말한다(동법 제9조 제5항 · 제6항). 다만 장외파생상품거래에 관하여는 전문투자자 중 일부(주권상장법인, 연기금, 등록전문투자자 등)도 일반투자자로 취급되므로 일반투자자의 범위가 넓어지는 것에는 주의할 필요가 있다(동법 제9조 제5항 제4호, 동법 시행령 제10조).

당초 이성남 의원 등이 발의한 자본시장법 개정안에서는 "일반투자자를 대상으로 신규로 취급하는 장외파생상품"이 심사대상으로 되어 있었으나(위 Ⅲ. 1. 입법경위 참조), 2010. 3. 12. 공포된 법률에서는 신규성의 문구는 빠져 있다. 그 이유는 실제로 어떤 장외파생상품이 신규성을 가지고 있는지는 사전심의를 거치기 전에는 알기가 어렵고, 신규성의 개념도 애매해서 신규성을 넓게 해석하면 시장에 상품이 나오는 자체를 막을 수 있고 그 반대로 신규성을 좁게 해석하면 사실상 유명무실하게 운영될 수 있기 때문이다.[27] 시장에서 최초로 취급되어야만 신규성을 갖추는지, 아니면 해당 금융기관에서 최초로 취급하는 이상 신규성 요건을 충족하는지도 문제이다. 따라서 애매한 신규성의 개념을 삭제한 것은 타당하다고 본다.

그렇다면 장외파생상품은 이미 판매되고 있는 경우에도 새로이 사전심의를 받아야 하는가? 신규성의 요건을 삭제한 것에 의미를 두면 시장에 출시되어 있는 모든 장외파생상품이 사전심의대상에 포함된다고 해석될 수 있다. 그러나 이미 거래되고 있는 장외파생상품에 대해서 무조건 사전심의를 거칠 것을 요구하면 시장에 커다란 혼란을 초래할 가능성이 있다. 만일 이미 거래 중인 장외파생상품이 사전심의를 통과하지 못하면, 고객들은 기존의 파생상품거래에 어떠한 문제가 있다고 생각할 것이고 불리한 경우에는 그 이행을 거부할 것이 예상되기 때문이다. 따라서 시장의 혼란을 방지하기 위해서는 이미 판매되거나 거래되는 장외파생상품거래는 사전심의대상에서 제외하는 것이 타당하다. 다만 사전심의대상에서 제외되는지의 판단을 신규성

27) 국회 정무위원회, 앞의 의사록(주 24), 조윤선 발언 부분, 9면 ; 정성구, 앞의 논문(주 2), 224면.

과 같이 애매한 기준에 의하기보다는 구체적인 가이드라인을 통할 필요가 있다. 이와 관련하여 자본시장법은 법 시행 전에 종전의 규정에 따라 거래된 장외파생상품은 제166조의2 제1항 제6호의 개정규정에 따른 심의를 받은 것으로 본다고 규정하고 있다(부칙 제4조).

3) 사전심의가 면제되는 장외파생상품(동법 제166조의2 제1항 제6호 단서, 동법 시행령 제177조의2)

자본시장법은 대통령령이 정하는 바에 따라 일정한 장외파생상품에 대해서는 사전심의를 면제할 수 있도록 규정하고 있다(제166조의2 제1항 제6호 단서). 자본시장법 시행령은 다음의 경우를 사전심의의 대상에서 면제하고 있다.

첫째, 장외파생상품의 기초자산이나 기초자산의 가격 · 이자율 · 지표 · 단위 또는 이를 기초로 하는 지수 등에 관한 정보가 증권시장 · 파생상품시장, 해외 증권시장 · 파생상품시장, 그 밖에 금융위원회가 정하여 고시하는 시장에서 충분히 제공되는 경우에는 사전심의대상에서 제외된다(동법 시행령 제177조의2 제1호). 이는 신용위험이나 자연적 · 환경적 · 경제적 현상 등에 속하는 위험을 기초자산으로 하는 경우에도, 그 기초자산에 관한 수치나 정보가 국내외 증권시장이나 파생상품시장에서 충분히 제공되었다면 신뢰할 수 있으며, 통화나 일반상품을 기초자산으로 하는 장외파생상품과 다를 바 없다고 보기 때문이다.

그런데 일반투자자를 상대로 장외파생상품거래를 하는 경우까지 사전심의대상에서 면제할 것인지가 문제될 수 있다. 기초자산에 관한 정보의 신뢰성은 인정되지만 투자자보호를 위한 사전심의제도의 취지에 비추어 사전심의가 요구될 수 있기 때문이다. 논란이 있었지만 자본시장법은 신용위험 등 기초자산에 관한 정보가 국내외 증권시장 등에서 충분히 제공되는 장외파생상품의 경우에도 일반투자자를 상대로 하는 이상 사전심의대상에 포함시키고 있다(동법 시행령 제177조의2 제1호 단서).

둘째, 금융투자협회의 사전심의를 받은 장외파생상품과 같거나 비슷한 구조의 상품으로서 협회가 정하는 기준을 충족하는 경우에는 사전심의대상에서 제외된다(동법 시행령 제177조의2 제2호). 이와 관련한 구체적인 기준은 아직 마련되어 있지 않은 것으로 보이나, 장외파생상품 계약이 약관에 해당되어 금융감독원, 공정거래위원회 등에서 별도로 심의되는 경우 등이 이에 해당할 수 있을 것이다. 따라서 금융감독원 등에서 장외파생상품거래의 기본계약서(ISDA Master Agreement 등)나 부속계약서(Schedule)를 이미 약관으로 심사를 받았다면 사전심의 면제대상에 해당할 가능성이 높다고 본다. 다만 구체적인 계약조건을 정하기 위해서 첨부되는 거래확인서(Confirmation)는 그 내용상 약관으로 보기는 어려운데, 거래확인서가 사전심의의 대상이 되는 것인지는 명확치 않다. 이에 대해서는 관련기관 사이에서 조율이 필요하다고 생각한다.

(3) 적용대상자

장외파생상품 사전심의제도의 적용을 받는 자는 국내에서 자본시장법상의 인가를 받은 투자매매업자 또는 투자중개업자이다(동법 제166조의2 제1항). 겸영투자매매업자, 겸영투자중개업자도 규제대상에 포함된다고 본다.

외국에 소재한 금융투자업자가 국내 고객들을 상대로 거래하는 경우에도 적용대상으로 하는 것이 타당할 것이지만, 현실적으로 이를 강제할 방법이 있는지 의문이다. 따라서 국내 고객이 외국 소재 금융투자업자와 직접 장외파생상품거래를 하는 경우에는 실질적인 규제의 효력이 미치기 어렵고, 이른바 역차별 논란이 예상된다.

(4) 심의내용

장외파생상품심의위원회는 사전심의업무를 수행함에 있어서 ① 신용위험 및 자연적 · 환경적 · 경제적 위험 등을 기초자산으로 하는 장외파생싱품의 경우에는 기초지산 가격변동에 대한 정보제공 가능성에 관한 사항(동법 제288조의2 제4항 제1호), ② 일반투자자를 대상으로 하는 장외파생상품의 경우 위험회피구조의 타당성, 일반투자자에게 교부하는 설명자료의 충실성, 투자권유자문인력의 자격사항 및 교육 등 판매계획의 적정성에 관한 사항(동항 제2호), ③ 그 밖에 투자자보호를 위하여 필요하다고 인정하는 사항(동항 제3호)을 고려하여야 한다.[28)]

기초자산의 가격변동에 대한 정보제공 가능성에 관한 사항(동법 제288조의2 제4항 제1호)이 심의내용으로 규정되어 있으나, 이것만으로는 충분하지 않다고 보며 하위규정 등에서 필요한 심의사항이 규정되어야 할 것이다. 다만 무엇이 필요한 심의사항인지가 중요한데 장외파생상품의 성격상 심의사항을 구체적으로 규정하기가 매우 어려울 것이다. 이러한 특성이 사전심의제도가 지나치게 엄격하게 운영되거나

28) 금융투자협회 웹사이트〈http://www.kofia.or.kr/kofia/ index.cfm?event=ict.out.page02〉(2010. 6. 10. 방문) 참조.

반대로 형식적으로 운영될 것을 우려하는 이유이다.

일반투자자를 대상으로 하는 장외파생상품의 경우에는 위험회피구조의 타당성, 설명자료의 충실성, 투자권유자문인력의 자격사항, 교육 등 판매계획의 적정성 등(동법 제288조의2 제4항 제2호)을 심사한다고 되어 있으나 역시 적절한 심의가 가능할지 의문이다. 특히 위험회피의 구조 여부는 파생상품 자체가 아니라 투자자가 누구인지에 달린 문제이어서 사전심의가 불가능할 가능성이 높다.[29] 투자자가 기초자산에서 어떠한 포지션을 취하고 있는지에 따라서 투기거래인지 헤지거래인지가 달라지기 때문이다.

(5) 심의효과

장외파생상품심의위원회의 심사절차 및 의결의 효력에 관한 사항은 금융투자협회규정에 위임되어 있다(동법 제288조의2 제7항 제4호). 통과 · 미통과 · 보완 후 재심사 등의 방식으로 운영되거나,[30] 등급을 부여하고 판매대상을 제한하는 등의 방식으로 운영될 가능성이 높을 것이다.

사전심의의 효력과 그 결과에 대한 불복절차 등이 아직 규정되지 않은 관계로 불복이 가능한지 어떤 형태로 이의를 제기하는지도 불분명하다. 다만 사전심의결과가 금융투자업자의 권리와 의무에 관계되는 이상 어떠한 형식으로든 불복의 절차는 필요하다고 본다. 해당 의

29) 같은 의미로 정성구, 앞의 논문(주 2), 226면.

30) 금융투자협회는 자율규제의 차원에서 파생상품에 대해서 3단계로 분류하여 위험을 관리하고 있다고 한다. 금융투자협회, 사전심의제도에 대한 간담회 자료(2009. 9. 28), 6면.

결이 행정처분인지 여부에 따라서 민사소송이나 행정소송의 형태로 제기될 수 있을 것이다.

(6) 기타 보완방향

사전심의제도의 운용은 신중할 필요가 있다고 생각한다. 사전심의제도가 도입되어 시행되는 이상 다음과 같은 보완이 필요하다.

첫째, 사전심의라는 용어의 타당성을 검토할 필요가 있다. 사전심의제도가 시행되더라도 면제되는 상품을 제외하면 사전심의대상은 극히 일부분일 가능성이 높은데,[31] 이 때문에 시장에 지나치게 부정적인 신호를 줄 필요는 없다고 생각한다. 금융시장에서 가장 오해를 받기 쉬운 용어가 사전(pre) 또는 승인(approval, permission) 등인데 굳이 이러한 용어를 사용해서 과다한 규제로 오해를 일으킬 필요가 없기 때문이다. 등록(registration), 인증(certification), 검토(review) 등의 용어를 사용하거나, 실제 시행되더라도 등록에 준해서 운용되는 것이 타당하다고 생각한다.

둘째, 금융시장에 예측성을 부여하기 위해서는 사전심의대상 및 절차를 명확히 규정하여야 한다. 심사대상선정에서는 거래규모, 투자권유 대상, 고객의 수 등 객관적 지표를 이용하는 것을 고려할 필요가 있다. 빠른 심사를 독려하기 위해서는 심사시한을 설정하고 위원회를 뒷받침할 전문인력 활용을 제도화할 필요가 있다.

---

31) 진동수 금융위원장은 사전심의제의 적용대상이 전체 파생상품거래물량의 극히 일부이고(1% 내외), 주 타깃이 일반투자가를 대상으로 하는 범용성이 있는 쪽에 주로 초점이 맞춰져 있다고 의견을 피력한 바 있다. 국회 정무위원회, 앞의 의사록(주 24), 9면.

셋째, 사전심의제도가 제대로 작동하기 위해서는 은행 등 실제 장외파생상품거래의 대부분을 수행하는 금융업계의 참여를 제도적으로 보장할 필요가 있다. 각계의 전문가들로 심의위원회를 구성하고, 관련 업계의 의견을 반영하는 방안을 제도적으로 구축할 필요가 있다.

3. 일몰조항 및 사전심의제도의 타당성에 대한 검토

자본시장법은 장외파생상품 사전심의제도의 효력을 2011년 12월 31일까지로 한정하고 있다(부칙 제2조). 사전심의제도가 2010년 6월 13일부터 시행되는 것임을 감안하면, 사전심의제도의 운용을 1년 6개월이 채 되지 않는 기간에 한정하고 있는 것이다. 따라서 사전심의제도의 존속기간 만료가 가까워지면 사전심의제도를 계속하여 유지할 것인지 아니면 그 기간을 연장할 것인지가 다시 논의될 가능성이 크다. 장외파생상품 사전심의제도의 도입에 찬성한 경우에는 존속기간의 연장에 찬성할 가능성이 높고, 도입에 반대한 경우에는 존속기간의 연장에 반대할 가능성이 높을 것이다. 아래에서는 사전심의제도 존속기간의 만료시에 예상되는 찬성론과 반대론의 근거를 살펴보고 필자의 의견을 개진한다.

(1) 찬성론의 논거

첫째, 사전심의제도는 장외파생상품거래의 건전한 저변 확대에 기여한다고 한다. 사전심의제도는 결과적으로 장외파생상품에 대한 일정한 표준화를 요구하는데, 이는 비슷한 구조를 지닌 장외파생상품 간의 통합을 유도하고 투명성을 보강함으로써 장외파생상품거래의 건전성과 저변 확대에 기여한다는 것이다.

둘째, 장외파생상품거래에 대한 투자자보호장치가 미흡한 상황이고 그 구축에는 상당한 시간이 소요되므로 사전심의제도를 계속하여 운용할 필요성이 있다고 할 것이다.[32] 중앙청산소, 거래정보저장소, 모니터링체계, 적합성 원칙 등 시스템의 구축 논의도 병행되어야 하지만, 실제 그 시스템이 정착되기까지는 아직 요원하므로 사전심의제도를 계속하여 시행할 것이라는 견해가 있을 수 있다.[33]

셋째, 장외파생상품 사전심의제도는 역외에서 개발된 고위험 파생상품에 대한 효과적인 규제수단으로 이용될 수 있다고 한다. 자본시장법은 국외에서 이루어진 행위로서 그 효과가 국내에 미치는 경우에도 적용됨을 명확히 하고 있으나(제2조), 이러한 취지를 구현할 규제수단이 미흡한데 사전심의제도는 역외 발행 고위험 파생상품의 거래를 차단하는 근거로 활용될 수 있다는 것이다.

그러나 이에 대해서는 의문이 있다. 국내 고객과 외국 금융기관이 체결한 장외파생상품거래의 내용을 일일이 알기 어렵고, 이의가 제기되더라도 사전심의를 거치지 아니하였다는 이유만으로 그러한 장외파생상품 계약이 반드시 무효가 된다고 보기도 어렵기 때문이다.

넷째, 자본시장법이 상정하는 사후적 구제방안은 투자자보호의 차원에서 한계를 지닌다고 비판한다. 예컨대 자본시장법은 일반투자자와의 장외파생상품거래를 '위험회피 목적'의 거래에 한정하고 이를

32) 자본시장법 개정안은 사전심의제의 도입배경에 관하여 "장외파생상품의 불확실성 및 위험성에 대비한 사전적 관리 · 감독 수단은 미흡한 실정임. 이에 …장외파생상품이 가져올 수 있는 부작용을 선제적으로 관리하고"라고 그 제안이유를 서술하고 있다.

33) 이성남, "장외파생상품 심의제도 도입 배경과 그 영향," 서울파이낸셜포럼 토론회 자료(2009. 7. 15), 1-2면.

위반하는 경우에는 사법 심사에 의하여 강력한 책임을 묻고 있지만 (제166조의2, 동법 시행령 제186조의2), 이는 투자자에게 이미 손실이 발생한 이후의 사후적 구제방안이며 투자자가 입은 손실과의 인과관계 역시 입증하기가 쉽지 않기 때문에 충분한 규제로 보기는 어렵다는 것이다. 따라서 일반투자자의 고위험 장외파생상품에 대한 접근을 사전적으로 규제할 필요성이 있다고 한다. 장외파생상품을 의약품에 비교하고 검증되지 않은 위험성이 높은 파생상품은 판매단계에서 차단하겠다는 발상과 일맥상통한다.[34)]

(2) 반대론의 논거

사전심의제도에 대해서는 국내외 금융기관을 중심으로 상당한 반대론이 제기되어 있다.[35)] 반대론의 근거는 다양하지만 다음과 같이 요약할 수 있다.

첫째, 사전심의제도는 자본시장의 육성과 발전을 도모하는 자본시장법의 취지에 어긋난다고 한다. 자본시장법이 채택하는 포괄주의에 의하면 금융투자업자는 금융투자상품을 자유로이 개발 · 판매할 수 있으며, 법률이 명시적으로 금지하지 않은 금융투자상품을 사전심의

34) Reuters, BIS wants financial products ranked like medicines, Jun. 29, 2009 〈http://www.reuters.com/article/ idUSTRE55S45G20090629〉(2010. 1. 17. 방문).

35) 주한외국은행협의회(The Secretariat of the Foreign Bankers Group), 주한EU상공회의소(EU Chamber of Commerce in Korea), 주한미국상공회의소(American Chamber of Commerce in Korea) 등이 이성남 의원에게 보낸 서신 및 면담결과 기록들에서도 찬반론의 논거를 찾을 수 있다. 국제스왑파생상품협회(ISDA)도 사전심의제도의 도입에 대해서 이례적으로 반대의사를 표시하였다. 이 자료들은 이성남 의원 홈페이지〈http://www.snlee.or.kr/bbs/list.php? code=gover04〉(2010. 1. 20. 방문)에서 찾아볼 수 있다.

에 의해서 판매를 제한하는 것은 자본시장법의 체계에 어긋난다는 것이다. 투자자보호는 청산소 설립, 모니터링체계의 구축, 적합성 원칙 및 설명의무 등을 통한 강력한 손해배상 등을 통해서 규제할 것이지 사전심의는 금융시장 자체를 위축시킬 수 있다고 한다.[36]

이는 사전심의제의 도입 여부에 대한 가장 본질적인 비판으로 보인다. 그러나 이에 대해서도 설명의무 등 투자자보호제도는 불완전 판매를 방지하기 위한 것이지 파생상품 자체가 가진 위험성을 선제적으로 차단하거나 관리하는 수단이 될 수 없다는 반론이 있을 수 있다. 또한 자본시장법이 채택한 포괄주의, 즉 네거티브시스템은 입법정책의 문제이며, 네거티브시스템에 일정한 예외를 두는 것도 입법적으로 불가능한 것은 아니라고 한다.

둘째, 장외파생상품의 성격상 사전심의기준의 설정에 어려움이 크다고 한다. 개별 고객과의 협의에 의하여 구체화되는 장외파생상품은 거래조건 및 구조에 따라 무제한적인 상품의 조합이 가능하므로 심의대상 상품의 정의가 어려울 뿐만 아니라 시장참가자 모두가 동의할 수 있는 보편타당한 심의기준을 마련하기가 현실적으로 어렵다는 것이다.[37] 더욱이 사전심의과정에서 해당 장외파생상품 설계의 노하우 등이 유출되는 등 부작용이 발생할 가능성도 배제할 수 없다고 우려한다.[38]

---

36) 예컨대 기후파생상품의 경우에는 기상이변으로 인한 위험의 가능성을 모두 예측하여 심의를 하는 것이 현실적으로 불가능하고 심의기관은 자신의 책임을 우려하여 해당 파생상품의 판매를 불허할 가능성이 높다. 이러한 경우 기후변화를 기초자산으로 하는 장외파생상품시장의 위축이 불가피하다.

37) 전국은행연합회, 장외파생상품 사전심의제도 도입관련 건의서(2007. 9), 6면 ; 정순섭, "장외파생상품 사전심의제도에 관한 토론문," 은행법연구 제2권 제2호(2009. 11), 은행법학회, 245면.

38) 전국은행연합회, 앞의 건의서(주 37), 5면 ; 정해근, "장외파생상품 사전심의제도

셋째, 심의결과에 대한 책임을 우려하여 사전심의제도가 지나치게 엄격하게 운영되거나,[39] 그 반대로 형식적 심사로 전락할 경우에는 사전심의제도 도입의 취지가 몰각될 우려가 있다고 한다.[40] 심의결과에 따라 법적 분쟁이 발생할 수 있어서 심의절차가 지나치게 경직적으로 운용될 수 있고, 이에 따라 고객이 원하는 상품을 적시에 출시하는 것이 어려울 수 있다는 것이다.[41] 전문지식이 없는 일반투자자의 입장에서는 사전심의결과를 신뢰하여 투자 결정을 하는 것이 예상되고, 투자로 인하여 손해를 보는 경우에는 금융투자업자와 심의주체 양자 모두를 상대로 손해배상 등을 청구할 가능성이 높기 때문이다.

넷째, 금융투자업자가 책임을 회피하는 근거로 악용될 수 있다고 한다. 금융투자업자의 입장에서는 소송이 제기될 경우에는 사전심의 통과 사실을 면책의 근거로서 활용하려고 할 것이 당연하다. 금융투자업자의 책임근거인 적합성 원칙, 적정성 원칙, 설명의무, 고객보호의무 등의 준수 여부에 있어서 사전심의 통과사실이 금융투자업자에게 유리하게 작용할 가능성이 높기 때문이다. 즉 사전심의제도는 적합성 원칙, 고객보호의무 등 사후적 구제수단의 효력을 약화시킬 우려가 있다.

에 관한 토론문", 은행법연구 제2권 제2호(2009. 11), 은행법학회, 248면 ; ISDA, ISDA Expresses Concern over Korea' s Proposed NPA Bill, News Release (2009. 12. 16).

39) 정성구, 앞의 논문(주 2), 227면 ; 정순섭, 앞의 토론문(주 37), 245-246면 ; 고동원, "신중해야 할 장외파생상품 사전심의," 매일경제, 2009. 11. 1.자.

40) 정해근 대우증권 상무는 "사전심의제가 도입되면 초창기에는 책임 회피를 위해 사전심의 위원들이 많은 장외파생상품들을 심의하게 될 것이나, 이후 사전심의가 제때 안 되어 헤지시기를 놓쳤다는 등 불만이 터져 나오면 이후 다시 대상을 축소하게 되고 그 이후부터는 사전심의할 상품이 없어질 것"이라고 한다. 머니투데이, "장파상품 사전심의제 도입시 업무 마비," 2009. 11. 4.자.

41) 전국은행연합회, 앞의 건의서(주 37), 6면.

다섯째, 파생결합증권과의 규제차익 등의 부작용이 발생할 우려가 있다. 자본시장법상 파생결합증권은 증권으로 분류되지만 그 실질에 있어서는 파생상품과 별다른 차이가 없다.[42] 따라서 리스크부담에 있어서 장외파생상품과 유사한 ELS, DLS 등 파생결합증권과의 규제의 형평성이 문제되고, 규제회피를 위해서 파생결합증권의 형식을 띠게 되면 그 비용은 투자자에게 전가될 가능성이 높다.[43]·[44]

여섯째, 국내 금융기관이 사전심의제도를 적용받지 않는 외국 금융기관에 비교하여 불이익한 입장에 처할 수 있다고 한다.[45] 세계적으로 장외파생상품의 적정성에 대한 심의를 실시하는 사례가 거의 없는 상황에서 동 제도를 도입하는 경우 국내 고객들은 국내 금융회사보다 외국 소재 금융회사들과 거래를 선호하게 되어 국내 시장은 크게 위축될 소지가 크고 이에 따라 국내 금융시장의 경쟁력이 저하될 우려가 있다는 것이다.[46] 국경의 의미가 약해지고 규제의 역할이 중시되는

42) 자본시장법은 명칭과 형태를 불문하고 '원본손실의 가능성'이 있는 금융상품을 금융투자상품으로 정의하고, 원본을 초과하는 '추가지급의무의 부담 여부'를 기준으로 다시 증권과 파생상품으로 다시 구분하고 있다(제3조 제1항 · 제2항, 제4조 제1항). 즉 자본시장법의 체계에 의하면 기초자산에서 파생하는 파생상품의 성격을 가지더라도 추가지급의무를 부담하지 않으면 파생상품이 아니라 파생결합증권으로 해석될 가능성이 높다. 동일한 성질을 가지는 금융상품이 추가지급의무의 여부에 따라 증권과 파생상품으로 분류되고, 공시와 발생, 사전심사 등에서 취급이 달라지는 것은 규제차익 등 문제의 소지가 있다. 자세한 내용은 김홍기, "자본시장통합법상 파생상품 규제의 내용과 제도적 개선과제," 증권법연구 제9권 제1호(2008. 6), 한국증권법학회, 108-111면 참조.

43) 금융투자협회는 증권사의 ELS는 파생상품이 아닌 증권으로 분류되며, 이미 감독원으로부터 심사를 받고 있기 때문에 사전심의에 포함될 이유가 없다는 견해라고 한다. 머니투데이, "ELS, 장외파생 사전심의제 대상 제외유가증권 형태 상품 모두 제외," 2010. 2. 19.자.

44) 전국은행연합회, 앞의 건의서(주 37), 5면.

45) 정해근, 앞의 토론문(주 38), 249면 ; 박진순, 앞의 토론문(주 2), 234면.

46) 실무상 많은 고객들이 장외파생상품 사전심의를 우려하여 국내에서의 거래보다

금융산업에 있어서 이러한 현상은 치명적이 될 수 있다.

(3) 소결

위에서 본 것처럼 사전심의제도에 대해서는 찬반론이 팽팽하다. 이번 금융위기에서 체감하였지만 파생상품 거래는 실물경제에 직접적인 영향을 미치고 있으며 새로운 유형의 장외파생상품거래가 증가하면서 장외파생상품거래의 위험에 대한 우려는 더욱 커지고 있기 때문이다. 그러나 파생상품은 그 자체로서는 중립적인 것이며, 미국발 금융위기의 근본원인은 파생상품이 아니라 금융기관의 부동산에 대한 과다한 대출 등에 있다는 것에 주목할 필요가 있다. 미국 서브프라임 사태에서도 담보부동산 가격의 하락 위험에 대비한 헤지를 주된 목적으로 장외파생상품이 이용되었다면 금융기관의 위험관리에는 파생상품만한 수단이 없었을 것이다.

파생상품은 일방의 손실이 상대방에게 이익이 되는 구조로서 어느 정도 사행성을 가지는 것은 불가피하다.[47] 안전성이 요구되는 금융기관에 위험한 파생상품거래 자체를 금지하자는 것이면 몰라도, 금융시장의 속성을 고려할 때 사전심의절차를 통해서 위험한 장외파생상품거래를 선별할 수 있다는 생각은 적절하지 않다고 본다. 영국 자동차 산업의 발전을 저해한 '적기조례'(Red Flag Act)[48]의 사례에서 보는 것처럼

는 싱가포르 장외시장(NDF) 등 해외 시장을 선택할 가능성이 높다고 한다. 박진순, 앞의 토론문(주 2), 234면.

47) 파생상품의 사행성에 대해서는 김홍기, "파생상품과 도박규제," 비교사법 제14권 제1호(2007. 3), 한국비교사법학회, 531면 이하 참조.

48) 1865년 영국에서 제정된 세계 최초의 교통법으로 자동차 운행에 엄격한 제한을 가하였다. 법의 골자는 1대의 자동차 안에 3명의 운전자를 태울 것, 붉은 기를 든

지나친 규제는 해당 산업의 성장 자체를 저해할 수 있기 때문이다.

편법적인 수단이 등장하여 시장이 왜곡될 가능성도 우려된다. 자본시장법의 체계를 고려할 때 장외파생상품에 대한 규제를 피하기 위해서 같은 내용의 상품이 파생결합증권으로 발행될 가능성이 크기 때문이다. 사전심의를 피하기 위해서 역외의 금융기관이 이용될 가능성도 높다.

따라서 외국에서도 사례를 찾기 어려운 사전심의제도를 계속하여 시행하기보다는, 장외파생상품거래에 대한 투자자보호장치의 구축이 어느 정도 진행되면 이에 맞추어 사전심의제도의 운용을 재고할 필요가 있다. 청산소 및 거래정보저장소의 설립, 표준화의 유도, 모니터링 체계의 구축, 감독기능의 강화, 적정성 원칙과 설명의무 등을 강화하고 보완하여 금융기관의 잘못이 있을 경우 엄격한 책임을 추궁하는 것이 올바른 방향이라고 생각된다.

IV. 맺음말

파생상품은 레버리지 효과가 크고 거래 당사자 일방의 이익이 상대방의 손해로 직결되기 때문에 본질적으로 그 위험이 크다. 하지만 파생상품은 위험성이 큰 만큼 효용성도 크다. 세계적으로 경제의 변동성과 연동성이 커지고 있음에도 불구하고 그 위험을 관리할 수단이

사람을 자동차 앞에 가도록 해 통행인에게 경고를 줄 것, 자동차의 속도는 마차보다 빠르지 않게 시속 2~4마일 이하로 할 것 등이었다. 증기자동차의 보급이 늘면서 실업을 우려한 마차업자 등이 자동차의 운행에 강력히 반대하면서 제정되었다. 그러나 이로 인하여 영국의 자동차 산업은 독일과 프랑스에 비하여 현저하게 낙후되었고 자동차 산업의 성장으로 인력 창출의 기회도 감소하였다.

부족한 상황에서 파생상품이야말로 리스크 관리를 위한 효율적인 대안이 될 수 있기 때문이다. 따라서 파생상품의 위험성을 관리하면서도 동시에 안정적으로 이용하기 위해서는 그 부작용을 방지하거나 관리할 수 있는 시스템의 구축이 필수적이다. 이러한 측면에서 청산소 및 거래정보저장소의 설립, 금융감독 강화, 금융기관의 책임 강화 등 세계 각국의 추세에 맞추어 장외파생상품시장의 규제를 강화하는 것은 타당한 방향이라고 본다.

그러나 장외파생상품 사전심의제도는 2008년 세계적인 금융위기의 상황과 KIKO 사건에 대한 우려 등이 복합적으로 반영되어 성급하게 추진된 느낌이 있다. 투자자보호 및 금융체계 안정성의 필요성은 이해하지만 의약품에 대한 규제와 같이 사전심의를 통해서 시장의 진입 자체를 차단하는 형식은 지나치다고 본다. 세계적으로도 사전심의를 통하여 시장진입 자체를 통제하려는 사례도 발견하기 어렵다. 따라서 선례를 찾기 어려운 사전심의제도를 계속하여 시행하기보다는, 국제적인 금융개혁 방안에 맞추어 개혁의 속도를 조절할 필요가 있다고 본다.

장기적으로 사전심의제도는 폐지하고, 그 대신 청산소 및 거래정보저장소의 설립, 표준화의 유도, 모니터링체계의 구축, 감독기능의 강화, 적정성 원칙과 설명의무 등을 강화하고 보완하여 금융기관의 잘못이 있을 경우 엄격한 책임을 추궁하는 것이 올바른 방향이라고 생각된다. 이러한 측면에서 2011년 12월 31일까지 한시적으로 사전심의제도를 운영하도록 한 것은 타당한 방향이다. 다만 현재 세계적인 금융위기가 어느 정도 진정되고 있고 사전심의를 위한 인적 · 물적 설비의 구축 등에 소요되는 시간을 고려할 때 도입 타이밍이 이미 늦은 것은 아닌지 의문이다.

제4부 분쟁

11

제11장

대한생명과 제이피 모건의 파생상품 거래에 관한 뉴욕연방지방법원 판결*

−Korea Life Insurance Co., Ltd. and Morning Glory Investment(L) Limited v Morgan Guaranty Trust Company of New York, 99 Civ. 12175(SDNY, 2003)−

정순섭**

I. 머리말

2003년 7월 1일 미국 연방지방법원은 대한생명과 미국계 투자은행인 제이피 모건과의 사이에 파생상품거래 손실을 둘러싼 소송에서 대한생명의 주장을 일부 받아들이는 내용의 판결을 내렸다. 외환위기를 전후하여 다수의 우리 금융기관들이 제이피 모건을 비롯한 외국금융기관과 체결한 비슷한 거래로 인하여 수백억 원의 손실을 입었다. 예컨대 SK증권은 역시 제이피 모건과의 파생상품거래에서 총 2억 5000만 달러 상당의 손실을 입었다. 당시 SK증권은 LG금속, 한남투신과 함께

* 이 논문은 BFL 제1호(2003. 9)에 게재된 글을 수정 · 보완한 것이다.

** 서울대학교 법학전문대학원 교수

말레이시아 라부안에 설립한 역외펀드인 다이아몬드펀드에서 1억 8900만 달러(SK분담액 1억 2400만 달러), 어드밴스트 인베스트먼트 펀드에서 1억 6700만 달러(SK분담액 1억 2800만 달러)의 손해를 각각 입었다. SK증권은 제이피 모건의 지급청구에 대하여 제이피 모건이 거래의 위험성을 충분히 설명하지 않았기 때문에 대금을 지급할 의무가 없다고 주장하여 소를 제기하였으나, 1999년 9월 말 화해로 사건을 종결하였다. SK증권과 제이피 모건 간의 파생상품거래와 그 후의 소송 진행과정 그리고 화해에 의한 분쟁의 종결은 매우 흥미로운 주제이지만, 그 상세한 내용에 대한 소개는 다음 기회로 미룬다. 이하에서는 주로 대한생명과 제이피 모건 간의 파생상품거래에 대한 판결의 내용과 의의에 대해서 간단히 소개하기로 한다.

II. 사안

1. 거래의 기본구조

이 사건에서 문제된 거래는 실질적으로는 대한생명과 제이피 모건 사이의 거래이지만 아래 그림에서 보는 바와 같이 법률적으로는 매우 복잡한 형식을 취하였다.

본 사건의 원고는 대한생명과 대한생명이 말레이시아의 라부안에 설립한 역외펀드인 모닝글로리투자회사(이하 '모닝글로리')이다. 대한생명은 본 거래의 수행을 위한 특별목적기구로서 모닝글로리를 설립하였다. 피고는 뉴욕에 주된 사무소를 둔 미국의 투자은행인 제이피 모건(이하 '모건')이다. 외환은행과 모건이 채널아일랜드에 설립한 특별

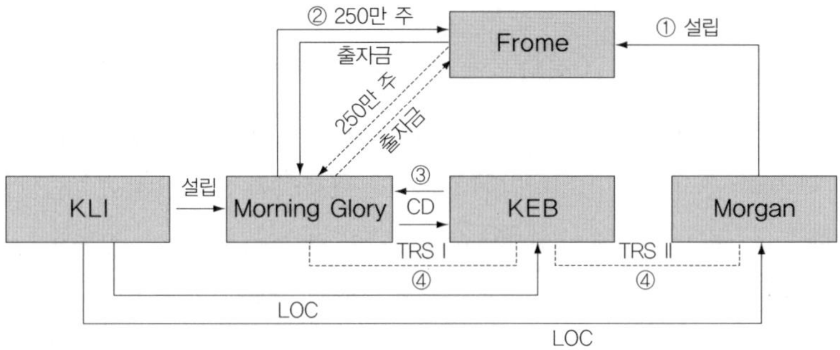

〔그림 1〕

목적회사인 프롬사(Frome Company Limited)가 중개자 또는 출자자로서 관련되어 있다.

① 모건은 1997년 1월 15일 영국의 채널아일랜드에 설립한 특별목적기구인 프롬(Frome Company Limited)을 통하여 사모 방식으로 2,500만 달러의 1년 만기 채권을 발행한다. 동 채권은 모건의 보증 아래 LIBOR 금리로 발행되었다.

② 프롬은 그 2,500만 달러를 보통주 250만 주와 교환으로 모닝글로리에 출자하였다.

③ 동시에 모닝글로리는 외환은행으로부터 1년 만기 CD 2,500만 달러를 매입하였다(금리 6.05%, 외환은행에 수수료 7만 달러 지급).

④ 다음 단계는 만기인 1년 후 1998년 1월 30일에 이루어진다. 우선, 모닝글로리는 CD의 원금과 이자로 26,512,500달러를 외환은행으로부터 수취하여, (i) 프롬의 출자금 2,500만 달러의 96.75%인 24,187,500달러, 혹은 (ii) 타이 바트화와 일본 엔화의 환율변동에 따라 사전에 합의된 2,500만 달러의 할인금에 해당 통화관계를 측정하는 두 개의 상호 관련된 공식에 따라 산출된 금액을 합계하거나 공제한 금액을 프롬의

모회사인 모건에 지급함으로써 주식을 상환한다. 그 공식은 모닝글로리와 외환은행, 그리고 외환은행과 모건 사이에 체결된 두 개의 총수익율스왑(total return swap) 확인서에 규정되어 있다. 이 두 개의 확인서에 규정된 공식은 동일하다. 따라서 모닝글로리가 외환은행에 지급한 금액은 그대로 외환은행이 모건에 지급하게 된다. 반대로, 모건이 외환은행에 지급한 금액은 그대로 외환은행이 모닝글로리에 지급하게 된다. 이러한 의미에서 외환은행은 이 두 개의 계약을 연결짓는 연결고리로서 기능하게 되는 셈이다.

2. 지급의무 결정공식의 검토

만기인 1998년 1월 30일에 이루어지는 모닝글로리와 외환은행, 그리고 외환은행과 모건 사이의 지급의무는 다음과 같은 공식에 따라 엔화지급금액(Yen Payment Amount)과 바트화지급금액(Baht Payment Amount)으로 표시되어 있다.

엔화지급금액 =
명목원금 × (YenMat−YenSpot) / YenMat

바트화지급금액 =
명목원금 × (BahtMat−BahtSpot) / BahtMat

이 공식은 엔화의 달러화 대비 평가절상 혹은 절하, 바트화의 달러화 대비 절상 혹은 절하, 그리고 엔/바트 환율은 1 : 5로 고정 등 5가지 변수를 고려하고 있다. 엔화가 절하되면 모건은 외환은행에, 그리고 외환은행은 모닝글로리에 지급의무를 부담하게 되지만, 반대의 경우에는 지급의무가 발생하지 않는다. 바트화가 절하되면 모닝글로리는 외환은행에, 그리고 외환은행은 모건에 공식에 따라 산출된 금액을 지급하게 되지만, 반대의 경우에는 모건은 외환은행에, 그리고 외환은행은 모닝글로리에 2,500만 달러를 한도로 확인서에 규정된 공식에 따라 산출된 금액을 각각 지급할 의무를 부담하게 된다.

동 공식은 바트화의 가치가 엔화와 달러화의 가치에 2 : 8 정도의 비율로 고정되어 있음을 전제로 구성되어 있다. 바트화와 엔화가 동시에 절하되면 모닝글로리는 바트화지급금액을 외환은행에, 외환은행은 동일한 금액을 모건에 지급하게 되지만, 모건은 엔화지급금액을 외환은행에 지급하고 외환은행은 동일한 금액을 모닝글로리에 지급함으로써 모닝글로리의 리스크에 대한 헤지기능을 하게 된다. 이들 금액 간의 관계는 상술한 1 : 5의 비율을 유지하고 있다. 바트화지급금액은 1억 2500만 달러에 거래일자의 바트화환율과 만기의 바트화환율의 차액을 곱한 금액을 만기의 바트화환율로 나눈 금액의 절대액을 기준으로 한다. 엔화지급금액은 2,500만 달러에 만기의 엔화환율과 거래일자의 엔화환율의 차액을 곱한 금액을 만기의 엔화환율로 나눈 금액을 기준으로 한다. 따라서 엔화와 바트화가 역사적인 1 : 5의 비율을 유지한 채 절하되면 모닝글로리와 모건의 상호지급의무는 동일한 금액으로 상계되어 소멸하게 된다.

그러나 엔화와 바트화가 동시에 절상되면 상황은 달라진다. 엔화가 절상되면 지급의무는 쌍방 모두에게 발생하지 않는다. 그러나 바트가 절상되면 모건은 외환은행에, 외환은행은 모닝글로리에 바트화의 절상비율에 비례한 금액을 2,500만 달러를 한도로 지급하여야 한다. 다시 말해, 모닝글로리는 바트화의 절상에 따라 이익을 볼 수 있는 지위에 있는데, 그 금액은 (i) 1년 만기 CD의 이자(2,500만×0.605)에 외환은행에 대한 수수료(7만 달러)를 공제한 금액, (ii) 상환할인금(2,500만 달러 ×0.325), (iii) 바트화의 달러화 대비 절상비율에 따른 미확정금액(2,500만 달러를 한도로 함)의 세 가지의 합산액이다.

반대로 투자기간 중 바트화가 절하되고, 엔화의 달러화 대비 가치가 안정세를 유지하거나 오히려 절상되면 모든 헤지수단이 의미를 상실하게 된다. 모닝글로리의 외환은행에 대한, 그리고 외환은행의 모건에 대한 지급의무는 판결의 표현대로 '절대적인' 것이 된다.

3. 확약서

모닝글로리는 대한생명이 설립한 페이퍼컴퍼니로서 그 재산은 만기에 출자자에게 상환해야 할 출자금밖에 없으므로 모닝글로리의 지급의무가 그 재산을 초과하는 경우에는 이행불능상태에 빠지게 된다. 그러한 사태를 막기 위해서 계약서에서는 실질적 당사자인 대한생명이 이행을 담보하는 구조를 취하였다. 모닝글로리가 외환은행(을 통한 모건)에 대한 의무를 이행할 자금여력이 부족해지는 경우에 대비하여 대한생명은 모닝글로리의 의무이행이 가능하도록 추가출자한다는 내용의 담보계약서(security agreement)를 체결하고 확인서(letter of commitment)를 제출하였다.

4. 해지(unwinding)조항

이 거래가 추진되는 과정에서 대한생명의 내부검토과정에서 이 거래의 과도한 위험성과 만기까지 대한생명이 리스크 통제를 위해 행사할 수 있는 조치가 전혀 없다는 사실이 지적되었다. 이에 따라 부가된 것이 대한생명측의 거래의 조기해지조항(unwinding clause)이다. 이는 지금까지 알려져 온 바와는 달리 국내기관이 나름의 리스크 관리능력을 갖추고 있었다는 사실을 반증하는 것으로서 매우 이채롭다. 모닝글로리/외환은행 간 총수익율스왑 확인서에는 바트화의 엔화대비 가치가 역사적으로 유지되어 온 것으로 알려진 1 : 5의 비율을 넘어서 절하되는 사태에 대비하여 조기청산조항(2(e))을 두고 있다. 동조는 모닝글로리에게 2일 전의 서면에 의한 통지로 그의 선물환 포지션을 청산할 수 있는 권리를 부여하였다. 이는 모닝글로리에게 그 손실을 제한할 수 있는 기회를 부여하는 일종의 손절매규정으로 이해할 수 있다. 그런데 외환은행/모건 간 총수익율스왑확인서에는 이 조항이 빠져 있다.

5. 판결에 이르기까지의 경과

최초 모건의 판매대리인은 이 상품을 합성저비용엔화금융(synthetic low-cost yen financing)이라고 부르면서, 일본금융기관의 저금리를 활용하여 주식취득에 있어서 레버리지로 활용할 수 있다고 홍보하였다. 그 후 엔화의 변동성에 대비한 바트화 선물환거래로 소개하기도 하였다. 그 판매대리인이 전제로 한 것은 엔화와 바트화 간에 역사적으로 유지되어 온 비율이 유지될 것이며, 태국 정부나 중앙은행이 바트화의 안정성 유지정책을 계속해서 견지해나갈 것이라는 점이다. 그는 대한생명은 무위험 투자로 16% 정도의 높은 수익률을 올릴 수 있다는 점도 강조하였으며, 동시에 한국의 보험감독기관의 눈을 피하기 위해 역외펀드를 이용할 것을 제안하였다.

결론적으로 대한생명은 별도의 자금부담 없이 16%의 수익률을 올릴 수 있고, 유일한 리스크는 바트화의 절하인데 그 현실적인 가능성은 매우 적다는 것이다. 그러나 결국 그 유일한 리스크인 바트화의 절하가 현실화되어 바트화의 달러 대비 가치가 1997년 초 27바트에서 1998년 1월 50바트로 급격히 하락하였다. 모닝글로리가 최종적으로 부담한 총지급금액은 명목원금 2,500만 달러의 96.75%에 바트화지급금액 6,600만 달러를 합한 9,000만 달러에 달하였다. 대한생명은 동 금액에 대한 실질적인 보증인이었다.

모닝글로리는 1997년 7월경부터 동 거래의 청산을 희망하였지만, 외환은행과 모건은 이에 응하지 않았다. 최종적으로 동 거래가 청산된 것은 1998년 1월 7일이다. 대한생명은 총지급금액 90,492,246달러 중 2,500만 달러의 96.75%와 1,630만 달러를 현금으로, 5,000만 달러를 모건으로부터 LIBOR+7%의 금리로 차입하는 형태로 상환하였다.

그 후 대한생명과 모닝글로리는 모건을 사기, 허위진술, 뉴욕주 도박금지법 위반, 계약위반(조기청산관련), 부당이득, 불가항력 등을 이유로 지급금의 반환을 청구하는 소송을 미국 연방지방법원(남부뉴욕지구)에 제기하였다. 이에 대해서 모건은 약식판결(summary judgment)을 신청하였다. 약식판결이란 중요한 사실에 대해서 당사자 간에 다툼이 없어서 법률적인 판단만으로 분쟁을 종결시킬 수 있는 경우에 행하는 재판이다.[1)]

법원은 감정인을 포함한 증인신문을 거친 후 판결을 내렸다.

1) 따라서 약식절차에 의하여 이루어지는 재판은 아니다.

III. 판결내용

결론부터 말하면 법원은 해지조항관련 계약 위반 이외의 원고의 모든 청구를 기각하는 한편 계약위반으로 인한 손해배상청구에 대해서는 원고가 약식판결을 신청하지 않았음에도 불구하고 원고의 청구를 일부 인용하였다. 이하 원고의 각 청구에 대한 법원의 판단을 차례로 소개한다.

1. 사기와 허위진술

원고는 모건이 동 거래의 본질과 리스크를 합리적인 주의의무를 다하여 설명하지 않았고, 바트화의 안정성에 대해 허위진술을 하였음을 주장하였다. 이에 대해 법원은 원고가 모건측의 설명과 진술에 의지하였다고 볼 수 없음을 이유로 이를 부인하였다.

2. 보험업법 위반

원고는 보험회사인 대한생명이 실질적으로 보증에 해당하는 LOC를 제공한 것은 보험업법 제19조 및 보험감독규정 제61조에 반하므로 불법, 무효임을 주장하였다. 법원은 이에 대해 대한생명이 제공한 LOC가 보증에 해당하는지 여부, 그리고 보증에 해당하여 관련법을 위반한 경우의 사법상 효력으로 나누어 검토하였다.

우선 대한생명이 제공한 LOC가 보증에 해당하는지 여부에 대해서는 한국의 관련 전문가 의견을 청취한 후 보증과 기능적 등가물(functional equivalent)로서 보증에 해당한다고 보았다. 그리고 그 사법상 효력, 한국 법상의 효력에 대해서는 전문가들의 의견이 나뉘고 있지만 그 문제는 국제사법원칙상 뉴욕주법이 적용된다고 판시하고 뉴욕주법상으로는 그러한 거래도 사법상 유효하다고 판시하였다.

3. 계약위반

대한생명은 모닝글로리와 외환은행 간의 총수익율스왑 확인서에 따라 거래의 해지를 요구하였지만 모건측이 이에 응하지 않았고, 그에 따라 대한생명측의 손실이 약 2배 이상 증가하였음을 주장하였다. 이에 대해, 모긴측은 모닝글로리/외환은행 간 확인서와 달리 외환은행/모건 간 확인서에는 거래의 조기청산에 관한 규정이 없음을 이유로 대한생명측의 조기청산 요구에 응할 의무가 없다고 항변하였다.

이에 대해 법원은 모닝글로리/외환은행 간 확인서와 외환은행/모건 간 확인서는 별개의 독립된 문서가 아니며, 외환은행은 실질적인 당사자가 아니라 프롬과 모닝글로리, 그리고 모건 간의 거래구조를 완성하기 위한 중개자에 불과하다는 점과 두 개의 확인서를 만든 것은 시장전문가와 규제당국의 눈을 피하기 위한 모건측의 의도에 따른 것이라는 점을 강조하고 있다. 또한 대한생명이 제공한 LOC와 담보계약서는 대한생명과 모건의 직접적인 계약관계(privity)를 입증하기에 충분하다고 판단하였다. 이와 함께 자격과 능력을 가진 다른 한국 로펌이 다수 존재함에도 불구하고 하나의 로펌이 이 모든 계약관계를 처리하였던 점도 거래의 단일성을 반증하는 근거 중 하나로 강조하고 있다. 이러한 근거로 법원은 모닝글로리/외환은행간 확인서와 외환은행/모건간 확인서는 전체로서 '하나의 단일한 거래'(one integrated set of transactions)를 구성한다고 판단하였다.

본 거래는 한국의 엄격한 규제에 속하는 보험회사가 거래하기에는 부적합한 매우 투기적이고 위험한 거래를 가장하기 위한 것으로 볼 수밖에 없고, 프롬이나 모닝글로리, 그리고 외환은행은 실질적인 당사자로 볼 수 없다는 점도 분명히 하였다. 결국 본 거래의 실질적 당사자는 대한생명과 모건이고, 대한생명이 모건에 대하여 지급의무를 부담하는 것과 마찬가지로 모건은 대한생명이 그 손실을 줄이기 위해 거래의 해지를 요구하였을 때 그에 협력해야 할 의무가 있다고 판시하였다. 끝으로 ISDA 마스터계약서상 계약의 완전성(entire agreement)조항을 근거로 한 모건의 항변에 대해 법원은 본 거래에서 당사자들이 마스터계약서 자체에는 서명하지 않았음을 이유로 관련 문서 전체를 통한 당사자 의사판단의 필요성을 강조하면서 이를 거부하였다.

IV. 결론

1997년 우리나라를 엄습한 금융위기의 와중에서 일부 국내 금융기관이 그 이름조차도 생소한 파생상품거래에서 대규모 손실을 보았다는 소식은 국내 금융기관의 역량과 국제적 수준을 여실히 드러내 준 사례로서 지금도 생생히 기억되고 있다. 대상상품(및 그 기초자산을 이루는 금리나 환율 등 각종 금융변수에 대한 예측을 포함한)의 구조나 리스크에 대한 명확한 이해가 부족한 가운데 이루어진 거래로부터 발생한 대규모 손실로 주주 기타 이해관계자들에게 거액의 손실을 입힌 1997년의 기억은 그 이후에 진행된 일련의 사고처리과정에서의 미숙함과 함께 경영진의 지성 리스크(intellectual risk)에 대한 우려와 총체적이고 전략적인 법적 리스크 관리시스템에 대한 필요성을 크게 부각시켜 주고 있다. 그런 가운데 1997년 제이피 모건과의 사이에 이루어진 파생상품거래에서 입은 거액의 손실을 회복하기 위한 법정싸움을 진행한 끝에 승소한 대한생명 사례는 신선한 느낌을 주기까지 한다.

이번 뉴욕법원의 판결은 파생상품거래에서 쟁점이 되고 있는 몇 가지 사항에 대해서도 매우 중요한 결론을 제시한 것으로 평가할 수 있다. 가장 중요한 것은 파생상품의 판매자인 금융기관과 그 거래 상대방 간의 법률관계 혹은 설명의무의 문제이다. 이에 대해서 법원은 피고의 사기와 허위진술에 관한 원고의 주장을 부인하였지만, 개별사안에 따라서는 다른 결론이 내려질 수 있는 여지를 보이고 있다.

제12장

KIKO 판결에 대한 검토*

-서울중앙지방법원 2010. 2. 8. 선고 2008가합 108359 판결을 중심으로-

심희정**

12

I. 사건의 경위

'KIKO' 라는 이름으로 통칭되어 왔으나 현재 문제가 되고 있는 통화옵션상품들은 모두 동일한 상품은 아니며 그 형태 등에서 차이가 있다. 그러나 일반적으로 말하자면 통화옵션상품 중에서 풋옵션과 콜옵션을 결합시키고 거기에 넉인(Knock-in) 조건과 넉아웃(Knock-out) 조건이 붙은 상품들을 KIKO 통화옵션상품이라고 통칭하고 있다. 넉아웃(Knock-out) 조건이란 계약 만기시의 시장 환율(이하 '만기환율'이라 한다)이 약정한 넉아웃 환율 이하로 떨어지면 계약의 효력을 소멸시키

* 이 논문은 BFL 제41호(2010. 5)에 게재된 글을 수정 · 보완한 것이다.

** 법무법인 지평 변호사

는 조건이며, 반대로 넉인(Knock-in) 조건이란 만기의 환율이 정해진 넉인 환율 이상으로 올라가는 경우 은행이 콜옵션을 행사할 수 있도록 한 것이다. 현재 문제되고 있는 KIKO 통화옵션상품은 이 콜옵션 부분에 레버리지 조건을 결합시킴으로써 은행이 콜옵션을 행사할 때 그 대상이 되는 계약금액을 풋옵션 계약금액보다 일정 비율 크게 만듦으로써 콜옵션 의무자인 수출기업들의 매도 의무 금액이 증가하는 효과가 발생한다.[1)]

2005년 환율이 전반적으로 하락안정세 국면에 접어들면서 KIKO 통화옵션상품이 수출기업들을 대상으로 많이 판매되었다.[2)] KIKO 통화옵션상품의 판매가 높았던 이유는 여러 가지가 있겠으나, 무엇보다 단순선물환 등 다른 환위험 회피 상품보다 높은 행사환율이 보장되었을 뿐만 아니라, KIKO 통화옵션상품의 구조에서 볼 수 있는 바와 같

1) KIKO 통화옵션상품의 구조 및 환율의 변동에 따른 효과에 대하여 간단히 설명하면 다음과 같다. 은행과 기업은 일정한 행사환율 및 넉인(Knock-in) 환율과 넉아웃(Knock-out) 환율을 미리 지정한다. (i) 만기환율이 하락하여 넉아웃 환율 이하로 내려가면 계약의 효력이 소멸한다. 이는 결과적으로 기업을 환위험에 노출시키게 된다. (ii) 만기환율이 넉아웃 환율과 행사환율 사이에 있는 경우에는 기업은 풋옵션을 행사하여 외화를 행사환율로 은행에 매도할 수 있다. 이때 행사환율이 시장환율은 물론 단순선물환계약상의 행사환율보다도 높게 지정되어 있으므로 기업은 선물환의 경우보다 더 큰 환차익을 보게 된다. (iii) 만기환율이 행사환율과 넉인 환율 사이에 형성되면 은행의 콜옵션 행사는 정지되고 기업은 현물시장에서 시장환율로 환전을 할 수 있게 됨으로써 시장환율의 상승에 따른 이익을 누리게 된다. (iv) 만기환율이 넉인 환율보다 높은 경우 은행이 콜옵션을 행사하게 됨으로써 기업은 계약금액에 해당하는 외화를 시장환율보다 낮은 행사환율에 매도하여야 한다. 여기서 기업은 환차손을 입게 되는데, 보통 2배 이상의 레버리지가 결합됨으로써 기업의 환차손이 확대되는 결과가 초래된다.

2) 한국은행이 발간하는 2005년부터 2007년까지의 연차보고서에 의하면 당시의 원-달러 환율은 각 연도말을 기준으로 2005년은 1,011.6원, 2006년 929.8원, 2007년 936.1원이었으며, 변동성 또한 낮아 각 연도별 전일 대비 변동율(평균수치)이 2005년은 0.30%, 2006년 0.33%, 2007년 0.22%에 불과하였다.

이 환율이 완만한 하락세를 보이는 당시 상황에서는 기업들이 KIKO 통화옵션상품으로부터 환차익을 볼 수 있었기 때문이다.

그러나 2008년 들어 예상치 못하게 환율이 급등하면서 시장환율이 KIKO 통화옵션상품상의 넉인 환율을 크게 초과하는 사태가 발생하고, 그 결과 기업들이 레버리지 조건에 따라 2배 이상의 외화를 시장환율보다 낮은 행사환율로 은행에 매도하게 됨으로써 환차손을 입게 되었다. KIKO 통화옵션상품 구매자의 대다수를 차지하는 수출중소기업들은 2008년 6월 공동대책위원회를 조직하고 KIKO 통화옵션상품이 기업에게 부당한 손실을 초래하는 불공정한 상품이라는 주장을 여러 경로로 제기하기 시작하였다. 2008년 9월 국회의 국정감사를 통하여 정치권에서 크게 이슈화되었던 KIKO 통화옵션상품에 대한 논란은 2008년 11월 이후 100여 개의 기업들이 은행들을 상대로 KIKO 통화옵션상품이 무효임을 전제로 하는 부당이득 반환 또는 채무부존재확인 소송을 법원에 제기함으로써 본격적인 법정 공방으로 이어졌다.

민사소송이 본격적으로 진행되기 전에 기업들이 제기한 KIKO 효력정지 가처분 사건들이 전초전이 되었다. 가장 먼저 대부분의 가처분 신청 사건들이 계류되어 있는 서울중앙지방법원 제50민사부에서 2008. 12. 30.자 2008카합3816 결정을 통하여 가처분 신청을 일부 인용함으로써 기업들의 손을 들어 주었다. 이 결정에서는 특히 환율의 급격한 상승에 따른 '사정변경의 원칙'을 KIKO 통화옵션계약에 적용하여 주목을 받았다.[3)]

반면 같은 서울중앙지방법원 제50민사부(법원의 인사이동으로 인하

3) 반면 2009년 3월 10일에는 인천지방법원(2009카합228 결정)이 유사한 KIKO 계약에 대하여 효력정지 가처분 신청을 기각함으로써 상반된 입장을 보였다.

여 재판부 구성이 변경됨)에서 2009년 4월 24일 및 그 이후 계속된 가처분 결정을 통하여 같은 법원의 종전 가처분 결정과는 달리 사정변경의 원칙의 적용을 부정함으로써 KIKO 통화옵션계약의 효력을 인정하는 입장을 취하였다. 대신 적합성의 원칙과 설명의무를 엄격하게 적용하여 개별 사건별로 KIKO 통화옵션상품의 판매 과정에서 은행이 적합성의 원칙 및 설명의무를 제대로 이행하지 않았다고 판단되는 일부 건에 대해서는 은행의 손해배상책임이 인정될 가능성이 있다고 보아 부분적으로 계약의 효력을 정지하는 입장을 취하였다.[4)·5)]

한편 본안 사건들에서는 치열한 법정 공방이 계속되었다. 은행 및 기업 측의 거래 담당자들의 증언과, 국내 교수들의 전문가 증언, KIKO 통화옵션상품의 옵션 가치 산정의 적정성에 대한 전문가의 감정에 이어, 노벨경제학자 수상자인 미국 뉴욕대 로버트 엥글(Robert F. Engle) 교수가 기업측 전문가 증인으로, 미국 MIT대학의 스티븐 로스(Stephen A. Ross) 교수가 은행측 전문가 증인으로 각각 KIKO 통화옵션상품에 대

---

4) 즉 가처분 법원은 은행의 적합성 원칙 또는 설명의무 위반으로 인하여 발생한 기업의 손해에 대하여는 은행의 책임이 인정될 수 있다고 보았으나, 다만 손해의 범위에 있어서는 "계약 당시 예측할 수 있었거나 계약 내용상 감당할 것이 당연히 예정된 합리적 범위 내에서 이루어진 환율 변동으로 인한 손해"는 은행의 의무위반과 상당인과관계가 없다고 보았다. 여기서 가처분 법원은 '한계환율'이라는 개념을 도입하여, 계약 당시를 기준으로 기업도 감수한 것으로 보아야 하는 환율상승의 상한, 즉 한계환율을 초과한 부분에 상응하는 거래 손실을 은행의 의무위반으로 인하여 기업이 입게 된 손해의 최대금액으로 보면서, 일부 인용된 가처분 사건 대부분에서 한계환율을 계약 체결 당시의 환율을 기준으로 130%로 보고, 그 범위를 초과하는 부분에 대해서만 계약효력의 정지를 인정하였다.

5) 한편 이러한 가처분 결정들에 대해서는 기업과 은행들이 항고를 하여 고등법원에서 다투어지고 있는데, 현재까지의 항고심 결정에서는 모두 은행의 손을 들어 주고 있다. 특히 가처분 법원에서 130%의 한계환율을 적용하여 일부 인용이 된 가처분 신청에 대해서도 가처분 결정을 취소함으로써 은행의 책임을 전면적으로 부정하는 항고심 결정들이 나오고 있다. 대표적으로는 서울고등법원 2009. 10. 29.자 2009라1051 결정 등 참조.

한 장문의 분석보고서를 제출하고 법정에 출석, 증언함으로써 KIKO 사태는 국제적인 주목을 받은 소송이 되기에 이르렀다.[6] 이러한 치열한 공방 끝에 지난 2010년 2월 8일 서울중앙지방법원 제21민사부에서 KIKO 통화옵션상품 관련 본안 사건에 대한 판결이 최초로 선고되었는데 이 판결을 통하여 법원은 KIKO 계약이 무효임을 근거로 부당이득 반환을 구하고 예비적으로 손해배상을 구하는 원고의 청구를 모두 기각하였다.[7]

이 글에서는 KIKO 통화옵션상품 관련 민사소송에서 선고된 최초의 본안 판결인 2008가합108359 판결을 중심으로 KIKO 통화옵션상품 관련 주요 법률적 쟁점을 짚어 보고자 한다.

II. 판결의 분석

KIKO 통화옵션상품 관련 소송에서 제기된 주장은 크게 두 가지로 나눌 수 있다. 첫째, KIKO 통화옵션계약 자체의 효력을 부인하는 주장(이는 다시 처음부터 무효라는 주장과 착오, 사기 등으로 취소되었다는 주장, 그리고 사후에 해지되었다는 주장으로 세분할 수 있다)과 둘째, KIKO 통화옵션계약의 효력이 인정된다 하더라도 그 판매과정에서 불법행위가

6) 실제로 2009년 4월 1일 국제스왑파생상품협회(International Swaps and Derivatives Association)는 2008. 12. 30.자 서울중앙지방법원의 가처분 인용 결정에 대하여, 이러한 결정이 계약이행을 강제할 수 있는 기본 권리를 침해할 수 있고, 한국의 파생상품 산업뿐 아니라 한국의 금융 안정성을 저해하는 바람직하지 않은 판례가 될 수 있다는 내용의 입장을 공식적으로 발표하였다.

7) 한편 이 사건에서 피고인 은행은, KIKO 계약상의 결제의무를 원고인 기업이 이행하지 않음을 근거로 KIKO 계약을 해지하고 조기 해지에 따른 결제금의 지급을 청구하는 반소를 제기하였는데, 법원은 이 반소청구를 인용하였다.

있었으므로 그로 인한 기업들의 손해를 배상하여야 한다는 주장이다. 아래에서는 이러한 주장들을 차례로 살펴보기로 한다.

1. KIKO 통화옵션계약의 효력에 대한 쟁점

KIKO 통화옵션계약이 처음부터 무효이거나 또는 사후에 취소됨으로써 계약의 효력이 없어진다는 주장이다. 계약이 무효 또는 취소라고 주장하는 근거들은 아래와 같다.

(1) KIKO 통화옵션상품의 환위험 회피 적합 여부

수출기업들이 KIKO 통화옵션상품을 체결한 동기는 환율의 변동으로 인한 매출액 변동의 위험, 즉 환위험을 회피(헤지, hedge)하기 위한 것이다. 그런데 KIKO 통화옵션상품은 정작 수출기업들이 환위험 회피를 필요로 하는 환율 하락 시에는 넉아웃 조건으로 말미암아 계약의 효력이 소멸됨으로써 수출기업들이 환위험에 노출되는 반면, 환율 상승시에는 넉인 및 레버리지 조건으로 말미암아 수출기업들이 시장 환율보다 싼 행사가격으로 달러를 대량 매도하게 됨으로써 환차손을 초래하게 된다. 따라서 KIKO 통화옵션상품은 그 구조상 환위험을 회피하기에 부적합하므로 무효라는 주장이 제기되었다.

KIKO 통화옵션상품이 환위험 회피에 부적합하다는 주장은 보다 구체적으로는 다음과 같다. 첫째, 은행들이 KIKO 통화옵션상품의 옵션 이론가를 산정하는 데에 사용한 블랙-숄즈(Black-Sholes) 모델이 적합하지 않고 둘째, KIKO 통화옵션계약에 대한 VaR(Value-at Risk)가 계약 체결을 하지 않는 경우보다 높아지는데 이는 결국 KIKO 통화옵션계약을 체결함으로써 기업의 손실위험이 증가하였음을 보여 주며 셋째, 은행들이 KIKO 통화옵션계약에 따라 은행이 취득하는 콜옵션의 이론가를 기업이 취득하는 풋옵션의 이론가보다 높게 산정함으로써 그 차액을 수수료로 취득한 것은 위법하다는 것이다.

이에 대하여 법원은 KIKO 통화옵션상품과 같이 "계약 당사자의 손익이 환율 변동과 같은 불확실한 요소에 직접적으로 연계되어 있고, 그 계약 내용인 대가관계가 그러한 요소에 관한 확률과 그 예측, 그에 따른 위험 인수의 정도에 관한 총체적 평가를 기초로 형성되는 경우에는 계약 체결 당시를 기준으로 그와 같은 불확실한 요소를 포함한 외부적 환경 등 제반 여건을 종합적으로 감안하여야 할 것이고, 계약 체결 당시에 예상하지 못했던 결과가 사후에 초래되었다는 사정만으로 파생금융상품이 환위험 회피에 적정한 것인지 여부를 섣불리 판단해서는 아니 된다"고 전제한 후, "KIKO 통화옵션계약은 선도거래 또는 선물환과는 달리 부분적으로만 환위험을 회피할 수 있으나, 선물환보다 행사환율을 높이는 장점이 있는 상품으로서, 특히 환율의 변동성이 낮은 경우라면 상당한 범위 내에서 환위험 회피를 할 수 있다. 다만 환율이 일정 범위 이상으로 변동하는 경우에는 환위험에 그대로 노출되거나 계약금액에다 레버리지(leverage)를 곱한 외화를 은행에 매도하게 되는 위험에 노출되게 되는 부분적 환위험 회피 상품이다. 즉, 이 사건 KIKO 통화옵션계약은 확률이 낮은 구간의 위험을 부담하는 대가로 확률이 높은 구간인 넉아웃(Knock-out) 환율부터 넉인(Knock-in) 환율 사이의 구간에서 행사환율을 높여 단순선물환에 비해 추가 수익을 기대할 수 있는 통화옵션상품이라고 봄이 상당하다"고 판단하였다.

구체적인 쟁점에 들어가서 옵션의 이론가를 산정하는 방식이 적절한가의 문제에 대하여 법원은, "(기업 측의 전문가 증인인) 로버트 엥글 교수의 견해에 의하더라도 향후 환율의 변동성에 관해 정확하게 예측할 수 있는 모델은 없고 다만 로버트 엥글 교수의 ARCH, GARCH 모델이나 헤스턴 방식이 시장의 특성을 블랙-숄즈 방식보다 정확히 반영할 수 있다는 것으로서 어느 하나의 모델이 옵션의 시장 가격을 산정하는 데 반드시 옳고 다른 모델은 그르다고 섣불리 단정할 수는 없는 것이다. 궁극적으로는 은행이 어떤 모델을 가지고 옵션의 가치를 산정할 것인지 여부는 옵션 가치를 산정하여 고객에게 판매하는 은행이 스스로 결정할 문제일 뿐이다. 개별 은행이 알려져 있는 일정한 금융공학방식에 따라 옵션의 가격을 산정하여 행사환율, 넉아웃 환율 및 넉인 환율을 결정한 다음 고객에게 이를 각기 제안하고, 고객은 개별 은행이 제안하는 여러 통화옵션상품 중에서 자신에게 알맞은 상품을 선택하는 것이 자유시장경쟁체계인 우리 헌법상의 경제질서에도 부합하는 것이다"라고 판시하였다.[8)]

VaR의 분석에 대해서도 기업이 주장하는 바와 같이 KIKO 통화옵션계약 체결 후 증가된 VaR 값은 기업이 보유하고 있는 달러 기초 자산에 대한 고려 없이 KIKO 통화옵션계약 자체의 최대손실금액만을 계산한 것이므로 적절한 위험 측정 수단이 될 수 없다고 판단하였다.

마지막으로 수수료에 대한 문제는 KIKO 통화옵션상품 관련 분쟁에서 가장 크게 쟁점화되었던 부분 중 하나이다. 이 문제는 KIKO 통화옵션상품의 판매 당시 은행들이 '제로코스트'라는 용어를 사용한

---

8) 이 사건에서 감정인이 옵션가치를 평가한 결과 은행들이 사용한 블랙-숄즈 방식으로 계산한 대상 KIKO 통화옵션상품의 콜옵션 및 풋옵션 이론가와, 감정인이 몬테카를로 시뮬레이션 방법으로 계산한 대상 계약의 콜옵션 및 풋옵션 이론가 사이에 의미 있는 큰 차이가 없는 것으로 판명되었다.

것에서 기인한다. 이에 대하여 기업들은, 실제로 은행이 KIKO 통화옵션상품을 설계, 판매함에 있어서 은행이 취득하는 콜옵션의 이론가를 기업이 취득하는 풋옵션의 이론가보다 높게 산정함으로써 그 차액에 해당하는 막대한 마진을 얻고 있음에도 불구하고 이를 숨기고 '제로코스트'라는 이름으로 판매함으로써 기업들을 기만하고 부당하게 상품 가입을 유도하였다고 주장하였다.[9] 이는 애당초 수수료 부과 자체가 정당하였는지, 부과된 수수료가 과다한 것은 아닌지, 그리고 '제로코스트'라는 용어와 관련하여 은행이 일정한 수익을 얻고 있다는 점을 고객에게 사전에 고지하였어야 했는지의 쟁점으로 세분화되었다.

첫째, 즉 은행이 수수료를 부과하는 것이 타당한지에 대하여, 은행은 KIKO 통화옵션상품 판매로 인하여 상품의 설계 및 관리에 필요한 비용, KIKO 통화옵션계약 상대방에 대한 신용위험 관리 비용, KIKO 통화옵션상품으로 은행이 취득한 외화포지션에 대한 동적 헤지에 필요한 헤지 비용 등이 소요되므로 이러한 비용 및 은행의 순수한 수익에 충당하기 위하여 수수료를 부과하는 것은 타당하다고 법원은 판단하였다.

둘째, 부과된 수수료가 과다한지 여부에 대하여는, 수수료 비율의 기준을 무엇으로 하여야 하는지가 쟁점이 되었다. 기업측에서는 수수료 비율은 기업이 가지는 풋옵션의 이론가를 기준으로 산정하여야 하

9) 은행들이 기업들을 상대로 KIKO 상품을 '제로코스트 상품' 또는 '제로 프리미엄 상품'으로 판매하여 마진의 존재에 대하여 기업들을 기망하였다는 주장은 소송 이외에도 국정감사 등에서 제기되어 왔다. 그러나 '제로코스트/제로 프리미엄' 이란 용어는 국제적으로 널리 사용되는 용어로서, 계약 체결시 옵션 인수의 대가로 일정액의 수수료를 지급하여야 하는 장내선물이나 수출환보험 등의 상품과 비교하여 기업이 별도의 프리미엄의 지급 없이 가입할 수 있는 상품이라는 취지로 사용되고 있다.

며, 이와 같이 산정할 경우 풋옵션의 이론가 대 수수료(콜옵션 이론가와 풋옵션 이론가의 차액)의 비율이 최하 71%에 이르는 등 은행들이 얻은 수수료가 과다하다고 주장하였다. 이에 대하여 법원은 마진율은 풋옵션의 이론가가 아닌 콜옵션 행사 대상이 되는 전체 계약금액을 기준으로 산정하는 것이 합리적이라고 판단한 후,[10] 콜옵션의 총 계약금액을 기준으로 이 사건 각 KIKO 통화옵션계약의 마진율을 산정하여 보면, 수수료 비율(콜옵션 총 계약금액 대 수수료)은 최소 약 0.058%(5.8bp)에서 최대 0.48%(48bp)로서 펀드 등 다른 금융거래의 마진율에 비해 현저하게 과다하다고 볼 수는 없다고 판시하였다.

마지막으로, 은행들이 KIKO 통화옵션상품 판매시 '제로코스트 구조'라고 설명하면서 수수료 취득 사실을 고지하지 않는 것이 위법한지에 대하여도, 은행들이 법령상 또는 계약상 상대방에게 이 사건 각 통화옵션계약의 콜옵션 이론가와 풋옵션 이론가의 차액 상당을 수수료로 부과하고 있다는 사실을 고지할 아무런 의무가 없으며,[11] 은행들

10) 콜옵션의 계약금액을 기준으로 수수료 비율을 보아야 하는 이유로 법원은 (i) 통화옵션계약의 본질은 환전이라고 보아야 하고 환전의 대상은 계약금액이므로 이를 기준으로 하여야 하고 (ii) 넉인 넉아웃 조건이 부가됨으로써 풋옵션의 이론가는 감소하는 반면, 기업은 풋옵션의 이론가에는 반영되지 않는, 높은 행사환율이라는 이익을 누리게 되므로 풋옵션의 이론가를 기준으로 보는 것이 부당하며 (iii) KIKO 통화옵션상품으로 말미암아 은행에게 발생하는 신용위험 관리비용, 동적 헤지 비용 등은 기업들의 의무 발생 기준이 되는 콜옵션 계약금액을 토대로 산정하는 것이 합리적임을 들고 있다.

11) 은행업감독업무 시행세칙 제65조 제6호 마목에서 "비정형 파생상품 거래시에는 내재된 개별 거래별로 각각의 가격정보(금융기관의 거래원가가 아닌 대고객 거래가격 수준의 정보를 말한다)를 제공하여야 한다"고 규정하고 있어, 은행에게 거래원가, 즉 각 옵션의 이론가 및 그 차이로 인하여 발생하는 수수료가 아니라 대고객 거래가격, 즉 각 옵션의 이론가에 은행의 수수료가 부과된 최종적인 가격을 제공할 의무만을 부과하고 있다. 자본시장과 금융투자업에 관한 법률(2009. 2. 4.부터 시행되었으므로 2008년 이전에 대부분 체결된 KIKO 통화옵션계약에는 적용되지 않는다) 제58조 제1항에서 금융투자업자로 하여금 투자자로부터 받는 수수료의

이 KIKO 통화옵션계약 체결 당시 기업에게 KIKO 통화옵션상품이 제로코스트 구조라고 말하였다고 하더라도 은행들이 KIKO 통화옵션계약의 체결로 아무런 이익도 누리지 않을 것으로 인식하였다고는 보기 어렵다고 판시하였다.[12)]

(2) KIKO 통화옵션계약의 불공정 약관으로서 무효 여부

기업들은, 판매된 KIKO 통화옵션상품들이 넉인 조건과 넉아웃 조건, 레버리지와 제로코스트 구조 등 유사한 구조를 가지고 있음을 이유로, KIKO 통화옵션계약이 약관에 해당하고, 그 내용 또한 기업 입장에서 이익은 제한되어 있는 반면 손실은 무한대로 발생하도록 되어 약관의 규제에 관한 법률(이하 '약관규제법') 제6조 제2항 제1호의 "고객에게 부당하게 불리한 조항"에 해당하여 무효라고 주장하였다. 또한 KIKO 통화옵션계약은 기업 입장에서 막대한 손실이 발생할 가능성이 있다는 사실을 제대로 인식하기 어려워 위 조항 제2호에서 정하는 "고객이 계약의 거래형태 등 제반 사정에 비추어 예상하기 어려운 조항"에 해당하여 무효라고 주장하였다.

부과기준 및 절차를 공시하도록 규정하고 있다는 점도 제기되었으나, 법원은 은행이 부과한 신용위험 관리비용, 동적 헤지 비용, 순이윤 등은 위에서 말하는 수수료에 해당한다고 볼 수 없다고 판시하였다.

12) 이에 대하여 기업은, 이러한 은행의 수수료를 정액으로 별도 부과하지 않고 콜옵션의 계약금액에 반영하여 레버리지를 2배로 함으로써 기업에 손실을 초래한 것은 위법하다고 하였으나, 법원은 정액의 수수료를 부담하는 풋옵션 상품이 거래되고 있음을 근거로, 레버리지는 제로코스트 구조로 설계하기 위한 것이고, 원고 회사는 KIKO 통화옵션계약 체결 당시 은행들이 일정한 이익을 누릴 것이라는 점을 당연히 알고 있었다고 봄이 상당하므로, 은행이 기업에게 수수료 부과 방식을 알려 주면서 수수료를 정액으로 부담할 것인지 여부에 대한 선택의 기회를 제공할 의무를 부담한다고 볼 수도 없다고 판시하였다.

1) 약관 해당 여부

약관규제법상 각 조항들에 대하여 살펴보기 전에 먼저 KIKO 통화옵션계약이 약관에 해당하는지가 문제된다.[13] 법원은 우선 KIKO 통화옵션상품의 주요 계약조건인 계약금액, 행사환율, 넉인 환율, 넉아웃 환율, 레버리지, 계약기간 등은 그 구체적인 내용을 당사자들이 개별적 교섭에 따라 결정한 사실이 인정되므로 약관에 해당하지 않는다고 보았다.

나아가 KIKO 통화옵션계약의 구조, 즉 고객이 은행으로부터 풋옵션을 매수하면서 그 대가를 콜옵션의 매도로써 지급하는 구조, 은행이 취득하는 콜옵션의 이론가를 기업이 취득하는 풋옵션의 이론가에 비해 크게 설계함으로써 그 차액 상당에 해당하는 마진을 은행이 수취하면서도 이를 명시하지 않는 구조, 계약기간 동안 주로 1개월 단위로 만기가 도래하는 수개의 풋옵션과 콜옵션의 묶음으로 이루어진 구조, 환율이 하락하는 경우 은행의 손실범위는 제한되는 반면 환율이 상승하는 경우 기업의 손실범위에는 아무런 제한이 없는 구조에 대하여도 "이러한 구조들은 피고들이 다수의 기업과 계약을 체결하기 위하여 각기 일정한 형식에 의하여 미리 마련해 놓은 것이기는 하나, 그 자체가 계약의 내용을 구성한다고 볼 수는 없고, 결국 이러한 구조에 당사자들이 개별적 교섭에 따라 결정한 주요 계약조건들이 결부되어

13) 그동안 가처분 결정 및 항고심에서는 개별 계약조건은 당사자들의 개별적 교섭에 의하여 결정된다 하더라도, 계약의 구조는 은행이 다수의 기업과 계약을 체결하기 위하여 일정한 형식에 의해 미리 마련해 둔 것이므로 약관에 해당한다고 보았다. 그러나 약관규제법 위반 주장에 대해서는 KIKO 통화옵션계약의 조항이 약관규제법 제6조에서 규정하는 "신의성실의 원칙에 반하여 공정을 잃은 약관조항"이라고 볼 수 없다고 판단하였다(서울중앙지방법원 2008. 12. 30.자 2008카합3816 결정, 서울고등법원 2009. 10. 29.자 2009라1051 결정 등).

완결된 계약 내용을 구성한다는 점에서 이러한 계약구조 또한 약관에 해당한다고 볼 수 없다"고 판시하였다.[14)]

2) 불공정 조항 해당 여부

법원은, 부가적으로 KIKO 통화옵션계약이 약관규제법 제6조에 따른 "신의성실의 원칙에 반하여 공정을 잃은 경우"에 해당하는지에 대하여도 다음과 같이 판단하였다.

첫째, KIKO계약의 구조가, 환율변동의 확률적 분포를 고려하여 은행과 기업의 기대이익을 대등하게 하는 것이므로, 이러한 구조 자체가 기업 측에 부당하게 불리하다고 보기는 어렵다고 판시하였다.

둘째, 제로코스트 논란과 관련하여, 영리기업인 은행이 KIKO 통화옵션계약을 통하여 일정한 이익을 얻는 것은 당연하며 누구든지 이를 충분히 예상할 수 있었다고 보아야 하므로, 은행이 취득하는 콜옵션의 가격에 은행의 비용 및 이익을 포함시켜 이를 기업이 취득하는 풋옵션의 가격보다 크게 설계하고 이러한 사실을 명시하지 않은 것이 기업에 대하여 부당하게 불리하다고 보기는 어렵다고 보았다.

셋째, KIKO가 환위험 회피 상품임에도 불구하고 넉아웃 조건 등으로 인하여 환율이 일정 범위 이상 하락할 경우 기업들이 환위험에 노출되어 환위험 회피라는 본래 목적을 달성할 수 없는 구조라는 주장

---

14) 은행업감독규정 제84조에 의하면 은행이 사용하는 약관은 금융감독원의 사전심사를 받아야 하는데, 실제로 KIKO 통화옵션상품은 금융감독원의 사전 약관심사 없이 판매되었으므로 만일 KIKO 통화옵션계약이 약관에 해당한다면 은행업감독규정 위반의 문제가 발생할 수 있다. 그런데 이 판결에 인용된 금융감독원의 사실조회에서 금융감독원은 "통화옵션계약 약정서는 개별 당사자 간 교섭에 의해 계약조건이 결정되는 장외파생상품계약이므로, 은행업감독규정 제84조에 의한 우리 원의 약관심사대상에 해당하지 않는다" 고 하였다.

에 대하여는, 기업이 옵션의 행사환율 등 계약조건에 영향을 미치는 여러 요소를 감안하여 발생 가능성이 낮은 범위의 환위험은 스스로 감당하기로 하고 가능성이 높은 위험에 한정하여 환헤지를 하거나 계약기간을 1/2 구간으로 구분하여 구간별 위험인수의 대가를 일정 부분 상호 교환하는 구조로 설정하는 것이므로, 이러한 구조가 기업의 본질적 권리를 제한한다고 보기는 어렵다고 판시함으로써, KIKO 통화옵션계약의 내용이 약관규제법 위반이 아니라고 보았다.

(3) KIKO 통화옵션계약의 신의성실의 원칙 위반에 따른 무효 여부

신의성실의 원칙 위반 여부를 판단함에 있어서 문제되었던 쟁점은 바로 적합성 원칙과 설명의무였다. 법원은 KIKO 통화옵션계약과 같은 통화옵션계약은 첨단 금융공학에 의하여 개발된 새로운 형태의 계약으로서 금융비전문가인 기업이 이러한 계약의 내용, 구조, 위험 등을 정확히 파악하기가 쉽지 않으므로 합리적인 판단과 의사 결정을 위하여 전문가인 금융기관으로부터 거래정보를 제공받을 필요가 있다고 전제한 후, "금융전문가인 은행으로서는 이와 같은 통화옵션상품을 판매함에 있어 신의칙상 거래상대방 기업의 거래 목적, 거래 경험, 재산상황 등의 제반 사정을 고려하여 과대한 위험성을 수반하는 거래를 적극적으로 권유하지 않아야 할 의무(적합성 원칙)가 있고, 상품의 특성과 주요 내용 및 거래에 수반하는 위험을 기업에게 명확히 설명함으로써 고객을 보호하여야 할 의무(설명의무)가 있다"고 판단하였다.

법원은 적합성의 원칙과 설명의무에 대한 보다 구체적인 기준은 별도로 제시하지 않았다. 그러나 이 사건에서 적합성의 원칙과 설명의무의 위반이 없었다고 판단하면서 그 근거로 삼은 여러 가지 사정에서 간접적으로 법원이 어떠한 요건을 중심으로 검토하였는지를 유추할 수 있다.

먼저 적합성 원칙의 위반 여부와 관련하여서는 이 사건에서 원고 회사가 KIKO 통화옵션상품이 부분적 환헤지 상품으로서 선물환계약보다 유리한 행사환율을 보장한다는 점을 알고 있었던 점(구조에 대한 이해), 은행이 KIKO 통화옵션계약을 포함하여 여러 가지 종류의 환헤지 상품을 제시하였고 원고 회사는 그중 통화옵션계약을 선택하여 계약형태와 조건에 대한 협의를 거쳐 KIKO 통화옵션계약을 체결하였다는 점(체결 당시의 사정), 원고 회사가 문제된 KIKO 통화옵션계약 체결 이전에 이미 단순선물환계약, 환변동 보험 및 KIKO 통화옵션상품 등을 여러 차례 체결한 경험이 있었고, 특히 이미 넉인 조건 및 넉아웃 조건을 모두 경험해 보았다는 점(거래 경험), KIKO 통화옵션계약 금액이 원고 회사의 수출금액 범위 내로서 이른바 오버헤지(over hedge)가 아니었다는 점(계약금액의 적정성), KIKO 통화옵션계약에 따른 기업의 손실은 기회이익의 상실에 불과하며, 이 또한 환위험 회피에 따른 기회비용에 해당한다는 점(기업의 손실의 성격), KIKO 통화옵션계약 체결 당시 국책연구소나 민간연구소 및 대다수의 전문가와 국내외 금융기관 등에서 2008년도에는 환율이 지속적으로 하락할 것으로 예상하였고, 2008년 이후 환율이 급등할 것이라는 점에 대한 구체적 예견은 찾아보기 어려웠다는 점(시장 환경에 대한 정보 제공의 적정성), 이 사건 KIKO 통화옵션계약 체결 당시 선물환계약의 행사환율이 현물시장에서의 환율보다 낮아서 수출기업들로서는 당시의 선물환율 및 현물환율보다 높은 수준의 행사가격이 보장되는 KIKO 통화옵션상품을 선호하였던 것으로 보인다는 점(거래의 목적), 수출기업의 환위험 회피 대상은 환율 하락에 따른 위험인 반면, 환율이 현저히 급등할 가능성에 대비하여 기업의 손실을 제한하는 조건(더블넉아웃 등)을 부가하면 행사환율이 낮아지게 되므로, 이러한 기업의 수요 및 당시의 환율 변동 상황 등에 비추어 볼 때 KIKO 통화옵션상품의 구조가 불합리한 것이라고 보기 어렵다는 점(계약 구조의 적정성) 등에 비추어, 은행이 기업에게 과대한 위험성을 수반하는 거래를 적극적으로 권유하여 KIKO 통화옵션계약을 체결함으로써 적합성 원칙을 위반하였다고 보기 어렵다고 판단하였다.[15)]

설명의무의 위반 여부와 관련하여서도 이 사건에서 피고 은행들이 다양한 형태의 통화옵션상품을 제안하고 각 상품의 전략, 거래 조건과 내용, 효과 등에 대한 설명자료를 제시하였고, 원고 회사는 KIKO 통화옵션계약의 조건 중 넉아웃 환율을 낮춰 줄 것을 요청하기도 하였다는 점, 은행이 원고 회사에 교부한 거래확정서(term sheet) 등 서류에도 각 옵션의 의미, 계약의 주된 내용과 거래 조건, 만기환율에 따라 원고 회사가 입게 되는 손익에 대한 시나리오 분석 및 넉인, 넉아웃 조건에 따른 위험이 고지되어 있다는 점, 그리고 이 사건에서 원고 회사

15) 가처분 사건에 대한 서울중앙지방법원 2009. 4. 24.자 및 그 이후의 가처분 결정들(2009. 4. 24.자 2009카합393 결정 등)에서는 적합성의 원칙에 대하여 "은행이 거래상대방인 기업의 영업속성, 재무상황, 금융거래 수준, 당해 거래의 목적, 상품에 대한 이해 정도, 위험관리능력, 상품의 종류 등을 고려하여 적합한 거래를 제안하여야 하고, 기업이 적합하지 않은 거래조건을 요구할 경우 그 위험을 명확히 고지하여야 할 의무가 있다"고 판시한 바 있다. 그러나 이미 이전의 여러 판례(대법원 1994. 1. 11. 선고 93다26205 판결, 대법원 2008. 9. 11. 선고 2006다53856 판결 등)에서 고객의 손실에 대하여 금융기관이 책임을 부담하기 위해서는 고객의 투자상황에 비추어 과대한 위험성을 수반하는 거래를 적극적으로 권유한 경우이어야 한다고 하여, 적합성의 원칙을 "과대한 위험성을 수반하는 거래를 적극적으로 권유하지 않을" 부작위 의무로 보고 있다. 이에 비추어 위 서울중앙지방법원 결정은 적합성을 적극적인 작위 의무로 보고 있는데 이는 적합성의 원칙을 확대 해석한 것으로 생각된다.

의 담당 직원이 KIKO 통화옵션계약의 위험성에 대하여 충분히 알고 있었던 점 등을 감안하여 설명의무의 위반이 없었다고 보았다.

설명의무와 관련하여, 은행이 KIKO 통화옵션계약에 따라 일정한 비용과 마진 등을 콜옵션 가격에 포함시켰다는 점을 설명하여야 하느냐 하는 점이 문제가 되었으나, 법원은 앞서 본 바와 같이 영리기업인 은행이 KIKO 통화옵션계약을 통하여 일정한 이익을 얻는 것은 당연하며 누구든지 이를 충분히 예상할 수 있다고 보아야 하므로 이를 설명할 의무가 없다고 판시하였다.

또한 KIKO 통화옵션계약 체결 이후 영문으로 된 거래확인서(confirmation)를 교부한 것이 설명의무를 충분히 이행하지 않은 것이라는 주장에 대해서도, 별도로 한글로 작성된 거래확정서를 거래 당일 또는 그 이후에 원고 회사에 교부하였다는 점과, 원고 회사가 이미 여러 차례 통화파생상품을 거래한 경험이 있음을 볼 때 영문으로 된 거래확인서의 교부가 설명의무를 위반한 것이라고 볼 수 없다고 판단하였다.

결국 법원은, KIKO 통화옵션상품의 판매 당시 은행이 현재와 같은 급격한 환율 상승이 있을 경우의 위험이나 손실 정도에 대하여 특별히 강조하지 않고 주로 환율의 하락전망이나 안정적인 변동 가능성을 위주로 설명하였다 하더라도 은행이 기업에 제공한 서류에 계약의 주된 내용과 거래 조건, 시나리오 분석 및 위험에 대한 고지가 이루어졌고, 상대방 기업이 이를 충분히 이해하였거나 과거 파생상품거래 경험 등에 비추어 이해할 수 있었다고 보여지는 경우에는 설명의무가 충분히 이행되었다고 판단한 것이다.

(4) 사기, 착오에 따른 KIKO 통화옵션계약의 취소 가능 여부

사기에 따른 계약 취소와 관련하여 기업은 KIKO 통화옵션계약이 환위험 회피에 적합하지 않은 금융상품임에도 불구하고 은행이 기업을 속이고 계약을 체결하였다고 주장하였으나 법원은 KIKO 통화옵션 상품이 환위험 회피 상품으로서의 적합성을 인정하였으므로 사기에 따른 계약 취소 주장을 배척하였다.

착오로 인한 계약 취소와 관련하여서 기업은, 은행이 KIKO 통화옵션계약을 체결할 당시 별도의 수수료를 지급할 필요가 없다고 하였다거나 KIKO 통화옵션계약의 구조에 은행의 이윤이 내재하여 있다는 점을 명시하지 않았으므로 기업이 KIKO 통화옵션계약 체결에 따른 아무런 비용을 부담하지 않는다는 착오나 옵션의 가치에 대한 착오를 일으켰다고 주장하였으나, 이에 대하여서도 법원은 기업이 KIKO 통화옵션계약을 체결하게 된 주된 동기는 KIKO 통화옵션상품이 부분적으로 환위험 회피 효과가 있고 행사환율이 당시의 선물환율 및 현물환율보다 높았기 때문이므로, 은행의 이윤이 내재되어 있음을 알았더라면 계약을 체결하지 않았을 것이라고는 볼 수 없다고 보았다. 그뿐만 아니라 영리기업인 은행이 일정한 이익을 얻는 것에 대해서는 누구든지 이를 충분히 예상할 수 있었다고 보아야 하므로 이 부분에 대한 기업의 착오가 있었다고 보기는 어렵다고 판시하였다.

(5) KIKO 통화옵션계약의 해지 가능 여부

이 사건에서는 명시적으로 계약의 해지가 쟁점으로 다루어지지는 않았으나, 가처분 사건에서 KIKO 통화옵션계약에 대하여 사정변경에 따른 계약해지를 인정한 결정이 내려진 바 있으므로 이에 대하여 간단히 살펴보고자 한다.

1) 서울중앙지방법원 2008. 12. 30.자 2008카합3816 결정—계약해지권의 인정

2008년 12월 30일 서울중앙지방법원의 결정은 사정변경의 원칙에 기한 계약해지권을 인정함으로써 사실상 기업의 손을 들어 주었다.

사정변경의 원칙에 기한 계약해지권은 종래 법원에서 계속적 보증 등 매우 한정된 경우에만 신의칙에 기하여 인정한 것이었다.[16] 그러나 이 사건에서 법원은 (i) KIKO 통화옵션계약의 기초가 되는 원-달러 환율의 내재변동성이 계약 성립 이후 급격하게 커짐으로써 현저한 사정의 변경이 있었고, (ii) 이러한 원-달러 환율의 내재변동성의 급격한 증대를 계약 당사자들이 예견할 수 없었으며, (iii) 이로 인하여 기업측에 막대한 거래손실이 발생하고 이러한 손실은 계약 당시 기업이 예상할 수 있는 손실의 범위를 벗어나는 것으로서 양 당사자의 거래손익 사이에 현저한 불균형이 발생하고, (iv) 계약을 조기에 정산하거나 급변한 주변 환경에 따라 계약 조건을 변경할 수 있는 장치가 KIKO 통화옵션계약상 마련되어 있지 않다는 점을 들어 기업의 계약해지권을 인정하였다.

16) 대법원 2007. 3. 29. 선고 2004다31302 판결에서는 "계속적 계약에서 계약의 기초가 되었던 객관적인 사정이 계약 성립 후 현저히 변경되고 그러한 사정의 변경이 당사자가 예견할 수 없었을 뿐만 아니라 당사자에게 책임 없는 사유로 생긴 경우에, 계약 내용대로의 구속력을 인정하는 것이 신의칙에 현저히 반하는 결과가 생기는 경우에는 신의칙에 의하여 계약을 장래에 향하여 해지할 수 있다"고 판시하였다.

2) 서울중앙지방법원 2009. 4. 24.자 2009카합393 결정 등—계약해지권의 부정

반면, 같은 법원에서 2009년 4월 24일 및 그 이후 내린 모든 결정에서는 신의칙에 기한 계약해지권을 부정하였다. 이 결정에서는 2008년 결정에서 제기된 환율의 내재변동성의 급격한 증대 및 계약 당시 당사자들이 이를 예견하지 못하였다는 점은 인정하였으나, (i) KIKO 통화옵션상품은 계약기간 앞부분과 뒷부분 사이에 양 당사자가 가지는 옵션의 가치가 각각 서로 다르지만 전체 기간을 통산하면 옵션 가치가 동일하게 되어 등가성이 확보되도록 설계된 상품인데, 계약기간 중 일부만 진행된 상태에서 일방 당사자에게 해지권을 인정할 경우 그 등가성이 깨어지고, (ii) 앞으로의 환율 변동에 대한 예상이 어려운 상황에서 현재의 환율 상황만 가지고 해지권을 인정하는 것은 불합리하며, (iii) 수출기업의 경우 환율상승으로 수출매출액의 증가라는 이익을 얻고 있으므로 KIKO 통화옵션상품으로 인한 환차손 전부가 그 기업의 실제 손실로 귀결되는 것은 아니며, (iv) 은행은 KIKO 통화옵션계약에 대한 반대거래를 하고 있는데 기업의 해지권을 인정할 경우 은행이 반대거래에 따른 손실을 입게 된다는 점에서 계약해지권을 인정하지 않았다. 이러한 서울중앙지방법원의 입장은 그 이후 항소심에서도 계속 유지되었다.[17)]

17) 서울고등법원 2009. 8. 21.자 2009라997 결정 등.

2. 은행의 손해배상책임에 대한 쟁점

이 사건에서 기업은 은행의 기망행위, 적합성 원칙 및 설명의무의 위반이 있으므로 손해배상책임이 있다고 주장하였다. 그러나 법원은 앞서 본 바와 같이 은행의 기망행위나 적합성의 원칙, 설명의무의 위반이 인정되지 않는다고 보았으므로 손해배상책임에 대한 기업의 주장 또한 이유 없다고 판단하였다.[18)·19)]

---

18) 일부 가처분 사건에서 서울중앙지방법원은 은행이 적합성의 원칙 및 설명의무를 위반하여 손해배상책임이 인정될 수 있다고 보았다(2009. 4. 24.자 2009카합393 결정 등). 즉 기업의 거래목적인 환위험 회피에 적합하지 아니한 측면이 있음에도 은행이 그 위험성을 명확히 고지하지 않고 적극적인 판촉활동 등을 통하여 기업의 계약체결을 조장한 경우나 지나치게 환율 하락의 전망만을 강조하여 환율 상승에 따른 위험을 간과하게 만드는 경우에는 적합성의 원칙 및 설명의무의 위반이 있으므로 은행의 손해배상책임이 인정될 여지가 있다고 보았다(법원은 이러한 경우 은행의 손해배상책임이 인정될 수 있음을 근거로 KIKO 통화옵션계약에 대한 효력정지 가처분을 일부 인용하였다. 이에 대하여 서울고등법원 2009. 10. 29.자 2009라1051 결정 등에서는 가사 기업의 손해배상청구권이 인정된다고 하더라도 손해배상청구권은 가처분의 피보전권리가 될 수 없다고 판시한 바 있다).

19) 2008가합108359 판결 이후 2010년 말과 2011년 초에 걸쳐 KIKO 통화옵션거래 관련 소송에 대한 1심 판결이 대거 선고되었다. 기본적인 판결취지는 2008가합108359 판결과 동일하나, 일부 사건의 경우 은행의 손해배상책임을 인정한 판결들이 선고되었다. 즉 고객이 파생상품거래의 경험이 없거나, 거래를 한 사례가 있더라도 이익을 본 경험만 있는 경우에 KIKO 통화옵션 거래에 따른 구체적인 위험을 고지하지 않고 계약 체결을 적극적으로 권유한 경우나, 고객의 구체적인 수출입실적을 확인하지 않고 수출액을 훨씬 웃도는 계약금액을 정한 경우(이른바 오버헤지)에 은행의 적합성 원칙 또는 설명 의무의 위반이 있다고 보아 고객 손실의 20~30%에 대한 은행의 손해배상 책임을 인정하였다(서울중앙지방법원 2011. 11. 29. 선고 2009가합19005 판결 등).

III. 판결의 의의

2008가합108359 판결은 KIKO 통화옵션상품 관련 첫 번째 판결로서 약 1년여에 걸친 검토기간과 전문가 증인, 감정 등 방대한 증거조사 과정을 거쳐 내려진 것이라는 점에서, 앞으로 남아 있는 KIKO 통화옵션상품 관련 소송은 물론이고, 장외파생상품의 판매에 대한 법적 쟁점에 대해서도 많은 시사점을 주는 판결로 생각된다.[20]

마지막으로, 그간 KIKO 통화옵션상품과 관련하여 법정내외적으로 문제가 되었던 몇 가지 쟁점에 대하여 2008가합108359 판결의 의의를 다시 한 번 정리해 보고자 한다.

첫째, 기업의 손실과 은행의 이익에 관한 문제이다. 그간 KIKO 통화옵션상품은 "(녹아웃 조건으로 인하여) 은행의 손실은 제한되고 (녹인 조건으로 인하여) 기업의 손실은 무제한인 상품"이라는 말로 요약되어 은행이 팔아서는 안 될 상품으로 여러 언론 및 학계, 정치권에서 비난받았다. 그러나 이러한 주장은 2008년과 2009년 초기까지의 환율 급등 상황에서 나타난 현상의 일부만을 극단적으로 조명한 것으로 실상은 그와 다르다는 것이 그간의 가처분 결정과 이번 판결로 인하여 밝혀지고 있다.

먼저 "녹아웃(Knock-out) 조건으로 인하여 은행의 손실이 제한된다"는 부분과 관련하여서는, KIKO 통화옵션상품이 단순선물환 등 환위험 회피 효과가 큰 타 환헤지 상품에 비하여 행사환율을 높이는 대신

---

20) 2008가합108359 판결에 대하여 원고 기업은 항소를 제기하였으나 서울고등법원은 원고의 항소를 기각함으로써 원심의 판단을 유지하였다(서울고등법원 2011. 5. 31. 선고 2010나34519 판결). 원고가 고등법원 판결에 불복하여 상고를 제기함으로써, 현재 이 사건은 대법원의 판단을 기다리고 있다.

환위험 회피 효과는 부분적으로 제한하는 상품이라는 점을 감안하면 넉아웃 조건으로 은행의 손실이 제한되는 대신 기업은 행사환율이 높아진다는 이익을 얻는다는 점을 감안하여야 한다. 이에 대해서는 가처분 결정인 서울중앙지방법원 2009. 4. 24.자 2009카합393 결정에서 "신청인이 이 사건 각 계약 체결 당시 자신의 풋옵션에 넉아웃 조건이 붙어 있는 점… 등을 알고 있었지만 그 대가로 행사환율 등 다른 계약조건들을 자신에게 유리하게 변경 조정한 사정이 소명된다. 따라서 이 사건 각 계약이 환위험 회피에 일부 적합하지 않은 면(환율이 넉아웃 환율 이하로 떨어질 경우 기업은 환위험에 노출됨)이 있다 하더라도 그러한 사정만으로 이 사건 각 계약의 체결이 피신청인들의 사기 또는 신청인의 착오에 의한 것이라고 단정하기는 어렵다"고 판시함으로써 잘 설명하고 있다.

그리고 "환율이 상승할 경우 기업은 무한대의 손실을 얻는다"는 주장 또한 사실과 부합하지 않음이 이번 2008가합108359 판결 및 이전의 가처분 결정들에서 나타나고 있다. KIKO 통화옵션상품은 환위험 회피를 위한 상품으로, 기업이 환위험 회피 대상인 외화 현물을 보유하고 있거나 장래 보유하게 될 것을 전제로 그러한 외화의 원화가치를 일정 수준으로 고정시키는 데 그 의의가 있다. 따라서 환율이 상승하는 경우 KIKO 통화옵션계약만을 볼 때에는 환차손이 발생할 수 있으나 대신 보유하고 있는 외화현물에서 환차익을 보게 되므로 이 두 가지를 결합하여 본다면 KIKO 통화옵션계약 체결의 본래 목적, 즉 외화 현물의 원화 가치를 고정시킴으로써 환율의 변동에 따른 수익 변동의 방지를 달성하게 되는 것이다. 이에 대해서는 가처분 결정인 서울중앙지방법원 2009. 4. 24.자 2009카합393 결정에서도 "수출기업의 경우 환율 상승이 오히려 수출매출 등에서는 유리하게 작용하여 계약금액이 합당한 범위를 초과하지 않는 이상(이른바 '오버헤지'가 없는 이상) 기업이 무제한의 손실을 입을 가능성이 낮다"고 판시한 바 있다. 이번 2008가합108359 판결에서도 "환율이 상승하는 경우에도 수출대금인 외화 현물로 인하여 얻을 수 있는 환차익으로 통화옵션계약으로 인한 손실을 상쇄시킬 수 있다"고 판시하였다. 또 한 가지 중요한 것은, 현물을 고려하지 않고 환위험 회피 상품만을 놓고 볼 때 환율 상승 시 무한대의 손실을 입게 되는 것은 KIKO 통화옵션상품뿐만 아니라 선물환 거래 등도 마찬가지로서 그것이 KIKO 통화옵션계약의 불공정성을 판단하는 근거가 될 수는 없다는 점이다. 그래서 2008가합108359 판결에서도 "환율 급등에 따른 기회이익의 상실 등은 통화선도거래에 있어서도 본질적으로 마찬가지이고, 이는 환위험 회피에 따른 기회비용에 해당하는 것이다"라고 판단하였다.[21)]

둘째, '제로코스트'에 대한 문제 또한 크게 쟁점이 된 사항이다. 그러나 가처분 결정 및 이번 2008가합108359 판결에서는 은행거래를 계속 해온 영리기업이 역시 같은 영리기업인 은행이 '제로코스트'라는 용어를 사용하였다고 하여 은행이 금융상품의 판매로부터 아무런 수익을 얻지 않는다고 이해하였다고 보는 것은 불합리하다고 보고, 은행이 금융상품의 설계 및 판매에 있어서 관련 비용을 충당하고 일정액의 수익을 얻기 위해 수수료를 부과하는 것은 정당하며 이를 상대방에게 명시적으로 고지할 필요가 없다고 판단하였다. 현행 은행업감독업무시행세칙상으로도 대고객 거래가격만 제시하도록 규정하고 있

21) 관련하여, "기업은 무제한의 손실을 보고 그에 따라 은행은 막대한 이익을 얻었다"고 주장되었으나, 은행은 KIKO 통화옵션계약으로 인하여 취득한 외화포지션을 자체 보유하지 않고 반대거래(동적 헤지)를 통하여 이를 헤지하므로 일정한 마진 외에는 다른 수익을 보지 않는다는 점 또한 재판과정을 통하여 확인되었다.

으며, 다른 금융상품에서도 이와 같이 은행이 취득하는 마진에 대하여 명시적인 설명을 요구하지 않고 있다는 점에서 이러한 법원의 입장은 타당하다고 본다.[22)]

셋째, KIKO 통화옵션계약의 약관성에 대한 문제이다. 그간 가처분 결정들에서는 KIKO 통화옵션계약의 기본적인 구조는 약관으로 볼 수 있다고 보았으나 이번 2008가합108359 판결에서는 그러한 기본 구조 또한 개별적인 조건들과 함께 검토되어야 하고 그러한 점에서 KIKO 통화옵션계약은 약관이 아니라고 보았다. 실제 거래에 있어서 많은 장외파생상품이 일정한 표준화(standardization)된 구조나 조건에서 다양한 변형을 가하여 판매되고 있다. 여기서 표준화된 구조나 조

22) 한편 은행과 기업 간의 파생상품거래와 관련한 독일 연방대법원은 우리나라 법원과는 다른 입장의 판결을 선고하여 주목을 받고 있다. 독일 연방대법원 2011. 3. 22. 판결 사건번호 XI ZR 33/10에서, 법원은 파생상품을 판매하는 은행과 고객 간에는 묵시적인 자문계약(Beratungsvertrag)이 성립하며, 그 자문계약에 따라 은행은 고객에게 투자 대상에 대한 적합한 자문을 해줄 의무를 부담하는데, 이 사건에서는 파생상품(이자율을 기초자산으로 하는 CMS Spread Ladder Swap 계약) 체결 당시 계약이 마이너스 시장가치(고객이 이익을 얻을 수 있는 기댓값이, 은행이 이익을 얻을 수 있는 기댓값보다 작은 것을 의미함)를 가지고 있음을 은행이 고객에게 고지하지 않은 것은 자문의무 위반이므로, 은행은 고객의 손해에 대한 배상책임을 진다고 판단하였다. 이 독일 연방대법원 판결의 논리가 우리나라에도 적용될 수 있을지에 대해서는 논란이 있을 수 있다. 핵심적인 쟁점은 우리나라의 법제하에서 은행과 고객 간에 묵시적인 자문계약의 성립을 인정할 수 있는지 여부일 것이다. 이에 대하여 서울고등법원 2011. 5. 31. 선고 2010나34519 판결은 독일 연방대법원 판결에서 문제가 된 이자율 스왑 계약은 위험 회피 목적이 아닌 투자 목적으로 체결되었고 고객이 은행에 지급하여야 하는 변동금리의 계산 방식이 매우 복잡하여 고객이 계약의 내용 및 위험성을 이해하는 것이 어려워 보이며, 단순히 파생상품을 판매하는 은행에게 상담의무(자문의무)를 부여하는 법리를 일반화시키기 어렵다는 점을 근거로 위 독일 연방대법원 판결의 논리를 KIKO 통화옵션계약 관련 사건에 적용하지 않았다. 그 이후에도 독일 연방대법원 판결에서 인정한 은행의 고객에 대한 자문의무를 KIKO 사건에 적용한 판결은 아직 나오지 않고 있다.

건을 사용하는 것은 통상적으로 시장에서 많이 쓰이는 구조나 조건을 두고 이를 출발점으로 하여 당사자의 필요에 따라 구조나 조건을 변형하는 것이 거래에 편리하기 때문이다. 약관규제법의 취지가 사업자가 우월적 지위를 이용하여 고객에게 불리한 조항을 일방적 · 정형적으로 규정한 후 그 체결을 강요하는 것을 방지하는 데에 있음을 고려할 때, 위에서 본 바와 같이 KIKO 통화옵션계약은 은행과 기업 간의 대등한 지위에서의 협상을 거쳐 계약조건을 확정하는 것으로서 약관으로 볼 수 없음은 명백하다. 만일 KIKO 통화옵션상품을 그 구조의 유사성 때문에 약관으로 보아야 한다면 단순한 콜옵션, 풋옵션 등 모든 장외파생상품이 약관으로 분류되어 금융감독원의 사전심사 및 약관규제법의 적용을 받아야 하는 불합리한 결과가 초래될 것이다.

결론적으로 이번 2008가합108359 판결은 "계약은 지켜져야 한다"는 법의 기본 원리를 재확인한 판결로 생각된다. 기업의 보호 또한 매우 중요한 원칙이며 존중되어야 하지만 법치주의 국가에서는 기업 보호 또한 법과 계약의 테두리 안에서 이루어져야 할 것이다. 계약 당시 당사자들이 예측하지 못한 사유가 발생하여 일방 당사자가 손해를 보았다고 하여 체결 당시에는 아무런 문제가 없는 계약의 효력을 부인하거나 이에 대하여 상대방의 책임을 묻는다면 해당 건에서 손해를 본 당사자를 보호할 수는 있을 것이다. 그러나 이러한 선례들이 쌓이게 된다면 어떠한 계약도 향후 예기치 못한 사정에 의하여 효력이 부인될 수 있는 가능성을 안게 되어 전체적으로 법적 안정성을 해치고 우리나라의 법률리스크를 증가시키게 된다. 이러한 법률리스크의 증가는 은행과 기업과 같은 경제주체들의 비용 증가로 이어질 수밖에 없다. 따라서 KIKO 통화옵션상품에 대한 법률 분쟁은 법과 계약 존중의 원칙에 따라 해결되어야 하며, KIKO 통화옵션상품으로 인하여 피해를 입은 기업들에 대한 구제는 범정부 차원에서 정책적으로 이루어지는 것이 법적 안정성과 기업의 보호 양자를 모두 이룰 수 있는 방안일 것이다.

제5부 기타

13

제13장

주식에 대한 이해관계와 의결권의 분리에 대한 소고*

김지평**

I. 주식에 대한 이해관계와 의결권의 분리현상에 대한 논란

1. 논의의 배경

전통적인 회사법 이론상 의결권은 주식과 분리될 수 없으며, 의결권을 취득하고자 하는 자는 그에 상응하는 주식을 매수하여야 한다.[1] 이는 주주가 의결권을 통하여 회사의 이익을 극대화하고 경영진의 활

* 이 논문은 BFL 제44호(2010. 11)에 게재된 글을 수정 · 보완한 것이다. 이 글의 내용은 필자가 개인적으로 연구 · 작성한 것이고, 필자가 속한 법률사무소 및 여하한 단체의 견해와는 하등의 관련이 없음을 밝힌다.

** 김 · 장법률사무소 변호사

1) Frank H. Easterbrook/Daniel R. Fischel, "Voting in Corporate Law," 26 J.L. & Econ. (1983), p.395, 410.

동을 견제할 유인을 부여하는 중요한 역할을 한다. 바꾸어 말하면 주주에게 의결권이 인정되는 이유는 주주가 주식의 소유를 통해 회사의 가치 변동에 대한 이해관계를 부담하므로 회사의 가치를 극대화할 수 있는 결정을 할 유인이 있어서 이들에게 회사의 의사결정권을 부여하는 것이 효율적이기 때문이다.[2)] 우리 상법 제369조 제1항의 1주 1의결권의 원칙도 이러한 회사법적 원리를 반영한 것이다.

그러나 최근 들어서 위와 같은 원칙을 우회하여, 주식에 대한 이해관계와 의결권이 분리되는 경우가 전 세계적으로 많이 발생하게 되었다.[3)] 주식스왑계약(equity swap) 등 장외파생상품시장의 확대 및 주식대차거래의 증가 등으로 인하여 주식에 대한 경제적 이해관계를 이전하고 의결권만을 행사하는 것이 용이하게 되었기 때문이다.[4)] 특히 헤지펀드들이 장외파생상품을 통하여 주식에 대한 이해관계와 의결권을 분리하는 투자기법을 자주 사용하고 있다. 이러한 경우에는 주주들이 회사의 이익을 극대화할 유인을 가지지 않게 되어 주주에게 의결권을 인정하는 전제가 충족되지 않게 된다. 심지어 주주가 주식의 가치가 감소할수록 이익을 보게 되어 그러한 방향으로 의결권을 행사할 유인이 있는 경우도 있다. 그러므로 이러한 경우에도 의결권을 인정할 수

---

2) Frank H. Easterbrook/Daniel R. Fischel, The Economic Structure of Corporate Law, Harvard University Press (1996), p.63 ; 小出 篤, "株式會社における剩余金分配權限の所在について : 株主總會權限の機能的理解の觀点から 1," 法學協會雜誌 第122卷 2號, 法學協會, 143면. 이 외에 차등의결권주식 등과 관련하여 주주의결권의 이론적 근거에 대한 설명으로는 김건식, "무의결권우선주에 관한 연구," 회사법 연구 II, 소화, 2010, 233면 이하.

3) Henry T. C. Hu/Bernard Black, "Empty Voting and Hidden(Morphable) Ownership : Taxanomy, Implications, and Reforms," The Business Lawyer Vol.61 (May 2006), p.1015. 이하에서는 이를 의결권 분리라고 통칭한다.

4) Henry T. C. Hu, "Misunderstood Derivatives : The Causes of Information Failure and the Promise of Regulatory Incrementalism," 102 Yale L. J. (1993), p.1457.

있는지 여부가 문제된다. 또한 자본시장과 금융투자업에 관한 법률(이하 '자본시장법') 제147조에서 규정하는 주식 대량보유 상황 보고 및 제173조의 주요 주주 특정 증권 등 소유상황 보고 등 지분공시제도와 관련하여 의결권 분리현상을 어떻게 취급하여야 하는지도 논란이 되고 있다.

이러한 관점에서 미국을 비롯한 여러 나라에서는 의결권 분리의 경우 회사법이나 증권법적 관점에서 해당 주주를 어떻게 취급할 것인지가 심도 있게 논의되고 있다.

2. 관련 사례

이러한 의결권 분리현상에 대해서는 상당히 다양한 사례가 논의되고 있다. 이 중에서 대표적인 사례를 소개하면 다음과 같다.

(1) Perry-Mylan 사례

의결권 분리에 관하여 가장 많이 언급되고 있는 Perry-Mylan 사례를 보자. Perry Corp.라는 미국 헤지펀드가 미국 회사인 King Pharmaceuticals(이하 'King')의 주식 700만 주를 소유하고 있었다. 그런데 2004년 하반기에 미국 회사인 Mylan Laboratories(이하 'Mylan')가 King과 합병을 하기로 이사회에서 결정하였고, King의 주가에 상당한 프리미엄을 가산한 합병대가가 King 주주들에게 지급될 예정이었다. 그러나 위 결정이 발표된 직후 해당 합병조건이 Mylan의 주주들에게는 이익이 되지 않는다는 이유로, Mylan의 주가가 급락하였다. 이에 Perry Corp.는 Mylan의 주주들이 주가하락으로 인하여 합병에 반대하는 것을 막기 위하여 9.9%의 Mylan 주식을 매입하여 최대주주가 되었다.[5] 그러나 Perry Corp.는 Mylan 주식취득을 하면서 주식스왑계약에 의하여 위 주식에 대한 위험을 모두 이전하였다. 즉 합병 승인으로 인하여 Mylan의 주식가치가 하락하는 경우에도 Perry Corp.는 전혀 손해를 보는 상황이 아니었다. 오히려 합병이 승인되는 경우 Perry Corp. 역시 King의 주주로서 이익을 볼 수 있었다. 결국 Perry Corp.는 합병을 통해 Mylan의 주식가치가 하락하는 방향으로 의결권을 행사하여 이를 통해 King의 주식가치 상승으로 인한 이익을 볼 수 있는 유인이 있었다. 이에 대해서 Mylan의 대주주였던 Carl Icahn이 Perry Corp. 및 유사한 전략을 택한 다른 헤지펀드들을 상대로 미국 연방증권거래법 Section 13(d)의 공시의무 위반 등을 근거로 그 의결권 행사를 금지하는 소송을 제기하였다. 해당 소송에서 Carl Icahn은 Perry Corp. 등은 주식에 대한 이해관계를 이전하여 회사의 가치를 증대시키는 방향으로 의결권을 행사할 유인이 없고, 오히려 회사 주식의 가치를 감소시키는 방향으로 의결권을 행사할 가능성이 있으므로 의결권을 인정해서는 안 된다고 주장하였다. 그러나 King의 회계상의 문제로 인하여 합병거래가 중단되었기 때문에 위 소송에 대해서 법원의 결정이 나오지는 아니하였다.

(2) CSX Corp.-The Children's Investment Fund Management (UK) LLP 사례

2008년에 문제된 CSX Corp.-The Children's Investment Fund 사례는 위 Perry-Mylan 사례와는 반대방향의 사례로서 주식에 대하여 이해관

5) Andrew Ross Sorkin, "Icahn Accuses a Hedge Fund of Stock Manipulation," N. Y. Times, 2004. 12. 13., www.nytimes. com/2004/12/13/business/13icahn.html 등.

계가 있고 사실상 의결권 행사도 예상되는 경우에 이를 공시할 의무가 있는지가 문제되었다. 헤지펀드인 The Children's Investment Fund(이하 'TCI')가 미국 철도회사인 CSX Corp.(이하 'CSX')의 주식 4.1%를 직접 취득하고, 추가로 11%의 주식에 대해서 Deutsche Bank 등과 현금결제형 주식스왑계약을 체결하여, 주식 가치변동에 대한 이해관계를 가지게 되었다. 당시 Deutsche Bank 등은 위 스왑계약 이행을 위하여 그 대상이 되는 CSX 주식을 직접 취득하였고,[6] TCI와의 주식스왑계약이 해지되는 경우 해당 주식을 TCI에게 양도할 예정이었으며 의결권의 행사도 TCI의 의도대로 이루어질 가능성이 높았다. 실제로 TCI는 CSX 경영진이 미리 예상치 못한 시점에서 위 주식스왑계약을 해지하고 위 금융기관들로부터 주식을 취득하여 CSX 주주총회에서 의결권을 행사하였다. CSX에서는 위와 같이 주식스왑계약을 통해 TCI가 CSX 주식 15.1%에 대한 실질소유자(beneficial owner)가 되었음에도 1934년 연방증권거래법 Section 13D에 의한 5% 보고를 하지 않았다는 점을 이유로 TCI의 의결권 행사를 금지하는 소송을 제기하였다. 미국 SEC는 이에 대한 법원의 의견조회에 대하여 단순히 현금결제형 주식스왑계약을 체결한 경우에는 그 상대방이 해당 주식을 반드시 취득하거나 혹은 해당 주식의 의결권을 주식스왑계약의 상대방 당사자의 의사대로 행사하여야 할 법적 의무를 부담하는 것도 아니라는 이유로 1934년 연방증권거래법에 대한 SEC General Rules and Regulations 13d 3-(a)에서 규정하는 주식의 실질소유자에 해당하지는 않는다는 입장

6) 주식스왑계약에 의하면 금융기관들은 주식의 가치변동에 의한 변동현금흐름을 지급하고, 그 대가로 계약체결 시점에서의 주식 가격에 일정 수익을 더한 고정현금흐름을 제공받는다(주 17 참고). 그러므로 금융기관들의 입장에서는 해당 주식의 가치변동에 의한 위험을 제거하기 위해서 계약체결 시점에서 주식을 직접 취득하여 그 가치변동으로 인한 수익 혹은 손해를 상대방에게 지급하게 되는 것이 보통이다.

을 밝혔고, 다만 5% 보고의무를 회피하기 위하여 주식의 실질소유에 해당하지 않는 것처럼 보이기 위한 외양을 만들기 위하여 주식스왑계약 등을 체결한 경우에는 위 Rule 13d 3-(b)에 의하여 주식의 실질소유자로 간주하여 5% 보고의무를 부과할 수 있다는 견해를 밝혔다. 법원은 현금결제형 주식스왑계약의 경우 주식의 실질소유로 볼 수 있는지 여부에 대해서는 판단을 하지 않고, 본건의 경우에는 TCI가 5% 보고의무를 회피하기 위하여 주식스왑계약 등을 체결한 것으로 볼 수 있어서 5% 보고의무를 위반한 것으로 보았다. 다만 이에 대하여 의결권을 부정할 정도의 회복할 수 없는 손해의 위험을 인정하기 어렵다는 이유로 TCI의 의결권 행사를 금지하지는 않았다.[7)]

(3) 우리나라의 사례

우리나라의 경우에도 장외파생상품거래 혹은 주식대차거래 등을 통하여 이러한 의결권 분리현상이 문제될 수 있는 여지가 많다. 예를 들어 국내 기업이 기업 인수 · 합병 과정에서 부족한 인수자금을 조달하기 위하여 재무적 투자자를 유치하면서, 이들에 대하여 일정 시점에 해당 주식의 주가가 재무적 투자자의 최초 투자원금에 일정 수익을 가산한 금액에 미치지 못하게 되는 경우에는 위 금액으로 해당 주식을 인수기업에게 매각할 수 있는 권리(put back option)를 제공하는 경

7) CSX Corporation v. The Children's Investment Fund Management (UK) L.L.P. et al. 562 F.Supp. 2d 511, S.D.N.Y., 2008(June 11, 2008) ; CSX Corp. v. Children's Inv. Fund Management (UK) LLP, 292 Fed. Appx. 133 C.A.2(N.Y.) (Sep. 15, 2008) 참조. 이에 대한 자세한 분석으로는 Daniel Bertaccini, "To Disclose or Not to Disclose? CSX Corp., Total Return Swaps, and Their Implications for Schedule 13d Filing Purposes," 31 Card. L. Rev. 267 (2009), p.271 이하.

우가 많아 자주 논란이 되고 있다.[8] 이러한 경우에는 재무적 투자자의 입장에서는 해당 주식의 가치 하락에 의한 위험을 부담하지 않게 되고, 반대 형태인 call back option 계약도 같이 이루어지게 되는 경우에는 가치 상승에 의한 위험[9]도 부담하지 않게 된다. 결국 실질적으로 주식을 취득하여 의결권을 행사하면서 주식의 가치변동에 대한 이해관계는 보유하지 않는 상황이 된다.[10]

3. 논의의 방향

본 논문에서는 미국을 비롯한 여러 나라에서의 의결권 분리에 대한 논의들을 검토해 보고, 이를 바탕으로 우리나라에 있어서 이와 같은 현상을 법적으로 어떻게 다루어야 할지를 생각해 보도록 하겠다.

---

8) 공시된 자료에 기초하여 국내 주요 기업인수, 합병거래와 관련하여 put back option이 제공된 사례를 찾아보면 대한통운, 진로, S&T 대우, 사조대림, 무림 P&P 등이 있다.

9) 어떠한 가치의 변동 내지 불확실성을 재무관리적 측면에서는 위험이라고 하고, 이는 가치의 상승 및 하락에 의한 변동을 모두 포함한다. 주식에 대한 이해관계란 결국 이러한 주식가치의 위험을 부담하는 것을 말한다. 박정식/박종원/조재호, 현대재무관리(제6판), 다산출판사, 2006, 223면.

10) 이러한 이유로 기업회계기준 제8호 유가증권 48. 내지 50. 및 한국회계기준원 질의회신 "양방향 옵션 형태의 유가증권담보부차입거래와 관련한 회계처리(회제이 8360-00540, 2004. 11. 29)" 에서는 위와 같은 경우 재무적 투자자로부터 인수회사가 해당 주식을 담보로 자금을 차입한 것으로 회계처리를 하고 있다.

II. 의결권 분리현상에 대한 이론적 분석 및 유형화

1. 미국의 논의에서의 의결권 분리현상에 대한 분석틀

의결권 분리현상에 대한 최근의 논의는 미국의 헨리 T. C. 후 교수 및 버나드 블랙 교수의 문제제기에 의하여 촉발되었고, 지금도 위 두 교수가 논의를 주도하고 있다고 해도 과언이 아니다. 이들은 의결권 분리(decoupling) 현상에 있어서의 개념적 요소들을 추출하여 일종의 의결권 분리에 대한 분석틀을 제공하였고, 이후의 논의들도 위 두 교수의 분석틀에 의존하는 경우가 많으므로 여기서는 이를 간략히 살펴보기로 한다.[11)]

(1) 의결권 소유(Voting Ownership)

의결권 소유라고 함은 주주로서의 정식의결권(formal voting right)뿐만 아니라 주주에게 특정한 내용의 의결권 행사를 청구할 수 있는 권한을 포함하는 일체의 의결권 행사권한을 보유하고 있는 상태를 말한다.

(2) 경제적 소유(Economic Ownership)

주식에 대한 경제적 소유라고 함은 배당수익 및 주식가치의 변동에 의한 손익을 부담하는 것을 말한다. 의결권 소유와 경제적 소유에

---

11) Henry T. C. Hu/Bernard Black, "Debt, Equity, and Hybrid Decoupling : Governance and Systemic Risk Implications," European Financial Management Journal Vol.14 (2008), p.253 이하 등.

모두 해당하는 경우 이를 주식에 대한 전면적 소유(full ownership)라고 부른다. 일반적으로 특정 주주가 주식에 대한 경제적 소유의 크기보다 의결권을 더 많이 보유한다면, 다른 어느 한 주주는 주식에 대한 경제적 소유의 크기보다 더 적게 의결권을 보유하게 된다고 볼 수 있다.

(3) 연관자산(Coupled Asset) 및 순 경제적 소유(Net Economic Ownership)

경제적 소유는 직접적으로 주식 자체를 소유함에 의해서도 달성될 수 있고, 간접적으로 주식에 의한 경제적 이익과 동일한 이익을 제공하는 연관자산의 보유를 통해서 달성될 수도 있다. 연관자산은 옵션이나 선물 등 파생상품의 형태를 취하기도 하고, 주식대차계약 등에 의한 계약적 권리 등의 형태를 취하기도 한다. 주식에 대한 순 경제적 소유는 주식 및 연관자산에 의한 이해관계를 합산한 것이다.

(4) 관련부수자산(Related Non-host Assets) 및 총 경제적 이해관계(Overall Economic Interest)

투자자는 연관자산 이외에 관련부수자산을 보유할 수 있다. 관련부수자산은 해당 주식의 가치 변동과 관련이 있으나, 주식에 의한 경제적 이익과 동일한 이익을 제공하지는 않는다는 점에서 연관자산과 차이가 있다. 주식가치와 관련이 있는 다른 회사 주식 등이 이에 해당한다. 주식 및 연관자산, 관련부수자산에 대한 이해관계를 모두 합산한 것을 주식에 대한 총 경제적 이해관계라고 한다. 이는 양의 값 혹은 0이거나, 음의 값[12)]일 수도 있다.

(5) Empty Voting 및 Hidden Ownership

주식에 대한 총 경제적 이해관계에 비해서 의결권을 더 많이 가지고 있는 경우를 empty voting이라고 부른다. 이에 비해 주식에 대한 총 경제적 이해관계에 비해서 의결권을 덜 가지고 있는 경우를 hidden ownership이라고 부른다. hidden ownership은 의결권의 보유에 의한 각종 규제 혹은 공시의무를 부담하지 않기 위한 목적인 경우가 많고, 필요한 경우에는 해당 주식에 대하여 의결권을 회복하여 이를 행사할 수 있는 권한을 보유하는 경우도 많다. 이러한 경우를 hidden(morphable) ownership이라고 따로 표현하기도 한다.[13)]

(6) 사례에의 적용

위와 같은 분석틀을 앞서 본 Perry-Mylan 사례에 적용하여 보자. Perry Corp.는 자신이 가지고 있는 Mylan 주식에 대한 경제적 이해관계를 주식스왑을 통하여 이전하였으므로 순 경제적 소유(net economic ownership)는 0이 되고, 의결권만 보유한 것이 된다. 그러나 Perry Corp.는 King의 주식이라는 관련부수자산(related non-host assets)을 가지고 있었다. 그러므로 결국 Mylan 주식이 저평가될수록 Perry Corp.에게는 이익이 되므로 Perry Corp.의 Mylan 주식에 대한 총 경제적 이해관계는 음의

12) 이러한 경우에는 오히려 의결권을 행사하는 자가 주가를 하락시킬 유인을 가지고 있을 수 있어서, 이를 특히 negative voting이라고 부른다.

13) Henry T. C. Hu/Bernard Black, 앞의 논문(주 3), 1014면.

값이 된다고 할 수 있다. 즉 Perry Corp.의 Mylan 주식에 대한 의결권 행사는 negative voting에 해당하게 된다.

2. 국내법에 기초한 의결권 분리현상의 유형화

(1) 미국 회사법의 논의에 의한 분석틀의 문제점

앞서 살펴본 미국의 논의에 있어서의 분석틀은 우리 법제하에서의 의결권 분리현상을 고찰함에 있어서는 그대로 적용하기가 어렵다. 첫째로 양국 법제의 차이를 고려할 필요가 있다. 미국의 논의에 있어서는 의결권 소유에 관하여 정식의결권과 의결권 구속계약 등에 의하여 주주에게 의결권의 행사를 청구할 수 있는 권한을 구분하지 않는다. 미국 법의 경우에는 의결권 구속계약의 회사법적 효력이 인정되고, 이에 대한 확인판결 및 특정 이행 등이 가능할 수 있기 때문이다.[14] 그러나 우리 법하에서는 의결권 구속계약에 대해서 채권적 효력만이 인정되므로 이를 위반하여 의결권을 행사하더라도 주주총회의 결의는 회사법상 유효하고, 채무불이행에 의한 손해배상만을 청구할 수 있다.[15] 이는 상법 제386조 제3항에 기한 의결권의 위임의 경우에도 마찬가지여서, 가사 의결권 위임 철회를 제한하는 합의가 있는 경우라도 주주가 언제나 이를 철회하고 의결권을 행사할 수 있고, 이것이 주

14) 우홍구, "의결권행사에 관한 주주간 계약," 고시연구 제197호(1990. 8), 고시연구사, 79면 ; 이태종, "주주간의 의결권 계약에 관한 연구," 서울대학교 석사학위논문, 1980, 69면 이하 참조.

15) 이철송, 회사법강의(제14판), 박영사, 436면 ; 권기범, 현대회사법론(제2판), 삼지원, 2005, 581면 ; 정동윤, "주주의 의결권 행사에 관한 계약의 효력," 법조 통권 제23권(1974. 9), 법조협회, 12면.

주총회의 하자를 구성하지도 않는다는 것이 통설 및 판례이다.[16] 그러므로 우리 법제하에서는 정식의결권을 보유한 경우와 의결권 구속계약 등에 의하여 의결권 행사지시를 위한 채권적 권한만을 보유한 경우를 구분하여 고찰할 필요가 있다. 둘째로 위 분석틀은 그 자체로 논리 정합적이지 않은 부분이 있다. hidden ownership 중에 의결권 행사권한이 인정되는 hidden(morphable) ownership이 포함되는 것으로 설명하고 있는데, 이는 주식에 대한 경제적 이해관계와 의결권이 일치되는 경우이므로 양자의 차이가 존재하는 empty voting 혹은 hidden ownership과는 별개의 경우로 설명하는 것이 보다 논리적이다. 셋째로 순 경제적 이해관계와 총 경제적 이해관계의 구분도 필요성이 떨어진다. 실제 규제의 관점에서는 결국 총 경제적 이해관계가 종국적 의미가 있으므로 이를 주식에 대한 이해관계로서 규정하는 것이 분석에 있어서 효율적이다. 마지막으로 위와 같은 개념요소 체계는 기본적으로 헤지펀드 등의 파생상품투자에 의한 의결권 분리에 초점을 두고 있어서, 의결권 분리 전반을 망라적으로 고찰하고 이에 대한 적절한 해석론 혹은 입법론을 모색하기에는 부족한 점이 있다.

(2) 국내법적 시각을 통한 의결권 분리현상의 유형화

우리나라의 경우 아직 실제 사건을 통해 의결권 분리현상이 본격적으로 문제되고 있지는 않으나 우리 법제상으로도 의결권 분리에 해당

16) 정동윤, 회사법(제6판), 박영사, 2000, 335면 ; 박상근, "주주권의 포기와 의결권의 대리행사," 상사판례연구 제7권, 박영사, 2007, 32면 ; 대법원 2002. 12. 24. 선고 2002다54691 판결. 다만 이러한 전통적인 입장과 조금 다른 입장을 보인 하급심의 결정례로는 서울중앙지방법원 2008. 4. 29.자 2008카합1070 결정 참고.

하는 사례들이 적지 않다. 그러므로 우리 법에 맞게 의결권 분리현상을 분석할 수 있는 분류기준을 마련하고 이에 따라 적절한 법적 접근방안을 모색해 보는 것이 필요하다. 우선 주식에 대한 이해관계에 비하여 의결권을 더 많이 가지고 있는 경우를 생각할 수 있고, 이를 의결권 과다보유라고 부르기로 한다. 이는 다시 회사법상의 정식의결권이 있는 경우와 회사에 단지 해당 주주에 대하여 채권적으로 의결권 행사를 청구할 수 있는 권한을 가진 경우로 나눌 수 있다. 또한 각각의 경우에 있어서 법률에 의하여 이해관계를 보유하지 않게 된 경우와 계약 등 법률행위를 통해 이해관계를 이전하는 경우로 나누어 볼 수 있다. 특히 계약 등 법률행위를 통한 의결권 분리를 의결권 거래라고 부를 수 있겠다. 의결권 거래 중에는 의결권 구속계약 혹은 백지위임장의 수취와 같이 주식을 보유하지 않으면서 의결권 행사권한만을 취득하는 전통적인 의결권 거래와 주식을 취득하되 파생상품 등을 통해 이해관계를 제거하는 신종 의결권 거래가 있을 수 있다. 반대로 주식에 대한 이해관계에 비해 의결권을 덜 가지고 있는 경우를 의결권 과소보유라고 부르자. 이에 대해서도 주식의 소유 여부 및 의결권 과소보유의 근거가 법률의 규정인지 법률행위인지 여부에 따라 구분할 수 있다. 이에 의하면 총 8가지의 분류가 가능하다. 다만 본 논문에서는 법률의 규정에 의한 의결권 분리에 대해서는 따로 논의하지 않고 법률행위에 의한 의결권 분리, 즉 의결권 거래에 초점을 맞추기로 한다. 법률의 규정에 의한 의결권 분리의 경우에는 관련 법규의 취지에 대한 고려가 필요하여 한정된 지면에서 이를 다룰 여유가 없고, 의결권 분리에 대한 법적 취급 및 규제는 아무래도 의결권 거래에 중점을 두기 때문이다. 법률행위에 의한 의결권 분리는 다음의 표와 같이 네 가지로 구분할 수 있다.

〈표〉 우리 법제하에서의 의결권 거래의 유형

	의결권 과다보유	의결권 과소보유
정식의결권 보유(주식소유)	A	C
채권적 의결권 행사권한 보유(주식불소유)	B	D

각각의 유형의 실례를 간략히 살펴보자. A 유형의 경우에는 주식을 소유하면서 주식스왑계약이나 콜옵션 혹은 풋옵션 등 파생상품계약을 통하여 이해관계를 이전한 경우,[17)] 주식을 대차하여 의결권을 행사하는 경우,[18)] 기준일(혹은 명의개서폐쇄기간) 이전에 주식을 취득한 후

---

17) 주식스왑계약은 일정 기간 동안 양 당사자가 주식의 가치변동으로 인한 현금흐름과 그러한 가치변동과 관련이 없는 고정현금흐름을 서로 교환하기로 하는 계약이다. 예를 들어서 주식을 소유하고 있는 A가 주식을 소유하고 있지 않은 B와 1년 기간의 주식스왑계약을 체결하는 경우, 그 이해관계를 표로 나타내 보면 다음과 같다. A가 B에게 파생상품계약 시점에서의 주식가치를 행사가격으로 한 풋옵션을 취득함과 동시에 콜옵션을 발행하는 경우에도 같은 결과가 된다.

	A의 현금흐름(주식가치변동)	B의 현금흐름(고정이자수익)
연초 주식 및 현금가치	1억 원	1억 원
주식에 대한 배당	+1,000만 원	
연말기준 주식가치 하락	-2,000만 원	
연말 고정이자수익 발생		500만 원
총계	9,000만 원	1억 500만 원
주식스왑결제 전 손익	-1,000만 원	500만 원
주식스왑결제	+1,500만 원	-1,500만 원
주식스왑결제 후 손익	500만 원	-1,000만 원

18) 금융감독원, 기업공시실무안내, 2010, 227면 ; 김좌광, "유가증권대차거래의 과세상의 문제점," 조세연구 제3집(2003), 세경사, 147면 이하에 의하면 주식대차거래도 민법상 소비대차계약이므로 해당 주식의 소유권은 차입자에게 이전되어 차입자가 의결권을 행사한다. 다만 차입자는 만기에 대여자에게 동종, 동량의 주식을 반환하고 대여시 주식가격을 기준으로 한 고정이자만 지급하면 되므로, 주식에 대한 이해관계는 대여자가 계속 부담한다. 이해관계 내역은 주 17의 주식스왑의 경우와 거의 동일하다.

기준일 경과 후 이를 처분하여 의결권을 행사하는 경우 등을 들 수 있다. B 유형의 경우에는 의결권 구속계약 혹은 의결권의 백지위임을 통한 의결권의 행사[19] 등이 있을 수 있다. C 유형의 경우에는 주식을 소유하면서 의결권만 이전한 경우로서 의결권 구속계약 혹은 의결권의 백지위임을 통한 의결권 이전 등이 있다. D 유형의 경우에는 주식을 소유하지 않으면서 주식스왑계약 등을 통해 그 이해관계만을 보유하거나, 주식을 대여한 경우 등이 있을 수 있다.

III. 의결권 거래를 통한 의결권 분리현상의 문제점 및 규제의 필요성

앞서 본 바와 같이 회사법상 주주에게 의결권이 인정되는 것은 주주가 회사의 가치변동에 대하여 직접적인 이해관계를 부담하는 자로서 회사에게 가장 유리한 의사결정을 할 수 있는 유인이 있기 때문이다. 의결권 거래를 통한 의결권 분리현상은 이 같은 전제에 부합하지 않는다는 점에서 논란의 대상이 된다. 어떠한 학자들은 의결권 거래를 통해 특정 주주의 개인적 이익을 위하여 회사의 이익과 반하는 방향으로 의결권이 행사될 우려가 있음을 지적한다.[20] 이에 비해서 의결

19) 의결권 구속계약과 동일하게 일회적이 아닌 포괄적이고 장기적인 의결권 위임의 허용 여부에 대해서는 논란이 있으나 이를 허용하는 견해가 보다 많다. 박상근, 앞의 논문(주 16), 32면 ; 대법원 2002. 12. 24. 선고 2002다54691 판결도 이를 허용하는 전제에서 쟁점에 대한 판단을 하였다.

20) Henry T. C. Hu/Bernard Black, "The New Vote Buying : Empty Voting and Hidden(Morphable) Ownership," 79 S. CAL. L. REV. 811 (2006), pp.816-818 ; Douglas R. Cole, "E-Proxies for Sale—Corporate Vote-Buying in the Internet Age," 76 WASH. L. REV. 793 (2001), pp.836-841.

권 거래가 오히려 의결권을 제대로 행사할 수 있는 자들에게 의결권을 배분할 수 있는 방법으로 효과적이라는 견해도 있다.[21) 이하에서는 이와 같은 논란의 대표적 견해 및 논거들에 대하여 살펴보고, 이에 대한 나름의 결론을 생각해 보도록 하겠다.

1. 의결권 거래를 통한 의결권 분리의 문제점을 지적하는 입장

(1) 집단행위 문제(Collective Action Problem)

의결권 거래의 첫 번째 문제점은 의결권 행사에 있어서의 집단행위 문제에 기인한다. 특히 분산된 지분구조의 경우 일반주주는 주주총회 결의의 결과에 어차피 영향을 미칠 수 없다고 생각하여 합리적인 의결권 행사를 위하여 노력하기보다는 다른 주주의 의결권 행사에 편승하기를 원하는 경향이 있다. 그러므로 개별 주주의 입장에서는 의결권 행사 여부에 따라 주주총회의 결과가 달라지지 않는 상황이므로, 가능하면 의결권 매각을 하여 의결권 매각 대가[22)를 추가로 받는 것이 당연히 유리하다고 생각하여 의결권 매각 압력을 받게 된다. 이는 전체 주주총회 의사결정의 왜곡을 가져온다. 소위 죄수의 딜레마

21) Saul Levmore, "Voting with Intensity," 53 STAN. L. REV. 111 (2000), p.115 ; Thomas J. André, Jr., "A Preliminary Inquiry into the Utility of Vote Buying in the Market for Corporate Control," 63 S. CAL. L. REV. 533 (1990), p.540 ; Robert Charles Clark, "Vote Buying and Corporate Law," 29 CASE W. RES. L. REV. 776 (1979), p.806 ; Michael D. Schmitz, "Shareholder Vote Buying — A Rebuttable Presumption of Illegality," 1968 WIS. L. REV. 927 (1968), p.930.

22) M. Thomas Arnold, "Shareholder Duties under State Law," 28 TULSA L.J. 213 (1992), p.226에 따르면 이러한 의결권 거래의 대가로는 금전 외에도 해당 주주 혹은 그 특수관계인에 대한 고용 등 여러 개인적인 이익이 있을 수 있다고 한다.

문제[23)]가 생기는 것이다.[24)]

(2) 주주 이익 탈취의 문제(Looting)

다음으로는 의결권 매수를 하는 주주들이 의결권을 매각하는 주주들의 이익을 탈취하게 된다는 점이다. 만약 의결권의 대가가 정당하게 형성되어 있다면 의결권만을 취득하는 경우와 주식 자체를 취득하여 그 의결권 및 이해관계를 같이 취득하는 것의 손익이 차이가 없게 되어 굳이 의결권 거래가 일어나지 않게 된다고 볼 수 있다. 바꾸어 말하면 의결권 거래가 일어난다면 의결권 취득이 주식 자체의 취득보다 이익이 된다는 의미로서 결국 매각하는 주주들의 입장에서는 그 의결권에 대한 가치를 전부 보상받지 못하고 그 일부를 탈취당하게 된다는 것이다.[25)] 의결권 거래를 통해 회사의 외부자 혹은 특별 이해관계를 가진 자들의 지대 추구행위(rent-seeking)가 가능하게 되어 회사 및 주주 일반의 이익에 손해를 초래할 수 있다는 견해도 있다.[26)]

(3) 인수 · 합병의 제한

의결권 거래가 경영권 방어를 위하여 이용되는 경우 주주의 이익에

---

23) 죄수의 딜레마 혹은 공범자의 딜레마에 대한 설명으로는 김영세, 게임이론(제3판), 박영사, 2007, 28면.

24) 이러한 주장에 대한 비판적 견해로는 Michael Zurkinden, "Corporate Vote Buying : The New Separation of Ownership and Control," (2009), available at SSRN : http://ssrn.com/abstract=1338624, p.18.

25) Douglas R. Cole, 앞의 논문(주 20), 801면.

26) Henry T. C. Hu/Bernard Black, 앞의 논문(주 20), 907-908면.

부합하는 인수 · 합병을 방해하는 비효율적인 경영권 방어수단으로 이용될 수 있으므로 허용될 수 없다는 비판도 있다.[27] 그러나 사실 이러한 비판은 동전의 양면과 같다. 뒤에서 보는 바와 같이 회사를 인수하려는 자가 의결권 거래를 하는 경우 이를 통하여 비효율적인 경영진의 교체를 위한 인수 · 합병이 용이해질 수 있다는 주장도 있다.

(4) 의결권 거래의 확산에 의한 부작용

의결권 거래가 허용되어 주주들이 의결권 매각을 주식을 통한 수익실현의 중요한 원천 중의 하나로 생각하게 된다면, 의결권 거래가 보다 활성화될 위험이 있다. 즉 주주들이 주주제안을 통해 여러 의안을 상정하고, 이에 대해서 해당 의안을 통과시키기를 원하지 않는 지배주주나 경영진으로 하여금 주식 매집 혹은 의결권 거래를 통해 이에 대해서 방어하도록 함으로써 의결권 거래를 통한 자신들의 수익을 극대화하려고 할 수 있다. 의결권 거래를 통하여 green mailing이 확대되는 경우라고도 볼 수 있다.[28]

27) Thomas J. André, Jr., 앞의 논문(주 21), 587면 ; Robert B. Thompson/Paul H. Edelman, "Corporate Voting," Vanderbilt Law Review Vol.62 (2009), p.166.
28) Michael Zurkinden, 앞의 논문(주 24), 22면 이하.

2. 의결권 거래에 의한 의결권 분리의 사회적 효익을 지적하는 입장

(1) 많은 정보를 가지고 정확한 판단을 할 수 있는 주주들의 영향력 확대

의결권 거래를 통해서 회사에 대하여 일반주주보다 많은 정보를 가지고 회사의 이익 여부를 정확히 판단할 수 있는 주주들이 회사의 의사결정에 대한 영향력을 확대할 수 있다는 점에서 효율적이라는 지적이 있다.[29] 또한 의결권 거래를 통해 능력이 출중한 주체가 보다 효율적으로 기업에 대한 지배권을 취득할 수 있게 된다는 입장도 있다.[30] 경험적 연구에 의하면, 주식대차거래 등 의결권 거래는 정보의 비대칭성이 심할수록, 문제되는 의안이 정당한 의안일수록 증가하게 되며, 특히 경영진의 임무위배행위가 심각할수록 이를 견제하기 위한 의결권 거래가 활성화된다고 한다.[31] 의결권 거래를 통하여 충분한 정보를 가진 주주들이 의결권을 결집하여 기업지배구조를 개선할 수 있다는 것이다.

---

29) Henry G. Manne, "Some Theoretical Aspects of Share Voting. An Essay in Honor of Adolf A. Berle," 64 Columbia Law Review 1427 (1964), p.1445 ; Saul Levmore, 앞의 논문(주 21), 125면.

30) Zvika Neeman/Gerhard O. Orosel, "On the Efficiency of Vote Buying When Voters Have Common Interests," 26 International Review of Law and Economics 536 (2006), p.545.

31) Susan E. K. Christoffersen et. al., "Vote Trading and Information Aggregation, European Corporate Governance Institute," 62 J. Fin. 2897 (2007), p.2901 이하.

(2) 인수 · 합병의 효율성 증대

의결권 거래를 통해서 인수 · 합병이 활성화되어 비효율적인 경영진으로 인한 대리비용의 문제가 극복될 수 있다는 지적도 있다.[32] 적대적 인수합병에 대한 방어행위를 어렵게 함으로써 기업지배권시장을 활성화할 수 있다는 견해도 이와 같은 입장이다.[33]

(3) 해당 의안의 타당성에 대한 신호(signal)로서의 기능

유상 의결권 거래의 경우 의결권 거래의 제안이 관련 의안의 타당성 내지 진정성에 대한 하나의 신호로서 기능하므로 일반주주가 이를 고려한 합리적 의사결정을 할 수 있어서 일반적인 무상 위임장 경쟁보다 효율적이라는 견해도 있다.[34]

(4) 주주총회결의에 있어서의 거래비용 감소 및 의결정족수제도의 단점 보완

주주총회를 통한 회사의 의사결정은 경영진의 대리비용을 감소시키는 데는 효과적이나 의결정족수의 확보가 필요하므로 의사결정과

32) Thomas J. André Jr., 앞의 논문(주 21), 545면.

33) Robert Charles Clark, 앞의 논문(주 21), 793-795면 ; Douglas H. Blair et al., "Unbundling the Voting Rights and Profit Claims of Common Shares," 97 J. POL. ECON. 420 (1989), p.442.

34) Michael Zurkinden, 앞의 논문(주 24), 7면.

정에서 생기는 hold-out[35]에 대한 비용 등 각종 비효율을 증대시킨다. 의안 통과 여부에 대한 불확실성이 존재하여 주주가 위임장 권유를 통하여 의안 통과를 시도하기로 결정하는 것도 쉽지 않다. 물론 주식 취득을 통한 지배권 확보가 종국적인 해결책이 되어야 할 것이나, 의결권 거래를 통하여 미리 상당한 정도의 의결권을 취득할 경우 이러한 불확실성을 제거할 수 있고 주주총회결의의 거래비용 및 의결정족수제도의 단점을 보완할 수 있다고 한다.[36]

3. 의결권 거래를 통한 의결권 분리에 대한 규제의 필요성에 대한 검토

(1) 의결권 거래의 장점에 관한 논의의 한계

의결권 분리의 장점으로 논의되고 있는 것들은 반드시 의결권 거래를 허용해야만 달성할 수 있는 것은 아니고, 다른 정책적 수단들을 통해서도 달성이 가능하다고 생각된다. 그러므로 이러한 단편적인 효과들이 총체적인 관점에서 의결권 거래를 허용해야 할 이유가 되기는 어렵다. 실제로 충분한 정보를 가진 주주들의 영향력 확대나 인수·합병의 효율성 증대, 주주총회결의의 거래비용의 감소 등의 장점은 위임장 권유제도의 효율적 개선 혹은 기업 인수·합병의 활성화를 위한 경영권 방어수단의 제한 등을 통해서도 충분히 달성될 수 있다. 게

35) 일부 소수주주의 반대로 회사에 이익이 되는 결의가 이루어질 수 없다는 문제점을 말한다.

36) Onnig H. Dombalagian, "Can Borrowing Shares Vindicate Shareholder Primacy?," 42 U.C. DAVIS L. REV. (2009), available at http://ssrn.com/abstract=1290034, p.56.

다가 의결정족수를 충족할 정도의 지분에 대해서만 의결권 거래가 이루어지게 되므로, 가사 이를 통해 회사에 이익이 되는 의안이 승인되는 경우에도 그로 인한 이익이 불균등하게 분배될 수 있다. 즉 의결권 거래에 참여하여 그 대가를 받은 주주의 경우에는 그렇지 못한 주주보다 더 많은 이익을 얻게 될 수 있다.

(2) 의결권 분리에 의한 회사의사결정의 왜곡

그러므로 위와 같은 논거들만으로는 주식에 대한 이해관계에 비례하여 의결권을 부여하는 것이 회사의 가치를 극대화하는 결정을 위해서 필요하다는 점을 부인하기 어렵다. 그렇지 않을 경우에는 자신의 결정에 대해서 그에 상응하는 회사의 이익을 분배받지 못하므로 회사 및 주주 전체에 이익이 되는 방향으로 의결권을 행사하지 않을 가능성이 크다. 이를 간단한 수식을 통하여 살펴보면 다음과 같다.[37)]

1) 지배주주에 의한 의사결정 왜곡[38)]

지배주주의 지분비율(이해관계의 비율)을 a라고 하고, a와 상관없이

---

37) 아래 수식은 그 모델설정에 있어서 현실적으로 발생할 수 있는 모든 고려요소들을 포함하지는 않았기 때문에 그 자체로 완결적이지는 않다. 그러나 주식에 대하여 이해관계를 보유하지 않은 경우에는 회사의 이익에 반하는 왜곡된 의사결정을 할 수 있다는 직관을 보여 준다는 점에서는 효율적이다.

38) 지배주주의 경우에 대한 수식은 Lucian Arye Bebchuk/Reinier Kraakman/George Triantis, "Stock Pyramids, Cross-Ownership and Dual Class Equity : The Mechanisms and Agency Costs of Separating Control From Cash-Flow Rights," Concentrated Corporate Ownership (R. Morck, ed.), p.451 이하에서 제시된 것을 응용한 것이다. 위 논문에서는 차등의결권주식, 지주회사구조, 주식상호보유에 있어서 의사결정의 왜곡을 다루고 있는데, 주식에 대한 이해관계와 그 의결권이 분리된다는 점에서 의결권 분리의 상황과 본질적으로 동일한 측면이 있다.

지배주주는 의결정족수 확보를 위한 충분한 의결권을 보유하고 있다고 가정해 보자. 공장증설이나 인력확충 혹은 기업 인수 · 합병 등 회사가 실현할 수 있는 프로젝트 X와 Y가 있다. 양자가 창출하는 회사 전체적인 가치는 V_X와 V_Y이고, 이 중 경영권 프리미엄 등 주주 전체가 아닌 지배주주에게만 귀속되는 가치[39)]를 B_X와 B_Y라고 하자. 프로젝트 Y를 택하는 것이 사회적으로 효율적이라고 가정하자($V_X < V_Y$). 그러나 이 경우 B_X가 B_Y보다 크다면 지배주주에게 귀속되는 이익은 X의 경우가 Y보다 클 수 있다. 이 경우 지배주주는 자신에게는 유리하나 사회적으로는 비효율적인 결정을 하게 된다. 이를 식으로 나타내면 다음과 같다.

$$a(V_x-B_x)+B_x > a(V_y-B_y)+B_y$$

이를 정리하면 다음과 같다.

① a>0인 경우(주식에 대해서 양의 이해관계를 가지는 경우)

$$V_y-V_x < \frac{1-a}{a}(B_x-B_y)$$

② a<0인 경우(주식에 대해서 음의 이해관계를 가지는 경우)

$$V_y-V_x > \frac{1-a}{a}(B_x-B_y)$$

39) 이에 대한 자세한 내용은 William A. Klein/John C. Coffee Jr., Business Organization and Finance, 9th Edition, Foundation Press (2004), p.175.

위 식을 살펴보면, 우선 지배주주가 주식에 대하여 음의 이해관계를 가지는 경우에는 위 ②의 식에서 우변이 음이 되고 좌변은 양이 되어 위 식이 항상 충족되고 결국 언제나 회사의 이익에 반하는 비효율적인 의사결정이 이루어진다. 또한 ①의 경우에도 a가 작아서 의결권 과다보유가 심화될수록 우변의 값이 커지므로 위 식이 충족되어 주주가 비효율적 의사결정을 할 확률이 높아진다. 즉 의결권 과다보유의 경우 지배주주의 의사결정 왜곡이 발생한다.

2) 지배주주가 아닌 일반주주에 의한 의사결정의 왜곡

의안의 결정이 일반주주의 의사결정에 달려 있는 경우, 즉 의안을 결정할 정도의 의결권을 가진 단독지배주주가 없는 경우를 보자. 일반주주의 경우에는 지배주주에게 인정되는 B가 문제되지 않는다. 대신에 회사 관련 정보 수집이 용이한 지배주주에게는 중요하지 않았던, 의결권 행사를 위한 의안자료 등 검토 및 의결권 행사 비용이 문제될 수 있다. 이를 C라고 하자. 의안이 가결될 경우의 회사가치를 V_Y라고 하고, 부결될 경우의 회사가치를 V_X라고 하자. 일반주주가 의안자료 등 검토 및 의결권 행사 비용을 지출하지 아니하는 경우에 의안이 승인될 확률을 k, 의안이 부결될 확률을 1-k라고 하자. 일반주주가 의안자료 등 검토 및 의결권 행사를 하지 않을 경우의 기댓값은 $kaV_Y+(1-k)aV_X$라고 할 수 있다. 여기서 a는 일반주주의 주식에 대한 이해관계의 비율이다. 이에 비해서 일반주주가 의안자료를 검토하여 의안이 회사 및 주식의 가치를 증가시킬 수 있는지 여부를 판단하여 찬성 혹은 반대의 의결권을 행사하는 경우에는 위 확률 k가 t로 변화할 수 있다. 만약 의안자료를 검토한 결과 의안을 승인하는 것이 회사에 이익으로 판단되어 의안에 찬성한다면 의결권을 행사하지 않는 경우보다 의안 승인 확률이 높아질 것이다. 일반주주의 의결권 비율이 높다면, 의결권을 행사하는 경우 주주총회에서 의안이 승인될 확률이 많이 증가하여 t와 k의 차이가 커지게 된다고 할 수 있다. 이를 수식으로 나타내 보면, $V_Y > V_X$인 경우에는 $t > k$가 된다. 반대로 $V_Y < V_X$인 것으로 확인되어 주주총회에 참석하여 의안에 대하여 반대 의결권을 행사하는 경우에는 $t < k$가 된다. 이 경우 기댓값은 $taV_Y + (1-t)aV_X - C$라고 할 수 있다. 그러므로 회사법에서 예정하고 있는 바와 같이 주주가 주식가치의 증대를 위하여 의안을 검토하고 이에 따라 의결권을 행사하기 위해서는 다음의 식이 만족되어야 한다.

$$taV_Y + (1-t)aV_X - C > kaV_Y + (1-k)aV_X$$

이를 정리하면 다음과 같다.

$$a(t-k)(V_Y - V_X) > C$$

앞서 본 바와 같이 $V_Y > V_X$인 경우에는 $t > k$가 되고, 반대로 $V_Y < V_X$인 경우에는 $t < k$가 된다. 그러므로 $(t-k)(V_Y - V_X)$는 항상 양의 값을 가진다.

$a < 0$인 경우, 즉 주식에 대해서 음의 이해관계를 가지는 경우에는 언제나 회사 전체의 이익에 반하는 비효율적인 의사결정이 이루어진다. 또한 (가)위 식의 좌변이 음이고 우변은 양이 되어서 언제나 위 식을 충족할 수 없다. 즉 일반주주가 음의 이해관계를 가지는 경우에는 의안자료를 검토하여 해당 의안이 회사에 이익이 되는 경우 찬성하는 방향으로 의결권을 행사하는 일은 발생하지 않는다. 오히려 이러한

경우에는 일반주주가 해당 의안이 회사에 이익이 된다는 점을 확인한 경우에는 의안에 반대하고, 회사에 이익이 되지 않는다는 점을 확인한 경우에는 의안에 찬성하게 되어 의사결정의 왜곡이 일어나게 된다.

a > 0인 경우, 즉 주식에 대해서 양의 이해관계를 가지는 경우에도 의결권 비율이 일정한 상태에서 주주의 이해관계 비율인 a가 작을수록 의결권 과다보유가 심화되고 의사결정이 왜곡될 확률이 a값이 작을수록, 즉 주식에 대한 이해관계를 적게 가질수록 직접 의안자료를 검토하여 의결권을 행사할 가능성이 낮아지게 되어 의사결정의 왜곡이 일어나게 된다.

IV. 의결권 거래를 통한 의결권 분리에 대한 규제방안

의결권 분리가 회사의 의사결정의 왜곡이라는 문제점을 가져오게 되므로 이를 어떻게 규제하여 위와 같은 문제점을 완화할 것인지에 대한 검토가 필요하다. 실제로 미국을 중심으로 이에 대한 논의가 활발하게 이루어지고 있고 이를 우리 법제에 맞게 취사선택하는 노력도 필요하다. 이러한 규제방안은 의결권의 제한과 같은 실체적인 규제방안과 의결권 분리현황 공시를 통한 절차적인 규제방안으로 나눌 수 있다.[40)]

---

40) 이 외에 간접적인 규제방안으로는 지배주주의 충실의무 이론 등의 적용을 통한 의결권 분리에 대한 규제, 의결권 분리 목적의 주식 대여 제한 등 주식 대여 시장 규제를 통한 의결권 분리의 억제, 주주총회 기준일과 주주총회일의 간격 축소 등 의결권 행사구조에 대한 기술적 개선이 논의되고 있다. Charles M. Nathan, "Empty Voting and Other Fault Lines Undermining Shareholder Democracy : The New Hunting Ground for Hedge Funds," Corp. Governance Advisor (2007), p.8 ; Marcel

1. 의결권 분리에 대한 의결권의 제한 혹은 의결권의 이전

의결권 분리는 주식에 대한 이해관계와 의결권이 일치하지 않게 되어서 생기는 문제이므로 직접적으로는 의결권 과다보유의 경우 그 의결권을 제한하고, 반대로 의결권 과소보유의 경우에는 그 이해관계에 상응하도록 의결권을 인정하여 문제점을 해결하는 방안을 생각해 볼 수 있다.

(1) 의결권 과다보유의 경우의 의결권 제한 여부

의결권 과다보유에 대한 의결권 제한의 구체적 방법으로는 다음의 두 가지가 있다. 하나는 사전적으로 해당 의결권 행사를 제한하는 것이다. 이러한 경우에는 의결권 행사의 내용이 회사의 가치증대에 이익이 되는지 여부와 상관없이 의결권 과다보유라는 이유만으로 의결권의 행사가 원천적으로 제한된다. 다음으로는 의결권의 행사는 허용하되, 의결권 행사의 내용이 회사의 이익에 반하여 해당 주식의 가치를 하락시키는 방향으로 이루어진 경우에 한하여 주주총회결의 취소소송 혹은 해당 주주에 대한 손해배상 청구소송을 통해 이를 사후적으로 제한하는 것이다.

Kahan/Edward B. Rock, "The Hanging Chads of Corporate Voting," Georgetown Law Journal Vol.96 (2008), p.1270 ; Henry T. C. Hu/Bernard Black, "Equity and Debt Decoupling and Empty Voting II : Importance and Extensions and Hidden(Morphable) Ownership," University of Pennsylvania Law Review Vol.156 (2008), p.717 등.

1) 해석론을 통한 의결권 행사 제한

우선 기존의 상법 규정 혹은 그 근저에 있는 회사법 원칙의 적용을 통해 의결권 과다보유의 경우 의결권을 사전적으로 제한할 수 있는지 여부가 문제된다. 널리 인정되는 회사법상 원칙인 1주 1의결권의 원칙 혹은 주식에 대한 경제적 권리와 의결권의 분리 금지 원칙 등을 통해 의결권을 제한하는 것을 생각해 볼 수 있다는 견해도 있다.[41] 특히 적어도 주식에 대하여 음의 이해관계를 가진 주주는 주식가치의 감소 내지 회사의 손해를 통하여 이익을 얻을 수 있으므로 그 의결권 행사를 제한하는 것이 회사법 원칙상 타당하다는 지적이 많다.[42] 그러나 우리 상법상 의결권에 관한 규정은 강행규정[43]이기에 구체적 예외규정 없이 단순히 회사법상의 일반원칙에 근거하여 의결권을 제한하는 것은 허용되기 어렵고, 헌법 제23조의 재산권 보장의 원칙에 위배된다는 비판도 가능하다. 그러므로 해석론을 통하여 의결권을 사전적으로 제한하기 위해서는 그 구체적인 근거규정이 필요하다. 이와 관련하여 주목할 수 있는 법규정이 특별이해관계인의 의결권 제한에 관한 상법 제368조 제4항이다. 의결권 과다보유 주주가 이에 해당하는 경우에는 사전적으로 의결권 행사가 제한될 수 있다. 특별이해관계의 의미 및 범위에 대해서는 여러 가지 견해가 대립되고 있지만, 일반적으로는 주주의 개인적인 이해관계가 회사의 이해관계와 충돌하여 회

41) Bruce H. Kobayashi/Larry E. Ribstein, "Outsider Trading as an Incentive Device," 40 U.C. DAVIS L. REV. 21 (2006), pp.42-44 ; Robert B. Thompson/Paul H. Edelman, 앞의 논문(주 27), 158면 이하.

42) Shaun Martin/Frank Partnoy, "Encumbered Shares," 2005 U. ILL. L. REV. 775 (2005), pp.787-804 등 ; Jonathan Cohen, "Negative Voting : Why It Destroys Shareholder Value and a Proposal to Prevent It," 45 Harv. J. On Legis. Vol.45 (2008), p.78 이하.

43) 정동윤/손주찬 대표편집, 주석상법 회사편 제3권, 한국사법행정학회, 2003, 97면.

사 내지 다른 주주의 이익을 희생하고 자신의 이익을 추구하는 방향으로 의결권 행사를 할 위험이 있는 경우로 보고 있다.[44] 그러므로 적어도 주식에 대하여 음의 이해관계를 가진 경우에는 회사의 손해가 본인의 이익이 되므로, 사안에 따라 달라질 수는 있겠으나 특별이해관계 있는 주주라고 볼 여지가 많을 것으로 보인다. 의결권의 사후적 제한의 경우도 해석론상 허용될 수 있는지 검토가 필요하다. 의결권 과다보유로 인하여 회사 전체의 이익에 반하는 방향으로 의결권이 행사된 경우에 있어서 이를 주주총회결의 하자소송의 대상으로 할 수 있는지는 현재의 해석론상 명확하지 않다. 그러나 다수파 주주 혹은 지배주주가 회사의 이익과 상반되는 방향으로 의결권을 행사하여 그 개인적인 이익을 추구하는 경우에는 이를 다수결의 남용 혹은 지배주주의 충실의무 위반으로 보아서 이에 대하여 결의방법의 현저한 불공정으로 인한 주주총회결의 취소소송 혹은 결의 내용의 불공정으로 인한 주주총회결의 무효확인소송이 가능하다는 견해가 많다.[45] 그러므로 이러한 해석론을 원용한다면, 다수주주 혹은 지배주주의 의결권 과다보유로 인한 의사결정의 왜곡에 대해서도 주주총회결의 취소소송 혹은 무효확인소송이 가능하다고 볼 여지가 있다.

2) 입법을 통한 의결권 제한

다음으로는 입법을 통한 의결권 제한방법을 생각해 볼 수 있다.[46]

---

44) 정동윤/손주찬 대표편집, 앞의 책(주 43), 90면.

45) 주주총회결의 취소소송 사유라는 입장으로는 정동윤/손주찬 대표편집, 앞의 책(주 43), 134면 등. 주주총회결의 무효확인소송 사유라는 입장으로는 이철송, 앞의 책(주 15), 486-487면 등.

46) Henry T. C. Hu/Bernard S. Black, 앞의 논문(주 40), 697, 701면. 직접적인 입법을 통해 의결권을 제한하는 방법 이외에 회사별로 정관규정을 통한 의결권 제한을 하

입법을 통한 의결권 제한에 대해서는 이론적으로 여러 논란이 있을 수 있다. 기본적으로 주주는 그 동기 여하를 불문하고 자유롭게 의결권을 행사할 수 있어야 한다는 반론이 가능하다. 의결권의 행사는 주주의 권리로서 헌법 제23조상의 재산권 행사의 자유로서 보호되기 때문이다. 또한 의결권 분리 여부를 고려하여 의결권 제한 여부를 판단하는 경우 주주총회에서 표결의 결과를 신속하고 정확하게 산정하는 것이 어려워져 효율적인 의결권 행사제도를 설계함에 있어서 장애가 된다는 지적도 가능하다. 그러나 우리가 여기서 논의하고자 하는 것은 의결권이 주주라는 형식적 자격에 의하여 당연히 부여되는 주주의 재산권인지 여부 자체에 대한 의문이다. 주주라는 형식적 자격이 중요한 것이 아니고 실질적으로 주주가 주식에 대하여 이해관계를 부담하고 회사의 이익을 위한 최선의 의사결정을 할 수 있는 유인이 있는지 여부를 가지고 의결권 행사의 자격을 따진다면, 위와 같은 자격이 없는 자의 경우에는 의결권을 제한할 수 있다는 입론도 가능하다. 비근한 예로 자본시장법상 기업인수목적회사 발기주주의 경우 합병결의를 위한 주주총회에서 의결권이 제한되고 있는데 이는 발기주주와 공모주주 간의 주식에 대한 이해관계의 차이를 고려한 것이다.[47] 다만

도록 하는 방법도 제안되고 있다.

47) 기업인수목적회사(자본시장법 시행령 제6조 제4항 제14호)의 경우 투자매매업자 등 발기주주는 주식을 공모하여 자본을 유치하며 합병대상법인을 물색하는 대신에 공모주주인 투자자들에 비하여 낮은 발행가를 지급하고 주식을 취득하므로 합병시 일반 공모주주들보다 많은 이익을 보게 된다. 더구나 합병 이후 주식가치가 공모가에 미달하여 일반주주에게 손해가 되는 경우에도 위 주식가치가 자신이 지급한 발행가보다 높으면 합병을 추진하는 것이 이익이어서 일반주주의 이익과 상반되는 왜곡된 의사결정도 가능하다. 그러므로 투자자보호를 위하여 확약서의 제출 등을 통하여 합병승인을 위한 주주총회의 특별결의에 있어서 의결권의 행사 및 반대주주 주식매수청구권의 행사가 제한된다. 이러한 확약서는 기업인수목적회사 상장을 위한 필수 제출서류이다(유가증권상장규정 제10조의2 제6호 가목, 코

의결권 과다보유라는 이유로 일률적으로 의결권을 제한하기보다는 헌법 제37조 제2항의 비례의 원칙에 의하여 그 사안의 경중을 가려서 문제점의 정도에 상응하는 제한을 할 필요가 있다. 음의 경제적 이해관계를 가진 경우에는 회사의 이익과 주주의 이익이 정면으로 충돌하는 것이므로 사전적 의결권 제한을 인정하되, 양의 경제적 이해관계를 가졌으나 단지 이에 비해 의결권을 더 많이 가지고 있는 경우에는 필요에 따라 사후적인 의결권 규제를 가하는 방법 등을 생각해 볼 수 있다. 또한 정식의결권을 통한 의결권 과다보유(〈표 1〉의 A 유형)와 달리 채권적 권한을 통한 경우(〈표 1〉의 B 유형)에는 실제 이해관계를 부담하는 주주가 의결권을 회복하여 행사하는 것이 가능하므로 규제의 필요성이 덜할 수도 있다.[48)]

(2) 의결권 과소보유의 경우의 의결권 인정 여부

의결권 과다보유에 대한 의결권 제한에 대응하여 의결권 과소보유의 경우에 있어서 의결권을 인정할 필요가 있다는 논의가 있다.[49)] 예를 들어 어느 주주가 주식스왑계약을 통하여 주식에 대한 이해관계를

스닥시장상장규정 제4조의3 제1항 제5호 가목). 법적 형식 자체는 주주의 확약서를 통한 의결권 제한이므로 회사에 대한 효력은 없다고도 볼 수 있으나, 실질상으로는 법제도적으로 이러한 의결권의 행사가 제한되고 있다고 할 수 있다.

48) 회사의 입장에서는 해당 주식과 직접 연결된 연관자산만을 고려하여 이해관계를 추정하고 관련부수자산은 고려하지 아니하되, 다만 주주에게 관련부수자산 등에 대한 입증을 통해 회사의 이러한 추정을 번복하도록 하는 등 의결권 분리 여부에 대한 간명한 판단기준을 마련하여 주주총회를 진행하는 회사의 입장에서 효율적으로 의결권 제한 여부를 판단할 수 있도록 하여야 한다는 지적도 있다. Henry T. C. Hu/Bernard Black, 앞의 논문(주 40), 705면.

49) 대표적으로 Shaun Martin/Frank Partnoy, 앞의 논문(주 42), 805-806면.

이전한 경우에 있어서 해당 주주의 의결권을 제한한다면, 이에 대응하여 그 이해관계를 이전받은 자에게 의결권을 인정할 필요가 있다는 것이다. 이와 같은 주장에서는 자본시장법 제315조에서도 도입되어 있는 실질주주제도를 근거로 들고 있다. 회사의 주주명부에 등재된 형식주주는 증권예탁결제원이나 실제로는 증권예탁결제원에 주식을 예탁한 고객을 주식에 대하여 이해관계를 가지고 있는 실질주주로 보아 의결권 행사를 인정하고 있다는 것이다. 그러나 실질주주의 경우에는 실제로 주권을 소유하여 이를 예탁한 자이고 원하는 경우 자신의 주권을 반환받아 형식주주로서 주주권을 행사할 수 있다는 점에서 이를 근거로 의결권 과소보유의 경우 의결권을 인정하기에는 부족함이 있다. 오히려 우리 법제하에서 주목할 만한 것은 상법 제526조 제2항이다. 이에 의하면 합병신주의 인수인은 합병보고 주주총회에서 주주와 동일한 권리가 있다.[50] 상법 제530조 제2항 및 상법 제234조에 의하여 합병신주 발행 등 합병의 효력은 합병등기시에 발생하므로[51] 합병등기 전의 합병보고총회에서는 합병신주 인수인은 아직 주주가 아니다. 그러나 위 상법 제526조 제2항에서 특칙을 두어서 채권자보

---

50) 합병보고안건 자체에 대한 의결권은 의미가 없으나, 흡수합병의 보고총회 역시 주주총회이므로 합병보고 이외에 다른 의안에 대한 결의도 가능하다. 이 경우 합병신주 인수인도 다른 의안에 대해서 의결권을 행사할 수 있는지 여부에 대해서는 위 상법 제526조 제2항의 법문상 이를 긍정하는 견해와, 합병기일 이전에 종료한 사업연도의 재무제표승인과 이익배당 외에는 가능하다는 견해가 대립한다. 위 규정은 합병신주 인수인에게 예외적으로 권리를 인정한 것이라는 점에서 합병보고 이외의 의안에 대해서는 아예 의결권을 행사할 수 없다는 해석도 가능하다. 그러나 적어도 현재의 학설상으로는 재무제표승인과 이익배당 이외의 안건에 대해서는 합병신주 인수인도 의결권이 있다고 보는 것으로 생각된다. 정동윤/손주찬 대표편집, 앞의 책(주 43) 제4권, 516면 ; 권기범, 기업구조조정법, 삼지원, 2002, 276면.

51) 이철송, 앞의 책(주 15), 857면 ; 정동윤/손주찬 대표편집, 앞의 책(주 43) 제1권, 292면 ; 권기범, 앞의 책(주 50), 281면.

호절차 및 주식병합절차 등 합병절차가 실질적으로 종료된 이후에는 합병신주 인수인도 주식에 대한 이해관계를 부담한다고 보아 합병보고 주주총회에서 주주와 동일한 권리가 있다고 규정하고 있다. 현재 상법 및 자본시장법 등에 대한 해석론을 통해서는 의결권 과소보유 일반에 대하여 의결권을 인정하기는 어렵다. 입법론으로는 위와 같은 상법 제526조 제2항의 존재 등을 고려할 때, 의결권 과소보유에 대한 제한적인 의결권 인정을 고려할 수 있는지가 문제될 수 있다. 특히 의결권 과다보유에 의해 의결권이 사전적으로 제한되는 경우 의결권 행사의 공백이 있게 되고, 이는 반사적으로 다른 주주들이 적은 지분을 통해 회사의 의사결정을 지배할 수 있게 되어 또 다른 의사결정의 왜곡을 가져올 수 있어서 이 부분에 대해서는 의결권의 이전이 필요하다는 주장도 가능하다.[52] 그러나 이러한 주장은 다음과 같은 점에서 타당하지 않다고 생각된다. 우선 음의 이해관계를 가진 주주에 대한 의결권 제한은 해당 주주가 회사의 가치를 하락시키는 방향으로 의결권을 행사할 수 있고, 이는 회사 및 다른 주주의 손해를 야기하므로 의결권 제한의 필요성이 강하지만, 의결권이 제한되는 주주로부터 이해관계를 이전받은 자에게 의결권을 인정할 필요성은 위와 같이 강하다고 볼 수는 없다. 위와 같은 의결권의 공백은 의결권 제한의 경우에만 발생하는 것이 아니다. 소수주주가 주주총회에 불출석하여 의결권을 행사하지 않는 경우 그 반사적 효과로 다른 주주의 의결권 비율이 증가할 수 있다. 그러므로 의결권의 공백으로 인한 문제점만을 근거로 의결권 과소보유의 경우 의결권을 인정하여야 한다고 주장하는 것은

52) 40%의 지분을 가지고 있는 주주의 의결권이 제한된다면, 결과적으로 다른 45%의 지분을 가진 주주에게 75%의 의결권을 인정하는 셈이 되어 역시 의결권 과다보유의 상황이 될 수 있다.

한계가 있다. 두 번째로 음의 이해관계를 가진 주주의 거래 상대방으로서 주식에 대하여 이해관계를 가지는 경우가 실제로는 상당히 복잡한 양상으로 나타날 수 있다. 예를 들어서 주식스왑계약의 상대방이 다시 일부 지분에 대한 주식스왑계약을 통해서 이해관계의 일부만을 이전하는 것도 가능하고, 해당 이해관계를 이전받은 자가 다시 다른 형태의 파생상품계약 등을 통하여 그 이해관계를 제3자에게 이전하는 경우도 가능하여 실제로 의결권을 행사할 자를 찾는 것이 실무상 쉽지 않을 수 있다. 세 번째로는 음의 이해관계를 가진 주주의 거래 상대방으로서 주식에 대하여 이해관계를 가지는 자에게 의결권을 인정하는 것이 형평에 어긋날 수 있다. 왜냐하면 파생상품계약 등을 통하여 위 거래 상대방 이외의 제3자도 이와 동일한 이해관계를 보유할 수 있기 때문이다.

2. 의결권 분리에 대한 공시제도 개선

의결권 분리현상에 대한 효과적인 공시제도를 통해 투자자들에게 정확한 정보를 적시에 제공하는 것도 필요하다. 특히 자본시장법 제147조의 주식대량보유상황보고(5% 보고) 및 제173조의 주요주주 등 특정 증권 등 소유상황보고(10% 보고) 등의 지분공시제도는 기습적인 인수 · 합병 시도에 대한 방어 목적 이외에 해당 주식의 보유 현황 및 의결권 현황에 대한 정확한 정보가 공시를 통해 시장에 전달됨으로써 투자자가 올바른 판단을 할 수 있게 하여 시장의 효율성을 증대하고,[53] 지배주주가 지배권을 남용하여 개인적인 이익을 취하는 것을 감

53) Michael C. Schouten, "The Case for Mandatory Ownership Disclosure, Stanford

시 및 통제하는 등 회사지배구조의 개선 기능을 하고 있다.[54] 의결권 분리의 경우에는 회사의사결정이 왜곡될 가능성이 증가하므로 자본시장의 효율성 증대 및 기업지배구조 개선을 위하여 투자자에게 그 내역을 공시할 필요가 있다. 또한 앞서 본 의결권 분리에 대한 의결권 제한 혹은 의결권 이전 규제를 절차적으로 뒷받침하기 위해서도 회사 및 다른 투자자들에게 의결권 분리 내역을 공시하여 그에 대한 효율적인 정보제공을 통해 의결권의 사전적 제한 혹은 사후적 제한 등의 조치를 가능하게 하는 것이 필요하다. 이러한 관점에서 공시제도의 개선 논의가 미국을 중심으로 각국에서 이루어지고 있다.[55]

(1) 미국에서의 공시제도 개선 논의

미국 연방증권거래법상 주식의 소유 현황에 대한 공시규제는 1934년 미국 연방증권거래법 Section 13D 및 Section 13G에 의한 5% 보고, 동법 Section 13F에 의한 기관투자자의 주식소유현황보고, 동법 Section 16에 의한 10% 보고와 미국 연방투자회사법 Section 30에 의한 뮤추얼

Journal of Law," Business & Finance (Forthcoming), available at SSRN : http://papers.ssrn.com/sol3/papers.cfm?abstract_id=1327114, p.6 이하 ; Michael C. Schouten/Mathias M. Siems, "The Evolution of Ownership Disclosure Rules Across Countries" (2009), available at SSRN : http://ssrn.com/paper=1434144, p.5.

54) Paul G. Mahoney, "Mandatory Disclosure as a Solution to Agency Problems," 62 U. Chi. L. Rev. 1047 (1995), p.1052 ; Bernard Black, "The Core Institutions That Support Strong Securities Markets," 55 Bus. Law. 1565 (2000), p.1588.

55) 미국에서는 Marcel Kahan/Edward B. Rock, "Hedge Funds in Corporate Governance and Control," 155 U. PA. L. REV. 1021 (2007), p.1077 ; Henry T. C. Hu/Bernard Black, 앞의 논문(주 20), 819면 이래로 다수의 논의가 전개되었고, 이 외에 영국, 스위스, 호주, 홍콩 등에서도 주식에 대한 경제적 이해관계와 의결권의 분리현상을 반영할 수 있는 지분공시제도를 마련하려는 시도가 이루어지고 있다.

펀드 보유지분보고의 5가지 규제로 나누어져 있다.[56] 이러한 5가지 규제는 너무 복잡하고 이해하기 어려운 데다가, 일관성이 떨어지는 측면이 있다는 비판이 있다. 게다가 경제적으로 그 실질이 동일한 상황임에도 법적 형식의 구성에 따라서 공시 여부가 달라지기도 하고, 의결권에 비중을 두어 주식에 대한 이해관계를 제대로 공시하지 못하고 있다. 그러므로 장외파생상품 및 주식대여시장이 활성화 및 의결권 분리현상을 고려할 때, 이러한 5가지 규제를 단순화하여 하나의 지분공시제도로 통합하는 동시에 주식에 대한 의결권과 이해관계 양자를 포괄하는 공시규제를 통해 의결권 분리를 효과적으로 공시할 필요가 있다고 한다.[57]

(2) 우리나라에서의 지분공시제도 개선 방향

우리나라의 지분공시제도는 앞서 본 5% 보고 및 10% 보고가 있다. 양자는 그 요건 및 범위에 있어서 차이가 있으나 대체적으로는 5% 보고제도가 10% 보고제도를 포괄하고 있는 것으로 이해되므로 한정된 지면을 고려하여 여기서는 5% 보고제도를 중심으로 논의해 보고자 한다. 미국과는 달리 우리나라의 5% 보고제도는 대상증권과 관련하여 주식 이외에 파생결합증권을 포함하고, 의결권 구속계약을 통한 공동보유도 공시하도록 하고 있는 등 상당히 광범위하게 주식에 대한 이해관계 및 의결권 보유 현황을 공시하도록 하고 있어서 현행 제도만

56) 공시에 관한 세부적인 내용 및 서식은 미국 연방증권거래위원회 General rules and regulations promulgated under the Securities Exchange Act of 1934 (17 CFR Part 240) 참조.

57) Henry T. C. Hu/Bernard Black, 앞의 논문(주 40), 682면 ; Jonathan Cohen, 앞의 논문(주 42), 246면 등.

으로도 의결권 분리 여부가 상당 부분 공시될 수 있는 것으로 생각된다.[58] 무엇보다도 주식의 형식적 소유 이외에 ① 누구의 명의로든지 자기의 계산[59]으로 주식을 소유하는 경우, ② 법률의 규정이나 매매, 그 밖의 계약에 따라 주식 등의 인도청구권을 가지는 경우, ③ 법률의 규정이나 금전의 신탁계약 · 담보계약, 그 밖의 계약에 따라 해당 주식 등의 의결권 혹은 의결권 행사지시권한을 가지는 경우, ④ 주식 등을 기초자산으로 하는 옵션의 행사에 의하여 매수인으로서의 지위를 가지는 경우 등에 있어서도 공시 의무가 발생하도록 하고 있다. 그러므로 주식을 직접 소유하지 않으면서 파생상품 등을 통해 주식에 대한 이해관계를 부담하는 경우 및 각종 계약에 의하여 해당 주식에 대한 의결권 행사권한을 가지는 경우도 자본시장법의 해석상 대부분 공시가 가능하다고 볼 여지가 있다. 다만 해당 회사 주식의 가치와 관련이 있는 다른 회사 주식 등 관련부수자산의 보유에 의한 주식에 대한 총 경제적 이해관계에 대해서는 5% 보고제도에 의해서도 공시되지 않는 부분이 있는 것으로 생각된다.

5% 보고제도가 의결권의 취득을 중심으로 규율되고 있고 이에 상응하는 주식에 대한 이해관계는 대상으로 하고 있지 못하므로 이를 개선할 필요가 있다는 논의가 있다.[60] 그러나 위에서 살펴본 대로 별도의 입법적 개선이 없어도, 현재 자본시장법의 해석론으로도 주식에

58) 이하의 내용은 자본시장법 제147조, 제133조 및 동법 시행령 제139조, 제141조 등 참조.

59) 자기의 계산으로 주식을 소유하는 경우라 함은 일반적으로 그 주식 취득을 위한 자금이 본인의 출연에 의한 것이고 그 주식 취득에 따른 손익이 본인에게 귀속되는 경우를 말한다. 대법원 2007. 7. 26. 선고 2006다33609 판결 참고. 上柳克郎/鴻常夫/竹內昭夫, 新版 注釋會社法 (3), 有斐閣, 1986, 221-224면.

60) 최민용, "주식 등의 대량보유의무의 재검토 : 의결권과 수익권의 분리 현상을 중심으로," 상사법연구 제26권 제2호(2007), 한국상사법학회, 475, 483면 이하.

대한 일정한 이해관계를 보유하고 있는 경우 대부분 5% 보고의 대상이 된다고 볼 여지가 있다. 다만 관련부수자산의 보유에 의한 주식에 대한 총 경제적 이해관계에 대해서는 현행 지분공시제도를 통해서는 공시가 충분하다고 할 수 없으므로 이 부분은 제도를 개선할 필요가 있다. 다만 지나친 지분공시범위의 확대는 투자자에게 무리한 부담을 부과하고 효율적인 인수 · 합병을 저해할 수 있으므로 그 범위 및 정도에 있어서는 신중한 검토가 필요하다고 할 수 있다.

V. 결어

본 논문에서는 미국을 비롯한 여러 나라에서의 의결권 분리에 대한 논의들을 기초로 주식에 대한 이해관계와 의결권이 분리되는 사례들을 고찰하고, 이를 우리 법제상의 시각에 기초하여 유형화해 보았다. 그리고 이를 바탕으로 의결권 거래를 통한 의결권 분리현상의 문제점 및 이에 대한 규제방안에 대해서 생각해 보았다. 회사의 주식과 관련한 다양하고 복잡한 거래가 활성화되면서, 이제는 더 이상 주식을 소유하는 경우와 그렇지 않은 경우의 이분법은 성립할 수 없고, 양자의 사이에 다양한 형태의 스펙트럼이 존재하게 되었다. 의결권 분리현상 역시 이를 반영하는 것으로 볼 수 있고, 회사법이나 증권법적인 관점에서 이러한 현상을 어떻게 다룰 것인지에 대한 진지한 고민이 필요한 시점이라고 할 수 있다.

14

제14장

파생금융상품 회계에 대한 이해*

-한국채택국제회계기준을 중심으로-

최재영**

I. 파생상품 회계의 이해

우리나라에서는 1984년 금리스왑거래의 허용 이후 수없이 많은 새로운 파생상품이 등장했다. 이에 따라 한국에서도 파생상품의 독특한 특성에 맞게끔 회계기준을 수정해 왔다. 1989년 제정된 '금융선물거래와 관련한 회계처리기준'을 시작으로 1996년 '증권회사 회계처리규정', 기업회계기준 제76조인 '선물거래 등의 회계처리' 기업회계기준 예규 64-76인 '선물환 거래 등의 회계처리' 등 수정에 수정을 거듭하였다. 그러나 열거주의에 입각한 기존의 기준들은 새로운 파생상품

* 이 논문은 BFL 제44호(2010. 11)에 게재된 글을 수정 · 보완한 것이다.

** 국민은행 IFRS 준비단 팀장

이 등장할 때마다 기준을 새로이 수정해야 할 필요가 있었고, 결국 미국 SEC에 의하여 일반적으로 인정된 회계원칙(GAAP, Generally Accepted Accounting Principles)의 제정기관으로 인정받은 FASB(Financial Accounting Standards Board)가 1999년에 제정한 회계기준서인 SFAS(Statement of Financial Accounting Standards) No.133. 'Accounting for Derivatives and Hedging Transactions'에 기초하여 해석 53-70인 '파생상품 등의 회계처리'를 제정하게 되었다.

현행 한국회계기준은 기업회계기준 등에 관한 해석 53-70(파생상품 등의 회계처리)에서 파생상품 관련 기준을 설명하고 있으며 한국채택국제회계기준은 제1039호(금융상품 : 인식과 측정)에서 파생상품과 관련한 주요 내용을 다루고 있다. 기본적인 기준서의 구성은 파생상품

〈표 1〉 현행 한국회계기준과 한국채택국제회계기준의 주요한 차이(파생상품)

주요 사항	현행 한국회계기준 (해석 53-70)	한국채택국제회계기준 (제1039호)
파생상품의 정의	· 기초변수 및 계약단위의 수량 (또는 지급규정) · 순투자금액이 적거나 없음 · 차액결제가 가능	· 기초변수 및 계약단위의 수량 (또는 지급규정) · 순투자금액이 적거나 없음 · 미래에 결제
내재파생상품의 분리 회계	기본적인 규정은 동일. 단, 한국채택국제회계기준은 예외기준을 적용하고 있지 아니함. 즉, 분리회계의 요건 충족시 내재파생상품 분리회계 강제 적용	
파생상품의 공정가치 평가	합리적인 판단력과 거래의사가 있는 독립된 당사자 간에 거래될 수 있는 교환가격	보유자산이나 발행할 부채의 공시되는 적절한 시장가격은 일반적으로 현행 매입호가(Bid Price)이고, 취득할 자산이나 보유부채의 공시되는 적절한 시장가격은 매도호가(Ask Price)
위험회피 회계	일정 요건을 충족하는 경우 간편법 적용 가능	기본법만 인정

의 정의, 내재파생상품, 파생상품의 평가, 위험회피회계 등 공통적인 사항을 다루고 있다. 현행 한국회계기준과 한국채택국제회계기준의 주요한 차이는 〈표 1〉과 같다.

위에서 언급한 파생상품의 범위 및 공정가치 평가 관련 기준의 내용상 차이가 장외파생상품 회계처리에 주된 영향을 미치며, 구체적인 내용은 아래에서 설명한다.

II. 한국채택국제회계기준 도입으로 인한 장외파생상품 회계의 영향

1. 파생상품의 범위

한국채택국제회계기준상 파생상품은 기준서 제1039호의 적용범위에 해당하면서 다음의 세 가지 특성을 모두 가진 금융상품 또는 기타 계약을 의미한다.

i) 가치가 특정이자율, 주식가격, 상품가격, 환율, 물가지수, 신용지수 등의 기초변수 혹은 유사한 기초변수에 의해 변한다.

ii) 최초 계약시 순투자금액이 필요하지 않거나 시장요소의 변동에 유사한 영향을 받을 것으로 기대되는 다른 유형의 계약보다 적은 순투자금액이 필요하다.

iii) 미래에 결제가 이루어진다.

현행 한국회계기준은 파생상품 인식을 위한 위 세 가지 요건 중 미래결제 대신 차액결제요건을 요구하고 있다. 차액결제요건은 아래의 요건 중 하나를 충족하는 경우 충족하는 것으로 보고 있다.

i) 거래 당사자는 파생상품의 계약단위의 수량을 직접 인도할 의무가 없다.

ii) 만기 이전에 시장에서의 거래 등에 의해 차액결제가 가능하다.

iii) 거래 당사자가 파생상품의 약정내용에 따라 계약단위의 수량을 직접 인도해야 할지라도 해당 자산은 즉시 현금화될 수 있다.

한국채택국제회계기준에서는 특정 결제조건을 요구하지 않기 때문에, 총액결제가 가능한 계약이라도 파생상품 회계의 적용이 가능하다.

예를 들어, 시장성 없는 지분증권 매매계약에 있어서, 미래에 동 지분증권을 인도하여 결제를 하기로 약정한 경우 한국채택국제회계기준에서는 파생상품으로 분류되나, 현행 회계기준에서는 차액결제요건을 충족하지 못하여 파생상품으로 분류되지 아니한다.

신용파생스왑(Credit Default Swap)의 경우 일반적으로 장외파생상품의 법적 계약서인 ISDA(International Swap Dealer Association) Master Agreement를 기초로 거래되나, 현행 기업회계기준상 파생상품 충족요건 중 차액결제요건을 충족하지 못하여 지급보증으로 회계처리하는 사례가 존재하였다.

그러나 한국채택국제회계기준에서는 차액결제요건 대신 미래결제요건이 요구되므로 신용파생상품스왑은 파생상품으로 인식하여야 한다.

2. 장외파생상품 공정가치 평가 적용

(1) 매입매도호가 평가조정(Bid-Ask Valuation Adjustment)

현행 한국회계기준에서는 별도의 언급이 없으나, 금융감독원에서 규정한 파생상품업무처리 모범규준 7-1-10에서 장외파생상품의 평가와 관련하여 "시장가격의 중간값(매입-매도의 중간값)으로 포지션을 청산할 수 없다면 매입-매도 가격 중 보수적인 값을 이용하여 평가하도록 하고 있다. 다만, 포지션 청산이 필요 없는 상쇄 포지션의 경우 중간값으로 평가가 가능하다"로 규정되어 있다. 하지만 이 규정은 장외파생상품의 회계처리가 아닌 금융기관의 리스크 관리 목적으로 적용되었다.

이에 반해, 한국채택국제회계기준에서는 보유자산이나 발행할 부채의 공시되는 적절한 시장가격은 일반적으로 현행 매입호가이고, 취득할 자산이나 보유부채의 공시되는 적절한 시장가격은 매도호가라고 규정[1)]하고 있다.

국제회계기준을 도입하는 국내회사의 경우 일반적으로 장내파생상품의 경우 매입-매도호가가 공시되지 않고 종가가 공시되므로 종가를 이용하여 공정가치 측정을 하는 반면, 장외파생상품의 경우 중간값(Mid Price)으로 평가된 공정가치에 포트폴리오 수준에서 매입매도호가조정금액을 반영한 조정금액을 산출하여 공정가치에 반영하는 방법을 사용하고 있다. 참고로 현재 국제회계기준위원회에서는 미국회계기준과의 정합성을 위하여 중간값을 이용하여 파생상품을 평가

---

1) 한국채택국제회계기준 제1039호 실무적용지침 70 및 72.

하는 것을 허용하는 것에 대한 논의가 진행 중이다.

(2) 신용위험 평가조정(Credit-Valuation Adjustment)

현행 한국회계기준상에는 별도의 언급이 없으나, 한국채택국제회계기준에 따르면 파생상품의 공정가치 평가시에는 신용위험을 반영하도록 요구하고 있다.

장내파생상품은 공신력 있는 거래소를 통해 거래가 이루어지며, 거래소에서 증거금제도 등을 통해 거래 상대방의 채무불이행 위험을 원천적으로 차단하므로 공정가치 평가시 신용위험을 별도로 고려하지 않는다.

그러나 장외파생상품의 경우에는 파생상품 계약당사자 간 채무불이행 위험이 상호간 노출되어 있으므로, 공정가치 평가시 신용위험을 반영하는 것이 일반적인 파생상품 평가원칙에 부합한다.

거래 상대방의 신용위험을 반영하는 방법은 신용위험에 대한 신용스프레드(credit spread)를 산출하여 장외파생상품 평가시 사용하는 할인율에 반영하는 방법과 신용위험으로 발생할 예상손실을 측정하여 신용조정금액(credit adjustment)으로 차감하는 방법이 있으나, 국제회계기준을 도입하는 국내회사의 경우 일반적으로 후자의 방법을 사용하고 있다.

신용위험조정금액〔예상손실(Expected Loss)〕의 산출방법

예상손실(Expected Loss, EL)
= 부도시 익스포저(Exposure at Default, EAD) × 예상부도율(Probability Default, PD) × 부도시 가중평균손실률(Loss Given Default, LGD)

(3) 거래일 손익(Day 1 Profit & Loss)

파생상품의 최초 인식시 공정가치의 최선의 추정치는 거래가격이다. 그러나 동일한 파생상품이 시장에 존재하여 시장가격을 알 수 있거나, 시장에서 관측 가능한 변수만을 사용하여 합리적으로 공정가치를 산출할 수 있을 때에는 그러한 공정가치가 거래가격보다 더 합리적이라고 판단한다.[2] 이에 따라 파생상품의 최초 인식시에 동 공정가치를 취득원가로 하고, 거래가격과의 차이를 손익으로 인식하게 되는데 이를 거래일 손익이라 한다.

한편, 시장에서 관측 가능하지 않은 시장변수를 이용한 평가모델에서 산출되는 경우에는 공정가치의 최선의 추정치는 거래가격이므로, 거래가격과 평가모델에서 산출되는 가치의 차이인 거래일 손익은 최초 인식 시점의 손익으로 인식하지 못하고, 이연 처리한다.[3] 거래일 손익을 이연 인식한 파생상품의 후속 측정시에는 시장참여자가 가격을 결정하는 데 고려하는 요소의 변동에서 발생하는 범위까지만 그 변동으로 인한 손익을 인식한다.

즉, 취득 시점에 이연 처리한 거래일 손익은 파생상품의 잔존 기간 동안 상각하여 손익으로 인식하거나, 파생상품이 청산되는 시점에 일시적으로 환입하여 손익으로 인식한다. 만약 차후에 평가모델에 사용하는 입력변수가 시장에서 관측 가능해지면 동 시점의 잔존 이연 거래일 손익은 모두 당기손익으로 인식한다.

---

2) 한국채택국제회계기준 제1039호 실무적용지침 76.

3) 한국채택국제회계기준 제1039호 실무적용지침 76A.

(4) 공정가치 서열체계(Fair Value Hierarchy)

한국채택국제회계기준 제1107호는 금융상품의 종류별 장부가액과 공정가치를 비교 공시하도록 요구하고 있다. 금융상품의 각 종류별로 재무제표에 공정가치를 공시하는 경우 공정가치를 측정하기 위해 사용된 투입변수의 우선순위를 고려하여 공정가치를 '공정가치 서열체계'에 따라 구분 표시한다. 또한 재무상태표에 공정가치로 인식되는 금융상품 중 금융상품의 공정가치 레벨(level)이 레벨 3으로 분류된 경우 해당 금융상품의 공정가치 기초잔액에서 기말잔액까지의 공정가치 변동내역 등을 공시한다.

공정가치 서열체계란 아래와 같이 공정가치 측정을 위해 사용된 투입정보(input data)를 기준으로 3가지 레벨로 금융상품을 분류하는 것을 의미한다.

- 공정가치 레벨 1: 동일한 자산이나 부채에 대한 활성시장[4]의 공시가격
- 공정가치 레벨 2: 직접적으로(예: 가격) 또는 간접적으로(예: 가격에서 도출되어) 관측 가능한, 자산이나 부채에 대한 투입변수. 단 공정가치 레벨 1에 포함된 공시가격은 제외
- 공정가치 레벨 3: 관측 가능한 시장자료에 기초하지 않은, 자산이나 부채에 대한 투입변수(관측 가능하지 않은 투입변수)

실무적으로 장내파생상품의 경우에는 공시가격으로 평가되므로 공정가치 레벨 1로 분류하고, 장외파생상품의 경우에는 공정가치 레벨 2 또는 3으로 분류한다. 공정가치 레벨 정보는 재무정보이용자에게 기

---

4) 한국채택국제회계기준 제1039호 실무적용지침 71.

업이 보유하고 있는 파생상품거래의 불확실성 정도를 객관적으로 보여 줄 수 있는 정보이다.

이에 따라 한국채택국제회계기준도 공정가치 레벨 정보 관련 공시사항을 지속적으로 확대 적용하는 방향으로 개정되고 있다.

III. 파생상품 관련 법인세법의 영향

한국채택국제회계기준의 도입이 상장기업을 대상으로 2011년부터 본격적으로 이루어지는 데 반해, 세법에 대한 본격적인 개정 작업은 2010년 현재 기획재정부 주관으로 진행 중인 법인세법 개정 방향은 동일한 경제 행위에는 동일한 세부담을 원칙으로 한국채택국제회계기준의 도입에 따른 기업의 법인세법 조정 부담을 최대한 완화시킬 것이라는 것이 기본적인 내용이다.

파생상품과 관련한 법인세법상의 주요 내용은 미실현손익인 파생상품 평가손익은 세법상 권리의무확정주의에 따라 과세소득으로 인정하지 않는다는 것이다. 이는 향후 법인세법 개정시에도 변경이 없을 것으로 예상된다.

이하 기술되는 내용은 파생상품과 관련된 법인세법 내용 중 주로 거론되고 있는 두 가지 사항에 대하여 간략히 다루어 보았다.

1. 파생상품 평가손익

(1) 한국채택국제회계기준과 현행 기업회계기준의 비교

양 회계기준상 파생상품 평가손익을 재무제표상 반영하는 부분과 관련하여서는 중요한 차이가 없다. 즉, 은행이 거래하는 모든 파생상품거래는 공정가액으로 평가하여 그 평가손익을 당기손익 또는 자본계정으로 인식하도록 하고 있다.

(2) 법인세법의 규정과 개선 방안[5)]

법인세법에서는 파생상품에 대한 직접 과세규정은 없고, 유권해석만이 있다.[6)] 즉, 파생상품의 거래로 인한 익금 및 손금은 계약이 만료되어 대금을 결제한 날 등이 속하는 사업연도에 인식한다. 결과적으로 권리의무가 확정되지 않은 파생상품의 평가손익은 법인세법상으로는 인정되지 않아 한국채택국제회계기준 도입으로 인한 세무회계처리의 변화는 크지 않을 것으로 보인다. 다만 현행세법에서는 파생상품의 거래가 대부분 금융기관을 통해 이루어지는 점을 고려하여 특정 금융기관[7)]이 보유하는 통화선도와 통화스왑에 대한 평가손익을

---

5) 심태섭 외 "국제회계기준(IFRS)의 도입에 따른 세법 대응방안에 관한 연구," 한국조세연구원(2009. 12), 484면.

6) 법인세법 기본통칙 40-71…22에서 파생상품거래손익의 귀속시기 등을 규정하였지만 2008년 7월 25일에 삭제되었다.

7) 법인세법 시행령 제61조 제2항 제1호~제7호에 열거된 금융기관을 의미하며, 이러한 금융기관은 다음과 같다.
   1. 은행법에 의한 인가를 받아 설립된 금융기관

인정하고 있다.[8)]

법인세법상 원칙적으로 파생상품의 평가손익은 미실현손익에 해당하여 과세대상이 될 수 없다. 그럼에도 세법에서 화폐성 자산부채의 환위험에 대한 파생상품의 평가감을 인정하게 된 계기는 현물시장과 파생시장의 형평성의 조화를 정책적으로 통화스왑에 제한하여 인정한 것으로 보인다. 즉, 기초자산인 현물시장에 대한 환손익을 세법상 인정하고 있으므로 파생시장에 대한 환손익도 세법상 배려한 것이다. 그러나 법인세법상 파생상품에 대한 과세는 법인세법상 파생상품의 일반적인 과세원칙도 없이 여러 차례 세법 개정을 통해 금융기관이 보유한 통화선도와 통화스왑에 대한 평가손익만 인정하고 있는 형편이다.

금융시장에서 파생상품이 차지하는 비중이 커지고 파생상품의 운용주체가 대부분 금융기관인 점을 고려한다면, 법인세법에서 파생상품에 대한 세제상의 범위 혜택을 보다 확대할 정책적 배려가 필요하다고 생각된다. 즉, 현실적으로 파생상품의 평가에 대한 노력과 비용이 적지 않게 투입되고 있고, 파생상품이 현물상품에서 파생된 것을 고려해 볼 때, 현물시장과 파생시장에 대한 과세 형평성 및 효율성을 달성할 수 있도록, 법인세법상 파생상품에 대한 일반적인 과세기준의 정립이 필요하다고 본다.

---

2. 한국산업은행법에 의한 한국산업은행
3. 중소기업은행법에 의한 중소기업은행
4. 한국수출입은행법에 의한 한국수출입은행
5. 한국정책금융공사법에 따른 한국정책금융공사
6. 농업협동조합법에 따른 농업협동조합중앙회
7. 수산업협동조합법에 따른 수산업협동조합중앙회

8) 법인세법 시행령 제73조 제4호.

2. 내재파생상품의 분리

(1) 한국채택국제회계기준과 현행 기업회계기준의 비교

내재파생상품(embedded derivatives)이란 파생상품이 아닌 주계약에 포함되어 복합상품(주계약+내재파생상품)의 현금흐름 중 일부를 독립적인 파생상품의 경우와 유사하게 변동시키는 파생상품을 의미하는데, 양 회계기준에서 모두 규정하고 있다. 일반적으로 (i) 내재파생상품의 경제적 특성 및 위험과 주계약의 경제적 특성과 위험이 밀접한 관련성이 없고, (ii) 내재파생상품이 파생상품의 정의를 충족하고, (iii) 복합상품의 공정가치 변동이 당기손익으로 인식되지 않는 경우에는 주계약과 분리하여 파생상품으로 회계처리된다.

이러한 내재파생상품의 예로는 주식연계채권, 이자율연계채권, 신용연계채권, 통화연계채권 등의 구조화채권(structured note)을 들 수 있다. 주식연계채권(ELN, Equity-Linked Note)은 일반채권에 관련 법인의 주식가치 또는 경영성적에 연계되어 있는 전환권, 신주인수권, 교환권 및 이익청구권 등이 내재된 채권을 의미하며 전환사채, 신주인수권부사채, 교환사채 및 이익참가부사채가 이에 해당한다. 이자율연계채권은 표시이자율이 대표수익률 등 시장이자율에 연계되어 있는 채권으로 변동금리부채권(FRN, Floating Rate Note)을 들 수 있다. 신용연계채권(CLN, Credit-Linked Note)은 신용등급 등 발행기업의 신용을 나타내는 지표의 변동에 연동하여 이자지불액이나 상환액이 변동하는 채권으로 확정이자부채권과 신용디폴트채권이 그 예이다.

한국채택국제회계기준에 따르면 단기매매 목적으로 취득하지 않는 전환사채와 신주인수권부사채는 매도가능증권으로 분류되며, 전환권

과 신주인수권은 지분전환옵션으로 내재파생상품으로 보아 분리되어 회계처리된다.[9]

한편, 현행 기업회계기준에서 규정하고 있는 내용은 없으나, 한국채택국제회계기준에서는 1개 또는 그 이상의 내재파생상품을 포함하는 복합계약의 경우에는 복합계약 전체를 당기손익인식금융자산 · 부채로 지정할 수 있도록 하고 있다.

(2) 법인세법 규정과 개선방안[10]

현행 법인세법에서는 주계약 또는 복합계약에 포함되어 있는 내재파생상품에 대한 규정이 없다. 다만 법인세법 기본통칙에서 전환사채와 신주인수권부사채(이하 '전환사채 등')의 전환권과 신주인수권(이하 '전환권 등')의 인식은 인정하지 않고 있다.[11] 즉, 전환사채를 발행한 법인이 발행 시점에 전환권 등 상환할증금을 재무제표에 인식하더라도 법인세법에서는 자산 또는 부채로 인식하지 않고, 투자자가 전환권 등을 행사한 때 또는 만기 시점에 각 사업연도 소득에 익금 또는 손금 산입한다.

복합계약 또는 복합계약에 내재된 내재파생상품을 개별 또는 복합거래로 보아야 하는지 여부에 대해서는 엔화스왑예금에 대한 행정법원의 판결이 나오면서 독립적인 개별거래로 보아야 하는 것으로 일단락되었다. 엔화스왑예금에 대한 과세논쟁이 불거지기 전까지는 혼합

---

9) 한국채택국제회계기준 제1039호 금융상품-인식과 측정 실무적용지침 C3 (내재파생상품-전환사채에 대한 회계처리).

10) 심태섭 외, 앞의 글(주 5), 488면.

11) 법인세법 기본통칙 40~71…1〔전환사채 또는 신주인수권부사채 발행 및 상환에 따른 세무상처리방법〕.

거래에 내재된 파생상품의 거래는 개별적으로 판단하여 과세 여부를 판단하는 것이 과세당국의 입장이었다. 그러나 은행이 판매한 엔화스왑예금의 일부인 엔화선도계약에 대한 파생상품평가익을 복합거래로 보아 소득세법상 이자소득에 해당되는지, 파생상품거래익으로 보아 비과세되는지가 쟁점의 대상이었다. 이에 재무부(재경부 소득 114, 2005. 5. 30)와 조세심판원(조심2008서3607, 2008. 12. 1)의 입장은 엔화스왑파생상품은 복합거래로 본다는 것이었으나, 2009년 6월 서울행정법원에서는 엔화스왑예금에 포함된 엔화선도계약은 엔화예금계약과 개별적인 거래로 보아 파생상품거래익은 이자소득에 해당될 수 없어 소득세법상 비과세 소득으로 판시하였다.

우리나라에서 이와 같은 내재파생상품에 대한 과세관청 및 판례해

〈표 2〉 내재파생상품에 대한 과세관청 및 판례해석

구분	내용	해석
합성사채 (Synthetic Bond)	외국은행 국내지점이 내국법인과 기본계약서를 체결하고 일련의 거래를 동시에 수행 1. 내국법인의 자기주식을 2회에 걸쳐 매입 2. 내국법인의 발행주식을 기초자산으로 하는 콜옵션 매도, 풋옵션 매입	개별거래 (서이46012-10258, 2003. 3. 5)
환매조건부 (Put Option) 주식양도	내국법인이 해외자회사 주식을 다른 외국법인에게 양도 1. 배당금이 보장된 금액에 미달되는 경우 외국법인은 내국법인에게 재매입을 청구할 수 있는 풋옵션 부여	개별거래 (서면2팀 2336, 2004. 11. 5)
엔화 스왑/예금	국내은행은 고객에게 엔화스왑예금을 개발판매 1. 고객은 엔화정기예금에 가입(엔화매입) 2. 고객은 만기 시점에 엔화를 은행에 매각하자는 선도계약을 별도로 체결(엔화선도계약) 3. 고객은 만기에 엔화예금을 상환받고 동시에 선도계약을 이행	개별거래 (서울행정법원 2008구합12542, 2009. 6. 18)

석은 〈표 2〉와 같다.

금융공학의 발전과 자본시장과 금융투자업에 관한 법률의 시행으로 금융권의 경계가 모호해진 시대에 내재파생상품이 포함된 복합계약 또는 복합상품 등은 개발단계부터 분리될 수 없도록 다양하고 복잡하게 설계될 수 있다. 이러한 점을 고려해 볼 때 현재의 판례 또는 과세관청의 입장에 따라 개별거래로 구분하여 과세 여부를 판정하는 것은 많은 납세협력비용(회계 또는 법률전문가의 세무자문비용, 과세관청과의 소송비용, 고객과의 신뢰비용 등)이 소요될 수 있다. 그렇다고 세법에서 내재파생상품에 대한 일반적인 과세규정을 도입하는 것은 입법기술적 측면에서 효과적이지 못하고 조세회피(tax avoidance)를 유발할 수 있는 부작용도 있어 효과적이지 않을 것으로 사료된다.

따라서 경제적 실질을 중시하는 한국채택국제회계기준이 개별 또는 복합거래에 대한 구분기준을 명확하게 두고 있고 국세기본법 제14조 제3항[12]에서 단계거래의 원칙(step transaction doctrine)[13]을 고려한다면, 금융기관에서의 내재파생상품의 복합거래 또는 개별거래 인식 여부에 대한 판단에 대해서 법인세법이 한국채택국제회계기준의 규정을 적극 준용하여 이를 세법에 명문화하는 것을 적극적으로 검토할 필요가 있을 것으로 판단한다.

---

12) 국세기본법 제14조 3항 : 제3자를 통한 간접적인 방법이나 2 이상의 행위 또는 거래를 거치는 방법으로 이 법 또는 세법의 혜택을 부당하게 받기 위한 것으로 인정되는 경우에는 그 경제적 실질내용에 따라 당사자가 직접 거래를 한 것으로 보거나 연속된 하나의 행위를 한 것으로 보아 이 법 또는 세법을 적용한다.

13) 오 윤, “복합파생상품거래에 대한 과세—차익거래의 소득구분을 중심으로,” 조세법연구 제11집 제2호(2005), 한국세법학회에서는 “실질과세의 원칙 적용은 단계거래의 원칙에서 찾을 수 있으며, 일반적으로 단계거래를 통한 조세회피 행위에 대해서는 단계별 거래에 대해 각각의 조세효과를 부여하는 대신 전체를 하나의 거래로 재구성할 수 있다”는 의미로 해석한다.

Ⅳ. 맺음말

우리나라가 2011년부터 한국채택국제회계기준을 도입하게 됨으로 인하여 회계기준에 있어서는 국제적 정합성과 신뢰성을 제고할 수 있게 되었다고 생각한다. 특히, 1980년대부터 수차례 개정과 수정작업을 통하여 제 · 개정되어 왔던 파생상품회계처리기준은 국제적으로 공인된 회계기준으로 탈바꿈하였다고 본다. 하지만 국제회계기준은 아래와 같은 특징으로 인하여 현행 기업회계기준에 익숙한 입장에서는 많은 애로 사항을 가지고 있었다.

• 한국채택국제회계기준은 원칙 중심의 기준이다. 현행 기업회계기준은 각 회계 사안별로 구체적인 회계처리 방법과 절차를 세밀하게 규정하고 있지만, 한국채택국제회계기준은 회계처리를 위한 원칙만을 제시하고 있다. 이는 국제회계기준이 전 세계 공통으로 이용하는 회계기준이기 때문에, 전 세계 각 나라의 특수한 상황 등을 고려한 구체적인 회계처리 방법 등을 포함하지 못한다. 이는 다양한 금융기법에 바탕을 둔 장외파생금융상품에 대한 적절한 회계처리를 판단하고 적용하는 데 있어서 상당한 어려움이 있었으며, 이를 해결하는 데 있어서 국제회계기준에 대한 회계적 적용 능력과 역량이 상당히 요구된다는 것을 알게 되었다.

• 또한, 한국채택국제회계기준은 공정가치 평가를 강조한 기준이다. 이러한 예로 앞서 'Ⅱ. 한국채택국제회계기준 도입으로 인한 장외파생상품회계의 영향'에서 다룬 바와 같이, 장외파생금융상품의 공정가치 평가 적용에 있어서 매입매도호가평가조정은 현행 한국회계기준에서는 존재하지 않는 공정가치기준이다. 하지만 매입매도호가평가

조정을 반영하기 위해서는 매입호가와 매도호가에 대한 자본시장 내에서의 통계적인 데이터와 자본시장 인프라가 우선적으로 요구되는데, 유럽이나 미국과 같이 일찍이 자본시장이 발달하여 많은 데이터를 구축하고 있는 국가의 경우에는 적용상 어려움이 없으나, 우리나라와 같이 자본시장의 역사가 짧은 국가의 경우에는 이러한 평가조정을 위한 충분한 데이터나 자본시장 인프라가 부족하여, 동 기준을 적절히 반영하기 위하여 많은 시간과 비용을 투입하였다.

끝으로, 한국채택국제회계기준을 오랫동안 연구 및 준비 그리고 도입 적용한 실무자적인 입장에서 무엇보다도 rule-based approach에 익숙한 우리나라 회계 문화의 근본적인 변화가 필요하다고 느꼈으며, 이러한 변화는 외부감사인, 감독기관, 회계기준원, 투자자 및 법률전문가 등 모든 자본시장 구성원들이 함께 노력할 때 가능하다고 생각한다.

찾아보기

1. 사항

ㄱ

ㅅ

ㅈ

2. 판례

편저자 약력

박 준

1977년 서울대학교 법과대학 법학과(법학사)
1979년 사법연수원 제9기 수료
1988년 미국 하버드 법과대학(LL.M)
현 서울대학교 법학전문대학원 교수

정순섭

1987년 서울대학교 법과대학 사법학과 졸업
2002년 호주 멜버른대학 Ph.D
2007년 서울대학교 법학전문대학원 교수

BFL 총서 6

파생금융거래와 법(제1권)

초판 2쇄 | 2015년 4월 13일

지은이 | 박 준 · 정순섭 편저
발행인 | 고화숙
발행처 | 도서출판 소화
등록 | 제13-412호
주소 | 서울시 영등포구 영등포동 7가 94-97
전화 | 2677-5890
팩스 | 2636-6393
홈페이지 | www.sowha.com

ISBN 978-89-8410-441-9 94080
ISBN 978-89-8410-284-2 (세트)

값 23,000 원